Das
Recht des Besitzes
und
seine Grundlagen.

Das

Recht des Besitzes,

und

seine Grundlagen.

Zur Einleitung

in die Wissenschaft des Römischen Rechts.

Von

Gustav Lenz.

Non ex regula JUS sumatur, sed
EX JURE, QUOD EST,
regula fiat.
Paulus (libro XVI. ad Plautium).

Berlin.
Druck und Verlag von Georg Reimer.
1860.

Der

juristischen Jugend.

Statt Vorworts.

Gewiß erforderten die Arbeiten, welche ich, nach längerem Schweigen und Zaudern, hiermit der Oeffentlichkeit übergebe, mehr als irgend welche andern einen schützenden Pro- oder Epilog, obwohl oder weil sie als „Einleitung in die Wissenschaft des Römischen Rechts" dienen, und den Anfang zu einer „Revolution auf dem Gebiet des Privatrechts" herbeiführen sollen. Nicht bloß der hauptsächlichste und eben deßhalb namengebende Gegenstand dieser Schrift, — der schon von selber an die Mißlichkeit des Wagnisses einer Ilias nach Homer erinnert, — auch die voraufgeschickten aphoristischen Grundlagen für das Recht des Besitzes und überhaupt für eine „neue Nova methodus discendae docendaeque iurisprudentiae" scheinen in mehr als einer Beziehung tieferer Fundamentirung bedürftig. Aber ich will und muß es diesen Versuchen selber überlassen, ob sie das Verständniß für eine wirkliche Jurisprudenz zu vermitteln im Stande sind, oder doch wenigstens ahnen lassen, daß es zwischen Institutionen und Codex mehr Dinge giebt, als unsere Gelehrten sich träumen lassen. Einen Vorschlag darf ich jedoch wohl an diesem Ort niederlegen, in dessen Realisirung ich die einzige Hoffnung für ein wahrhaftes Gedeihen unserer Wissenschaft, und zugleich das sicherste Mittel erblicke, zu einer endgültigen Codification zu gelangen.

Als Savigny im dritten Bande der Zeitschrift für geschichtliche Rechtswissenschaft die Stimmen für und wider neue Gesetzbücher in einem Schlußreferat einer eingehenden Kritik unterwarf, fand er mit Recht das wesentlichste Hinderniß für die Gesetzgebung in dem Mangel an Büchern, die als integrirende Theile eines wissenschaftlichen Abschlusses betrachtet werden könnten. Den Hauptgrund dieses Uebels sah er sehr richtig darin, daß die Arbeiten der juristischen Schriftsteller zu wenig auf ein bestimmtes großes Ziel planmäßig hingerichtet wären, und forderte, da hier die Kräfte eines Einzelnen nicht ausreichten, zu einer Reihe von Werken auf, die, nach einem bestimmten vorgezeichneten Plan verfaßt, stets dieses Ziel im Auge behielten, und so durch die gemeinschaftliche Aufgabe als Ein großes Werk zu betrachten sein würden. „Ein solches Unternehmen," so schließt seine warmberedte Aufforderung, „müßte unfehlbar gelingen, wenn es nur ohne Selbstsucht und Anmaßung, mit reiner Liebe zur

Sache angegriffen würde. Es wäre ein schönes Beispiel von Gemeingeist, wenn tüchtige Juristen der verschiedensten Ansichten, Freunde und Gegner neuer Gesetzbücher, zu diesem Zweck zusammentreten wollten. Man hat oft mit Recht geklagt, daß sich die Deutschen, auseinander gehalten durch leere gehässige Einbildungen, zu nichts Gemeinschaftlichem entschließen wollten: hier ist etwas Gemeinschaftliches, das recht eigentlich unsers Berufs ist, und wozu wir der Mitwirkung der Regierungen gar nicht oder nur sehr beiläufig bedürfen."

Diese goldenen Worte sind ungehört verhallt, und der großartige Versuch, den Savigny selber in späteren Jahren gemacht hat, um jenes Eine große Werk auf eigene Hand zu vollenden, ist ein Torso geblieben. Auch der Genialität Kierulff's, wie der riesigen Arbeitskraft Böcking's, hat es nicht gelingen mögen, ihre im großen Styl angefangenen Unternehmungen zu Ende zu führen, und ebenso wird es jedem ferneren Beginnen ergehen, weil auch die angestrengteste Thätigkeit nothwendig an einer Aufgabe erlahmen muß, welche die Kräfte des Einzelnen weit übersteigt. Nur eine vollständig durchgeführte Organisation und Theilung der Arbeit kann auch hier zum Ziele führen, das selbst dann noch fern genug gesteckt ist, um die angestrengtesten Bemühungen von Generationen in Anspruch zu nehmen.

Aber freilich wenn wir das Ziel erreichen wollen, müssen wir es vor allen Dingen kennen. Wir müssen wissen, von wo wir aus- und worauf wir loszugehen haben, und, so schwer die Anklage lautet, seit die Anschauungen der historischen Schule sich bei uns eingebürgert, wissen wir dies wirklich nicht. Alle andern positiven Wissenschaften ziehen ihre Nahrung aus ihrem eigenen Grund und Boden, in dem sie fest und sicher wurzeln, — stehen inmitten eines in sich bestimmten Materials, das sie allmälig zu durchdringen und zu bewältigen, dessen latenten Geistesinhalt sie schrittweise zu entdecken bemüht und im Stande sind, — wirklich heterogene Gegenstände aber weisen sie von sich ab und bewahren sich in wohlthätiger Weise durch diese Sprödigkeit ihre unbefleckte Reinheit. Nur die Rechtswissenschaft, seit sie bei uns Deutschen zu einer sogenannten geschichtlichen geworden, zieht mit falscher Universalität die verschiedenartigsten Dinge in ihren Bereich, betrachtet mit historischem und philologischem Interesse die minutiösesten culturgeschichtlichen Einzelheiten in den Sittenzuständen der verschiedenen Völker, und gräbt auf's eifrigste in dem Jahrhunderte alten Schutt ethnischer Antiquitäten. Ja, ihre Bearbeiter würden wirklich, — wie einer der begabtesten von unseren jüngeren Civilisten unlängst klagte, — bald bloß noch „Geschichtsforscher, Philologen und Antiquare," nicht aber, wovon sie doch den Namen führen, Jur-isten sein, wenn es nur überhaupt anginge, sich dem unwiderstehlichen Einfluß der ratio scripta durchaus zu entziehen, und sich den Principien der historischen Schule ihrer ganzen Consequenz nach hinzugeben.

Drängt aber auch die Natur der Sache in der Wissenschaft, und mehr noch in der Praxis immer wieder auf das Römische Recht hin, kraft dessen wir uns doch einzig und allein Juristen nennen dürfen, so hat uns die historische Schule nichtsdestoweniger den Glauben an die Gewißheit eines einheitlichen Rechts, und damit die rechte Freudigkeit an unserem Beruf geraubt. Die Jurisprudenz muß erst sich selber wiedergegeben sein, und, wie alle übrigen Wissenschaften, in ihrer Selbstbeschränkung auch ihre Selbstbefriedigung wiedergefunden haben, bevor eine solche Arbeitstheilung innerhalb ihres eigenen Gebiets in Aussicht genommen werden darf, wie sie Savigny im Auge hatte. Und eben darin, daß unsere Wissenschaft seit Gründung der historischen Schule sich selber untreu geworden, und, statt ihr eigenes Ziel und ihren Selbstzweck unverwandt zu verfolgen, auf den fremden Feldern der Cultur- und Sittengeschichte herumgenascht hat, liegt der hauptsächlichste Grund, daß eine Vereinigung Mehrerer im Sinne jener Arbeitstheilung völlig unmöglich war.

Eine solche Vereinigung läßt sich nur hoffen, wenn eine Anzahl befähigter Juristen, — aber nicht „der verschiedensten Ansichten," sondern Alle geeint in dem Glauben an die Gewißheit des Einen Römischen Rechts, — sich freiwillig zusammenfinden, und, je nach Neigung und Vorstudien, unter wechselseitiger Unterstützung und möglichst allgemeiner Betheiligung, nach einem gemeinsamen Plan die einzelnen Lehren der Jurisprudenz zum speciellen Gegenstande ihrer Untersuchung machen. Denn zunächst kommt es nur darauf an, in den verschiedenen Materien zu einem dogmatischen Abschluß zu gelangen, zu welchem Zweck die Quellen, die natürlich vollständig durchforscht, und, soweit nöthig, erklärt werden müssen, grade ausreichend erscheinen. Die Rechtsgeschichte, so hoch ihr wissenschaftlicher Werth zu veranschlagen, und so groß das Interesse ist, was grade ihre Bearbeitung bietet, muß dagegen um so mehr zurücktreten, als für sie unsere Quellen nur allzu spärlich fließen, und ein lohnender Anbau erst dann wieder in Aussicht steht, wenn uns ein neuer glücklicher Zufall ausgiebigere Fragmente zuführt, als sie jener Codex von Verona gewährte. Die Dogmengeschichte aber muß man sich gewöhnen als eine Geschichte der Irrthümer in unserer Wissenschaft zu betrachten, und so lehrreich auch diese, als solche, sein kann, der vollständigen Mittheilung all dieses Wustes kann man für den nächstliegenden Zweck ohne allen Nachtheil entrathen, und es der Gewissenhaftigkeit der einzelnen Arbeiter überlassen, ihre Litteraturstudien für sich, und nicht vor den Augen der Leser zu treiben.

Neben diesen Einzelarbeiten bedarf es dann ferner eines Organs für Alle, welche auf dem Felsen des Römischen Rechts ihre orthodoxe Kirche bauen wollen, einer neuen Zeitschrift für geschichtliche Rechtswissenschaft, oder vielmehr für die Wissenschaft des geschichtlichen Rechts. Es ist dies selbstverständlich, da jede rein ausgeprägte Richtung, wie im öffentlichen Leben, so auch in der Wissenschaft ihr Organ und nur ihr Organ haben muß, um ihre Lebensfähigkeit zu documentiren und zu bewahren, weßhalb denn auch bei der Gründung genau darauf zu sehen und bei der Führung strenge zu halten ist, daß es nicht, wie so gewöhnlich in Folge der verschwimmenden Tendenzen unserer Tage, zu einem „Sprechsaal," wo nicht gar zu einem Receptakel für alle möglichen Abfälle herabsinke. In solchen zwanglos erscheinenden Heften soll zuvörderst Denen, welche nicht in der Lage sind, ihre Gedanken „in den festeren Formen, welche man Bücher nennt," zu verarbeiten, erwünschte Gelegenheit geboten werden, diese in abgerissener Gestalt niederzulegen, „um den Uebergang einzelner Gedanken zu ganzen und guten Büchern zu vermitteln," — namentlich also zu Interpretationen einzelner Quellen-Fragmente, und zu aphoristischen Bemerkungen, „die den Zweck haben, Untersuchungen über gewisse Gegenstände zu veranlassen." Doch auch Diejenigen, welche die Bearbeitung einzelner Lehren in besondern Büchern unternehmen, finden dort oft nicht den passenden Ort, um naheliegende Excurse über verwandte Materien oder die rechtsgeschichtliche Entwickelung des behandelten Instituts zu liefern, und es ist durchaus angemessen, wenn derartige Publicationen in dem ständigen Organ der wissenschaftlichen Richtung niedergelegt werden, für deren Ausbreitung und Vertiefung jene größeren Arbeiten bestimmt sind. Vor allem aber ist ein solches Organ für das reine Römische Recht eine Nothwendigkeit, um eine fortlaufende kritische Rechnung über alle Erscheinungen zu halten, welche der in ihm vertretenen Tendenz gemäß, und ihrer Anlage und Ausführung nach von der Bedeutung sind, daß sie als Abschluß für irgend eine Frage gelten können. Dagegen erfordert es grade die Sorge für die streng zu bewahrende Reinheit der verfolgten einheitlichen Richtung, durchaus Alles, was dieser nicht gemäß ist, zu ignoriren, und deßhalb, um es genau und deutlich zu bezeichnen, sowohl im Deutschen und Canonischen, als im gemeinen und den Particular-Rechten die Todten ihre Todten begraben zu lassen.

Diese kritische und wesentlichste Function eines allgemeinen und ständigen Organs muß dann schließlich, wenn auch nicht so bald, zu einer definitiven Organisation des Rechts selber hinführen. Indem jeder durch Theilung der Arbeit ermöglichte Abschluß constatirt, und eine ständige Controlle über die ent-deckten Principien des ewigen Weltrechts ausgeübt wird, ergiebt sich als endliches Resultat die Summe der gefundenen Gesetze, und es bedarf dann nur noch einer Schlußredaction, welche die gewonnenen Dogmen, die im Laufe der Zeit in dem allgemeinen Rechtsorgan, — einer ohne alle öffentliche Auctorität publicirten Gesetz-Sammlung, — festgestellt und niedergelegt worden, in ein System zu bringen hat. Nicht um eine Gesetzgebung, nicht um eine eigentliche Codification handelt es sich, welche von einer legislatorischen Auctorität von obenher octroyirt würde; sondern um eine Gesetz-suchung und Gesetz-findung, die ihre Existenz und ihre Ergebnisse lediglich der Privatthätigkeit einzelner Berufsmänner verdanken kann und soll, — um ein neues Edictum perpetuum, „wozu wir der Mitwirkung der Regierungen gar nicht, auch nicht einmal beiläufig bedürfen," — um eine endliche und universelle Verwirklichung jenes divinatorischen Ausspruchs des genialsten der Römischen Juristen: EX JURE, QUOD EST, REGULAE FIANT. —

Und so fordere ich denn (was kommt darauf an, von wem der Aufruf ausgeht?) Alle, welche mit dem hier gemachten Versuch einer „Umkehr unserer Wissenschaft" einverstanden sind, und die sich wirklich geistig eins mit der Richtung fühlen, welche die folgenden Arbeiten einschlagen, auf's Herzlichste und Dringendste auf, bei dem Rechtstempel, dessen Grundstein hier gelegt worden, und dessen Bauplan ich in allgemeinen Umrissen so eben vorgezeichnet habe, hülfreich mit Hand anzulegen. Vor allem wende ich mich auf's Neue an die gesammte juristische Jugend, vornämlich unsers deutschen Vaterlandes, aus dessen Schoß der erste Wiedererwecker der Jurisprudenz entsproß; in dem man das Römische Recht, als es noch hinter sieben Siegeln verschlossen war, schon in naiver Weise als die geschriebene Vernunft selber verehrte; dessen Söhnen sicherlich der Ruhm seiner vollendeten Ent-deckung und seines wissenschaftlichen Abschlusses vorbehalten ist: und hierbei habe ich nicht sowohl jene an Jahren Jüngeren, sondern Alle vor Augen, die, auch noch im Silberhaar, den Geist der Jugend sich zu bewahren wissen, jener Jugend, „welche, früher oder später, den Widerstand der spröden Welt besiegt." Und sollten „auch die Keime dieser Schrift nicht befruchtend in unsere jungen Geister fallen," so sei sie eben hinausgeworfen „in die unendliche Zeit," — gegen die Vereinsamung aber, die dann ihrem Urheber droht, und in welcher, wie unsere Weisen des Tages sagen, stets „eine gewisse Schuld" liegen soll, giebt es zum Glück ein sicheres Heil- und Sühnmittel, fortzuarbeiten, bis die Nacht hereinbricht, „da Niemand wirken kann."

Greifswald, im Juli 1860.

Ueber

den Begriff des Rechts

und

seine Genesis.

Unter den Vorwürfen, welche man gegen unsere Wissenschaft, und namentlich gegen die Herrschaft des Römischen Rechts zu richten pflegt, ist die übergroße Menge bestrittener Rechtssätze, und die daraus hervorgehende Rechtsunsicherheit einer der beliebtesten. Auf diesen Tadel, der für Jedermann so einleuchtend scheint, fußte schon zu Ausgang des vorigen Jahrhunderts jener abstracte Nationalismus, der es auf die mechanische Regelmäßigkeit eines „universellen und gewissen" Rechtes abgesehen hatte, und von einer Codification des von ihm ausgeklügelten „Naturrechts" alles Heil erwartete. Eben hierauf pocht noch heutzutage das mit dem Anfang unsers Jahrhunderts neu erwachte Nationalgefühl, und weiß nicht laut genug seine Freude zu bezeigen, wenn es irgendwo den Anschein gewinnt, als wollten von Hause aus todtgeborene legislatorische Bemühungen „den Weg der Vermittelung der Rechtserkenntniß durch das gelehrte Studium verlassen, um sie vielmehr unmittelbar aus dem Born des frischen Lebens zu schöpfen."

Es ist zwar wahr, die Zahl der Controversen hat sich seit Gründung der historischen Schule nicht verringert. Konnte jene Schule doch, nach ihrer Grundanschauung von der organischen Natur des Rechtslebens, in der bloßen Existenz von Streitfragen keinen sonderlichen Nachtheil erblicken; ja sie mußte im Gegentheil zu einer neuen und sehr erheblichen Vermehrung derselben dadurch beitragen, daß sie es als eine Nothwendigkeit erkannte, die Lösung der Controversen auf dem Wege historischer Vertiefung und geschichtlicher Sonderung der rechtsbildenden Momente herbeizuführen. In Folge dieser „historischen Linsenzählerei" hat sich denn auch, noch vor Ablauf von kaum zwei Jahrzehnten, jene hart klingende Voraussagung Thibaut's wirklich erfüllt, es werde, wenn die ungesunden Träumereien über rechtsgeschichtliche Einzelheiten regelrecht fortgeführt würden, bald dahin kommen, daß man den Wald vor lauter Bäumen nicht sähe.

Aber dennoch ist es nicht sowohl die Existenz und die Zahl der Controversen, welche eine wirkliche Gefahr für unser Rechtsleben in sich schließen, als vielmehr der Charakter derselben. An sich könnte man immerhin unsern Antiquaren die Freude gönnen, an der Erklärung der uns erhaltenen, nur allzudürftigen rechtsgeschichtlichen Quellenbruchstücke ihren Scharfsinn zu üben, der, nur recht angewandt, keinesweges auf ein unfruchtbares Gebiet verschwendet wird, — und in materiellen Fragen ist es nun vollends kein Unglück, daß man „keine Stecknadel in das Corpus juris stecken kann, ohne hundert bestrittene Puncte daran aufzuspießen." Wenn indeß aus der Natur aller Streitfragen über Einzelheiten erhellt, daß trotzdem über die hauptsächlichen Grundlagen unserer Wissenschaft eine nur zu große Uebereinstimmung Aller, und eine ohne jede Prüfung blindlings angenommene Tradition besteht, dann ist es klar, daß der Quell des Uebels tiefer liegen, und daß alle Bemühungen der Detailforschung fruchtlos bleiben müssen, so lange jener falsche Friede nicht gebrochen ist. Es bedarf noch eines Kampfes auf Leben und Tod, der freilich über die Kräfte des Einzelnen hinausgeht, um jene als Axiome betrachteten falschen Glaubensätze zum Falle zu bringen, und eine neue, in sich wirklich befriedigte Uebereinstimmung Aller über die Grundwahrheiten unserer Wissenschaft herbeizuführen. Wird dieser Kampf nicht aufgenommen und siegreich durchgekämpft, — währt die bisherige Plan- und Ziellosigkeit unserer Bestrebungen fort; so werden sich statt der begrabenen hyderartig immer wieder neue Streitfragen erheben, und es wird auf die Bearbeiter unserer Wissenschaft das vielberufene Wort jenes großen realistischen Denkers noch immer Anwendung finden: Jurisconsulti, suae quisque patriae legum, vel etiam Romanarum aut Pontificiarum placitis obnoxii et addicti, iudicio sincero non utuntur, sed tanquam ex vinculis sermocinantur.

Während auf dem Gebiet unserer juristischen Litteratur sonst ein Krieg Aller gegen Alle wüthet, herrscht die tiefste Ruhe über das Fundamentalprincip unserer Wissenschaft. Bei der größtmöglichen Verschiedenheit im Einzelnen finden sich doch Alle in einer vollkommnen Harmonie der Ansichten über den Begriff und die Quelle des Rechts selber. Aller Unterschied der Standpuncte und alle Nüancen der Meinungen verschwinden, sobald es sich um den letzten Grund handelt, auf dem das Recht und unser Wissen von ihm beruht. Hier bietet man uns überall dieselbe, — und überall dieselbe irrige Lösung.

Durch unsere gesammte Rechtsdoctrin zieht sich eine dualistische Unterscheidung zwischen objectivem und subjectivem Recht hindurch: das Recht an sich, das objective, allgemeine Recht gilt durchweg als die Voraussetzung und der bedingende Grund für die dem einzelnen Subject zustehende Be-rechtigung. Niemand erkennt das Recht des Einzelnen als Grund seiner selbst an; Alle glauben vielmehr, daß die Person lediglich dadurch und insoweit be-rechtigt sei, als ihr innerhalb eines Volks- oder Staatsganzen Recht und Schutz gewährt werden. „Ein Recht," so lautet der prägnant gefaßte Ausdruck der gangbaren Lehre, „ist eine durch das Recht begründete Herrschaft einer Person in Ansehung eines Gegenstandes." Ueber diesen Gegenstand wird die Person nicht Herr durch ihre eigene, immanente Kraft; sondern Macht und Herrschaft wird ihr erst durch das objective Recht verliehen; ohne dessen Vermittelung giebt es überhaupt keinen Rechtsschutz und keine Berechtigung.

Aber freilich leidet nicht bloß die Rechtswissenschaft an einem solchen Dualismus. Diese Transscendenz bildet vielmehr, um es gleich auszusprechen, den Grundtypus unsers ganzen Seins und Denkens seit fast zwei Jahrtausenden. Seit jenem Wendepunct, von dem wir mit Recht unsere Zeitrechnung datiren, haben wir nicht aufgehört, überhaupt Alles, was den Grund und die Berechtigung seiner Existenz in sich selber trägt, und somit (causa sui) selbständig ist, auf nebelhafte allgemeine Mächte zurückzuführen, deren Vermittelung es sein Dasein verdanke. Eine Selbständigkeit der Dinge existirt für uns nicht mehr. Wir haben sie haltlos gemacht, indem wir ihre wesentlichen Attribute aus ihnen abstrahirten, und ihnen als ebensoviel beherrschende Mächte entgegensetzten. Ueberall schufen wir uns so statt des Wesens der lebendigen Dinge Wolkenexistenzen, die ihren Inhalt nur durch unsere Entleerung gewinnen: hohle Schemen, die nur durch und in uns ein schattenhaftes Leben erhalten haben, und so lange führen werden, als wir an sie glauben und ihnen dienen.

Ich berühre hiermit die tiefste Wunde der gesammten christlichen Welt, die ihre Heilung nach dem allbekannten Wort nur durch eine Vertiefung in den Geist Dessen finden kann, der sie geschlagen. Die Vernichtung des natürlichen Menschen, und der Glaube an die Unmöglichkeit seiner Wiedergeburt ohne das Mittlerthum des Einen Gott-Menschen, hat ihre Wirkungen nicht bloß auf das Innere unseres Gemüthes und die Sphäre des Religiösen beschränkt, sondern auch unser weltliches Sein und Denken in seinen tiefsten Tiefen ergriffen und umgestaltet. Die äußere, wie die innere Welt ist durchweg verchristlicht, in ein Diesseits und Jenseits gespalten und dem Fegefeuer eines unseligen Dualismus verfallen.

Was an den Dingen mächtig ist und ihre ureigene Lebenskraft ausmacht, haben wir von ihnen ab-gelöst und ab-gezogen; nach diesem Acte der Abs-traction kennen wir es nur noch als ein Ab-solutes, vor dem wir uns anbetend neigen; wir vergessen, daß wir es aus unserm eigenen Innern geschaffen: noch immer sind wir unbewußt die Götzendiener, die sich, wenn auch nicht mehr von Erz und Thon, ihre Götter selber machen. Ueberall stehen wir im Knechtesdienst der Auctoritäten, die wir selber geschaffen; wir erweisen uns alle Zeit als Mehrer ihres Reichs, ohne je daran zu denken, daß wir die Auctoren der Auctoritäten sind. Wohin wir blicken, treten uns die goldenen Kälber entgegen, welche wir selber auf den Sockel gehoben, um vor ihnen unsere Kniee zu beugen. Die Arbeit wirft sich bittend und bettelnd nieder vor dem Capital, das doch ihr eigenes Product ist, und daher unmöglich ihre bedingende Voraussetzung bilden kann. Die Gesammtheit aller social und territorial Verbundenen entäußert sich ihrer Vollberechtigung und kniet vor den Trägern ihrer Souveränetät, die sie doch selber auf den Schild gehoben hat; sie läßt sich beherrschen, sei es durch Einen, sei es durch Viele, sei es durch die Erwählten Aller. Und so glaubt auch der Einzelne nicht an die Machtvollkommenheit seines Willens, in dem gleichwohl das subjective Recht einzig und allein wurzelt, sondern leitet seine Berechtigung ab von der Auctorität eines angeblichen höheren Rechts an sich, das doch nirgendwo findbar ist.

Wie im Sein, so im Denken. Die ganze nachchristliche Philosophie hat, als Denken der Denkens, keinen andern Zweck und Inhalt gehabt, als zum Bewußtsein dieses Dualismus der Abs-traction zu gelangen. Unsere modernen Philosophen suchen (oder suchten vielmehr, denn ihre Arbeit ist bereits abgeschlossen und gehört nur noch der Geschichte an,) überall nach einem jenseitigen letzten Grunde der Dinge, nach einem wirklich Absoluten, und es ist Kant's unsterbliches Verdienst, wenn die christliche Welt zum Bewußtsein über diese Natur ihres Denkens gelangte. Es war die Kritik, aber auch die Vollendung des abstracten Denkens überhaupt, wenn Kant kein Ding als in sich beschlossen, auf sich selber beruhend anerkannte, sondern über jedem, in nebelhafter Ferne, den in christlicher Anschauungsweise verklärten Leib des Dinges an sich schweben ließ. Es war die Kritik und Vollendung des christlichen Denkens, wenn er mit sicherer Hand und mit dem unerschütterlichen Ernste seiner Resignation auf die allgemeine Wunde hinwies und die Unerkennbarkeit des Dinges an sich zu seinem Axiom machte. Er hat damit das letzte Wort ausgesprochen, das den Schlüssel zur Erklärung der an sich selber irre gewordenen Welt bildet: die Aufgabe der Abs-traction ist mit ihm und durch ihn erschöpft; die Entleerung der Dinge von der ihnen immanenten Geistigkeit vollständig durchgeführt; der nachchristliche Dualismus aller Dinge auch im Aether des reinen Denkens wiederholt und getreulich wiedergespiegelt. Kant hat erreicht, was er, in der vollen Reife des männlichen Geistes, als sein Thema ankündigt: er hat wirklich, mit einer Abstraction ohne Gleichen, die Kritik der reinen, das heißt der von den Dingen ganz und gar losgelösten Vernunft gegeben. In ihm gipfelt die christliche Philosophie: sie hat durch ihn, der sie zum Abschluß brachte, die Entzweiung der modernen Gedankenwelt vollständig offen gelegt, und damit zugleich die ganze Schärfe des Gegensatzes offenbart, welcher zwischen ihr und der naiv-einheitlichen Weltanschauung des Alterthums besteht.

Diese bewußte Darlegung der christlich-modernen Denkweise war nur möglich, weil bereits zu Kant's Zeit die Gestalten des christlichen Lebens „alt geworden waren.“ Sie ließen sich daher „mit dem Grau in Grau“ seiner Philosophie zwar „erkennen,“ aber nicht „verjüngen.“ Er gab keine neue Weltanschauung, sondern legte nur, mit der unerschütterten Ruhe und unbeirrten Klarheit seines kritischen Genies, den klaffenden Riß der bisherigen für Jedermanns Augen bloß. Vor dem unausfüllbaren Abgrund zwischen Sein und Denken, in den er, ohne selber zu schwindeln, mit furchtloser Entschlossenheit hineingewiesen hatte, schauderten die begabteren positiven Naturen unter den Genossen seiner späteren Zeit zurück; eine neue philosophische Betrachtungsweise gewann Raum, und fand ihre Verkünder in Männern, welche, erfüllt von Begeisterung für die schöne Einheit antiker Weltbetrachtung, jene tiefe Kluft auszufüllen versuchten. Sie zuerst in der modernen Welt gingen mit Bewußtsein darauf aus, von der Fülle der endlichen Dinge wenigstens eine Brücke zum Absoluten hinüberzubauen und die Einheit beider zu vermitteln. Aber auch die Gründer dieser neuen Lehre sind nicht zu der Einheit des Seins und Denkens gelangt, nach der sie strebten, und deren sie sich rühmten: ja sie haben den Zwiespalt beider, nach einer anderen Seite hin, erst wahrhaft vollendet. Denn auch der Identitäts-Philosophie gilt das Absolute schlechthin als die Voraussetzung ihrer Denkoperationen, und mit vornehmer Verachtung weist sie die Forderung, dessen Dasein solle erst bewiesen werden, als eine Impertinenz des bornirten gemeinen Verstandes zurück, vermag dann aber auch, von der Höhe dieser sublimirten Anschauung aus, die Heiligkeit der endlichen Dinge nicht zu begreifen.

Ich kann in diesen Aphorismen, — ohne die ich doch für meine Rechtsauffassung schwerlich auf ein volles Verständniß hoffen darf, und die ich daher nothgedrungen in raschen Strichen voranschicken muß, — nur eine kurze Kritik des bedeutendsten Repräsentanten dieser neuen Lehre geben. Hegel hat sich nicht dabei beruhigt, wie es bei Schelling der Fall ist, „die intellectuelle Anschauung“ für das Organ aller wahrhaft philosophischen Betrachtung zu erklären, und eine Skizze des Systems in künstlerisch genialen Formen hinzuwerfen. Ihn konnte vielmehr, nach seiner eigentlich recht realistischen Natur, nur eine fertige, bis in's Kleinste durchgearbeitete Ausführung befriedigen, und grade hierdurch hat er für die Specialwissenschaften, vor allem aber für die Jurisprudenz eine so hohe Bedeutung gewonnen.

Sein weltumfassender Riesengeist hat den gigantischen Versuch gemacht, durch ein Aufeinanderthürmen aller Berge der wirklichen Welt das Jenseits des Absoluten zu erstürmen. Aber er hat auch das Gigantenschicksal erfahren. Der letzte Grund der Dinge bleibt ihm ein Jenseits, und all seine Bemühung, die Identität des Seins und Denkens darzuthun, schlägt in ihr grades Gegentheil um. Der absolute Idealismus ist die vollendete Ab-solution der „Idee“ von den Dingen. Kann es wohl eine größere Abs-traction geben, als wenn sich das Denken von dem denkenden Subjecte loslöst, und auf eigene Hand eine Reise um die Welt macht? Auch bei Hegel gelangen wir nirgend zu einer bleibenden Einheit zwischen Sein und Denken. Das Endliche und Absolute wird zwar ununterbrochen mit einander ver-mittelt; aber Beides wird dadurch nur in die gleiche Ruhelosigkeit eines ewigen Processes hineingezogen. Das vielgestaltete Ganze des Kosmos, in der unendlichen Mannigfaltigkeit seines individuellen Lebens, erscheint nur als das verschwindende, verwendbare Material für die Entwickelung des absoluten Geistes. Jede Erscheinung, welche sich aus dem unaufhörlich fluthenden Meere seiner Dialektik emporhebt, taucht sofort wieder unter; einen kurzen Moment hindurch wird sie von der Welle getragen, aber nur um von einer nachfolgenden stärkeren Woge wieder fortgerissen zu werden und darin aufzugehen. Nirgends aber findet das subjectlose Denken, die mystisch personificirte „Idee“ eine bleibende Stätte, und nirgends gelangt sie zu ihrer Befriedigung in der Welt der wirklichen Dinge. In ewiger Verpuppung ihrer selbst, auf einer beständigen Flucht aus allen, ihr stets inadäquaten Formen des endlichen Seins begriffen, erreicht sie erst zum Schluß, am Ende der Tage und — des Wissens, in der Eigenbefriedigung ihres An-und-für-sich-seins das lange gesuchte Asyl. Den Ocean des endlichen Seins muß sie in seiner Totalität durchschifft haben, um in dem still in sich bewegten Hafen ihres An-und-für-sich-seins Ruhe zu finden; nur dort kommt sie zu sich selber, und ankert auf ihrem eigenen Grunde. Aus der rastlosen Seelenwanderung durch die reiche Gestaltenfülle des Diesseits hat sie sich so, — zum ersten und letzten Male unvermittelt, — zurückgerettet in ihre Urheimath, in den reinen Aether ihres eigenen Jenseits. Hier, in der verschwimmenden und unerreichbaren Transscendenz, von allem Irdischen entkleidet, findet sich die „Idee," als das wahrhaft Absolute, am Abschluß ihres Selbstbefreiungsprocesses, in christlicher Verklärung wieder: das vollständige Spiegelbild des theologischen Wolkengottes, — eine Gottähnlichkeit, vor der ihr bange werden sollte.

So läuft auch die Philosophie Hegel's in ein christlich verklärtes Stadium aus, und sie, der man so oft Vergötterung des Menschengeistes vorgeworfen, ist vielmehr nur zur Verendlichung des Göttlichen gekommen, ohne die Göttlichkeit des Endlichen zu begreifen. Sie hat also ebenso wenig die Verheißung wahr gemacht, in deren Erfüllung sie ihre Aufgabe zu haben behauptete. Im Gegensatz zu dem theologischen Dogma, dem das Verhältniß von Geist und Natur, Gott und Welt für ein unerklärbares Mysterium gilt; im Gegensatz zur Transscendental-Philosophie, welche (in strenger Consequenz davon) die Möglichkeit alles objectiven Wissens läugnete, — hatte sie zu dem „tieferen Frieden mit der Wirklichkeit" führen wollen, den die Erkenntniß schaffe. Und nun, am Schlusse ihrer rastlosen Wanderung durch die weite Welt der Wirklichkeit, erscheint diese noch immer als ein bloß provisorisches und relatives Diesseits; als das allein wahre und vollberechtigte Wesen aber ragt aus schwindelnder Höhe, dem menschlichen Auge unerkennbar, die hehre Gestalt des allein sich selber genügenden und auf seinem Eigengrunde beruhenden absoluten Geistes herab. Sein autonomes und autarkisches An-und-für-sich-sein bleibt für das menschliche Wissen ein ebenso sprödes Object, wie das Wesen Gottes, der ja auch alle Dinge in sich hegt, trägt und bewegt, für den Glauben des kindlich vertrauenden Gemüths. In dem kosmischen Processe, den der absolute Geist durchmacht, ist ihm zwar ein sich stets Antäisch erneuerndes Leben und eine unruhig fortdrängende Bewegung verliehen; die unendliche Welt der endlichen Dinge ist von ihm, dem Ueberall und Nirgends, aller Orten erfüllt. Aber wenn er dadurch von der schwindelnden Höhe seiner einsam thronenden theologischen Majestät heruntergezogen und durch die Nichtigkeit der wirklichen concreten Dinge hindurchgeschleift wird; so sind doch diese nirgends in ihrer leibhaftigen Individualität und Eigengeltung anerkannt; sie haben in ihrem lebendigen Sein keine eigene selbständige Bedeutung, sondern sind nur Momente des absoluten Geistes. Sie bilden für ihn bloße provisorische Durchgangspuncte und sind daher im Grunde Nichts vor ihm; der absolute Geist ist und bleibt die Summe und der Superlativ alles Seins, und, an ihm gemessen, schwindet die ganze Welt der Endlichkeit zu der relativen Nichtigkeit eines armseligen Diesseits zusammen, in welchem die rastlos zu sich selber hinstrebende „Idee" keine bleibende Stätte findet.

Hegel hat die Identität des Geistes mit der Wirklichkeit darthun wollen; aber er hat in Wahrheit die transscendente Kluft nur vergrößert, indem Er Selber, mit der gewaltigen Kraft seines Geistes, die ganze Welt des Seins und Denkens zusammenfaßte, und sie in einem nur illusorisch vermittelten Gegensatze dem absoluten Geist und dessen Selbstgenüge entgegenstellte. Er suchte nach der Vernunft in der Wirklichkeit: aber er fand sie nicht in dem immanenten Wesen der neben einander, durch und in sich bestehenden concreten Dinge, deren jedes in sich selbst sein Centrum hat; sondern er weiß die Einheit des Seins und Denkens nur dadurch zu ver-mitteln, daß die in unaufhaltsamer Bewegung begriffene „Idee" in den Dingen zur stetig fortschreitenden Aeußerung ihrer selbst gelangt; ihrem inneren Wesen nach ist diese „Idee," nachdem sie zu sich selber gekommen, in der gestaltlosen Selbstgenügsamkeit ihres An-und-für-sich-seins, ebenso etwas der ganzen Welt des endlichen Seins starr Gegenüberstehendes, ebenso etwas rein Absolutes und Unerkennbares, wie der Gott des Christenthums und der kritischen Philosophie.

Das unsterbliche Verdienst Hegel's beruht auch in der That

nicht in seiner dialektischen Methode, welche alle Dinge der wirklichen Welt in ihre Wirbel reißt, und den Geist zu guter Letzt doch mit einem Sprunge in den reinen Aether seines eigenen Seins erhebt. Wie sehr er sie in den Vordergrund und als den objectiven Gewinn seiner Philosophie hinstellt, so ist sie doch nur ein Beweis für die allerdings ungeheure subjective Kraft dieses dialektischen Titanen. Indem er Gott und Welt, Geist und Natur zu begreifen unermüdet bestrebt war, erschien ihm seine subjective Thätigkeit schlechthin objectiv, und was in Wahrheit die Arbeit seines eigenen denkenden Geistes war, hielt er, in großartiger Selbsttäuschung, für den Selbstbefreiungsproceß des absoluten Geistes. Stets lebte er in dem guten Glauben, daß die doch nur in Ihm und in seinem lebendigen Innern arbeitende Geistesmacht, auf ihre eigene Hand und losgelöst von seiner Individualität, ihren Durchzug durch das All vollbringe, und niemals ahnte er, daß die mystische Person der „Idee" sein eigener Geist sei, der seine Objectivität in der Vernunft der Dinge wiederfand oder doch wiederzufinden sich bestrebte!

Das Ewige und Dauernde in Hegel's System liegt zunächst in dessen kritischer und geschichtlicher Bedeutung. Er hat die Philosophie, als Denken des Denkens, nach allen Seiten hin, zum formellen Abschluß gebracht. Die Resultate der Jahrtausende philosophischer Arbeit sind hier, wie in einem Pantheon aller Philosophieen, vereinigt: die geschichtlichen Ergebnisse jener zahllosen Bemühungen, welche das menschliche Denken seiner eigenen objectiven Erkenntniß zugewandt hatte, sind von Hegel encyclopädisch gesammelt und systematisch geordnet. Sein System durfte sich daher in diesem Sinne mit Recht als das System bezeichnen, insofern es die Summe dieser historischen Errungenschaften, in der Geschichte der Philosophie wie in der Logik, darstellt.

Dann aber, — und darin liegt die neue und wahrhaft positive Bedeutung seiner philosophischen Arbeit, — hat Hegel durch sein eigenes großartiges Beispiel für alle kommenden Zeiten und Geschlechter gezeigt, daß der Geist eines jeden denkenden Menschen sich in den Dingen ent-decken kann, daß also das Denken den Schlüssel zu allen Dingen der wirklichen Welt bildet.

Seine Philosophie ist somit auch der Ausgangspunct für das Philosophiren, welches allein die Philosophie der Zukunft und die Zukunft der Philosophie ausmachen wird. Nicht in „der Idee,“ sondern in den Ideen liegt die Wahrheit. Jeder denkende Mensch vermag Steine zum Bau ihres Tempels herbei zu tragen, und was der Einzelne als das Allgemeine der Dinge erkennt, — mag nun der Gegenstand und Erfolg groß oder klein sein, — das findet seine bleibende Stätte in dem unvergänglichen Pantheon der Gedanken, in welchem es als Allgemeingut für das Nach-denken aller folgenden Geschlechter aufbewahrt wird.

Der Ermuthigung und dem Impulse, welche dies leuchtende Beispiel Hegel's gegeben hat, dürfen wir es danken, wenn der menschliche Geist nach dem langen Wege, den er voller Wahrheitsliebe in Betrachtung seiner selbst philo-sophisch gewandert ist, sich jetzt befähigt weiß, zur Welt-Weisheit gelangen zu können. Das endliche Sein in seiner unendlichen Gestaltenfülle vermag er denkend zu seinem Eigenthum zu erheben, und so das All geistig zu erobern. Er kann in den endlichen Dingen erkennen, was in ihnen unendlich ist: das heißt, sich Dessen bewußt werden, was in ihnen sich immer selbst gleich, was in ihnen identisch, was ihnen all-gemein und deßhalb das in ihnen Wahre oder Währende ist. Er vermag in den Dingen ihren Grund und die Gesetze ihres Seins zu ent-decken, mit einem Wort das Ansich der im eigentlichen Sinne con-creten Dinge zu erfassen und ihr mit ihnen wirklich zusammen-gewachsenes Wesen denkend zu begreifen. Ihr Wesen ist aber Das, worin jedes einzelne und alle derselben Art identisch sind; das Allgemeine in der verwirrenden Mannigfaltigkeit der einzelnen Erscheinungsformen; das Wahre oder Währende im rastlosen Wechsel. Es ist für uns das Gewisse, weil es in und an den Dingen das Ge-wisse oder Wißbare ist.

Indem das Denken sich so wirklich mit den Dingen identisch weiß und diese seine eigene Natur erkennt, wird es sich zugleich seiner Schranke bewußt. Diese Schranke ist aber nicht die negative der kritischen Philosophie, welche mit herber Resignation auf alle objective Erkenntniß verzichtete, sondern die positive, welche uns nur merken läßt, daß und worüber wir herrschen. Erst die Kenntniß der Schranken führt zur wirklichen Unbeschränktheit, denn Herrschen über Schrankenloses ist nicht Herrschen. Wenn Herrschen Wollen ist, so muß es das Gebiet seiner Herrschaft und also dessen Grenzen kennen. Herrschen über schrankenlose Fernen will nur die titanische Ohnmacht der modernen Faust-Natur: „erst groß und mächtig" klagt sie doch auch zu gleicher Zeit, schon in der Jugend, daß „wir nichts wissen können." Wenn sie aber „das Leben durchgestürmt, und es nun weise gehet und bedächtig," so zieht sie sich voller Resignation in immer engere Kreise zurück, bannt sich in die Schranken des Diesseits, und spottet ihres Prometheischen Jugenddranges, der sie rastlos trieb, das Dunkel des unerkennbaren Jenseits zu ergründen:

Nach drüben ist die Aussicht uns verrannt;
Thor! wer dorthin die Augen blinzelnd richtet,
Sich über Wolken seines Gleichen dichtet!
Er stehe fest und sehe hier sich um;
Dem Tüchtigen ist diese Welt nicht stumm.
Was braucht er in die Ewigkeit zu schweifen!
Was er erkennt, läßt sich ergreifen.

Diese bedächtige Weisheit ist doch nur ein Zeichen der erloschenen titanischen Jugendkraft, und auch der entsagende Greis muß sich mit dem Schmerzgefühl einer abgenöthigten Resignation zurufen:

Im Weiterschreiten find' er Qual' und Glück,
Er! unbefriedigt jeden Augenblick.

Und doch kommt schon der „süße Friede in das Labyrinth der Brust" auch dem jugendlichen Wanderer aus der stets weiterschreitenden Einsicht in die Dinge: die Erkenntniß des Alls ist das Ziel seiner geistigen Arbeit, und schon die Gewißheit, dies Ziel wenn auch nur schrittweise erreichen zu können, vermag dazu beizutragen, daß sein nächtliches Sturmlied in ruhigere Accorde ausklingt. In der unausgesetzten Verfolgung dieser nie endenden Aufgabe stillt sich das ungestüme Faustische Sehnen, da wir ja wissen, daß wir wissen können. An die Stelle des polarischen Wechsels zwischen himmelstürmendem Uebermuth und kleinmüthiger Verzagtheit tritt wiederum das schöne Gleichgewicht des harmonischen Menschengeistes, und jene Sophrosyne wird von Neuem unser Theil, nach der wir uns vergebens sehnten, seit wir der Verdammniß und dem Fegefeuer des Dualismus anheimfielen. Schon auf Erden ist es uns verliehen, was der Dichter Gott den Herrn, in den schönsten aller Verse, zu seinen Engeln sagen läßt:

Das Werdende, das ewig wirkt und lebt,
Umfaß' Euch mit der Liebe holden Schranken,
Und was in schwankender Erscheinung schwebt,
Befestiget mit dauernden Gedanken.

Statt also mit dem bittern Schmerz einer kategorisch abgeforderten Resignation kann uns diese Erkenntniß unserer Schranken nur mit der unvergänglichen Freudigkeit erfüllen, welche das Bewußtsein einer positiven Kraft und die unendlich siegesgewisse Seligkeit des Glaubens gewährt, den das Wissen gebiert. Mit einer unvergänglichen Freudigkeit, — weil wir wahrlich nicht zu fürchten brauchen, daß wir uns im Genusse dieser so lange und so heiß ersehnten Befriedigung „bald beruhigt auf das Faulbett legen." Es ist in der That eine nie endende und doch grade in ihrer schrittweisen Lösung „jeden Augenblick" befriedigende Aufgabe, welche Hegel in seinem tiefen und vielverkannten Ausspruche der denkenden Betrachtung gestellt hat: die Vernünftigkeit der Wirklichkeit zu erkennen.

Als letzter wirklicher Arbeiter in dem Reiche der Philosophie hat Hegel für seine Person ein gutes Theil dazu beigetragen, diese Vernünftigkeit der Wirklichkeit zu begreifen. Sein Geist, der, ihm selber unbewußt, die Momente des Kosmos durchwanderte, eben jene in Hegel selber incarnirte „Idee," war nicht bloß von ungewöhnlich starker Denkkraft, sondern auch mit einem reichen Schatze vielseitig realistischen Wissens ausgestattet. Hegel hat wirklich in allen Specialwissenschaften, welche sein im besten Sinne encyclopädisch gebildeter, ebenso in die Breite gehender, wie in die Tiefe bohrender Geist umspannte, der befruchtenden Keime genug verstreut, welche zum größten Theil noch unserer Pflege warten. Für unsere Wissenschaft des Rechts aber hat er gradezu den Eckstein gelegt. Denn er zuerst hat (in weit schärferer und tieferer Weise, als Kant) auf den Willen als den Grund und Boden des Rechts hingewiesen; von ihm datirt der Anfang zu der Erkenntniß, daß

Recht und Wille gleichbedeutend sind. Und diese Entdeckung Hegel's findet auch in unseren bändereichen Systemen eine äußerlich ehrenvolle Erwähnung; in den weitschichtigen Untersuchungen des Details aber ist von dem Willen, in seiner Gleichbedeutung mit Recht, selten die Rede; ja als fundamentales Princip, das Alles in der Welt des Rechts durchdringt und aus sich hervorbringt, hat ihn auch Hegel nicht begriffen. Und ebensowenig hat er erkannt, daß die Verwirklichung des Willens im Recht ein geschichtliches Factum ist, daß sie also nicht mehr erst gesucht zu werden braucht, sondern sich seit Jahrtausenden mit Händen greifen läßt.

Die Rechts-Philosophie Hegel's leidet vor Allem an zwei Mängeln. Der eine hängt mit der bereits geschilderten Weise seiner gesammten philosophischen Auffassung zusammen, die nirgends denkend in das Wesen der concreten Dinge eindringt, und jedes Ding nur als ein relatives Moment des absoluten Geistes auffaßt. Der andere wurzelt in dem Gesammtcharacter seiner reichen encyclopädischen Bildung: wie Jedermann durchaus ein Sohn seiner Zeit und ihrer allgemeinen Kulturverhältnisse, war er nur befähigt, solche geschichtliche Formen zu begreifen, die als Producte eines natürlich-organischen Volksthums erschienen.

In der ersteren Beziehung darf grade die noch von Hegel selber ausgearbeitete Rechts-Philosophie als ein lebendiges Beispiel seiner Methode überhaupt betrachtet werden. Nirgends tritt das Bewußtsein hervor, daß jedes Recht und nur das concrete Recht einer bestimmten Person etwas Selbständiges sei und auf seinem eigenen Grunde beruhe. Auch Hegel kennt nur das Recht an sich, die Rechts-Idee, welche zwar in jedem ihrer Momente gegenwärtig ist, in keinem aber völlig aufgeht. Die absolute Rechts-Idee ist es, welche, mystisch personificirt, sich in Proteischer, Schwindel erregender Dialektik vor unseren Augen entfaltet, und zu immer reicheren und erfüllteren Gestalten aufsteigt. Ihrer Entwickelung sieht der dialektische Zaubermeister, ohne daß er, (wie er wenigstens vermeint,) seinerseits irgend etwas beitrüge und sich selbstthätig verhielte, nur zu, da ihm ja bloß daran gelegen ist, die eigene Arbeit der Vernunft in der Sache selber zum Bewußtsein kommen zu lassen. So entrollt er in einem großartigen Gemälde, das auf uns eine magische Wirkung übt, das Eigenthum an sich, den Vertrag an sich, und sofort: lauter Stufen der Rechts-Idee, welche auf ihnen zu dem ätherischen Dome ihrer eigenen Göttlichkeit hinansteigt. Aber alle Momente ihres Entfaltungsprocesses sind nur provisorische und relative Formen, die in Nichts verschwinden vor der an und für sich seienden Majestät des Weltgeistes. Dessen Recht ist das höchste und also im Grunde das einzige. Vor ihm, dem autarkischen Wolkenbilde des absoluten Rechts, das sich wirklich losgelöst hat von aller Bestimmtheit der wirklichen Dinge, erscheinen die Formen der diesseitigen Rechtsgestalten ohne Ausnahme als unvollkommene Emanationen, welche nur darum nicht für gänzlich geistverlassen gelten, weil sich in ihnen ein Strahl seines eigenen göttlichen Wesens offenbart hat.

Die Rechts-Idee nach Hegel's Auffassung kann nicht wahr sein, weil sie in den einzelnen Rechtsgestalten nicht währt, sondern *auf einer beständigen Flucht* durch sie hindurch zu sich selber hin begriffen ist. Sie ist mit dem Wesen der Rechte nicht identisch: denn sonst müßte sie all-gemein, und also, nach jenem alten Satze des Pythagoras, so oft da sein, als Rechte wirklich da sind. Hegel ist auch in der Rechtsphilosophie sein eigener Doppelgänger. Sein eigener Geist, der, ihm unbewußt, als etwas von seinem lebendigen Ich Losgelöstes, in den Dingen sich entdeckt, läßt eben „die Vernunft in der Sache selber zum Bewußtsein kommen." Es ist die eigene Arbeit des denkenden Hegel, deren Resultate uns vorgeführt werden, und es darf uns daher nicht Wunder nehmen, wenn dieselben den Gedanken seiner Zeit auf das Haar gleichen. Dies zeigt sich, um ein schlagendes Beispiel herauszugreifen, in den Ausführungen über Staatsverhältnisse, wo wir denselben Ideen begegnen, welche Hegel's Zeit erfüllten: namentlich dem constitutionellen Schaukelsystem mit seinem Schattenkönige, der consequenter Weise bei Hegel die mathematische Spitze der Staatspyramide bilden sollte. Und so ist auch der „Weltgeist," in dessen oceanisches Bette die Rechtsphilosophie endlich mündet, nichts Anderes, als die sublimirte geschichtliche Potenz, welche die damalige Periode überhaupt zu begreifen vermochte, wie sie in dem geistreichen, universellen Kopfe Hegel's ihre vollständige Abspiegelung fand. Ihm, wie der ganzen Zeit gebrach es an dem Verständniß für eine geschichtliche Entwickelung, die über den Character des Griechenthums hinausgeht. Nur zu den naturwüchsigen, organisch-volksthümlichen Bildungen der ethnischen Geschichte fühlte man sich hingezogen: die natürliche Leichtigkeit des Griechischen Lebens fesselte vor Allem mit dem Zauber ihrer gottbegnadeten Schönheit, und auch für Hegel ist dies Ideal der allgemeinen Geschichtsauffassung seiner Zeit bestimmend gewordeu. Es hat ihn, wie die andern modernen Hellenen des Jena-Weimarschen Kreises, gradezu verhindert, die Römische Entwickelung zu verstehen. Denn diese steht allerdings zu der Griechischen in demselben unausfüllbaren Gegensatze, wie Natur und Geist; hier ist es aus mit jenem Character kampflosen Hervorgehens der einzelnen Bildungen, welcher den organischen Proceß der Hellenischen Geschichte in ihrer Jugendschöne kennzeichnet; an seine Stelle tritt die harte, saure Arbeit des Mannesalters, durch welche aber auch ein nicht minder herrliches, für alle Zeiten unvergängliches Product zu Tage gefördert worden ist: das Recht in seiner autarkischen Heiligkeit und Selbstständigkeit.

Das Recht in seiner Heiligkeit — es ist eine Errungenschaft der Römischen Geschichte. Denn in Rom hat das Recht seine Kirche erbaut, dessen Grund- und Eckstein der Wille ist, — das heißt der Geist, der sich im Bewußtsein seiner Freiheit, und unabhängig von den Außendingen wie von den Naturtrieben selber bestimmt. In Rom ist das con-crete Recht geboren, in dem Form und Wesen wirklich in einander ver-wachsen sind. Hier zuerst besteht jedes Recht causa sui, und ruht auf der souveränen Machtvollkommenheit des wollenden Subjects: Wille, Macht und Recht sind hier zuerst identisch; sie bilden die Dreieinigkeit, welche die Welt dieses ersten wahren Ver-eins zusammenhielt, — eine Dreieinigkeit, für welche die Freiheit nur ein anderer Name ist.

Wollen wir diese Natur des Römischen Rechts verstehen lernen, so müssen wir vor Allem das Wesen des Willens überhaupt erkennen, wie er sich auf das Wesen des Menschen gründet. Dasjenige, was den Menschen zu Dem macht, was er ist, und wovon er deßhalb auch in unserer sinn- und gedankenvollen

Sprache seinen Namen führt, ist der Geist. Durch ihn allein sind wir Alle einander gleich; er ist das in Allen Identische, das Allgemeine, somit das Wahre und Wesentliche des Menschen. Sehen wir ab von dem, wozu uns die Natur und die Verhältnisse gemacht haben, so bleibt als Allen gleiche Basis das rein punctuelle Ich übrig, das, als solches, weiß und will. Eines in seiner punctuellen Substanz, ist es nur in seinen Functionen verschieden; Wissen und Wollen sind die beiden Richtungen seiner endlosen Expansionsfähigkeit. Wollend weiß es; wissend will es: in jeder dieser Functionen ist es ganz; anscheinend sich theilend, ist es doch stets ungetheilt. Selber nicht in der Art schöpferisch, daß es dem Nichts ein „Werde!" zurufen könnte, ist es darauf hingewiesen und im Stande, das ganze Gebiet des Gewordenen, Alles was im Gegensatze zu ihm als Nicht-Ich dasteht, sich anzueignen. Wissend erobert es im Geiste, wollend practisch die Welt. Wissend Geist, wollend Person, erhebt es theoretisch die Schöpfung zu seinem inneren, practisch zu seinem äußeren Eigenthum.

An dieser substantiellen Einheit des Ich, wie sie im Wesentlichen bereits von Hegel dargelegt worden ist, muß durchaus festgehalten werden. Aus ihr allein läßt sich begreifen, worin das Wesen des Willens besteht, und warum er im Endlichen allmächtig ist. Weil das wollende Ich zugleich Geist ist, weil es (wie man so sinnig zu sagen pflegt) weiß was es will, kann es nur wollen, was dem Geiste gemäß, was vernünftig ist. Und jener alte Satz „der Wille ist das Maß der Kraft" läßt sich ebensowohl umkehren: Kraft ist auch das Maß des Willens. Indem das Ich somit will, was es kann, kann es, was es will. Weil es ewig unabänderlichen Gesetzen folgt, die aber seine eigenen sind, ist es frei, das heißt nur durch sich selber gebunden: nur sich selber bestimmend in ureigener Nothwendigkeit, ist es die im Endlichen allmächtige Energie des Geistes.

Die En-ergie des Geistes, — das ist der Geist selber, der sich ver-w'irk-licht, indem er sich in den Außendingen ein Gebiet seiner Herrschaft er-arbeitet. Das einzelne Ich, insofern es will, herrscht es: und zwar kraft seines eigenen Willens, dieser Grundrichtung der einen und untheilbaren Substanz des Men-

2*

schengeistes, welche, in Freiheit und Nothwendigkeit zugleich, nach Außen expandirt. Und jede concrete Herrschaft des Ich, das wir eben als Träger derselben Person nennen, ist ihr Recht, ist ihr Recht. Es wäre nicht ihr Recht, wenn ihre Herrschaft nicht auf ihrer eigenen souveränen Machtvollkommenheit beruhte: es wäre gar nichts Wirkliches, wenn es nicht causa sui bestände. Nicht ein unfindbarer Codex, nicht das Wolkenbild eines erträumten Rechts an sich, welches als allzeugende Mutter die subjectiven Rechte aus sich entließe, verleiht dem Einzelrecht Halt und Gestalt, Schutz und Grund: auf sich selber steht es, in sich selber trägt es seinen Werth, wie seinen Ursprung. Jedes Recht ist ein Recht von Gottes Gnaden, und jeder Mensch ein König in seinem Reiche.

Das objective Recht ist nicht die Erzeugerin der subjectiven Rechte, sondern diese bilden grade umgekehrt die Voraussetzung für seine Existenz; es würde gar kein allgemeines Recht geben, wenn nicht Rechte Einzelner beständen. Das objective Recht umfaßt nur das All-gemeine der Einzelrechte; es enthält nichts Anderes, als den Inbegriff der typischen Erscheinungsformen des subjectiven Willens in wissenschaftlicher Darstellung. Der Wille hat seine Kategorien so gut wie das Wissen. Das sogenannte objective Recht ist somit die Metaphysik des Willens, die Lehre von den wesentlichen Aeußerungsweisen des practischen, herrschenden Geistes. Es ist deßhalb zwar keine bloße Nomenklatur dieser typischen Willensformen, sondern das System derselben. Aber es bleibt doch immer nur das Wissen vom Recht, die Rechts-Wissenschaft. Das objective Recht setzt hiernach nothwendig die Existenz der auf sich selber beruhenden Einzelrechte voraus, anstatt ihren Ursprung zu vermitteln und ihnen ihre Geltung zu verleihen. Es ist nur darum das objective Recht, weil es die Natur der subjectiven Rechte zum Objecte seiner Betrachtung macht. Es hat nur darum als der allgemeine Wille bezeichnet werden können, weil es uns Einsicht verschafft in die Natur des Allen gemeinen Willens. Nur das einzelne subjective Recht ist wirkliches Recht und hat (aus und durch sich selber) Dasein. Wie die Kategorien der Logik, wie die Typen der organischen und unorganischen Naturproducte nirgends leibhaftig anzutreffen sind und keine andere Existenz haben, als im denkenden Geiste; ebenso haben auch die Rechtsregeln und Rechtsinstitute kein selbständiges Dasein. Weit entfernt, Quelle und Grund für die einzelnen subjectiven Rechte der lebendigen Personen zu sein, dienen sie nur als Schlüssel für die concreten Erscheinungsformen des Rechtswillens. Sie sind bloße Typen zur Erklärung der mehr oder weniger complicirten Rechtsverhältnisse des practischen Lebens; diese aber kommen unabhängig von ihnen und nur durch die zeugende Macht des menschlichen Willens zur Entstehung.

Die Aufstellung eines sogenannten objectiven Rechts, im gang und gäben Sinne, war somit, gleich der aller Dinge an sich, nur ein trauriger Nothbehelf, zu dem man greifen mußte, weil man das Wesen des Rechts selber, das heißt, des Willens nicht erkannt hatte. Die Thatsache stand fest, daß eine Menge von Menschen ohne einen Krieg Aller gegen Alle zusammenleben, trotzdem daß Jeder von ihnen *eine isolirte Sphäre, als sein ausschließliches Herrschaftsgebiet*, in Anspruch nimmt. Es galt dies vor Aller Augen liegende Factum zu begreifen; die Gründe waren anzugeben, warum diese anscheinend ganz unverbundenen Einzelpersonen, in dem gewöhnlichen und normalen Zustande ihres Zusammenlebens, das Bild des Gleichgewichts gegen einander spielender Kräfte zeigen, obwohl sie doch von lauter Sonderinteressen bewegt werden. Jedermann weiß, wie das Naturrecht des vorigen Jahrhunderts diese Erscheinung nur negativ erklärte. Das objective Recht war, ihm zufolge, der Inbegriff der Bedingungen, unter welchen die Willkühr des Einen mit der Willkühr des Andern nach einem allgemeinen Gesetze der Freiheit vereinigt werden könne. Dies galt der kritischen Philosophie als ein keines weiteren Beweises fähiges, noch auch bedürftiges Postulat. Das Recht war für sie die Verknüpfung des allgemeinen wechselseitigen Zwanges mit Jedermanns Freiheit. Denn die Verhinderung des Unrechts, als eines Hindernisses der Freiheit, müsse, nach dem logischen Satze des Widerspruches, mit der Freiheit nach allgemeinen Gesetzen zusammenstimmen, also recht sein. Demgemäß galt der kritischen Philosophie auch der Staat nur als eine Art von nothwendigem Uebel. Man müsse sich ihn gefallen lassen, um aus dem Zustande völliger Rechtslosigkeit herauszukommen, in welchem sich die ihrer natürlichen Freiheit überlassenen Personen unfehlbar vernichten würden. So allein könne man, unter Aufopferung eines Theils der angeborenen Freiheit, doch wenigstens den Rest retten und sichern.

Diese naturrechtliche Anschauung, wie sie am consequentesten durch Kant ausgebildet ist, beherrscht die nächste Vergangenheit, ja noch die Gegenwart mehr, als man einzugestehen pflegt. Es ist wesentlich der Standpunct der kritischen Philosophie, in seiner zugespitztesten Vollendung, von dem ein geistreicher und philosophisch gebildeter Civilist der neueren Zeit das Recht an sich begreifen will. Mit dem ihm eigenen Talent präciser und eleganter Gedankenformulirung erklärt Kierulff das objective Recht für „ein das Gleichgewicht in dem Conflict menschlicher Individuen erhaltendes und herstellendes Medium," und noch schärfer: „die die individuelle Willkühr reprimirende und zur Einheit zwingende Nothwendigkeit, welche die in jedem Augenblicke gefährdete Totalität wieder herstellt." Auch würde man sehr irren, wenn man glauben wollte, die historische Schule fuße auf wesentlich anderen Grundlagen. Obgleich sie sich ganz mit Recht in einen so stark betonten Gegensatz zum Naturrecht des vorigen Jahrhunderts gestellt hat, ist sie im Wesentlichen doch nicht über die Lehre Kant's hinausgekommen. Zwar erklärt ihr Stifter nebenbei, „daß das Bedürfniß und die Existenz des Rechts nur eine Folge der Unvollkommenheit unseres Zustandes seien, die mit der gegenwärtigen Stufe unseres Daseins unzertrennlich verbunden wäre." Aber diese gelegentliche Aeußerung eines frommen Sinnes bleibt für die logische Begründung selber vollständig bedeutungslos; in der Hauptsache wird der naturrechtliche Standpunct nichtsdestoweniger fest gehalten. Denn auch Savigny bezeichnet, freilich gegen das kritische Genie Kant's mit merklich geringerer Schärfe in Gedanken und Ausdruck, das Recht als „die Regel für die unsichtbare Grenze," innerhalb welcher das Dasein und die Wirksamkeit jedes Einzelnen „einen sicheren freien Raum" zu gewinnen vermöge.

Im Gegensatz zu dieser theils klar und offen ausgesprochenen, theils mystisch verschleierten naturrechtlichen Auffassung, hat allein und zuerst Hegel eine Anschauuug vertheidigt, welche das Recht in seiner Heiligkeit wenigstens begreifen will. Er bezeichnet treffend die Substanz des Rechts als den freien Willen, und das Rechtssystem als das Reich der verwirklichten Freiheit, das der Geist, als seine eigene Welt, wie eine zweite Natur, aus sich selber hervorbringe. Wie eine zweite Natur: zwei Worte nur, in denen aber eine Welt von Gedanken lebt. Indem er sie aussprach, war Hegel nicht der sein gedankenmäßiges Grau in Grau malende Philosoph, noch auch der sich ewig neu gestaltende dialectische Proteus, sondern, wie so oft, ein genialer Seher, der, vor- und rückwärts gewandt, an der Scheide zweier Welten, einen jener Gedankenblitze hinwarf, die noch leuchten und zünden werden, wenn von „dem System" nichts mehr als eine großartige Erinnerung übrig sein wird. Wohl ist die Welt des Rechts eine zweite Natur, die der Mensch aus sich selber hervorbringt. Was in der leblosen Welt die Centrifugal- und Centripetalkraft; was in der belebten die Gesetze des organischen Wesens; was in den anfänglichen Zuständen natürlich-gegliederter menschlicher Genossenschaften die objective Macht altgeheiligter, organisch entstandener und überlieferter Sitte: Das ist für die Mögkichkeit eines erst wahrhaft social-politischen Zusammenlebens das bindend-verbindende Recht. Selber kein Organismus, sondern nur fähig, im Complex seiner typischen Formen erkannt und in ein System gebracht zu werden, erreicht es unter einer Menge Einzelner, welche durch keine natürlichen Bande mit einander verknüpft sind, dieselben Erfolge, aber sicherer und dauernder, wie sie die lebendige Macht traditioneller Sitte in natürlich-organischen Kreisen hervorbringt. Erst das starre Recht vermag es, eine Menge monadischer Einzelner, welche sich in einem bloßen Aggregatzustande nebeneinander befinden, in eine solche Gegenseitigkeit zu versetzen, daß die ver-einten Personen das Gleichgewicht spielender Kräfte zu zeigen scheinen, welches das Wesen gesunder Organismen bildet. Nur das Recht löst für das Zusammensein der Menschen, welche doch nicht für immer und unter allen Verhältnissen von der Unmittelbarkeit sittlich-geheiligter Naturbande zusammengehalten werden können und sollen, das Problem, dessen Lösung man noch gegenwärtig, aber sehr vergeblich sucht, weil sie schon seit lange gefunden ist: es allein vermittelt die Einheit von Freiheit und Nothwendigkeit.

Jene beiden Worte hat Hegel indeß in einem wirklichen Acte „intellectueller Anschauung" ganz verloren hingeworfen: ihre inhaltsvollen geschichtlichen Bezüge hat er nicht weiter verfolgt. Er hat kein Bewußtsein davon, daß das Recht, dessen principielle Grundlage die von ihm so vortrefflich gezeichnete Natur des Willens bildet, auch nur Eines sein kann, und deßhalb in einer bestimmten Zeit und unter bestimmten Verhältnissen geschichtlich hat erwachsen müssen. Und er ahnt zwar, daß in Rom ein bedeutender Fortschritt für die Entwickelung der „Rechts-Idee" gethan ist; „in Rom," sagt er, „hat das Subject zuerst den Standpunct gewonnen, wo es nicht bloß ein Selbstbewußtsein von sich hatte als concretem auf irgend eine Weise bestimmtem, sondern vielmehr ein Selbstbewußtsein von sich als vollkommen abstractem Ich, in welchem alle concrete Beschränktheit und Gültigkeit negirt und ungültig ist." Daneben aber stellt er sich ganz auf denselben Boden, wie seine Gegner von der historischen Schule, gegen die er sonst so bitter polemisirt, und auf deren „rein geschichtliche Bemühungen" er mit so vornehm-idealistischem Lächeln herabsieht. Denn auch er lehrt, ganz in Uebereinstimmung mit den historischen Rechtsromantikern, „daß der Inhalt jedes positiven Rechts durch den besonderen Nationalcharacter eines Volks, die Stufe seiner geschichtlichen Entwickelung und den Zusammenhang aller der Verhältnisse bedingt werde, welche der Naturnothwendigkeit angehören." Er ist also nicht hindurchgedrungen zu der Erkenntniß des Rechts, in welchem eben jene Allgewalt des Willens historisch fleischgeworden ist: er hat die erneute Menschwerdung des Menschen, seine Erhebung zur Person nicht in der ungeheuren geschichtlichen Realität und Epoche machenden Wichtigkeit begriffen, welche die Römische Geschichte zur Geschichte aller Geschichten macht. Denn in Rom war es, wo in den Plebejern, zum ersten und letzten Mal in der Geschichte, jene Summe unverbundener, von allen natürlich-sittlichen Verhältnissen losgerissener, wirklich ab-soluter, aber doch auch leibhaft-concreter Ich-Monaden auftrat, denen es allein gelingen konnte, in dem Jus das bindend-verbindende Recht zu finden und zu gründen.

Sie haben dadurch nicht bloß ihre eigene Vereinigung erreicht, sondern auch allen folgenden Zeiten und Geschlechtern mit saurem Schweiße die Bahn gebrochen, auf welcher diese müheloser zu denselben Resultaten gelangen können. Ihnen verdanken wir es, wenn der Geist das Reich der verwirklichten Freiheit aller Orten als seine eigene Welt, wie eine zweite Natur, aus sich selber hervorzubringen im Stande ist. Der Bruch, welcher durch das Plebejerthum in die altrömischen, auf der Gentilität beruhenden Verhältnisse gebracht wurde, ist nicht bloß Rom selber, sondern auch aller Folgezeit zu Gute gekommen, grade weil er in der Geschichte Roms ausgeglichen und überwunden ist.

Ich habe vor Jahren, in einer wenig verbreiteten und noch weit weniger verstandenen kritischen Schrift über die geschichtliche Entstehung des Rechts, die Bildung der Römischen Plebs als den historischen Angelpunct bezeichnet, von welchem aus wir in eine neue Welt, in eben jene zweite Natur hinübertreten. Hat die dort aus der Fülle einer realistisch-gedankenmäßigen Geschichtsauffassung gegebene Darstellung nicht überzeugen mögen, so darf ich für die wenigen scizzirenden Striche, welche ich hier hinwerfen kann, kaum auf ein allgemeineres Verständniß hoffen. Vielleicht gelingt es mir aber doch, hier meine Absicht grade durch einen geringeren Kraftaufwand und dadurch zu erreichen, daß ich auf eine vollständige Aufzählung aller Entwickelungsmomente verzichte, welche ich dort in fast überreichem Maße vorgeführt habe.

Aus dem gefährlichen Experimente, welches die Römischen Altbürger mit der Uebersiedelung einer freien Menge machten, die ohne alle politische Bedeutung bleiben und ihnen mit Gut und Blut nur dienen sollte, entwickelte sich durch die größte aller „Listen des Weltgeistes" das grade Gegentheil des beabsichtigten Erfolges. Jenes Aggregat von Privaten, denen ja in der That Alles geraubt war, was einst in der verlorenen Heimath und deren natürlich-organischen Verbänden ihre sittlich-geistige Existenz getragen hatte, erwuchs zu einem Verein Freier und Gleicher, welcher aus sich heraus eine ureigene Gewalt vulkanisch hervortrieb, der Nichts zu widerstehen vermochte. Die auf sich selber gestellten Per-sonen der Plebs entdeckten in ihrem nackten Ich eine im tiefsten Innern wurzelnde, in ihnen Allen gleiche Macht, welche sich stark genug erwies, sie nicht nur selber zu ver-einen, sondern auch das Altbürgerthum in ihr eigenes atomistisches und atomisirendes System vollständig zu resorbiren. Zunächst freilich nur in social-commercieller Beziehung: indem sich die Altbürger, durch die Macht des seinen spontanen Gesetzen folgenden Verkehrs, mit den Plebejischen Privaten, freiwillig gezwungen, zu einer bürgerlichen Gesellschaft zusammenschlossen. Die nächste und nothwendige Folge davon war aber schon in nicht zu langer Zeit die privatrechtliche Gleichstellung beider Stände in allen Fragen des Mein und Dein. Und von dieser aus galt es nur noch einen kleinen Schritt zur politischen Gleichstellung innerhalb eines auf den gleichen atomistischen Grundlagen der Freiheit und Gleichheit ruhenden Gemein-Wesens. Was also von Hause aus rein Plebejischen Ursprungs; dieselbe Macht, welche im Stande gewesen war, die in socialer und politischer Beziehung durchaus atomistische Plebs zu ver-einen, ohne gleichwohl die selbständige Persönlichkeit der ihr angehörigen Privaten aufzuheben: Das ward zum Ferment der Römischen Nationalität. In ihr ist die Naturverschiedenheit der in Rom vereinten Volksarten so schroff und vollständig aufgehoben, wie nirgends vorher und nachher. Das Gemeinsame und der bestimmende Character dieser Nationalität beruht, im totalen Gegensatze zu der natürlichen Einheitlichkeit ethnisch abgeschlossener Volksganzen, in ihrer geistigen Einheit: der kühle Verstand und die unbezähmbare Macht des Willens sind die specifischen Merkmale des Römerthums. Diese geistige Bestimmtheit und eigenthümliche Präponderanz bewährte es vor Allem durch sein von aller früheren Ueberlieferung abweichendes Verhalten gegen die Besiegten. Es zeugt von seiner geistigen Ueberlegenheit und deren verzehrender Kraft, wenn es in immer weiteren Wellenringen eine Plebs nach der andern in seinen Schooß aufzunehmen und ihnen den scharf geprägten Stempel seines eigenen Wesens aufzudrücken vermocht hat.

Jene Macht, welche die Plebejer in sich entdeckten und der Rom verdankt, was es geworden ist, hat sich seitdem zu allen Zeiten und an allen Orten stärker erwiesen, als die Widerstandsfähigkeit natürlich-organischer Verbände und das traditionelle Ansehen altgeheiligter Sitte. Es ist eben die Souveränetät des subjectiven und sich seiner selbst bewußten Willens, in seiner Gleichbedeutung mit Freiheit und Recht. In der von Hause aus völlig unverbundenen Menge Plebejischer Privaten ist sie historisch fleischgeworden, und in der Ausgleichung beider Stände hat sie ihren primären Sieg gefeiert. So lange Römisches Wesen dauert, ist der Wille der Einzelperson alleiniger Grund und Quelle des Rechts. Auch in dem Jahrhunderte hindurch währenden Verfall bleibt das Princip selber unangetastet: freilich, je länger die Agonie anhält, desto mehr sich abschwächend, nie jedoch bewußt und absichtlich aufgegeben. Nur in dem Staatsrecht des sinkenden Römerthums fängt eine Anschauung an sich geltend zu machen, welche an das moderne Auctoritätsprincip erinnert. Der über alle Gesetze erhabene Princeps ist schließlich im Politischen der einzige Quell des Rechts, und von seinem eigenen Belieben hängt es ab, ob und in wieweit er sich durch seine Satzungen gebunden halten will: alle Anderen sind neben ihm Nullen, willen- und machtlose Unter-thanen. Aber auch diese Anschauung ist keine eigentlich dualistische. Die Herrschaft des Kaisers beruht auf sich selbst, und hat ihren Grund im Diesseits; er leitet seine Gewalt nicht von einer über ihm und der Welt stehenden Macht, sondern aus der Herrscherkraft seiner eigenen Persönlichkeit ab: er herrscht nicht „von Gottes Gnaden,“ sondern ist selbst Gott. Es ist nicht bedeutungslos, daß Cäsar auch der erste Princeps ist: in dieser fast modernen Heroengestalt, der höchsten Incarnation des Römerthums überhaupt, concentrirt sich das Römische Wesen mit seiner Verstandesschärfe und Willenskraft; er, — der „erste und doch der einzige Cäsar,“ ist zugleich Rom's Achilleus und Alexander.

Ich kann in dieser Skizze den interessantesten aller historischen Processe nicht näher in's Einzelne verfolgen, da mir daran liegen muß, in einer speciellen Arbeit die Probehaltigkeit meiner allgemeinen Rechtsauffassung darzuthun. Es ließe sich sonst zeigen, daß dieser Proceß, mit seiner allgemein- und endgültigen Errungenschaft für die Welt, den Producirenden ein schmerzliches Ringen gekostet hat. Auch die Geschichte des Rechts kann von einem Märtyrerthum erzählen, das seine Gründer und Bekenner zu erdulden gehabt. Unter welchem Druck und unter welchen Entbehrungen hat hier „der geängstigte Geist" darniederliegen müssen, um zu einer neuen Erfüllung seines verödeten Seins zu gelangen! War doch den Plebejischen Privaten Alles geraubt, was ein naturwüchsig-volksthümliches Dasein mit jenem warmen Lebenshauche poesievoller Schönheit durchdringt, wie er uns vor allen anderen aus der organischen Gestaltenfülle der Hellenischen Welt entgegenweht! Losgelöste Atome natürlich-sittlicher Verbände; ohne allen Zusammenhang unter einander und mit den sittlichen Mächten, welche ihnen vormals in ihren volksmäßigen Kreisen den inneren Halt gegeben hatten; einzelne Schößlinge fremder Stämme, die man gewaltsam in ein fremdes Erdreich verpflanzt, — fanden sich die Angehörigen der Plebs mit einem Schlage bloß auf sich selbst gestellt. Mit einem Male waren sie zu Personen geworden, welche sich anstatt der für sie völlig untergegangenen alten eine neue Welt durch die poesielose harte Arbeit en-ergischen Willens zu gründen hatten. Mit der Macht, die dieser verleiht, eroberten sie, die Alles verloren, nicht weniger als Alles, was sich eben erobern läßt. Nie und nirgends hat es sich imposanter gezeigt, daß es die En-ergie des Geistes ist, welche w'-irk-lich die Welt erobert und überwindet. Mit der Macht ihres Willens, dem Einzigen, was ihnen geblieben und das nun ihr Alles war, hatten und hielten sie in herrschender Hand die leb- und völlig widerstandlosen, wie die belebten und von ihnen abhängigen Sachen. Mit ihr unterwarf sich ein Plebejischer Private den andern, im Falle der Bedürftigkeit, aber nur partiell, aus einem bestimmten Grunde und zu einem bestimmten Zweck. Mit der Macht des Willens brachen sie die unterhöhlten Bollwerke altgeheiligter Patricischer Rechts-Sitte und verdrängten dieselbe mit der Zeit vollständig durch ihre eigenen atomistisch-privatrechtlichen Satzungen. Mit eben dieser Macht endlich hat sich das durch und durch Plebejisch gewordene Rom die ganze dem Alterthum bekannte und erreichbare Welt, nicht bloß alle Uferländer des antiken, sondern auch schon Adjacentien des Atlantischen Oceans unterworfen, und dadurch die Berührung mit den Stämmen eingeleitet, welche als die geschichtlichen Träger der Neuzeit auftreten sollten. Ueberall hin hat es die Keime seines Rechts verbreitet, welches auch diese modernen

Naturvölker zu atomisiren bestimmt war. Es hat ihnen allen in seinem Recht, der sauren Errungenschaft seiner harten Mannesarbeit, einen Schatz hinterlassen, der ihnen zur wahren und einzigen Freiheit verhilft, und ihnen doch ihre ewige Jugend beläßt. Indem sie ihn sich aneignen, können sie sich zu Freien und Gleichen atomisiren, ohne deßhalb gezwungen zu sein, auf die unersetzbaren und eben nicht zu erobernden Vorzüge eines volksthümlichen Geistes- und Gemüthslebens zu verzichten. Ihnen allen steht es frei, die fertigen Resultate dieser mühevollen Verstandesarbeit des Plebejischen Roms in sich aufzunehmen, und dennoch können sie daneben der Entwickelung des ureigenen Geistes ihrer Volksthümlichkeit Raum geben, auf dessen naturgemäßer und spontaner Entfaltung die lebendige Poesie und Schönheit jedes ächt menschlichen Daseins beruht. Jedes Volk kann nunmehr, um in ein Wort zusammenzufassen, was ich meine, in nie alternder Jugend, eine Entwickelung verfolgen, welche die Hellenische mit der Römischen wahrhaft vermittelt. Denn die Verschmelzung beider, welche in dem Rom der späteren Zeit vorgegangen, ist nur eine äußerliche und oberflächliche geblieben. Das Anempfinden und Nachahmen der absterbenden Blüthen des fremden Hellenischen Geistes gewährte doch immer nur einen kümmerlichen Ersatz für den Mangel einer nationalen Kunst und Litteratur, dessen Ursache grade in Roms Plebejisch atomistischem Character lag. Nur durch eben diesen Character war es befähigt, das Recht zu gründen: nachdem es aber diese Arbeit in der Hauptsache vollendet hatte, war es nur ein trauriger Nothbehelf, wenn der Kunst und Litteratur eines fremden Naturvolks von den gebildeten Römern innerhalb ihrer atomistischen und eben deßhalb durchweg prosaischen Nationalität ein später Nachsommer, wo nicht gar eine künstliche Treibhausentwickelung bereitet wurde.

Jedoch ich fühle wohl, daß geschichtliche Gesammtbetrachtungen, wie die eben angestellten, kaum dazu dienen können, meine gedankenmäßige Entwickelung von der Bedeutung des subjectiven Rechts wesentlich zu unterstützen. Ihrer Natur nach sind sie am Ende doch nur für denjenigen von überzeugender Kraft, dem sie sich als Resultate eigener und lange fortgesetzter Betrachtung aller Einzelnheiten ergeben haben. Zum Verständniß zwingen kann nur eine logisch und stätig fortschreitende gedankenmäßige Entwickelung. Indem ich diese wiederaufnehme, muß ich noch von meinem Standpuncte aus die Frage beantworten, von der jede denkende Rechtsbetrachtung ihren Ausgang genommen hat: wie kann unter einer Vielheit von Einzelpersonen eine Harmonie der subjectiven Willen obwalten, wenn die Ausschreitungen individueller Willkühr durch ein objectives Recht nicht eingeschränkt und unterdrückt werden? Die Antwort hierauf, die ich im Folgenden möglichst zusammenzudrängen versucht habe, muß sich, der Natur des Stoffes nach, in gedankenmäßiger Farblosigkeit halten. Ich glaube indeß versichern zu dürfen, daß es keine bloße „dürre Heide" sein wird, auf welche ich meine Leser führe.

Auch hier müssen wir wieder von der substantiellen Einheit des menschlichen Geistes ausgehen, auf die ich gleich zu Anfang meiner Auseinandersetzung hinwies. Nur weil der Wille eine bloße Function unseres Ich ist, wird es möglich, daß eine Menge von Einzelpersonen nicht trotz, sondern grade wegen ihrer Subjectivität harmonisch neben einander bestehen und solidarisch mit einander verbunden sein können. Und weil sich in Rom diese Natur des Willens in ihrer ursprünglichen Reinheit offenbart hat, ist das Römische Recht das allgemein- und endgültige, und seine Reise um die Welt eine Nothwendigkeit geworden.

Das wollende Ich, als sich verwirklichender Geist, kann seiner Natur nach nur das wollen, was vernünftig ist. Wie es sich in seinem Innern von den Naturtrieben zu reinigen vermag, und durch die Macht seines Ge-wissens zur selbstbewußten freien Sittlichkeit geführt wird; so beruht auch sein Verhalten nach außen, Andern gegenüber, auf den unverbrüchlichen Gesetzen freier Nothwendigkeit. Es kann daher nicht wollen, was ein Anderer will. Es ist frei, aber nur dadurch, worin es allen anderen gleich ist. Das, was den Grund meiner Persönlichkeit bildet, die Freiheit des Willens, ist gleichmäßig der Grund jeder andern Person. Wenn ich daher irgend Jemanden in seiner Willenssphäre nicht so respectire, wie ich in der meinigen respectirt zu werden verlange; so negire ich den Grund, der meine eigene Persönlichkeit hält und trägt: was ich nicht thun kann, weil es absurd ist. Man darf deßhalb nicht, mit **Hegel**, von einem **Gebote** sprechen: „Wie Du selber Person bist, so respectire die Anderen als Personen!“ Dies ist für die Person kein **Gebot**, das ihr durch eine unfindbare Auctorität von obenher gegeben wäre; sondern ihr **eigenes Gesetz**, das nicht kennend oder nicht achtend, sie nicht wäre, was sie ist: wissend-wollendes Ich.

Wenn es aber das eigene Gesetz **Aller** ist, daß Jeder Jeden in seinem Kreise frei schalten lasse; wenn Alle in **sich selber bindender Gebundenheit**, das heißt in **Freiheit** und **Gleichheit**, oder (was damit durchaus gleichbedeutend ist) **im Rechte** leben: so ist eine **Collision** der Einzelnen gar nicht **denkbar**. Vielmehr ist damit **begriffsmäßig** derjenige Zustand gegeben, welcher die wahrhafte Verwirklichung der auf der Gleichheit Aller beruhenden Freiheit enthält. Begriffsmäßig ist damit **der allgemeine Wille** dargethan als **der Allen gemeine Wille**.

Begriffsmäßig ist eine Collision der einzelnen Personen nicht denkbar; das will sagen: es ist der **normale** Zustand, daß Jeder neben Jedem in seinem Kreise frei und ausschließlich herrsche. Die denkende Betrachtung hat damit sich selber Genüge gethan und ihre Aufgabe befriedigend gelöst. Hat sie doch überhaupt keinen andern Inhalt und Zweck, als das **Normale** oder **All-gemeine** der Dinge festzustellen! Wenn ich also meiner Auseinandersetzung noch etwas hinzusetze, so will ich damit keine positive Erweiterung und Unterstützung derselben geben: ihre positive Rechtfertigung ist in den wenigen vorgetragenen Sätzen erschöpft, die in stätiger Folge einer aus dem anderen fließen. In dem Weiteren beabsichtige ich nur noch, die bisherigen Betrachtungsweisen zu kritisiren, und die Polemik gegen die Einwürfe zu anticipiren, die vom Standpunct des abstracten Denkens gegen diese objective Auffassung erhoben werden können.

Es ist leicht vorauszusehen, welche Einwendungen man dem hier angestellten Versuche entgegensetzen wird, der es Ernst damit machen will, die Vernünftigkeit der Wirklichkeit in Ansehung des Rechts zu begreifen. Die Verwirklichung der Freiheit, wie sie hier aufgefaßt sei, — so wird man von allen Seiten zeternd ausrufen, — setze **ideale** Menschen voraus, die sich nun einmal in unserem

Jammerthal nirgends fänden. Unser Geschlecht, „nach der Unvollkommenheit unseres Zustandes, die mit der gegenwärtigen Stufe unseres Daseins unzertrennlich verbunden," sei gar wenig geeignet, einen derartigen Verein Freier und Gleicher zu bilden, welche sich in der unbeirrten Nothwendigkeit sphärischer Gesetze ohne jegliche Störung neben einander bewegten. Man dürfe ja nur die Augen aufschlagen, um zu sehen, wie Zank und Streit überall sei, und unfehlbar ein Krieg Aller gegen Alle ausbrechen würde, wenn nicht die zwingende Kraft des objectiven Rechts einem Jeden Sicherung in seinem Kreise gewährleiste.

Ein wirklicher Kampf gegen diesen Standpunct ist nun, das muß ich von vorneherein bekennen, eine wahre Unmöglichkeit. Wenn das abstracte Denken den Dingen ihr immanentes Wesen genommen, und, zu ihrem Ideal verflüchtigt, in nebelhafte Fernen gerückt hat, wie sollte da etwas Anderes zurückbleiben, als die brutale Macht der Thatsachen in den ent-geistigten Dingen? Daher nutzen denn alle Streiche zu nichts, welche eine wahrhaft gedankenmäßige, die Dinge in ihrem immanenten Wesen erfassende Betrachtung gegen den Dualismus der Abstraction zu führen versucht. Sie treffen entweder nur die todten Cadaver der geistentleerten Dinge, oder sie erreichen doch die Ideale nicht, welche in Wolkenhöhe über ihnen schweben. Ich kann und will daher auch nur die Grundansichten kritisch zu erklären suchen, in denen alle derartigen Einwendungen wurzeln.

Wollte und könnte ich diese Aufgabe hier erschöpfen, so müßte ich eine neue und wirkliche Metakritik der reinen Vernunft liefern. Denn überall ist es der Kantische Standpunct, auf welchem jene Ansichten ruhen, und zwar aus dem einleuchtenden Grunde, weil Kant die Natur des abstracten Denkens überhaupt zum Bewußtsein gebracht hat. Statt einer ausführlichen Antikritik kann ich indeß hier nur einige aphoristische Bemerkungen hinwerfen.

Ich darf diese jedoch nicht unterdrücken, weil sich sonst die Frage gar nicht beantworten läßt: warum setzt man so ganz allgemein das Wesen des subjectiven Rechts in seine ihm durch das Recht an sich gewährleistete Erzwingbarkeit? Dieser Standpunct des Naturrechts herrscht auch jetzt noch durchgängig, weil er eben mit

Nothwendigkeit aus dem modernen Dualismus folgt. Zum Beweise dafür mag es genügen, hier nur an die Ausführungen zweier unserer bedeutendsten Juristen zu erinnern. Savigny bemerkt in seiner vorsichtigen und sinnigen Weise von dem subjectiven Recht: „daß es vorzugsweise in sichtbarer Gestalt erscheine, wenn es bezweifelt oder bestritten und nun das Dasein oder der Umfang desselben durch ein richterliches Urtheil anerkannt werde.“ Kierulff aber hat auch hier mit männlicher Energie die äußerste Consequenz der dualistischen Auffassung gezogen. Er hält unumwunden nur das bestrittene und richterlich anerkannte für ein wahres Recht: „denn das Recht sei Recht durch die Anerkennung und den Schutz des Staats, welcher präsent sei im Organ des Gerichts; — es manifestire sich daher erst als solches, wenn es verletzt worden und den Zwang des Staats anrufe; — das Recht müsse aus seinem bloß natürlichen und problematischen Zustande in Streit und Prüfung gehen, wenn es seinen Begriff ganz entwickeln wolle.“

Wenn ich im Anfange dieser Arbeit nur die allgemeine Natur des nachchristlichen Dualismus im Sein und Denken andeutete, so muß ich hier einige Worte über die Folgen hinzufügen, welche aus eben diesem Dualismus mit Nothwendigkeit hervorgehen. Sie beruhen für das Sein und Denken auf einem und demselben Grunde: wenn man die innere Nothwendigkeit der Dinge nicht gelten läßt, so wird dieselbe für die entgeistigten Dinge zu einer äußeren Schranke. Aber die Folgen des Dualismus sind andere im Denken, andere im Sein.

Entgeistigt man die wirklichen Dinge auf dem Wege der Abstraction, so bleibt von ihnen sehr natürlich nur die entseelte Hülle zurück. Sie werden damit zu seelenlosen Körpern, und der ihnen immanente Gedankengehalt schwebt, wie ihr verklärter Leib, über ihnen als reine Form. Sie bilden nicht mehr die Erscheinung der mit ihnen doch in Eins verwachsenen Ideen; sondern das todte Residuum der aus ihnen destillirten Ideale. Den tiefsten Ausdruck hat dieser Verklärungs-Proceß in jenen Versen des Dichters gefunden, der hier mehr als irgendwo ein Seher ist:

Nur der Körper eignet jenen Mächten,
Die das dunkle Schicksal flechten;
Aber frei von jeder Zeitgewalt,
Die Gespielin seliger Naturen,
Wandelt oben in des Lichtes Fluren,
Göttlich unter Göttern, die Gestalt.
Wollt ihr hoch auf ihren Flügeln schweben,
Werft die Angst des Irdischen von euch!
Fliehet aus dem engen, dumpfen Leben
In des Ideales Reich!

Denn, wie wir ebendort lesen, nur in jenen

— „heitern Regionen,
Wo die reinen Formen wohnen,
Rauscht des Jammers trüber Sturm nicht mehr.“

Aber die reinen Formen der Ideale herrschen dann auch mit Alles bewältigender Auctorität über die geistig verödete Welt der Wirklichkeit, und diese verzehrt sich vor ihnen in der Unseligkeit eines ewigen, nie erreichten und nie erreichbaren Seinsollens. Wahre Ruhe und Befriedigung findet dann der von Natur stets nach etwas Festem und Gewissem strebende Menschengeist in anderen Mächten, als in der Erkenntniß:

Aber dringt bis in der Schönheit Sphäre,
Und im Staube bleibt die Schwere,
Mit dem Stoff, den sie beherrscht, zurück.
Nicht der Masse qualvoll abgerungen,
Schlank und leicht, wie aus dem Nichts gesprungen,
Steht das Bild vor dem entzückten Blick.

Wem nun aber nicht „thatenvoll der Genius entbrennt;“ wem es nicht so gut ward, daß er die Kraft in sich fühlt,

— das Todte bildend zu beseelen,
Mit dem Stoff sich zu vermählen, —

der ringt vergeblich nach Erkenntniß und ihrem tieferen Frieden. Was soll es, daß man Denen, welchen die innere Befriedigung des Genius in künstlerischem Bilden versagt geblieben, zuruft:

Aber flüchtet aus der Sinne Schranken
In die Freiheit der Gedanken!

Der „ewige Abgrund,“ den die Abstraction gegraben, füllt sich nie, denn „das Dort ist niemals Hier!" Erkenntniß ist nur möglich, wenn sich die mit den wirklichen Dingen con-creten Ideen dem forschenden Sinne erschließen. Sind jene aber geistig entleert, so lassen sie sich nie be-greifen. Aeußerliche und oberflächliche Hüllen, die sie nur noch sind, kann man sich mit ihnen wohl theore-tisch beschäftigen. Aber diese Anschauung führt nicht in ihren Kern, sondern erhascht sie nur da, worin sie noch zu erhaschen sind, an ihrer „äußeren Schale." Diese läßt sich nicht er-kennen, sondern nur de-finiren und be-schreiben.

Im Reiche des Seins aber, „im Raume, wo sich hart die Sachen stoßen," äußern sich die Folgen des Dualismus greif- und fühlbarer. Statt der reinen Formen der Ideale, die freilich von ihren Aethersitzen herab kein wirklich blühendes Leben zu knicken vermögen, fordern hier die absoluten Mächte leibhafte Träger. Und es ist eine unerbittliche Nothwendigkeit, daß diese das Concrete knicken müssen. Diejenigen, welche die Summe ihres eigenen Gehalts über-tragen haben, sind nur wirklich Nichts mehr vor den Trägern ihres eigenen Wesens. Da sie sich selber verstümmelt, bis zur Fadenscheinigkeit geplündert und alles Dessen beraubt, was ihren Eigenwerth ausmacht; so sind sie nun wirklich haltlos und unselbständig geworden. Sie müssen sich beugen, Nullen, die sich selber entleert, vor den fingirten Repräsentanten ihrer Eigengeltung. Sie haben bei lebendigem Leibe ihr Hab' und Gut an Universal-Successoren abgetreten, und dürfen sich nicht beklagen, wenn ihre Rechtsnachfolger sie als nackt und vermögenslos behandeln.

Wollte ich practische Beispiele geben, so lägen sie nahe genug. Die Arbeit, das will sagen die Arbeiter, welche sich doch selber creditiren können, müssen nun wirklich bei dem Capital, das will sagen bei den Capitalisten Credit suchen. Die Gesammtheit, das heißt die Summe aller zu einem Gemeinwesen vereinten Freien und Gleichen, die doch zur Selbstregierung in Kreisen von „Heroldsruf" befähigt ist, muß sich nun wirklich von den Vertretern zertreten lassen, denen sie sich zu leibeigen gegeben haben. Aber ich lasse diese furchtbaren Parallelen, um die Anwendung speciell auf meinen Gegenstand zu machen.

Man setzt das Wesen des subjectiven Rechts in seine Erzwingbarkeit, weil man es nicht in seinem Eigengrunde begreift. Die Person läßt sich ihr Recht, das doch auf der Subjectivität ihres Willens beruht, von der absoluten Staatsgewalt octroyiren, und ruft diese „klagend" an, wenn es verletzt wird: die Obrigkeit ist das alleinige Medium, welches der Person ihr Recht zwangsweise garantirt. So die Praxis: und die Theorie giebt uns natürlich deren Bild getreu so, wie sie es an-schaut, wieder. Sie faßt und kann nur in's Auge fassen, was allein von dem seines Eigengrundes beraubten subjectiven Rechte übrig ist. Sie begreift es deßhalb nicht in seiner normalen und ungestörten, aber eben deßhalb nicht sichtbaren Geltung, worin sich doch sein Wesen offenbart; sondern sie setzt dasselbe oberflächlich und äußerlich grade in seine bloß accidentelle Störung. Sie de-finirt das Caput mortuum des verletzten Rechts, und giebt sich zufrieden, da es ihr doch noch „die äußere Schale weist."

Es läge auch hier nahe, an Beispielen aus unserer Litteratur zu zeigen, wohin diese entgeistigende Auffassung des subjectiven Rechts zu führen vermag. Faßt man es einmal bloß in seiner Endlichkeit, hat man von ihm losgelöst, was an ihm unendlich ist, so kann es nicht fehlen, daß man seinen Werth und sein Wesen schließlich nach seinem endlichen practischen Erfolge abschätzt. Jenachdem dieser erreicht oder vereitelt wird, gilt nun das Recht überhaupt noch als Macht. Es wird indeß genügen, wenn ich hierfür bloß an die Ausführung eines unserer jüngsten Civilisten erinnere, dessen reiche Begabung sich in dem Hange zu einer fast cynischen Skepsis äußert. „Alles Recht ist nicht Macht," so ruft Brinz aus, „aber in seinem Zwecke liegt es, verwirklicht zu werden; — ob das Recht seinen Zweck erreicht, also die Macht sich beigesellt, das ist quaestio facti: die Existenz des Rechts ist hiervon unabhängig!"

Das Recht ist aber, als solches, Macht: nicht Dürfen, sondern Können, und sein Correlat ist nicht Pflicht, sondern Unterwerfung. Das Recht gesellt sich auch nicht die Macht bei, sondern es re-agirt im Falle der Verletzung, weil es Macht ist. Wird es verletzt, so zeigt sich nur, daß es Macht ist: wie Kraft sich nur in ihrer Aeußerung und durch dieselbe manifestirt. Ob die Macht zu einem practischen Erfolge führt, berührt sein Wesen nicht, sondern ist rein accidentell.

Die Macht des subjectiven Rechts kann allerdings zur Ohn-macht werden, denn seine Herrschaft ist „von dieser Welt." Es ist zunächst Macht über Endliches. Und alles Endliche ist eben „werth, daß es zu Grunde geht." Die Machtäußerung des Rechts kann erfolglos bleiben, es kann practisch ganz vernichtet werden, weil das endliche Object seiner Herrschaft untauglich oder vernichtet wird. Daß der Schuldner insolvent wird, oder die unterworfene Sache untergeht: das ist quaestio facti.

Das subjective Recht herrscht aber auch unter Endlichen: es kann von Andern ganz oder theilweise verletzt werden. Wenn dies geschieht, wenn mir also ein Anderer meine Sache vorenthält, wenn mein solventer Schuldner nicht bezahlen will, — sei es, daß dies wirklich aus bösem Willen geschieht, oder nur aus dem Irrthum des Civil-Unrechts, wie Hegel es bezeichnend nennt; — so ist das eben in allen Fällen ein Un-recht, was mir widerfährt. Logisch läugnet damit der unrecht Handelnde, und zwar am offenbarsten in den Fällen eines mit Bewußtsein bösen Willens, den Grund seiner eigenen Persönlichkeit; er handelt, entweder aus Irrthum, oder gar absichtlich, im Widerspruche mit dem, was gedankenmäßig sein Wesen ausmacht, also unfrei. Aber das Substrat dieses seines Wesens, seiner Persönlichkeit ist eben etwas Endliches, das der Natürlichkeit seiner Triebe und der Bestimmbarkeit durch die Außendinge, sowie dem Irrthum unterworfen bleibt. Wir können, sollen wir wirklich frei sein, uns bestimmen: es muß also auch die Möglichkeit da sein, daß wir uns durch äußere Motive bestimmen lassen. Die Möglichkeit auch des wissentlichen Unrechts ist daher so nothwendig, wie die des Bösen, wie die Negation des Endlichen überhaupt: das Endliche wäre gar nicht, wenn es nicht negirt werden könnte. Es bedarf der Negation nicht, um zu zeigen, daß es ist; aber die Negation erweist, daß es ist. Das Unrecht ist also nicht in dem Sinne nothwendig, als wäre das Recht erst wahres Recht, wenn es über das Unrecht triumphirt, — gleichsam als brauche es eine Feuertaufe, um aus seinem „bloß natürlichen und problematischen Zustande" in siegreichem Heldenthume hervorzugehen. Aber es wäre nicht Recht, wenn es sich nicht aus der accidentellen Feuertaufe des Unrechts phönixgleich erhöbe, und aus der eigenen Machtfülle seines Wesens, der Verletzung zum Trotz, wiederum zur Geltung brächte, — wenn es sich nicht als Macht erwiese, die nur zufällig provocirt zu werden braucht, um gegen die Verletzung sofort in elastischem Gegendruck zu reagiren.

Und diese Macht erwächst ihm zunächst aus der Eigen-macht seines Trägers. Es ist nicht wahr, was aller Orten gepredigt wird, daß das Recht im Staat entstanden sei und durch den Staat allein gewährleistet werde. Auch dies Vorurtheil müssen wir abwerfen, so sehr wir es in unser Fleisch und Blut aufgenommen haben. Es wurzelt lediglich in der dualistisch-abstracten Denkweise, die wir freilich fast mit der Muttermilch einsaugen. Das Recht, in seiner Gleichbedeutung mit Jus, ist nicht im Staate entstanden: es setzt den Staat nicht voraus, sondern dieser bildet seine Consequenz. Der Verein jener Plebejischen Privaten hat Jahrhunderte lang bestanden, ohne alle politische Geltung und Gliederung, und dennoch ohne einen Krieg Aller gegen Alle. Er hat unwiderleglich den realen Beweis geliefert, daß in einer unverbundenen Menge von Einzelpersonen trotz ihrer Sonderwillen eine Harmonie bestehen oder doch wieder hergestellt werden kann, ohne die Existenz eines objectiven Rechts und ohne das Vorhandensein irgend einer Obrigkeit.

Verböten es mir nicht die Grenzen, die ich dieser Einleitung habe stecken müssen, so würde ich historisch nachweisen, daß es unter der Plebs bis zur Servianischen Tribuseintheilung kein weiteres endgültiges Mittel der Rechtsverwirklichung gab, als die Selbsthülfe. Auf diese waren ihre Mitglieder schließlich einzig und allein angewiesen, wenn sie in Rechtsstreitigkeiten geriethen, sofern sie es nicht etwa vorzogen, sich freiwillig einem schiedsrichterlichen Ausspruch zu unterwerfen: das mußte aber der Natur der Sache nach immer precär und ein Gegenstand specieller Vereinbarung bleiben. Die Eigen-Macht erschien natürlich Denen als Rechtshülfe in erster und letzter Instanz erlaubt, welchen Nichts geblieben war, als die Macht des eigenen Willens. Wer sich ihrer bediente, fußte ja auf eben dem Grunde, in dem die Geltung ihrer Aller wurzelte. Es war daher nicht bloß erlaubt, sondern geboten, dem Plebejischen Genossen, welcher eigen-mächtig sein Recht verfolgte, als Macht-Helfer beizuspringen. War doch der Plebejer ursprünglich genöthigt, sich in den Zeugen seiner Rechtsgeschäfte von vorne herein eine private Garantie für die machtvolle Verwirklichung seines Willens zu schaffen! Erst in den von Servius Tullius geschaffenen Aerar-Tribunen bot sich ein Richter-Collegium, eine ständige Rechts- und Machthülfe dar, dessen Errichtung die Plebs diesem ihrem Jupiter Stator verdankte. Bei der demnächst erfolgenden Geschlechterreaction blieb dasselbe wegen seines scheinbaren Mangels an Bedeutung verschont: und doch sollte aus dem Schooß dieser Servianischen Reliquie, die man, kurzsichtig genug, zu zerstören vergessen hatte, jenes Volkstribunat hervorwachsen, das, als „der organisirte Widerspruch," gleich einem „treibenden Keil" den Geschlechterstaat zu zersprengen bestimmt war.

Die Selbsthülfe ist hiernach sowohl logisch, als historisch der primäre Schutz des subjectiven Rechts; aber er bleibt nicht der einzige. Hat sich einmal auf den atomistischen Grundlagen der Freiheit und Gleichheit ein politisches Gemeinwesen auferbaut; so liegt es im eigenen wohlverstandenen Interesse aller Einzelnen, durch Einsetzung von ständigen Organen der Gesammtheit Sorge dafür zu tragen, daß stets Jeder gegen Jeden in seinem Recht geschützt werde. Die Selbsthülfe kann sich leicht als unzureichend erweisen; auch die privaten Macht-Helfer können ihre Hülfe versagen oder solche zu leisten unfähig werden. Die einander ablösenden Organe richterlicher Thätigkeit gehen dagegen aus dem Willen der Gesammtheit hervor, und werden während der Dauer ihrer Functionen von dem Gesammtwillen aller Vereinsglieder getragen, der ihnen schützend zur Seite steht.

Ihrer Natur nach sind die Organe des Rechtsschutzes im Interesse aller Einzelnen da, um Aushülfe zu gewähren, wo sich der Einzelne nicht selber zu helfen vermag. In diesem Sinne haben sie auch wirklich in dem starken Mannesalter der Römischen Republik ihre Functionen ausgeübt. Erst während der Agonie, der ihr Riesenleib länger denn ein halbes Jahrtausend verfiel, wurden sie zu Zwangsanstalten, deren sich die Unterthanen schon wegen ihrer eigenen Ohnmacht bedienen mußten. Die Nullen gleicher, aber nicht mehr freier Personen, als deren Nenner der Imperator dasteht, mußten schon deßhalb ihr Recht vor dem Kaiser und seinen Gerichten nehmen, weil Eigenmacht nicht möglich ist ohne eigene Macht. Die Selbsthülfe wird indeß in Rom's späterer Zeit zwar abgeschwächt, jedoch nie principiell gemißbilligt. Man schränkt sie freilich ein und belegt auch wohl einzelne Fälle mit Strafen; man verweist sie in die bloße Defensive und in die Schranken der Retorsion: aber nur aus Besorgniß vor tumultuarischen Störungen. Zu einer grundsätzlichen, nicht bloß auf Gründen der Staatsraison beruhenden Verdammung ist auch das absterbende Rom nicht gelangt. Diese Anschauung gehört erst dem christlichen Dualismus an, der die antike Welt wohl zersetzen, jedoch nur in der modernen zu dem positiven Resultat gelangen konnte: daß es allein Sache der Obrigkeit sei, „das Unrecht zu kränken."

Doch ist auch diese gerichtliche Geltendmachung des subjectiven Rechts keineswegs so „kläglicher" Natur, wie man aus dem für sie jetzt gebräuchlichen Worte abnehmen könnte. Auch in der durchgeführten Klage zeigt das subjective Recht, daß es seiner Natur nach Macht ist. Das Klag-Recht ist ebensowenig ein „selbständiges Recht," als „ein Annexum oder eine Zugabe" desselben; das subjective Recht „verwandelt" sich nicht durch die Verletzung in ein Klagrecht; die Actio ist auch kein „neues Recht," was durch die Läsion „erzeugt" würde; sie ist endlich auch nicht „das Recht selber," insofern es sich zu seiner Bethätigung bewegen müßte, um fertig und reif zu werden. Alle diese Wendungen unserer Civilisten treffen nicht das Richtige, und wurzeln Theils in der unangemessenen Uebertragung organischer Anschauungen auf das Gebiet des Rechts, wie sie durch die historische Schule so beliebt geworden, Theils in dem dessenungeachtet nicht überwundenen Standpunct des vielgeschmähten Naturrechts. Die Actio ist allerdings das subjective Recht selber: aber nur insofern, als es gegen eine fremde und accidentelle Einwirkung in elastischem Gegendruck re-agirt. Das Klagrecht ist die rechtliche Möglichkeit, vermöge deren die berechtigte Person die bestellten Organe des Rechtsschutzes anrufen kann, wenn sie zufällig durch Läsion von einem Dritten dazu provocirt wird. Es ist die Macht des subjectiven Rechts, den Verletzer durch die Organe der Gesammtheit zur Anerkennung seiner selbst zwingen zu können.

Der Schutz, welchen das Einzelrecht durch richterliche Hülfe findet, wird ihm nur darum zu Theil, weil es Recht des Verletzten ist. Durch ihn wird dasselbe gegen den factischen Untergang vollständig gesichert, sofern ihm solcher durch Unrecht Anderer droht. Und das Gericht respectirt in dem Verletzer nur dessen eigene irrende oder gar von ihm selber mißachtete Persönlichkeit; es ehrt, indem es ihn verurtheilt, die unvergängliche Macht seines eigenen Wesens. Mit der Organisation der Gerichte, wenn sie nicht als Obrigkeit, sondern als die freigewählten Organe der Gesammtheit fungiren, ist die Organisation des Rechts selber zum Abschluß gebracht. Der Allen gemeine Wille wird so in der That identisch mit dem allgemeinen Willen. Denn dieser findet ja in den Organen des Rechtsschutzes seinen Ausdruck, welche Alle wählen, und die für, wie gegen Alle Recht sprechen. Wo factisch und zufällig eine Störung eintritt, die sich in anderer Weise nicht beseitigen läßt, da treten die Macht-Helfer Aller ein, und verwirklichen den Willen des Einzelnen, weil sie, nach dem Willen Aller, den Allen gemeinen Willen schützen und sichern können und sollen.

Und so ist denn mit der Einsetzung der Gerichte der Schlußstein des Tempels gelegt, welchen sich die Freiheit erbaut, indem sie sich selber verwirklicht. Wenn sie sich selber soll verwirklicheu können, so muß die Möglichkeit gelassen sein, daß ihre Träger irren oder gar unfrei handeln; es muß aber auch dafür gesorgt sein, daß die accidentellen Störungen in kräftiger und sicherer Weise, wie es eben durch die schließliche Hülfe der Gerichte geschieht, beseitigt werden. Für den normalen Begriff des Rechts und des Rechtszustandes im menschlichen Vereinsleben sind aber diese Störungen eben nur accidentell und daher durchaus unwesentlich; ja wir dürfen uns der Hoffnung nicht verschließen, daß auch factisch einst die Worte des Dichters, in einem anderen Sinne, als er es meinte, zur allgemein anerkannten und befolgtem Wahrheit werden, und daß es von unserem Rechtsleben gilt, was er in jenen Orphischen Strophen singt:

Da ist's denn wieder, wie die Sterne wollten:
Bedingung und Gesetz und Aller Wille
Ist nur ein Wille, weil wir eben sollten,
Und vor dem Willen schweigt die Willkühr stille.

Ueber

den Begriff der Singular-Succession,

und

die Selbständigkeit des Sachen-Rechts

im

Rechtsverkehr.

Der große Grundirrthum über das Wesen des Rechts, dessen Bekämpfung die vorhergehende Abhandlung gewidmet war, hat sich natürlich auch für die einzelnen Lehren einflußreich erweisen müssen. Unsere ganze Wissenschaft leidet an jenem abstracten Dualismus, der für ihr oberstes Princip so bestimmend geworden, und wir begegnen seinen Spuren auf allen Gebieten des Systems, bis in's kleinste Detail hinein. Grade in mikrologischen Untersuchungen specieller Rechtslehren treten diese Folgen erst recht handgreiflich hervor, und es muß daher für mich eben so erwünscht, als unerläßlich sein, an irgend einer positiven Rechtslehre in concreter Anschaulichkeit den Beweis zu liefern, daß die bisher nur im Allgemeinen entwickelten Ansichten über die Selbständigkeit des subjectiven Rechts auch wirklich fruchtbar und probehaltig sind.

Dennoch bin ich gezwungen, der letzten Abhandlung, welche diesen Beweis in detaillirterer Art an dem Recht des Besitzes erbringen soll, noch eine allgemeiner gehaltene Betrachtung über die Selbständigkeit des Sachen-Rechts im Rechtsverkehr voranzuschicken, die eine quellenmäßige Belegung nicht in dem Maße gestattet, wie man sie in der demnächst folgenden Arbeit nicht vermissen wird. Da ich späterhin vom Besitze handeln will, so werde ich nur die Selbständigkeit des Sachen-Rechts, also nicht auch die gleichfalls dinglichen Gewaltverhältnisse des Familienrechts näher in's Auge fassen; und auch hier will ich nur die gangbare Ansicht über die translative Succession, nicht den ebenso allgemein verbreiteten Irrthum von der constitutiven Uebertragung bekämpfen; erst nach einer Darstellung der Besitz- und Eigenthumsverhältnisse, ließe sich mit Erfolg die Lehre widerlegen, daß Jemand auch Rechte einräumen könne, die er selbst nicht als Rechte dieser Art inne hatte, wie Beispielsweise der Eigenthümer eine Servitut. Von selbst versteht sich hiernach, daß die Universalsuccession von der Betrachtung ausgeschlossen bleibt, wenn es sich auch nicht ganz vermeiden läßt, sie zu berühren, insofern sie einmal von unserer Doctrin als eine bloße Unterart des allgemeinen Genus der Succession betrachtet wird.

Die gewöhnliche Theorie theilt den Erwerb (also die Entstehung) der dinglichen Rechte in zwei Hauptarten: den originären und derivativen. Unter jenem versteht sie die nach den Vorschriften des objectiven Rechts erlaubte Aneignung bisher herrenloser Sachen; — unter diesem die Uebertragung eines schon begründeten dinglichen Herrschaftsverhältnisses durch dessen bisherigen Inhaber auf einen neuen Erwerber, der hiermit zu dem ersteren, seinem Auctor oder Rechtsurheber, in das Verhältniß eines Successor oder Rechtsnachfolgers trete. Dort bildet, — wenigstens scheinbar, — die Selbstthätigkeit des Erwerbers das rechtserzeugende Moment; — hier gründet dagegen der neu eintretende Inhaber sein ab-geleitetes Recht gradezu auf seinen Rechtsvorgänger, und auf dem ursprünglichen Acte des ersten Erwerbers beruht die Be-rechtigung der Einzelnen in der ganzen unübersehbaren Reihe seiner Rechtsnachfolger.

Diese Unterscheidung besitzt indeß keinesweges die logische Schärfe, welche sie zur Schau trägt, sondern beide Erwerbsarten beruhen wesentlich auf ein und demselben Grunde, auf dem überall maßgebenden Princip der Auctorität. Nicht bloß bei dem derivativen Erwerbe ist der Vorgänger „Auctor" seines Nachfolgers, — auch der sogenannte originäre vollzieht sich nur in Kraft und auf Grund der Auctorität des objectiven Rechts. Der Wille des ursprünglichen Erwerbers ist nicht der letzte und entscheidende Grund für den Erfolg seiner Eigenthätigkeit; — eine fremde, außer ihm liegende Macht erlaubt ihm unter Umständen die Aneignung, und weist ihm die Schranken an, innerhalb deren er herrschen darf; — sein Aneignungsrecht beruht nicht auf dem Eigengrunde seines souveränen Willens, sondern ist nur concessionirt und scheinfrei.

Bei näherer Betrachtung verwandelt sich also auch die Erwerbsart, welche eine „originäre" sein soll, selber in eine derivative, deren Quelle nur weiter zurück liegt. Wenn sie nicht so offensichtlich in der Person eines concreten Rechtsurhebers zu Tage tritt, so entspringt doch auch sie *nicht* aus der Eigengeltung des erwerbenden Subjects, sondern aus der bindenden Kraft *objectiver* Vorschriften. Die Aneignung herrenloser Sachen wurzelt ebenso wenig in der Willens-Souveränetät des Acquirenten, wie der *Empfang* über-tragener Rechte, und unsere Doctrin fußt somit auf einer größeren Einheitlichkeit in ihren leitenden Grundsätzen, als es sie es sich selber hat träumen lassen. Sie ist *durchweg* in einer dualistischen Auffassung befangen, auch wo sie einheitlich zu sein scheint; überall abs-trahirt sie von dem con-creten Subject die mit diesem doch wirklich in eins ver-wachsene Souveränetät des subjectiven Willens, und verlegt dessen schöpferische Macht entweder in den Willen eines *Andern*, oder in die fictive Kraft des über Allen stehenden *Rechts an sich*. Jener *Andere* ist nur darum befähigt, *sein* Recht zu über-tragen, weil es in seiner, oder in der Person eines seiner Vorgänger einmal entstanden *war*; jeder *erste* Erwerb dinglicher Rechte findet seinen schließlichen Grund in der *Transscendenz des objectiven Rechts*, und alle folgenden Ueber-tragungen haben nur als *solche*, also lediglich darum Kraft und Geltung, weil sie sich auf irgend einen mit Bewilligung des Rechts an sich begründeten ersten Erwerb zurückführen lassen. Und so wird auch die Consequenz erklärlich, welche unsere Doctrin wirklich gezogen hat: das dingliche Rechtsverhältniß gilt ihr selber als etwas Objectives und als die *dauernde Substanz*, die auf einander folgenden Be-rechtigten aber als bloße *accidentelle Träger*.

Wir müssen es *Kierulff* Dank wissen, wenn er *dies* Resultat der gangbaren Lehre, mit der ihm eigenen markigen Kraft des Ausdrucks und logischen Schärfe des Gedankens, ausgesprochen hat: „*Das Subject des dinglichen Rechts ist unbestimmt, für das Bestehen dieses Rechts unwesentlich und gleichgültig*" [1]). *Savigny* bemerkt nur gelegentlich, und nicht ohne

[1]) Theorie des gemeinen Civilrechts (I. Bd. S. 160). Unsere Neueren haben sich das nicht vergeblich gesagt sein lassen, und bald auch in anderen Ge-

eine gewisse Verwunderung, daß nach der jetzigen Betrachtungsweise das Recht als das Bleibende und Substantielle gelte, indem es in einer Reihe aufeinanderfolgender Inhaber unverändert fortdauere, — während es einfacher und natürlicher sein würde, „die berechtigte Person als die bleibende Substanz, das Recht selbst aber als das Accidens anzusehen, welches nach wechselnden Umständen bald verbunden sei mit der Person, bald nicht" [1]). Eine befriedigende Erklärung dieses Satzes, durch den allerdings die natürliche Ordnung der Rechtsverhältnisse gradezu auf den Kopf gestellt wird, — einen schlagenden Grund dafür, warum denn das Rechtsverhältniß selbst als die bleibende Substanz und seine Inhaber als bloße accidentelle Träger gelten, findet man nirgends, auch nicht bei Savigny angegeben, dessen Darstellung, die zunächst wiedergegeben werden soll, sich mehr in sinnigen Anschauungen, als in der scharfen Gedankenmäßigkeit logischer Formeln bewegt [2]).

Die juristischen Thatsachen, — so nennt Savigny die Ereignisse, welche an den Rechtsverhältnissen bestimmter Personen irgend eine Veränderung in der Zeit hervorbringen, — bewirken, nach seiner Auffassung, entweder die Entstehung, oder den Untergang, oder endlich eine Umwandlung, eine Metamorphose des Rechts; bei der letzteren wird durch die juristische Thatsache zwar die frühere Gestalt des Rechts zerstört, zugleich aber eine neue erzeugt: „in diesen Momenten, welche ihrer organischen Natur entsprechen, vollzieht sich eben der Lebensproceß der Rechtsverhältnisse" [3]). In ihrer Metamorphose erblickt er den Quellpunct für den wichtigen allgemeinen Rechtsbegriff der Suc-

bieten zu entdecken geglaubt, daß das Bestehen eines Rechts überhaupt nicht durch das Vorhandensein eines Subjects bedingt sei.

[1]) System Bd. III. S. 10.

[2]) Ebenda S. 4—21. — Ich kann bei Wiedergabe von Savigny's Auffassung, (auf die ich mich absichtlich und mit gutem Grunde beschränke, ohne die abgeblaßteren Darstellungen Anderer zu berücksichtigen,) nicht umhin, die Universalsuccession mit zu berühren, obwohl sie, — in der die Lehre von der civilistischen Unsterblichkeit der Person enthalten ist, — mit der Singularsuccession gar nichts gemein hat, und es nur einer ganz oberflächlichen Betrachtung verdankt, wenn man sie neben die Singularsuccession als deren coordinirte Species hinstellte.

[3]) A. a. O. S. 393.

cession; darin liege eine Umwandlung in Beziehung auf die Personen, indem dasselbe Rechtsverhältniß auf Andere über-tragen, also durch neu eintretende Subjecte fortgesetzt werde. Als die gemeinschaftlichen und wesentlichen Voraussetzungen jeder Art von Succession bezeichnet er: die fortdauernde Identität des Rechtsverhältnisses selbst; den unmittelbaren Anschluß des neuen an das alte Recht; vor allem aber, daß das spätere Rechtsverhältniß auf das frühere gegründet, von ihm ab-geleitet, also auch durch dasselbe bedingt und von ihm abhängig sei.

Einen principiellen Unterschied zwischen der Singular- und Universal-Succession statuirt auch Savigny nicht, sondern glaubt, wie unsere gesammte Doctrin, daß beide bloß durch die Natur ihrer Objecte von einander abwichen: die erstere habe nur ein einzelnes, oder doch nur einen Complex solcher Rechte zum Gegenstande, welche bloß zufällig zu einer Gemeinschaft zusammengefaßt worden; die letztere dagegen beziehe sich auf das Vermögen, als ein ideales Ganzes, bei welchem man von seinem speciellen Inhalt, sowohl der Qualität, als der Quantität nach, ganz absehe. Nur die ideale Größe des Vermögens bilde den Gegenstand dieser Art von Succession, und es könne deßhalb auf Grund derselben auch in Quoten succedirt werden; eben darum hebe auch das Ausscheiden bestimmter Vermögensstücke, — wie beispielsweise des Nießbrauchs bei der Erbschaft, — den Character der Universitas nicht auf, da man in sie, als solche, eintrete; das eigentliche Kennzeichen dieser künstlichen und nur allmählig, in Folge unabweislichen Bedürfnisses, erweiterten Erwerbsart, sei der Uebergang der Forderungen und Schulden, welche zu dem übertragenen Vermögen gehörten.

Man sieht, auch in dem individuellen Rechtsleben der einzelnen Personen sind es dieselben sinnigen Anschauungen von der organischen Natur der Rechtsverhältnisse, in denen sich diese Darstellung Savigny's bewegt, wie sie für die Begriffsbestimmung des objectiven Rechts nach der Anschauung der historischen Schule so verhängnißvoll geworden; mit dem anmuthigen Bilde einer organischen Entfaltung werden wir auch hier über den Mangel an logischer Klarheit und juristischer Schärfe hinweggetäuscht [1]). Aber dem Be-

[1]) Der Begriff eines Organismus läßt sich überhaupt nur auf die Rechts-

griff des Rechts, in seiner Gleichbedeutung mit Wille und

Sitte natürlich geeinter Völker und Stämme anwenden, aber auch hier nur in einem metaphorischen Sinne: bedingt, wie sie ist, durch das Medium der Tradition in ihren nationalen Kreisen, findet die ethnische Rechts-Sitte für ihre Entstehung, Fortpflanzung und Abschwächung eine passende Analogie in der Erzeugung, dem Leben und Absterben organischer Wesen. Das Recht dagegen, wie wir es Rom verdanken, die historische Incarnation der Willens-Souveränetäk in ihrer metaphysischen Bewegung, kann auch nicht einmal metaphorisch als Organismus bezeichnet werden. Es waren nur seine Wirkungen, die ich im Auge hatte, wenn ich oben sagte: es ver-eine die isolirten Personen in der Weise, daß die Verbundenen das Gleichgewicht spielender Kräfte zeigten, wie es im Wesen gesunder Organismen begründet liege, — und auch hier sollte nur für die Anschauung ein Bild gegeben werden, das eben, als solches, nur die Oberfläche der Erscheinung zeichnen konnte.

Eine nähere Darlegung des diametralen Gegensatzes zwischen Recht und Rechts-Sitte kann hier nicht erwartet und gegeben werden Ich habe sie anderswo, freilich mit so geringem Erfolge versucht, daß nur ein Kritiker, — natürlich kein Jurist, — der bloß scheinbar sprungweise fortschreitenden Darstellung die derselben zu Grunde liegende, streng durchdachte und sich stetig entwickelnde Folgeordnung abgemerkt hat; (es ist Julian Schmidt, der sich auf diese Art unbefangener gezeigt hat, als meine Fachgenossen, soweit mir deren Urtheile zur Kenntniß gekommen sind; — freilich, wer übt bei uns die juristische Kritik? — sind es doch meist, — in meinem Falle mit zwei Ausnahmen, — **„senes abecedarii,"** um Lessing's Ausdruck zu gebrauchen, oder jene jugendlichen **„expertissimi,"** welche das Recensentenhandwerk, die Zeile für einen Pfennig, betreiben). Wohl aber darf ich an die traurigen Folgen erinnern, welche die Träumereien von der organischen Natur des Rechts und der Rechtverhältnisse für unsere Wissenschaft herbeigeführt haben; durch sie ist es wirklich dahin gekommen, daß wir fast Alles Andere sind, nur nicht Jur-isten. Ich darf grade hier daran erinnern, weil die Lehre von der Succession vorzugsweise von dieser durchaus unangemessenen Uebertragung natürlicher Vorgänge auf ganz disparate geistige Gebiete getroffen ist. Bei einem Manne von Savigny's Begabung hat diese Anschauungsweise wenigstens die Frische der Originalität und den romantischen Zauber einer halb poetischen Intuition; gleicht doch in seiner Darstellung das dingliche Recht jener Goethe'schen Urpflanze, welche in der unendlichen Fülle der Formen ewig dieselbe bleibt, und ihre Umwandelungen, ohne Kampf und Lärm, in still-träumerischer Weise erlebt. Aber mit welcher Zähigkeit ist diese originelle, wenn auch inadäquate Auffassung eines genialen Mannes von geistesärmeren Epigonen als ein im blinden Glauben angenommenes Dogma festgehalten und in scholastische Fäden ausgesponnen! Wie hat man, — um doch etwas vom Eigenen hinzuzuthun, die Pflanzen-Metamorphose verlassend, und von den vegetabilischen allmählig

Macht, entspricht nichts weniger, als diese durchaus inadäquate

---

zu den höheren, animalischen Ordnungen aufsteigend, — fortgefahren, das Recht als ein „Naturproduct" zu betrachten, es „physiologisch und anatomisch" zu untersuchen, um die „Grundtriebe" dieses animalischen Wesens kennen zu lernen, und so zur Begründung seiner „Naturlehre" zu gelangen! In der Lehre von der Succession überwiegt der vegetabilische Character. Um ein concretes Beispiel anzuführen, möge hier die Entwickelung Kuntze's einen Platz finden, der bei seinen Untersuchungen über die Natur der Cession auf die Erörterung der Singularsuccession überhaupt kommt (Die Oblig. u. d. Sing.-Succ. S. 53—72): Die „Naturlehre" des Rechts führe uns darauf, daß sich in den Rechtsverhältnissen, wie in jedem Dinge der Körper- und Geisteswelt, Stoff und Form unterscheiden lasse; Rechtsstoff sei die durch das Vorhandensein von Rechtssubjecten und Rechtsobjecten begründete Möglichkeit, und erhalte seine Form erst in der Constituirung des concreten Rechtsverhältnisses; der in einem solchen bereits verwendete Stoff könne zwar in ein neues Herrschaftsverhältniß hinübergenommen werden, — das letztere erscheine aber, weil angefüllt mit dem aus dem früheren entnommenen Stoffe, als ein aus jenem hergeleitetes, aus ihm hervorgehendes, herauswachsendes Recht. „Dieses innerliche, organische Hervorwachsen," so schließt diese Probe juristischer Naturphilosophie, „ist der philosophische Kernpunct der Singularsuccession; dieser Character ist es, der dem Wesen der Verkehrsverknüpfungen entspricht und eine fertige, faßliche Analogie in den Umgestaltungsprocessen der körperlichen Stoffe hat, in denen die Bewegung der Weltmaterie sich vollzieht!" Die constitutive Uebertragung der Rechte an fremden Sachen erfährt bei demselben Schriftsteller eine noch wunderlichere Behandlung (vgl. Kuntze: Der Wendepunct d. R. W. S. 86. 89; d. Obl. u. d. S. S. S. 62. 85; Heidelb. Krit. Zeitschr. I. S. 553 flgde); hier hält der Naturproceß der Rechtsbildung die molluskenartige Mitte zwischen vegetabilischen und animalischen Bildungen, da es zur Erklärung dieses an sich „irrationalen" Verhältnisses eines „civilistisch-organischen Gelenks" bedarf, um neben dem „unversehrten" Eigenthum das „Zweigwerk" der iura in re aliena „hervorwachsen" zu lassen! — Es ist gewißlich wahr, was ich mit Bezug auf Papinian gesagt, daß, wenn die Römer das Recht gebildet, das Recht auch Römer bilden kann, nicht bloß in socialer und politischer, sondern auch in sittlicher Beziehung; grade unsere in sich so glaubens- und fast inhaltsleere Zeit kann sich an diesem Mark vergangener Jahrtausende nähren, und dadurch die Kraft gewinnen, in allen diesen Beziehungen wieder zu erstarken. Schon ein bloßes ernstes Studium des Rechts kann, wie kein anderes, uns Alle vor jener „Zucht- und Haltlosigkeit" bewahren, die jede „aufsprießende Idee" in den „saloppesten Formen" alsobald an den Mann bringen zu müssen glaubt, und die es verschuldet, wenn unsere tiefernste Wissenschaft mehr und mehr die Manieren des Feuilletons anzunehmen droht. Aber wenn diese versittlichende Wirkung

Auffassung, welche unter den An- und Nachklängen einer romantisirenden Naturphilosophie sich gebildet hat; und nichts widerstreitet mehr dem Wesen des Rechts, als eine Begründung durch Ueber-tragung. Ist Recht und Wille wirklich gleichbedeutend, — ist das Einzelrecht nichts Anderes, als unser Wille, wie er sich in seiner souveränen Herrscherfülle selber verwirklicht, — nimmt es den Grund seiner Macht nur aus sich, aus dem Eigengrunde des Willens her, — und ist das geträumte objective Recht nur das armselige und sterile Destillat eines Caput mortuum: so steht es auch in Niemandes Macht, Recht zu geben; Recht, was ein Anderer verleiht, ist nicht Recht und Macht, sondern Gabe und Gnade.

Und damit stimmt in der That das positive Recht durchaus überein: es ist stets ein neues Recht, das wir erwerben, wenn wir neue Objecte unserer dinglichen Herrschaft unterwerfen. Für die Selbständigkeit unseres Rechts macht es keinen Unterschied, ob das Object bisher einem Andern unterworfen war, oder nicht. Es giebt keine Singular-Succession in dem herkömmlichen Sinne, als würde das Recht durch sie übertragen, sondern jeder dingliche Erwerb ist ein wirklich originärer, und jedes dingliche Recht eben so ein neues, erstes, wie man es für die obligatorischen Rechte allgemein anerkannt hat.

In allen Fällen, wo man zu dem Begriff der Singularsuccession im Sinne einer Rechtsübertragung seine Zuflucht genommen, handelt es sich im Wesentlichen nur um Beantwortung der Frage, warum an demselben Object die gleiche Herrschaft des Successors eintritt. Eine oberflächliche Betrachtung konnte sich dabei beruhigen, und hat sich dabei beruhigt, daß Niemand mehr Recht geben

des bloßen Rechtsstudiums erreicht werden soll, bedarf es auch unserer ganzen und ungetheilten Hingebung an den in seiner Zerrissenheit schwierigsten aller Stoffe, des felsenfesten Glaubens an die Nothwendigkeit seiner Durchdringung, und des selbstbewußten Vertrauens auf die Möglichkeit seiner Bewältigung: und nur in diesem Geiste, der uns zu knechten scheint, indem er uns frei macht, kann unser Aller Streben nach einem Ziel zur endlichen Lösung der großartigen Aufgabe führen, welche uns das sterbende Rom in einem wüsten Haufen von „Trümmern" hinterlassen hat, aus und an denen man, nach jenem bekannten Wort, „am besten lernt."

könne, als er selber hat. Aber sie beachtet dabei nicht einmal die so nahe liegende intransitive Bedeutung von succedere, die es doch verbietet, die Succession zu einer Macht zu erheben, und sieht nicht, daß nur ein Wechsel der Subjecte eintritt, daß also mehrere Personen einander in der Herrschaft über dasselbe Object folgen, von denen die eine der andern bloß Platz machen muß.

Der Grund, warum man in diesem Personenwechsel ein Causalverhältniß erblickte, könnte an sich wohl darin gefunden werden, daß auch hier der spätere Vorgang als Wirkung des früheren aufgefaßt wurde, nur weil er später eingetreten. Aber es liegt nicht allein an jener so häufigen falschen Schlußfolgerung: post hoc, ergo propter hoc, — sondern tiefer. Auch diese specielle Auffassung beruht in dem bereits angedeuteten Gesammtcharacter der neueren Zeit, welcher die dualistische Anschauungsweise einer Ueber-tragung in allen Gebieten des Seins und Denkens nur allzu geläufig geworden. Auch den Römischen Juristen war der Begriff der Uebertragung sehr wohl bekannt, seit die Cäsaren die Summe des politischen Lebens in ihre Persönlichkeit re- und absorbirt hatten, und wir dürften uns daher schon deßhalb nicht wundern, ihm auch bei ihnen zu begegnen, wenn sich nicht vielmehr ihre inadäquate Auffassung einer Rechtsübertragung weit leichter aus ihrer wissenschaftlichen Unfähigkeit und völligen Gleichgültigkeit gegen erschöpfende Definitionen und Kunstausdrücke genügend erklärte.

Oft genug reden sie von einem „in rerum dominium succedere [1]), dominium (proprietatem) transferre [2]), dominium dare [3]),

---

[1]) Vgl. u. A. L. 37. D. de a. v. o. hered. (29. 2); L. 24. § 1. D. de damno inf. (39. 2); L. 70. § 1. D. de V. S; L. 177. pr. D. de R. J. (Pomponius, Ulpianus u. Paulus).

[2]) L. 9. § 6. 7. D. de a. r. d. (41. 1); § 45. 46. J. de rer. div. (2. 1); L. 39. § 1. D. de evict. (21. 2); L. 13. § 1. in f. D. de praescr. verb. et. i. f. act. (19. 5); L. 6. § 4. D. de aq. et aq. pluv. arc. (39. 3); L. 1. § 1. D. de off. proc. Caes. (1. 19); L. 4. § 2. D. de alienat. ind. mut. c. fact. (4. 7); L. 33. § 1. D. de donat. (39. 5) — (Gaius, Julianus, Ulpianus, Hermogenianus).

[3]) L. 13. § 1. cit. (19. 5) (Ulpianus), wobei zu vergleichen: Derselbe in

facere rem accipientis [1]), dominium (proprietatem) transire [2]): und Gaius, — nicht ein „Provinzialjurist," sondern ein simpler Rechtsschulmeister aus der Provinz, — trägt die gangbare Lehre grade so vor, als läsen wir eins unserer heutigen Compendien [3]): Hae quoque res, quae traditione nostrae fiunt, iure gentium nobis acquiruntur; nihil enim tam conveniens est naturali aequitati, quam voluntatem domini, volentem rem suam in alium transferre, ratam haberi. Aber, um gleich den Standpunct zu bezeichnen, auf welchen sich diese und die folgende Arbeit zu den Quellen stellt, die Römer sind Meister der Entscheidung, aber kaum Lehrlinge in der wissenschaftlichen Begründung; ihre Jurisprudenz ist „im Besitz von Principien, deren Inhalt sie eben interpretirt, aber sie hat diese Principien nur im juristischen Tact, in der Unmittelbarkeit des Gefühls, und vermag darum nicht, den Begriff bewußt zu erfassen und festzuhalten;" aus ihren Entscheidungen können wir stets practische Regeln für die entschiedenen, wie für die ihnen wirklich ana-logen Fälle entnehmen, aber die wissenschaftlichen Principien haben wir selber durch innerliche Widergeburt des von ihnen überlieferten Stoffs zu gewinnen. Der materielle Inhalt ihrer Aussprüche wird immer für uns maßgebend sein; — aber von der unbeholfenen und völlig unwissenschaftlichen Art ihrer dogmatischen Entwickelung können und sollen wir uns emancipiren: eine Befreiung, die freilich schon seit der Reception des Römischen Rechts angebahnt, die aber noch nicht mit dem Bewußtsein und der Entschiedenheit durchgeführt ist, welche allein für unsere Wissenschaft sichere und dauernde Erfolge verbürgt.

---

der lehrreichen L. 46. D. de a. r. d. (41. 1): „Non est novum, ut, qui dominium non habet, alii dominium praebeat; nam et creditor pignus vendendo causam dominii praestat, quam ipse non habet."

[1]) Gaius in L. 9. § 4. D. eod. (41. 1). Derselbe spricht aber auch von „possessorem facere" (L. 22. D. de V. S.).

[2]) Ulpianus in L. 1. § 44. D. de aqua quot. (43. 20); L. 14. D. de R. C. (12. 1); — Julianus in L. 36. D. de a. r. d. (41. 1); — Papinianus in L. 80. D. de leg. II.

[3]) L. 9. § 3. D. de a. r. d. (41. 1); vgl. § 40. J. de rer. div. (2. 1); Gai. J. II. § 35; L. 1. C. de fundo dot. (5. 23).

Auf Ausdrücke und Aussprüche, wie die hervorgehobenen, welche der gangbaren Lehre als „quellenmäßige" Stützpuncte dienen, ist daher nicht das geringste Gewicht zu legen. Wenn sich die gegenwärtige Arbeit unbekümmert über sie hinwegsetzt, so thut sie nur dasselbe, und mit demselben Recht, was die gemeine Theorie in andern Fällen, mit mehr oder weniger Bewußtsein, bereits gethan hat. Reden die „Quellen" nicht auch von einer „Uebertragung" des Besitzes [1]) und selbst der Obligationen? [2]) — und ist unsere Doctrin nicht dennoch, (soweit sie wenigstens den Boden des positiven Rechts festhält,) allgemein der Ansicht, in diese beiden Arten von Rechten könne nicht succedirt werden? Giebt sie sich dort nicht an den Buchstaben gefangen, so muß sie es, trotz jener unangemessenen Redewendungen, auch gestatten, die hier verfochtene Nichtübertragbarkeit der dinglichen Rechte principiell festzustellen, sofern sich diese neue Lehre nur mit dem materiellen Inhalt der Quellen vereinigen läßt.

Nach der gangbaren Lehre wird die herrenlose Sache ohne Weiteres von dem ersten Besten erworben, der sie haben will, und behalten kann. Unsere Doctrin erkennt also hier doch den Willen des Acquirenten als den Erwerbsgrund an, mag sie auch immerhin die Natur des Willens insoweit verkennen, als sie nicht an dessen eigene Souveränetät glaubt, sondern ihn seine Macht nur aus der Transscendenz eines angeblichen Rechts an sich gewinnen läßt. In diesem einfachsten Fall hat man in alter, wie in neuer Zeit unser Aneignungsrecht „ganz natürlich" gefunden [3]), und es

---

[1]) L. 6. § 6. D. de Carb. ed. (37. 10); L. 4. § 2. D. de alienat. iud. mut. c. f. (4. 7); L. 18. § 1. D. de a. v. a. poss. (41. 2). Freilich ist die gemeine Lehre nicht consequent, denn in den Fällen des s. g. abgeleiteten Besitzes statuirt sie der Sache nach ebensoviel Anwendungen seiner Uebertragung; worüber ich auf die folgende Arbeit verweisen muß.

[2]) L. 5. pr. D. quando ex facto tut. (26. 9); L. 1. L. 4. C. ad S. C. Vell. (4. 29).

[3]) Die Römer begnügten und durften sich damit begnügen, daß dies „ratione naturali" erfolge, und eben deßhalb „iure gentium," — dem Ausdruck jener ratio naturalis, — sanctionirt sei (vgl. L. 3. pr. D. de acqu. r. d. 41. 1; L. 1. § 1. D. de a. v. am. poss. 41. 2; Gai. J. II. 66 — 68; § 12. J. de rer. div. 2. 1. und L. 5. § 7. D. de a. r. dom.): wir aber haben die Aufgabe, das Princip hierfür zu finden.

ergiebt sich auch sehr einfach daraus, daß die widerstandslose Sache der Energie unsers Geistes verfallen muß, wenn sie noch nicht oder nicht mehr von dem Willen eines Andern erfüllt ist.

Bildet aber in diesem einfachsten Falle unser Wille den Erwerbsgrund, so muß er es auch in allen andern Fällen thun, denn jedes Ding hat nur einen Grund, ein all-gemeines Princip, das in allen Dingen derselben Art identisch ist und ihre Wahr- und Wesenheit ausmacht. Sind wir also dort die Schöpfer unseres Rechts, so müssen wir es da ebenfalls sein, wo es sich um den Erwerb fremder Sachen handelt. Auch hier kann die frühere Herrschaft nicht die wirkende Ursache, sondern ihre Hinwegräumung bloß die unerläßliche Bedingung ausmachen, ohne die wir nicht im Stande sein würden, unser neues Recht durch die Eigenthätigkeit unseres Willens zu begründen. Die Mitwirkung des bisher Berechtigten in den Fällen des sogenannten derivativen Erwerbs hat somit eine durchaus andere Bedeutung, als ihr die gemeine Lehre zuschreibt, und ist wesentlich rein negativer Art.

Auch fremde Sachen können wir immer nur durch die allein active Macht unseres Willens erwerben; aber wir sind außer Stande, sie mit unserem Willen zu erfüllen, wenn sie noch voll sind eines anderen Willens. Die bisher Berechtigten müssen vorher ihren Willen aus den Sachen herausziehen: dies können sie, weil, wer will, auch aufhören kann zu wollen. Sie können die Erwerbsobjecte wiederum alien-iren, das heißt Andern zum Erwerb hingeben; sie können aus den Sachen ihren Willen, der sie in allen Partikelchen und Fasern durchdrungen hatte und sie dadurch beseelte, herausziehen, und diese solchergestalt von neuem ver-äußern; sie können die Gegenstände, die so lange in jedem ihrer Atome von der allgegenwärtigen ideellen Potenz ihres herrschenden Willens erfüllt waren, dessen wiederum er-ledigen: aber sie können nicht, durch die negative Thatsache, daß sie zu wollen aufhören und unsere Erwerbshandlung dulden, die Schöpfer unseres Rechts werden.

Die Tradition ist also keinesweges, wie die jetzige Doctrin behauptet [1]), ein „dinglicher Vertrag," welcher „die auf ge-

[1]) Savigny System Bd. III. S. 312; vgl. Obl. Recht Bd. II. S. 257. Notem.

genwärtige Uebertragung des Besitzes und Eigenthums gerichtete Willenserklärung und eine neue Ordnung der Rechtsverhältnisse unter den handelnden Personen" enthält; sondern sie ist nie etwas Anderes, als die einseitige Willenserklärung der bisher Berechtigten, durch welche sie ihr Recht aufgeben und das Object alieniren, veräußern, erledigen, damit der neue Erwerber sein neues Recht selber daran begründen, und ihnen in der Herrschaft über dasselbe Object folgen könne. Die Tradition schließt immer nur einen Rechtsverlust in sich, einen Rechtserwerb kann sie nicht bewirken: diesen herbeizuführen, ist stets Sache des Acquirenten, der, (nach erfolgter Tradition, um hier bei dem gewöhnlichen Falle stehen zu bleiben,) entweder durch die in unmittelbarer Gegenwart einwirkende Macht seines Willens das Recht auf die Sache, das heißt den Besitz, oder doch die rechtliche Möglichkeit, zum Besitz zu gelangen, das heißt das Eigenthum erwirbt [1]. Und damit ist denn die Selbständigkeit des

[1]) Ich fühle hier im vollen Maße die Schwierigkeit, Theile des Systems klar zu machen, die sich eigentlich nur im Ganzen, in und aus dem System selber, begreifen lassen. Aber irgend womit, mit irgend einem Theil muß doch der Anfang gemacht werden, und ich kann meine Leser nur eben bitten, fortzulesen, aber auch wirklich zu lesen, — eine Kunst, die keinesweges sehr verbreitet ist, ja die in demselben Maße abzunehmen scheint, als die Masse des Lesematerials wächst, und damit die Masse des Lesbaren in gleichem Verhältniß geringer wird. Kann sich doch nur der frischere Muth der Jugend mit jenen kecken Versen trösten: „Und wer mich nicht verstehen kann, Der lerne besser lesen!" — — Eine nähere Darlegung des oben angedeuteten Verhältnisses zwischen Besitz und Eigenthum kann hier weder verlangt, noch gegeben, sondern nur die Hoffnung ausgesprochen werden, daß die dritte, dem Besitz gewidmete größere Abhandlung in ihrer Quellenmäßigkeit zur Aufklärung jener beiden Begriffe beizutragen geeignet sei. Nur soviel mag hier andeutungsweise gesagt sein, daß das Verhältniß von Besitz und Eigenthum ein solches ist, wie es ähnlich in allen Rechtsgebieten wiederkehrt: der erstere verdankt seine Entstehung jedesmal einem positiven Act und unterwirft das Object dem eigenthätigen Subject sofort und unmittelbar: das letztere (für sich genommen), als bloße rechtliche Möglichkeit, sich selber geltend zu machen, das heißt als **actio (in rem)** kann uns eben als solche, auch ohne unsere eigene Thätigkeit, de-ferirt werden, kann uns ob-veniren (wie beispielsweise durch Legat). Derselbe durchgreifende Unterschied zeigt sich, — um auch dies hier obenhin zu berühren, weil darauf in der Lehre vom Verlust des Besitzes zurückgegangen werden

Sachenrechts im Rechtsverkehr vollständig gewahrt: dessen Wech-

---

muß, — im Obligationrecht: hier stehen die Obligationen, welche einem Contract, also einem eigentlichen Entstehungs-Act ihr Dasein verdanken (verbis, literis, re, consensu con-tractae) allen übrigen (quasi ex contractu — quasi ex delicto, ex variis causarum figuris) gegenüber, und in den letzteren er-wächst (defertur, obvenit) dem Subject eine bloße actio. Die auf der Eigenthätigkeit der Person und ihrer unmittelbar-gegenwärtigen Energieäußerung beruhenden Subjectionsverhältnisse sind es aber doch nicht allein, welche unter den Begriff des subjectiven Rechts fallen, wie er in der ersten vorbereitenden Abhandlung festgestellt worden. Sondern auch auf die deferirten Actionen findet die dort gegebene Begriffsbestimmung vollkommene Anwendung, weil sie nur insofern Werth und Bedeutung haben, als man sie anstellen und durchführen kann; ist dies vonnöthen, so ist das Subject eben „Actor;" bedarf es der Anstellung und Durchführung der Klage nicht, so fordert es doch außergerichtlich die Erfüllung, oder will sie doch annehmen, wenn die Leistung aus freien Stücken offerirt wird, und nimmt wirklich das Leistungsobject; — immer handelt es also und beweist selber die Energie seines Willens. —

Die im Text gegebene Auffassung der Singular-Succession kann uns (beiläufig) zur Lösung der grade in neuester Zeit viel behandelten Frage dienen: ob eine Singular-Succession auch in Obligationen möglich sei. So lange man die Succession als Rechts-übertragung auffaßt, wird man vergeblich nach einem Grunde suchen, der ihre Ausschließung aus dem Gebiete des Obligationenrechts genügend motivirte. Betrachtet man aber die Succession als das bloße Folgen zweier Personen in demselben Object der Herrschaft, so kann die Frage keine Verlegenheit bereiten, ja sie braucht von diesem Standpuncte aus überhaupt nicht beantwortet zu werden, weil sie sich gar nicht stellen läßt.

Bei den dinglichen Rechten ist die Singularsuccession (in dem hier verfochtenen Sinne) möglich, weil deren Objecte in Raum und Zeit beharren; das dingliche Recht entsteht nicht, um unterzugehen, sondern soll dauern, und es kann dauern, weil die körperliche Natur seiner Objecte dies gestattet. Bei ihm ist also die re-ale Möglichkeit vorhanden, daß Mehrere sich in demselben Herrschaftsgegenstande folgen können. Bei allen nichtdinglichen, das heißt eben bei allen obligatorischen Rechten, ist dies unmöglich: sie entstehen regelmäßig nur, um unterzugehen, und immer sind sie nur auf die partielle Verpflichtung eines andern Willens, also auf etwas Innerliches, in Raum und Zeit nicht zur Erscheinung Kommendes (auf ein dare facere praestare oportere — damnum decidere oportere) gerichtet, bieten also kein Object dar, in das man folgen könnte. So lange sie noch nicht erfüllt sind, lassen sie zwar ein „cedere" des Berechtigten, aber nicht ein „suc-cedere" mehrerer Berechtigter zu; der Gläubiger, dem eine (positive) Leistung geschuldet wird, kann sein Recht nicht über-, sondern nur dessen Aus-

selbeziehungen führen in den Bedingungen des Rechtserwerbs keine

---

übung einem Andern auf=tragen, der aber auch dann sein Organ bleibt, wenn er nach Uebereinkunft den Leistungsgegenstand (mit oder ohne Entgelt) soll für sich behalten dürfen: er bleibt eben immer procurator in rem suam.

Die Singular=Succession beschränkt sich daher nothwendig auf den Kreis der dinglichen Rechte, wie dies auch im Römischen Recht Anerkennung gefunden hat (vgl. Gai. J. II. § 35. 38. III. § 176.; §. 3. J. quib. mod. obl. toll. 3. 29; L. 25. § 2. D. de usufr. 7. 1; L. 43. § 1. D. de a. r. d. 41. 1; Ulp. Fragm. XIX. 4). Hier haftet der Wille des Subjects unmittelbar an dem körperlichen Object, das ihm unterworfen ist, oder dessen Unterwerfung doch auf dem Wege der dinglichen Klage herbeigeführt werden kann. Damit ist der Begriff des dinglichen Rechts erschöpft: es steht ihm, als solchem, nie eine Pflicht gegenüber, namentlich nicht die sogenannte negative Pflicht Aller, es nicht zu verletzen; sondern, wird es accidentell und factisch von Einzelnen verletzt, — weigert sich Jemand, fremde Objecte zu restituiren und den dinglich Berechtigten schadlos zu stellen; so erwächst demselben erst aus dieser (durch die Weigerung constatirten) Läsion eine delictsartige actio in rem gegen den Lädenten.

Den ökonomischen Bedürfnissen des Rechtsverkehrs, — um dies nicht ganz unerwähnt zu lassen, — geschieht durch die Unmöglichkeit jeder Art von Rechts=übertragung in keiner Beziehung Eintrag. Nach streng juristischer Auffassung sind im Grunde nur körperliche Sachen Gegenstände des Rechtsverkehrs; es giebt eigentlich bloß „res in commercio;" die Ausübung der (einem Andern zustehenden) Actionen macht diese noch nicht zu Gegenständen in commercio, — wohl aber ist, durch die geniale, und allen wirklichen Bedürfnissen des Lebens vollständig Rechnung tragende Rechtsschöpfung des procurator in rem suam, wie sie durch actiones utiles fortgebildet worden, dem reellen Handel und Wandel auch in Beziehung auf jene Vermögensobjecte durchaus Genüge geleistet. [Freilich, unsere Zeit des Stokjobberthums hat in der That eine neue Art von res in commercio in ihren Ordre= und Inhaberpapieren geschaffen, — eine practische und wahrhaft furchtbare Consequenz jenes dualistischen Dogma, nach welchem das Vorhandensein eines Subjects für die Existenz von Rechten gleichgültig und unnöthig sein soll. Man erwarte indeß hier keinen jener zahllosen Versuche, die Natur dieser „modernen Rechtsinstitute" juristisch festzustellen; sie lassen sich in der That nicht unter die Normen des Römischen Rechts subsumiren, und sind deßhalb überhaupt nicht jur=istisch zu construiren. Ihre Erscheinung kann nur aus der Zerrüttung unserer socialen und ökonomischen Verhältnisse erklärt werden; deren Würdigung aber liegt mir an diesem Ort nicht ob, auch wird die Zeit bald selber über sie zum Erbarmen Gericht halten: mit Ausnahme des Privatpapiergeldes (der Wechsel), werden sie verschwinden, und die Folgezeit wird sich ohne sie auch in ihren ökonomischen Beziehungen besser befinden, als in der ge=

Aenderungen herbei, wohl aber ist ein Rechts=, das heißt ein rechtlicher Verkehr nur an Gegenständen möglich, welche wirklich wiederum ver=äußert, dem Erwerbswillen Anderer heimgegeben, und durch Rechtsaufgabe der Art er=ledigt sind, daß der Wille des Acquirenten in ihnen eine neue, freie Stätte für seine Re=alisirung zu finden vermag.

Die principielle Erörterung des Begriffs der Singularsuccession, im Sinne einer Rechtsaufgabe, und mit der Wirkung, daß Mehrere in demselben Objecte der Herrschaft einander folgen, ist in den wenigen vorgetragenen Sätzen erschöpft. Sie würde aber ohne alle Bedeutung sein, wenn sie dem materiellen Inhalt der Quellen widerspräche, und mir liegt daher, soweit es hier möglich, noch der Nachweis ob, daß dies keinesweges der Fall ist. Im Gegentheil, nur mit dem in dieser Arbeit gewonnenen Begriff der Singularsuccession lassen sie sich wirklich vereinigen, und nur aus der hier entwickelten Bedeutung kann man alle Anwendungsfälle erklären, ohne zu jener Reihe angeblicher Ausnahmen genöthigt zu sein, in welchen die herkömmliche Lehre selber ihre Gebrechen documentirt.

Als die erste Voraussetzung des Begriffs der Succession gilt ihr, — und von ihrem Standpunct aus, mit Recht, — die Continuität des über=tragenen Rechts; sie betrachtet es fast als selbstverständlich, daß das Rechtsverhältniß bei und infolge der Uebertragung von dem Rechtsurheber auf den Rechtsnachfolger keine zeitweise Unterbrechung erfahren dürfe. Natürlich, es würde ja nicht mehr dasselbe Recht sein, wenn es auch nur einen Augenblick ohne Träger bliebe; wäre es auch nur einen Moment lang untergegangen, so erwiese sich eine Uebertragung des alten Rechts unmöglich. Die bisherige Theorie hält daher und muß an dem Satze festhalten, das Recht gehe der Regel nach in demselben Zeitpunct auf den Successor über, wo sein Auctor es aufgiebt.

Es giebt nun aber Fälle, — und sie sind durchaus nicht so selten, — in denen der bisher Berechtigte sein dingliches Recht verliert, ohne daß alsbald ein Anderer eintritt, und wenn die gang-

---

genwärtigen Ausbeutungsperiode des durch keine concreten Subjecte repräsentirten, und doch mehr als hyderköpfigen Capitals.]

bare Lehre diese Fälle eben als Ausnahmen bezeichnet, so gesteht sie damit in ganz naiver Weise ein, das Princip nicht erkannt zu haben, nach dessen Gewinnung nie ein irrationaler Rest von Ausnahmen übrig bleiben wird. Ist aber die Tradition, wie sie die gegenwärtige Arbeit aufgefaßt wissen will, immer bloß die einseitige Willenserklärung des bisher Berechtigten, — der das Object alienirt, veräußert, erledigt, und sein Recht an demselben aufgiebt, damit Andere ihr Recht daran begründen können, — so versteht es sich von selbst, daß es gleichgültig ist, ob die Erwerbshandlung in eben demselben Zeitpunct vorgenommen wird, in welchem die Rechtsaufgabe erfolgt, oder ob sie auseinanderfallen: Verlust und Erwerb können der Zeit nach coincidiren; die Veräußerung und Erledigung des Objects, die Aufgabe des alten Rechts kann aber auch ebensowohl vorangehen, als später erklärt werden. Und in dieser Ausnahmslosigkeit unsers Satzes, in seiner wirklich all-gemeinen Geltung, liegt schon an sich selber eine Gewähr für die principielle Richtigkeit der hier aufgestellten neuen Lehre, welche aber auch einen quellenmäßigen Erweis ihrer Probehaltigkeit durchaus nicht zu scheuen braucht.

Es kommt hier indeß nicht auf eine vollständige Aufzählung aller quellenmäßigen Fälle an, in denen eine Discontinuität zwischen dem Recht des Tradenten und dem des Successors offenbar ist, sondern die kurze positive Betrachtung, welche nunmehr folgt, will und darf nur die hauptsächlichsten und grade diejenigen Anwendungen der Rechts-Discontinuität in's Auge fassen, deren Darstellung sich ohne allzuviel Rück- und Vorblicke und zugleich in der Art geben läßt, daß sie, als ein kleineres Ganzes, in sich befriedigt. Als beispielsweiser Fall einer im Voraus, aber nur für bestimmte Personen erklärten Alienation verdient die Veräußerung von Grundstückbestandtheilen zu dem Zweck, damit gewisse Dritte dingliche Rechte daran erwerben, sowohl ihrer practischen Wichtigkeit, als ihres wissenschaftlichen Interesses halber eine besondere Berücksichtigung. Sollen Grundstücksbestandtheile irgend welcher Art in das dingliche Recht Anderer übergehen, so muß die Alienation immer im Voraus erklärt werden, weil man jene Bestandtheile jedes Mal erst zu separiren, und dadurch zu selbständigen Objecten zu machen hat, — weil es sich also bei ihnen immer um künftige Sachen handelt, an denen allererst dingliche Rechte erworben werden sollen.

Die substantiellen Grundstücksbestandtheile müssen, damit sie als selbständige Besitz- und Eigenthumsobjecte gelten können, ebensowohl aus dem natürlichen Grundstückszusammenhange losgelöst, also „separirt" werden, wie die organische Superficies und deren Früchte. Aeußert sich nun der Grundbesitzer im Voraus damit einverstanden, daß bestimmte Personen, sei es gegen oder ohne Entgelt, Theile der Substanz sich sollen aneignen dürfen, so ist das in der That, — wie Ulpian sich ausdrückt [1], — ebenso gut, als erfolge eine Tradition im gewöhnlichen Sinne, (so daß Rechts-Erwerb und Verlust coincidirten): Quis saxum mihi eximere de suo permisit donationis causa; statim, quum exemtus lapis est, meus fit, neque prohibendo me evehere efficit, ut meus esse desinat, quia quodammodo traditione meus factus est; (plane, si mercenarius exemit, mihi exemit). Sed si is, qui a me emerat, sive mercede conduxerat, ut paterer, eum sibi iure eximere, si, antequam eximat, me poenituerit, meus lapis durat; si postea, ipsius factum avocare non possum: quasi traditio enim facta videtur, quum eximatur domini voluntate [2]). Ich habe dies in-

[1]) L. 6. D. de donat. (39. 5); cf. L. 16. D. de praescr. verb. et i. f. act. (19. 7): Permisisti mihi cretam eximere de agro tuo ita, ut eum locum, unde exemissem, replerem; — quodsi post exemtionem cretae replevero, nec patieris, me cretam tollere, tum agam ad exhibendum, quia mea facta est, quum voluntate tua exemta sit.

[2]) Am Schluß der Stelle hebt Ulpian, zwar nicht principiell, aber doch im Wege der Exemplification hervor, daß für den Erwerb von materiellen Grundstücksbestandtheilen und dem von Gegenständen der organischen Superficies kein Unterschied bestehe: Quod in saxo est, idem erit etiam, si in arbore caesa, vel demta acciderit. Ebensowenig relevirt die Traditionspflicht; vgl. L. 40. D. de A. E. et V. (19. 1): Dominus fundi arbores stantes vendiderat, et pro his rebus pecuniam accepit, et tradere nolebat; emtor quaerebat, quid se facere oporteret, et verebatur, ne hae arbores eius non viderentur factae. Pomponius: arborum, quae in fundo continentur, non est separatum corpus a fundo, et ideo ut dominus suas specialiter arbores vindicare emtor non poterit; sed ex emto habet actionem.

teressante Fragment, — in welchem eine concrete Allgemeinheit die andere drängt, so daß der Jurist, in seinem eifrigen Vorwärtsstreben, sogar aus der Construction fällt (si is — si me), — absichtlich zuerst angeführt, weil es keinen schlagenderen Beweis für die „Quellenmäßigkeit" der hier verfochtenen Ansicht geben kann: der Wille des bisherigen Herrn besteht lediglich darin, daß er duldet und erlaubt, also zu wollen aufhört; der Acquirent, dem die Herausnahme schenkweise oder gegen Entgelt im Voraus gestattet war, erwirbt sein Recht nur in Folge seiner Erwerbshandlung, der Realisirung seines Willens.

Nicht anders ist auch der Fruchterwerb des Colonen und Fructuars zu construiren; es ist die negative Willenserklärung, die im Voraus ausgesprochene Veräußerung der künftigen Früchte, welche Africanus in den Worten bezielt [1]): Colonum, quia voluntate domini eos percipere videatur, suos fructus facere. Der Herr der fruchtbringenden Sache erklärt damit im Voraus, dulden zu wollen, oder verpflichtet beziehentlich, ebenfalls im Voraus, seine Rechtsnachfolger, dulden zu sollen, daß sich der Colon und Fructuar selber die Früchte aneignen dürfen, und weist sie zur Besitznahme an. Diese aber liegt regelmäßig in der Perception, weil hierdurch die Früchte allererst die Natur selbständiger Körper, — die unerläßliche Vorbedingung ihrer Besitzbarkeit, — erlangen. Die Erzeugnisse aller vegetabilischen Organismen, — die stehenden, hängenden, liegenden, also die Halm-, Baum-, Wurzel- und Knollenfrüchte, welche bis dahin Grundstücks-Bestandtheile ausmachen, — können daher erst nach dem Abmähen, Niedersicheln, Pflücken, Schütteln, Auspflügen oder Aussammeln von den Fruchtberechtigten in Besitz genommen werden, und nur die von ihnen ausgehende Separation hat, insofern sie zugleich Besitzhandlung ist, den Erwerb der Früchte zur Folge [2]). Die Er-

---

[1]) L. 63. § 8. D. de furt (47. 2).

[2]) L. 13. D. Quib. mod. usufr. (7. 4): Si fructuarius messem fecit, et decessit, stipulam, quae in messe iacet, heredis eius esse Labeo ait; spicam, quae terra teneatur, domini fundi esse: fructumque percipi, spica aut foeno caeso, aut uva ademta, aut excussa olea, quamvis nondum tritum frumentum, aut oleum factum, vel vindemia coacta

zeugnisse animalischer Organismen erfordern für gewöhnlich ebenfalls eine Perception, (wie beispielsweise Wolle das Scheeren, Milch das Melken): nur die Jungen, welche das Heerdenvieh wirft, fallen den Fruchtberechtigten ohne weiteres und von selber zu, weil sie von dem Mutterthier durch die unabänderliche Naturnothwendigkeit des Gebärungsprocesses ohne menschliches Zuthun abgesondert, von dem Augenblick dieser Separation die Selbständigkeit für sich bestehender Organismen haben, für den Besitzwillen der Fruchtberechtigten aber ohne alle besondere Maßregeln dadurch die nöthige Sicherheit erhalten, daß sie durch eine nicht minder unabänderliche Naturnothwendigkeit für die nächste Zeit nach ihrer Geburt auf das Mutterthier angewiesen bleiben [1]).

Zwar beruht auch das Abfallen der Früchte nach erlangter Reife [2]) auf einer Naturnothwendigkeit, aber der Fruchtberechtigte hat daran nicht die für seinen Besitzwillen erforderliche reale Sicherheit, wie sie bei den geworfenen Jungen durch die custodia des Mutterthiers vermittelt wird. Fallen daher reife Früchte ab, oder werden sie durch Zufall, oder von Dritten separirt, so verbleiben sie dem Eigenthümer oder gutgläubigen Besitzer des Grundstücks, da eine Perception oder Besitznahme von Seiten der Fruchtberechtigten nicht erfolgt, und also auch die Voraussetzung nicht eingetreten ist, unter der Jener sie veräußert hatte. Eine Consequenz davon ist, daß der Fruchtberechtigte zwar die actio furti hat, weil es in seinem Interesse liegt, furtum non esse factum, fructus

---

sit. Sed, ut verum est, quod de olea excussa scripsit, ita aliter observandum de ea olea, quae per se deciderit.

[1]) L. 68. § 1. D. de usufr. (7. 1): Foetus tamen pecorum Sabinus et Cassius opinati sunt ad fructuarium pertinere; — L. 28. pr. D. de usur. (22. 1): In pecudum fructu etiam foetus est, sicut lac, et pilus, et lana. Itaque agni, et hoedi, et vituli statim pleno iure sunt bonae fidei possessoris et fructuarii. — Warum nur das Heerdenvieh? — Weil nur dies die Natur fungibler Sachen hat, auf deren Species (in dem Sinne von Körper und Aussehen) es nicht ankommt; unser Besitzwille braucht die (fungibeln) Jungen nicht zu kennen, sondern nur zu wissen, daß dergleichen geworfen sind. Die Zug- und Lastthiere (die alten res mancipi, — quae collo dorsove domantur) sind nicht fungibel. Die Besitzlehre kann und wird diese Aphorismen erläutern.

[2]) Vgl. L. 13. cit. „per se."

non esse ablatos [1]), daß aber die condictio furtiva nicht ihm, sondern dem Grundbesitzer zusteht.

Diese Consequenz ist in einem für die behandelte Frage sehr lehrreichen Fragment von Ulpian erörtert, dessen Interpretation um so mehr am Ort erscheinen wird, als es uns gleich einen sprechenden Belag für die rechtsschöpferische, aber durchaus nicht wissenschaftliche Behandlungsweise der Römischen Juristen zu geben vermag. Ulpian billigt im Eingange den Ausspruch Julians, der bereits die Condiction dem Grundbesitzer zugesprochen hatte [2]), und bemerkt dann, zur Widerlegung eines von Marcellus, (jenem stets etwas zweifelsüchtigen „meister von landrechte,") angeregten Bedenkens: an dieser Entscheidung könne auch die Erwägung nichts ändern, daß der Fruchtberechtigte möglicher Weise selber in den Besitz des gestohlenen Guts gelangen könne, und dann doch sofort Eigenthum daran erwerben würde:

> Marcellus autem movetur eo, quod, si postea fructus istos nactus fuerit fructuarius, fortassis fiunt eius. — Nam, si „fiunt eius," qua ratione hoc evenit, nisi ea, ut interim fierent proprietarii? Mox apprehensi fructuarii efficientur, exemplo rei sub conditione legatae, quae interim heredis est, existente autem conditione ad legatarium transit. Verum est enim, condictionem competere proprietario.

Die Widerlegung Ulpian's beginnt, — was die Interpunction der gewöhnlichen Ausgaben nicht ersehen läßt, — mit „nam," und enthält also eine jener Ellipsen ganzer Sätze, wie sie auch sonst wohl vorkommen. Das ist ganz richtig, — will der Jurist sagen, —: wenn der Fruchtberechtigte späterhin wirklich den Besitz der gestohlenen Früchte erlangt, so erlischt allerdings die Condiction des Grundbesitzers. Das trifft aber nicht die Frage, ob sie ihm nicht

---

[1]) L. 14. § 2. L. 26. § 1. L. 84. §. 1. D. de furt. (47. 2).

[2]) L. 12. § 5. D. de usufr. (7. 1): Julianus libro trigesimo quinto Digestorum tractat: si fur decerpserit vel desecuerit fructus maturos pendentes, cui condictione teneatur? Et putat, quoniam fructus non fiant fructuarii, nisi ab eo percipiantur, licet ab alio terra separentur, magis proprietario condictionem competere, fructuario autem furti actionem, quoniam interfuit eius, fructus non esse ablatos.

für jetzt, auf seinen Antrag, gegeben werden muß. Denn vor der Hand ist er noch derjenige, cui fructus (pendentes) surrepti sunt. Er hat sie zwar schon im Voraus alienirt, und, wer die gestohlenen Objecte bereits veräußert hat, darf der Regel nach nicht die Condiction anstellen [1]), sondern diese steht eben nur dem zu, „cui res surrepta est" [2]). Aber die Voraussetzung jener Alienation ist bisher, und darauf kommt es ja allein an [3]), — noch nicht eingetreten, da bis jetzt noch keine Besitznahme durch den Fruchtberechtigten erfolgt ist. Die gestohlenen Früchte sind also Eigenthum des Grundbesitzers geblieben: freilich nur einstweilen, und sein Eigenthum hängt grade so in der Schwebe, wie das des Erben an einer bedingungsweise vermachten Sache während der Zeit, wo die Bedingung noch schwebt; erlangt der Fruchtberechtigte späterhin wirklich den Besitz der gestohlenen Früchte, so erhält er auch Eigenthum daran, und damit cessirt freilich die Condictionsbefugniß des Grundbesitzers, weil dann die Voraussetzung seiner Alienationserklärung eingetreten ist [4]).

Wenn übrigens die gemeine Doctrin in derartigen Fällen, wie wir sie eben betrachtet, eine Quasi-Tradition annimmt, so bleibt sie nicht einmal ihrem Begriff von der Tradition getreu. Der

---

[1]) L. 10. § 2. 3. L. 11. L. 12. pr. D. de cond. furt. (13. 1).

[2]) L. 11. cit.

[3]) Nach dem Princip, welches L. 66. D de R. V. (6. 1) ausspricht: Non ideo minus recte quid nostrum esse vindicabimus, quod abire a nobis dominium speratur (si conditio legati vel libertatis extiterit). Cf. L. 205. D. de R. J.: Plerumque fit, ut etiam ea, quae nobis abire possint, proinde in eo statu sint, atque si non essent eius conditionis, ut abire possint.

[4]) Der Pächter kann übrigens, nach der Natur seines auf Hingabe eines Aequivalents beruhenden Rechtsverhältnisses, dem Grundbesitzer zur Anstellung der Condiction mit der Contractsklage zwingen; cf. L. 60. § 5. D. loc. cond. (19. 2): Messem, inspiciente colono, quum alienam esse non ignorares, sustulisti; condicere tibi frumentum dominum posse, Labeo ait, et, ut id faciat, colonum ex conducto cum domino acturum. Ob auch dem Fructuar ein derartiges Zwangsrecht zusteht, hängt von dem Entstehungsgrunde seines Nießbrauchs ab; stellt aber der Proprietar die condictio furtiva an, so darf man dem Fructuar die condictio sine causa auf das, was der Proprietar erstritten, nicht versagen.

Grundbesitzer tradirt streng genommen **nicht** sein Recht an den Grundstücksbestandtheilen, da er an ihnen, als solchen, weder Besitz, noch Eigenthum hat; sein Wille ist immer nur auf das Ganze gerichtet, auf die Einheit der mannigfachen Grundstücksbestandtheile, die erst durch seinen Willen zu einer universitas fundi zusammengefaßt werden. Könnte er überhaupt Eigenthum und Besitz an solchen Partikeln übertragen, so würde er in der Person der neuen Acquirenten ein dem seinigen zwar gleiches, aber doch nicht schon in ihm, als solches und selbständig vorhanden gewesenes Recht begründen. Die herkömmliche Lehre müßte also, wollte oder könnte sie überhaupt consequent sein, hier eine translativ-constitutive Succession annehmen: und zwar nicht bloß, wenn es sich um Bestandtheile von Grundstücken, — diese sind in den Quellen, ihrem allgemeinen Character gemäß, nur wegen ihrer besondern practischen Wichtigkeit hervorgehoben, — sondern überall, wo es sich um den Erwerb von Theilen oder Erzeugnissen selbständiger Sachen handelt.

Denn wo dies immer der Fall ist, gilt es den Erwerb künftiger Objecte, die im Voraus alienirt werden müssen, wie uns später in der Lehre vom Besitz und der Natur seiner Objecte klar werden soll. Ebendort werden uns aber auch Fälle begegnen, in welchem der bisher Berechtigte das ganze und ungetheilte Object im Voraus veräußert und sein Recht daran aufgiebt, damit der bestimmte Successor sein neues Recht für sich erwerben könne. Es ist dies namentlich bei Uebergabe von Grundstücken nicht ungewöhnlich, wo der Vorbesitzer im Voraus seinen Willen aus dem Grundstück herauszieht, und es nun dem Acquirenten überläßt, sich selber an Ort und Stelle zu begeben, um für sich allein durch die Eigenthätigkeit seines eigenen Willens sein neues dingliches Recht zu begründen *).

---

*) Das Nähere wird unten bei Erklärung der auf den Erwerb des Grundbesitzes bezüglichen Quellenstellen beigebracht werden; beispielsweise sind zu vergleichen L. 34. pr. D. de a. v. a. poss. (41. 2); L. 18. pr. D. de vi (43. 16). —

Eine vollständige Aufzählung aller Fälle der Discontinuität darf hier aus den bereits bemerklich gemachten Rücksichten nicht erwartet werden. Nur

Ist die Veräußerung und Erledigung des Objects unter der Voraussetzung erfolgt, daß bestimmte Personen ihr neues Recht daran sollen begründen können, — ist die negative Willenserklärung des Tradenten nur dann von Bestande, wenn grade diese Subjecte die Alienations-Gegenstände ihrer Herrschaft, in einem späteren Zeitpunct, durch die Eigenthätigkeit ihres Willens, unterwerfen, — und muß deßhalb da, wo diese Voraussetzung nicht eintrifft, das alte Recht als unaufgegeben angesehen werden; — so erklärt sich dies aus demselben Grunde, aus dem beim Eintritt oder Ausfall der eigentlichen Bedingungen regelmäßig Alles auf den vorigen Stand zurückbezogen wird. Tritt die Voraussetzung der Alienation ein, so ist das Recht des Vorbesitzers eher erloschen, als das neue Recht seines Nachfolgers; im umgekehrten Falle gilt, mit retrotractiver Wirkung, das alte Recht als gar nicht unterbrochen. Eine unwiderrufliche und unbedingte Discontinuität tritt aber in allen Derelictions-Fällen ein, wenn die Derelictions-Objecte später von Andern in Besitz genommen werden. Der Derelinquent, sofern er nur seine Absicht, zu derelinquiren, unzweideutig und factisch erklärt hat, — was zu untersuchen, eben immer quaestio facti bleibt [1]), — verliert sein Recht sofort mit dem Act der Dere-

---

um noch ein Beispiel zu geben, will ich an einen Fall erinnern, wie er im Römischen Proceß vorkommen konnte. Hat der fictus possessor die Litisästimation gezahlt, — wodurch er bekanntlich die Rechte eines Käufers erhielt (L. 46. L. 68. D. de R. V. 6. 1; L. 7. § 1. D. de Public. i. r. act. 6. 2; L. 22. pr. D. de actione rer. amot. 25. 2; L. 1. L. 2. pr. L. 3. D. pro emt. 41. 4; L. 21. § 2. i. f. D. de evict. 21. 2); — so kann der Kläger das Streitobject nur im Voraus alieniren, und dafür Sicherheit bestellen, daß er seiner Seits dem Verklagten in Erlangung des Besitzes nicht hinderlich sein werde: cf. L. 46. L. 47. D. de R. V. (6. 1): Eius rei, quae, per in rem actionem petita, tanti aestimata est, quanti in litem actor iuraverit, dominium statim ad possessorem pertinet; transegisse enim cum eo et decidisse videor eo pretio, quod ipse constituit. Haec, si praesens est; si absens, tunc, quum possessionem eius possessor nactus sit ex voluntate actoris. Et ideo non est alienum, non aliter litem aestimari a iudice, quam si caverit actor: „Quod per se non fiat, possessionem eius rei non traditum iri."

[1]) L. 1. L. 2. § 1. D. pro derel. (41. 7); L. 13. pr. L. 17. § 1. L. 21. § 1 u. 2. de a. v. am. poss. (41. 2); L. 9. § 8. L. 58. D. de a. r. d.

liction [1]), und der neue Erwerber gewinnt sein neues Recht in dem Moment, wo er es durch die Eigenthätigkeit seines Willens begründet [2]).

Eine solche Discontinuität zwischen dem Recht des Vorbesitzers und dem seines Nachfolgers muß aber auch dann angenommen werden, wenn Jemand Geld oder andere Sachen mit der Absicht und in der Erwartung auswirft oder sonst preisgiebt, es würden sich ihrer alsbald Andere bemächtigen. Selbst in der gewöhnlichsten Anwendungsform, dem iactus missilium, liegt immer nur die factisch erklärte Rechtsaufgabe des bisherigen Herrn, der durch die Thatsache des Auswerfens seine Absicht, zu derelinquiren, unzweideutig zu erkennen giebt [3]). Der Erwerb des neuen Rechts an den preisgegebenen Dingen erfolgt jedes Mal erst in dem Moment, sowie in Folge des Auffangens, und zwischen beiden liegt also stets eine, wenn auch minimale Zwischenzeit. Pomponius ver-

---

(41. 1); L. 44. § 5. 6. 10. 11. D. de furt. (47. 2); L. 36. D. de stipul. serv. (45. 3); L. 2. § 8. L. 8. D. de L. Rhod. de iactu (14. 2); L. 15. § 21. D. de damno inf. (39. 2); L. 5. D. quae in fraud. cred. (42. 8).

[1]) Es ist nicht ohne Interesse, daß sich hieran eine Controverse der beiden Schulen (oder richtiger Gruppen, — der Civilisten und der Edicts- oder Reichs-Juristen) knüpft. Die Proculianer suchten die Continuität zwischen dem Recht des Vorbesitzers und seines Nachfolgers aufrecht zu halten, und ließen den Rechtsverlust des Ersteren nicht eher eintreten, als bis sich ein Anderer das Derelictionsobject angeeignet hatte, wie Paulus in L. 2. § 1. D. pro derel. (41. 7) erwähnt: Proculus, non desinere eam rem domini esse, nisi ab alio possessa fuerit; Julianus, desinere quidem omittentis esse, non fieri autem alterius, nisi possessa fuerit; et recte. Mit Recht ist aber die Meinung des Letzteren, die wohl schon zu seiner Zeit die herrschende war, in unseren Quellen adoptirt. Cf. § 47. i. f. J. de rer. div. (2. 1): Pro derelicto autem habetur, quod dominus ea mente abiecerit, ut id rerum suarum esse nollet; ideoque statim dominus esse desinit; ferner L. 1. D. pro derel. cit.; L. 36. D. de stip. serv. cit.; L. 44. § 5. D. de furt. cit.; Pauli S. R. II. 31. 27.

[2]) Cf. § 47. J. cit. „statim;" L. 5. § 1. D. pro derelicto (41. 7): „continuo."

[3]) Natürlich ist auch hier nur der wirklich und unwiderruflich erklärte Wille, — auch das Nichtwollen ist ein Willensact, — von Bedeutung; die Erklärung geschieht eben durch concludente Facta. Cf. § 47. J. cit.: „ea mente abiecerit, ut nollet;" L. 1. D. pro derelicto cit.; L. 17. § 1. D. de poss. cit.; § 7. J. de usuc. (2. 6); L. 44. § 10. D. de furt. cit.

kennt nicht den Derelictionscharacter in solchen Vorgängen, wie sie in früherer Zeit bei feierlichen Hof- und Staatsactionen häufig zur Volksbelustigung vorkamen, wenn er bemerkt [1]): Id, quod quis pro derelicto habuerit, continuo meum fit, sicuti quum quis aes sparserit, aut aves emiserit. Aber freilich fügt er, mit jener den Römischen Juristen eigenen Unfähigkeit für streng wissenschaftliche und principiell richtige Rechtsauffassung, gleich hinzu: Quamvis incertae personae voluerit eas esse, tamen eius fierent, cui casus tulerit; eaque quum quis pro derelicto habeat, simul intelligitur, voluisse alicuius fieri. Man merkt es hier, wie sonst, schon der ungelenken Sprache an, daß die Römischen Juristen sich nicht auf ihrem eigenen Felde bewegen, und nicht recht zu Hause fühlen, wenn sie sich auf wissenschaftliche Erörterungen einlassen; dieselbe unadäquate Auffassung liest sich weit leichter in der schulmeisterlich-doctrinären Fassung des Gaius, der, im Gegensatz zu allen übrigen, eben kein Jurist war [2]): Interdum et in incertam personam collocata voluntas domini transfert rei proprietatem, ut ecce, qui missilia iactat in vulgus; ignorat enim, quid eorum quisque excepturus sit, et tamen, quia vult, quod quisque exceperit, eius esse, statim eum dominum efficit. Als wenn man mit ungewissen Personen überhaupt in Rechtsverhältnisse eintreten, und als ob in der Sphäre des Sachenrechts Platz greifen könnte, was in andern Rechtsgebieten gradezu für unstatthaft erklärt worden [3])! Aber freilich unsere Doctrin, die, nicht ohne innere Wahl-

---

[1]) L. 5. § 1. D. pro derel. (41. 7).

[2]) L. 9. § 7. D. de a. r. d. (41. 1). Cf. § 46. J. de rer. div. (2. 1); L. 8. § 1. D. de contrah. emt. (18. 1): „captus missilium," — „quod missilium nomine eo casu captum est." Es ist ein „ex-cipere," also ein „capere cum effectu" nöthig, wie Ulpian einmal treffend sagt (L. 71. pr. D. de V. S.).

[3]) Wie dem Princip nach bei letztwilligen Verfügungen (Gai. J. II. §. 238 — 242. 287; Ulp. Fragm. XXIV. 18; Pauli S. R. III. 6, 13; L. 9. § 9. D. de hered. inst. 28. 5; L. 4. L. 5. L. 14. L. 20. D. de R. D. 34. 5; vgl. jedoch aus laxerer Zeit § 25. J. de leg. 2. 20; Tit. C. de incert. pers. 6. 48). — Ebenso wenig giebt es einen Vertrag mit unbestimmten Personen; die s. g. Auslobung erzeugt rechtlich (nach Römischem Recht) keine Klage (Savigny Obl. R. II. S. 90).

verwandtschaft, grade auf Gaius so große Stücke hält, setzt trotzdem ihren Stolz darein, „quellenmäßig“ bis zu dem Uebermaß zu sein, daß sie in dem Auswerfen solcher preisgegebenen Dinge eine „traditio in incertam personam“ ausdrücklich erkennt, die denn freilich den Höhepunct des „dinglichen Vertrages“ einschließt, wie er jeder Tradition zu Grunde liegen soll!

Man sieht, die gangbare Lehre klammert sich überall mit Aengstlichkeit an den Begriff der Tra-dition, im Sinne einer vertragsmäßigen Uebertragung des Rechts von dem Auctor auf seinen Rechtsnachfolger, und nimmt, wo es nur irgend angeht, also mit alleiniger Ausnahme der eigentlichen Derelictionsfälle, da, wo die Rechtsaufgabe im Voraus erklärt ist, eine Quasitradition oder eine Tradition auf irgend einen unbestimmten Dritten an. Es lag nun nahe, auch die Fälle einer nachträglich erklärten Veräußerung an den Normalbegriff der Tradition anzuschließen. Die herrschende Lehre bringt daher überall, wo die factischen Voraussetzungen eines dinglichen Subjectionsverhältnisses an sich schon vorhanden, eine Alienation von Seiten des Berechtigten aber noch nicht erfolgt ist, von dem Momente des Eintretens der letzteren an, den selbstgeschaffenen Begriff einer sogenannten brevi manu traditio zur Anwendung.

In unsern Quellen lag hierzu, soweit sie von den hier einschlagenden Fällen dinglichen Rechtserwerbes sprechen, — keine positive Veranlassung vor, sondern ihre Auffassung ist hier principiell richtiger, als für die eigentliche Tradition [1]). Gaius, und nach ihm der Verfasser der Institutionen, scheinen zwar davon auszugehen, der Wille des bisher Berechtigten begründe das Recht seines Nachfolgers, heben aber schließlich ganz richtig hervor, die Betheiligung des Ersteren sei nur duldender, also doch nicht schöpferischer

---

[1]) Einen Anknüpfungspunct für den neueren Kunstausdruck bot ein Fragment Ulpian's, in dem der Jurist sich einer ähnlichen Wendung zur Versinnlichung eines complicirten Acceptilationsfalls bedient: L. 43. § 1. D. de J. D. (23. 3): Quoties - extraneus accepto fert debitori, — si - sic accepto tulit, ut velit mulieri (debitoris) in totum donatum (liberatio sequetur); tunc enim credendum est, brevi manu acceptum a muliere et marito datum.

Art [1]): Interdum etiam sine traditione nuda voluntas domini sufficit ad rem transferendam, veluti si rem, quam tibi aliquis commodavit aut locavit aut apud te deposuit, vendiderit tibi aut donaverit. Quamvis enim ex ea causa tibi eam non tradiderit, eo tamen ipso, quod patitur tuam esse, statim tibi acquiritur proprietas, perinde ac si eo nomine tradita esset. Fehlt Demjenigen, der das Object des dinglichen Rechts bereits hinter sich hat [2]), zum Erwerb desselben nur noch die Veräußerung von Seiten des früheren Herrn, so wird er selbstverständlich von dem Augenblick an, wo nun auch diese ausgesprochen, wirklich Herr desselben und seine Herrschaft erscheint von da ab in jeder Beziehung legitimirt.

Sowohl in den Fällen der sogenannten brevi manu traditio, als bei der regelmäßigen Tradition findet zwar ein unmittelbarer Anschluß des neuen an das alte Recht, aber darum noch keine materielle Continuität derselben Statt. Der Regel nach, also in den weitaus häufigsten Fällen der eigentlichen Tradition, sowie auch bei nachträglicher Alienation, erwirbt der neue Herr sein dingliches Recht in demselben Augenblick, wo sein Vorgänger sein (bisheriges) Recht aufgiebt. Aber man darf zwischen diesen sich der Zeit nach genau an einander anschließenden, ihrem Wesen nach so ganz und gar entgegengesetzten beiden Acten nicht einen Causalzusammenhang setzen, als handle es sich um ein

---

[1]) § 44. J. l. c. (= L. 9. § 5. D. de a. r. d. 41. 1); cf. L. 46. D. de R. V. (6. 1); L. 9. § 1. 2. D. de Publ. i. r. act. (6. 2); L. 3. § 3. 20. D. de a. v. am. poss. (41. 2); L. 21. § 1. D. de a. r. d. (41. 1); L. 9. §. 9. D. de R. C. (12. 1); L. 62. pr. D. de evict. (21; 2); L. 32. pr. D. de usurp. (41. 3).

[2]) Dies, das bloße rem apud aliquem esse, genügt, da es, wenn nun der Wille, zu haben und zu behalten, hinzutritt, demselben nicht an der realen Möglichkeit gebricht, Besitzhandlungen auszuüben (L. 62. pr. D. de evict. 21. 2; L. 63. D. de V. S; L. 74. D. de contr. emt. 18. 1; L. 8. D. de pec. 15. 1). Selbstverständlich ist die Detention (§ 44. J. cit.; L. 9. § 9. D. de R. C. 12. 1 cit.), das bewußte Hintersichhaben, erst recht genügend. Besaß der neue Erwerber das Object bereits (L. 21. § 1. D. de a. r. d. 41. 1 cit.; L. 46. D. de R. V. cit. 6. 1), so wird sein Recht auf die Sache nunmehr legitimirt oder perpetuirt. Das Nähere gehört in die einzelnen Lehren.

Ueber-tragen und An-nehmen, sondern die Berechtigten folgen einander unmittelbar in demselben Objecte der Herrschaft, ohne daß sich dies auch nur einen Moment lang in einem herrschaftslosen Interregnum befände.

Und erklärt sich denn nicht auch von dem hier verfochtenen Standpunct aus die Erscheinung, daß das neue Recht des Erwerbers den gleichen Inhalt und Umfang hat, wie das seines Vorgängers? Die gangbare Theorie glaubt mit dem so scheinbaren Satze Alles auf's beste in's Reine gebracht zu haben, daß Niemand mehr geben könne als er selber hat, daß sonach das ab-geleitete Recht nothwendig von dem Rechte des Auctor bedingt und abhängig erscheinen müsse. Kann sie doch auch hier auf „Quellenmäßigkeit" (in ihrem Sinne) noch weit eher pochen, und hätte sie auch Nichts weiter für sich anzuführen, als jenes Zeugniß von Ulpian[1]), das auch nicht den geringsten Zweifel übrig zu lassen

---

[1]) L. 20. pr. § 1. D. de a. r. d. (41. 1). Die Quellen sind reich an ähnlichen Wendungen; am kürzesten und schlagendsten ist die Fassung desselben Juristen in L. 54. D. de R. J.: Nemo plus iuris ad alium transferre potest, quam ipse haberet. Pomponius, um noch einige characteristische Aussprüche hervorzuheben, drückt sich schon etwas allgemeiner und wissenschaftlicher aus (L. 67. D. de contr. emt. 18. 1): Alienatio quum fit, cum sua causa dominium ad alium transferimus, quae est futura, si apud nos ea res mansisset: idque toto iure civili ita se habet, praeterquam si aliquid nominatim sit constitutum. Paulus faßt mehr die Person des Erwerbers, als die des Tradenten in's Auge (L. 175. § 1. L. 177. pr. D. de R. J.): Non debeo melioris conditionis esse, quam auctor meus, a quo ius in me transit; — Qui in ius dominiumve alterius succedit, iure eius uti debet. Zu vergleichen sind außerdem L. 143. D. eod.; L. 3. C. de servitt. (3. 34): „cum eodem onere perferendae servitutis transire ad emtores eadem praedia;" L. un. Hermog. C. de successionib.

Man könnte meinen, wenn auch auf die Ausdrücke der Quellen kein Gewicht zu legen, so stehe doch eine viel besprochene Entscheidung der hier vertheidigten Auffassung entgegen: daß nämlich der Donatar Eigenthum an dem Schenkobject erlangt, welches der Schenkgeber Jemandem tradirte, der zu dem Bedachten in einem persönlichen Vertretungsverhältnisse stand, auch wenn dieser Vertreter die Schenksache für sich behalten will (L. 13. D. de donatt. 39. 5). Der Schenker kann also, — so scheint es, — doch sein Recht geben, wem er will! Aber auch in diesem Fall er-ledigt der Donator nur das Object, und äußert diesen seinen auf Rechtsaufgabe gerichteten Willen thatsächlich dadurch, daß er das Object

scheint: **Traditio nihil amplius transferre debet vel potest ad eum, qui accipit, quam est apud eum, qui tradit. Si igitur quis dominium in fundo habuit, id tradendo transfert. Quo-**

---

an Jemand hingiebt, von dem er annehmen zu dürfen glaubt, er werde es dem Bedachten abliefern. Diese thatsächlich geäußerte Erledigung des Schenkobjects muß als definitive („**donatum volebat**"), denselben Effect haben, wie die Erledigung des Testators rücksichtlich einer legirten Sache mit dem Augenblick seines Todes. Der unter Lebenden ein Mal ge-äußerte Wille des Donator ist ebenso unwiderruflich, als die letzwillige und bis zu seinem Tode nicht geänderte Verfügung des Testators: hier, wie dort, geht deßhalb das Eigenthum, als **actio in rem**, mit der Hingabe an den Empfänger, und beziehentlich mit dem Moment des Todes, auf den Bedachten über. Und der Umstand, daß jener Empfänger bei sich beschlossen hatte, das Schenkobject selber zu behalten, kann keinen Einfluß auf die Veräußerung des Donators ausüben, der selber die Hingabe an ihn bewirken wollte. — Anders ist es, wenn Jemand, in der Absicht zu schenken, nicht aus seiner Person den Entschluß faßt und ausführt, das Schenkobject an einen bestimmten Dritten hinzugeben, der, seiner Erwartung zufolge, es an den Bedachten abliefern würde, — sondern wenn die Hingabe auf des letzteren ausdrückliches Geheiß an einen wirklichen Stellvertreter erfolgt, und dieser nun unterschlägt (**L. 37. § 6. D. de a. r. d. 41. 1**). Der Schenkungslustige („**quum mihi donare velles**") hat hier nicht, aus eigenem Antriebe, das Object hin-gegeben, also nicht selber gewollt, sondern nur den Willen Dessen ausgeführt, dem er eine Zuwendung zu machen die Absicht hatte. Das Eigenthum bleibt daher ihm, wenn der Stellvertreter nicht dem Bedachten erwerben wollte, dieser also nicht Besitz, und nicht „**per hanc dominium**" erwarb (**L 20. § 2. D. de a. r. d. 41. 1**). Es ist hier nichts ausgerichtet, weil das Schenkobject aus demselben Grunde dem Schenkungslustigen verbleibt, wie dem Schuldner das Eigenthum an den Münzstücken, die er Jemandem, welchen er irrthümlich für den Stellvertreter seines Gläubigers hielt, nur in der Absicht anvertraute, daß er sie abliefern solle, aber nicht mit der Verpflichtung hingegeben hat, den Betrag seiner Schuld zu tilgen (**L. 44. § 1. D. de furt. 47. 2**). Es ist Nichts ausgerichtet: denn, wenn das Eigenthum dem Schenkungslustigen solchen Falls verbleibt, — eine auf Hingabe und gleichsam auf De-reliction (zu Gunsten des Bedachten) gerichtete Willens-äußerung auch nicht abgegeben worden; so ist die Schenkungsabsicht noch nicht definitiv, also noch nicht unwiderruflich erklärt, und daher auch nicht einmal eine **in rem actio** gegen den Schenker (wie wohl sonst, **L. 1. C. de donat. 8. 54**), zulässig. — Daß diese aphoristischen Bemerkungen jene vielbesprochene angebliche Antinomie in's Klare setzen, darf ich nicht erwarten; ich muß mich vielmehr bescheiden, daß eine genügende Erörterung nur in der Eigenthumslehre gegeben werden kann.

ties autem dominium transfertur, tale transfertur, quale fuit apud eum, qui tradit.

Aber auch in diesem Punct müssen wir uns mit Freiheit des Geistes über die naive und völlig unwissenschaftliche Begründungsweise der Quellen erheben, und uns von dem Buchstabendienst emancipiren, damit „der Geist des Römischen Rechts“ aufhöre, für uns „ein Quälgeist“ zu sein. Dem materiellen Inhalt der Quellen, der uns einzig und allein binden kann, widerstreitet der hier geltend gemachte Begriff der Succession keineswegs, und unsere Auffassung vermag die bloß scheinbare Abhängigkeit des späteren Rechts von dem früheren sehr wohl zu erklären. Soll der Erwerber von Niemandem Anfechtung seines Rechts erfahren, so müssen alle Diejenigen den neuen Erwerb dulden, deren Willen bisher das Object unterworfen war, oder unterworfen werden konnte. Geschieht dies nicht, so ist das Object in der That noch gar nicht, oder doch nicht gänzlich wiederum ver-äußert und er-ledigt. War der Tradent nicht der wirkliche Herr, oder es doch nicht allein und für immer, oder war er in seiner Alienationsbefugniß nicht ganz frei, so ist freilich seine Erklärung gleichgültig oder doch nicht ausreichend; der neue Erwerber ist dann allerdings der Anfechtung Dritter ausgesetzt, und hat nicht erlangt, was er erlangen wollte und sollte: aber nicht, weil sein „Auctor“ ihm Nichts „über-tragen“ konnte, — das kann Niemand, sondern weil der wirkliche Herr oder seine Mit- und Eventual-Berechtigten das Object nicht ver-äußert und er-ledigt haben.

Die hier gegebene neue Lehre weiß also aus ihrem Princip, das die Selbständigkeit des Sachenrechts im Rechtsverkehr vollständig wahrt, und daneben nicht einen Rest irrationaler „Ausnahmen“ übrig läßt, die Erscheinungen, welche in der Succession erklärt sein wollen, zum mindesten ebenso befriedigend zu erklären, wie die gangbare Theorie, und widerstreitet auch, worauf es doch hauptsächlich ankommt, nicht, gleich dieser, der Souveränetät unsers rechtsschöpferischen Willens. Sie kann sich überdies auch ihrer Seits ebensogut durch directe Aussprüche als „quellenmäßig“ legitimiren. Die Römischen Juristen sprechen mitunter von einem Folgen in die

Sache[1]), und von einer Veräußerung der Objecte[2]); sie reden auch von „res, quae ad nova dominia transeunt[3]),“ und von einem „transire per multos dominos[4]);“ ja, Hermogenian[5]) bezeichnet in einem Athem denselben Vorgang als Uebertragung des Eigenthums, und als Erwerbung eines neuen: Ea lege, donationis causa, pecunia Titio numerata, ut statim donatori mutuo detur, non impeditur dominii translatio, ac propterea, iisdem numis donatori creditis, novum dominium in his quaeritur. Aber es kommt eben hier, wie überall nur auf jene „Quellenmäßigkeit“ an, welche in den Entscheidungen der Römer das ewige Material erblickt, das wir geistig wiederzugebären berufen sind, — auf jenen wahrhaft geschichtlichen Sinn, der ihre Größe grade deßhalb vollständig zu würdigen weiß, weil er einsieht, was ihnen versagt geblieben, — und der sich wirklich bescheiden zeigt, indem er sich auf Das beschränkt, was uns beschieden ist: durch Nach-denken die Principien der Resultate zu gewinnen, welche sie, in frei schaffender Genialität, der Welt errungen haben.

---

[1]) L. 1. § 18. D. Quod leg. (43. 3); L. 3. § 2. D. de it. act. priv. (43. 19); L. 8. D. de iure iur. (12. 2); L. 3. § 1. D. de exc. rei vend. (21. 3); L. 5. § 1. D. pro suo (41. 10).

[2]) L. 11. L. 48. pr. D. de a. r. d. (41. 1); L. 41. D. de R. C. (12. 1); L. 41. D. de legg. (1. 3); L. 205. D. de R. J.; L. 15. § 2. D. ad municip. (50. 1).

[3]) L. 1. init. C. de praescr. l. t. (7. 33).

[4]) L. 2. § 9. D. de B. P. sec. tab. (37. 11); cf. L. 56. D. de contrah. emt. (18. 1).

[5]) L. 33. § 1. D. de donatt. (39. 5); cf. L. 20. D. de R. C. (12. 1); L. 67. D. de solutt. (46. 3).

Der Besitz,

als das einzige Recht auf die Sache,

dargestellt

an den regelmäßigen Fälen seines Erwerbs
und Verlutes.

Die beiden vorigen Aufsätze haben als Vorläufer der gegenwärtigen Arbeit dienen sollen, welche näher auf die lebensvolle Mannigfaltigkeit einer speciellen Rechtslehre eingehen wird. Hier kann und muß sich zeigen, ob jene allgemeinen Grundlagen überhaupt inneren Werth und Bedeutung haben: erweisen sie sich nicht als Unterbau für die wissenschaftliche Behandlung positiver Rechtslehren in der Art tauglich, daß auch das Speciellste und Kleinste in neuem Licht erscheint, — und führen sie nicht schließlich zu Resultaten, welche sich in der Praxis unmittelbar verwerthen lassen; so mögen sie immerhin als müßige Gedankenspiele verworfen werden.

Ich habe für diese erste concrete Arbeit das Recht des Besitzes nicht sowohl aus freien Stücken gewählt, als der Natur der Sache nach wählen müssen. Denn es ist kein Zufall, wenn Savigny grade mit dieser Lehre seine glänzende Laufbahn begonnen hat, und das Erscheinen seiner Monographie den bedeutungsvollsten Wendepunct in unserer Wissenschaft bezeichnet. Ist doch der Besitz selber nichts Anderes, als die Erstgeburt des Privatrechts überhaupt. In ihm erscheint, in voller civilistischer Ausbildung und Reife, derselbe Grundgedanke wieder, welcher in der primären Rechtsgestalt der Manus seinen ursprünglichen und energischen Ausdruck fand: in beiden richtet sich der freie Wille unmittelbar auf das unfreie Object; aber der Kreis der Besitzobjecte umfaßt nur die wahrhaft unfreien Dinge, welche in der That auch allein den durchweg adäquaten Gegenstand für die unmittelbare Realisirung des Willens ausmachen. Der Besitz kann als der Mikrokosmos der ganzen Welt des Rechts gelten, denn nirgends spiegelt sich die Natur und die schöpferische Kraft unseres Willens reiner ab. Und eben deßhalb bildet die Lehre vom Recht des Besitzes den natürlichsten Ausgangspunct einer neue Bahnen betretenden rechtswissenschaftlichen Auffassung.

Es wird für alle Zeiten Savigny's unsterbliches Verdienst bleiben, daß er, unbeirrt durch den chaotischen Wust der früheren Litteratur, und wie in einem Acte „intellectueller Anschauung“ das Recht des Besitzes mit quellenmäßiger Reinheit reproducirt hat. Diese Jugendarbeit hob ihn sofort auf den Thron, von dem er das Reich unserer Wissenschaft so lange beherrschte. Und auch noch gegenwärtig kann ich nur wiederholen, was ich schon einmal mit aufrichtiger Bewunderung ausgesprochen, daß er es war, der mit dem glücklich divinatorischen Griff des Genies grade in der Lehre den Schutt von dreizehn Jahrhunderten aufräumte, in welcher die Macht des Willens, als Quelle des Rechts, ihren primären Sieg gefeiert hat.

Will man sich dies Verdienst heutzutage in vollem Umfange vergegenwärtigen, so darf man nur einen raschen Blick auf den Zustand der Litteratur vor ihm werfen. Der ganze Schwall dieser Dogmengeschichte, eben jener Schutt von dreizehn Jahrhunderten, hat bekanntlich später an Bruns [1]) einen überaus emsigen Sammler und Ordner gefunden, und auch Savigny giebt aus den Arbeiten seiner Vorgänger, in kurzen und knappen Anführungen, Material genug, um die völlige Trostlosigkeit der früheren Litteratur zur Anschauung zu bringen [2]). War doch bis auf ihn hin nicht einmal das Herrschaftsgebiet des Besitzes richtig abgegrenzt! Es ist ja bekannt, wie schon die Italienischen Juristen des vierzehnten Jahrhunderts einen Besitz des Adels, der Aemter, des Notariats und Doctorats, der väterlichen Gewalt und Kindschaft, der persönlichen Freiheit, der ehelichen Geburt und des Begräbnißrechts annahmen [3]). Von früh an wurde die Frage über die Zulässigkeit

[1]) Bruns: Das R. d. Bes. im M. A. u. i d. Gegenw (1848).

[2]) Savigny: Das R. d. Bes. (6. Aufl. 1837) u. a. Einl. No. II. S. V flgde; mitunter findet sich eine jugendlich geniale Kritik von schlagender Kürze (z. B. No. 28. 29. 31. 32. 33. a. a. O.).

des Besitzes an obligatorischen Rechten bejaht: „etiam in iure debiti personalis," so drückt sich einer dieser Juristen in barbarischem Latein aus, „est dare quasi possessionem, quanquam impropriam, sc. quando habet multiplices praestationes [1])." Wer weiß nicht, daß diese Frage noch einem der eleganteren Juristen des achtzehnten Jahrhunderts unlösbar schien, der zwar fühlte, daß ein Arzt, den man zu gebrauchen aufhöre, nicht possessorisch klagen könne, aber in eine komische Verzweifelung gerieth, weil er für sein richtiges Gefühl keine Gründe anzugeben wußte [2]). Noch drei Jahre vor Savigny's Auftreten konnte ein Schriftsteller über die Besitzlehre [3]) vollkommen daran verzweifeln, das Römische Recht, „bei seinen vielen Häkeleien und wirklichen Widersprüchen in dieser Materie," als Entscheidungsnorm in Besitzstreitigkeiten anzuwenden. Erst wenn man sich dies und Aehnliches in's Gedächtniß zurückruft, wird man begreifen, eine wie neue Erscheinung die Savigny'sche Arbeit war, welche grade dadurch einen so tiefen Eindruck machte, daß sie mit objectiver Treue zum ersten Mal das Römische Recht in quellenmäßiger Reinheit darstellte.

Und doch war es nur die unverfälschte Reproduction der Entscheidungen seiner Praktiker, und nicht eine innerliche Umarbeitung des Römischen Rechts selber, welche dem Werke Savigny's das Ansehen und die Wirkung einer befreienden That verlieh. Mit der ihm eigenthümlichen liebevollen Hingabe an das objectiv Historische hob er aus der Trümmerwelt der jetzt zu allererst wirklich erschlossenen Quellen den Schatz des lauteren Goldes, welcher unter jener wüsten Schuttmasse vergraben lag, die eine plan- und ziellose Litteratur und eine ebenso im Dunkeln tappende Praxis Jahrhunderte hindurch darüber aufgehäuft hatten. Eine wirkliche Wie-

---

[1]) Butrio, vgl. Bruns. S. 243 (vgl. S. 282).

[2]) C. Fr. Hommel rhaps. qu. 489: „Sentio, actionem non tenere, sed sentio tantum, nec si vel mortem mineris, possum dicere, quare. Tu, lector, si sapis, rationes decidendi suggere." Dies zieht sich in Litteratur und Praxis bis kurz vor Savigny hin, ja ist in letzterer noch jetzt nicht ganz beseitigt. Vgl. Bruns a. a. O. S. 407 zu Not. 1. 2. 3. ibique alleg.

[3]) Sibeth. Erört. aus d. Lehre d. Bes. (1800); vgl. Savigny a. a. O. S. 1.

vergebnrt aber, eine innerliche Verarbeitung und geistige Umformung hat der überlieferte Stoff der römischen Besitzlehre auch durch Savigny nicht erfahren, und naiv genug tritt die Resultatlosigkeit seiner Studien zu Tage, wenn er vom „Recht des Besitzes" nur handelt, um zu zeigen, daß er kein Recht sei.

Bei der Begriffsbestimmung des Besitzes geht er [1]) von der Detention aus, also dem Zustande, in welchem nicht nur die eigene Einwirkung auf die Sache physisch möglich ist, sondern auch jede fremde Einwirkung verhindert werden kann. In der Detention erblickt er den factischen Zustand, welcher dem rechtlichen des Eigenthums correspondirt. An sich ist, ihm zufolge, der Besitz kein Rechtsverhältniß, sondern ein Factum, aber es sind rechtliche Folgen mit ihm verbunden: die Interdicte und die Usucapion. Die ersteren sind seine steten Begleiter, sie bilden also das für ihn recht eigentlich Characteristische. Um sie zu erklären, muß Savigny nach einem Grunde außerhalb des Besitzes suchen, weil er ihn selber nicht als ein Recht betrachtet, in seiner Störung also auch keine Rechtsverletzung finden kann. Dieser Grund soll dann darin liegen, daß die Interdicte eine Handlung voraussetzen, welche schon ihrer Form nach unrechtlich ist: nicht das Recht des Besitzes, sondern das formelle Unrecht der Besitzstörung bildet die Ursache des Besitzschutzes.

Diese Auffassung ist in späterer Zeit vielfach bekrittelt, ohne daß jedoch der Grundirrthum selbst angetastet oder beseitigt wäre [2]). Einen bewußten und grundsätzlichen Widerspruch gegen seinen großen Zeit- und Amtsgenossen hat eigentlich nur Eduard Gans erhoben [3]). Kaum erinnert man sich noch heutzutage jenes Meinungsstreits, der doch vor zwei bis drei Jahrzehnten nicht bloß die Jurisprudenz in zwei feindliche Lager spalten zu wollen schien, sondern auch außerhalb ihrer die Aufmerksamkeit der Laienwelt auf sich zog, welche sonst so selten an unseren wissenschaftlichen Bewegungen Antheil nimmt. Insofern sich Gans lediglich negirend und

---

[1]) Bes. S. 2. 3. 8. 25. 26; vgl. S. 31—33.

[2]) Vgl. Gans: Grundl. d. Bes. S. 33—52.

[3]) Vgl. schon: Syst. des Röm. Civ. R. S. 202—15.

kritisch verhielt, hat er mit der ihm eigenen Verstandesschärfe die Inconsequenz der Savigny'schen Auffassung unwiderleglich dargethan. Es lag ja auch nahe genug, daß man einem Nichtrecht consequenter Weise nicht auf dem Umwege eines von einem Dritten verübten Unrechts zu einem Schutze verhelfen könne. Un-recht ist nur die Verletzung eines Rechts; ist es daher ein Unrecht, den Besitz zu verletzen, so muß dieser selber ein Recht sein.

Dafür erklärt ihn auch Gans; seine positive Entwickelung befriedigt indeß nicht. Der Besitz ist, ihm zufolge [1]), ein Recht, dessen Grund in der Stellung der Person zur Sache liegt. Die Person muß sich, wie er es ausdrückt, als solche in den Sachen Realität geben. Will sie die Sache nun ohne alle Rücksicht darauf, ob ihr Wille allgemein anerkannt wird, findet also das Haben der Sache nach der Seite des besonderen Willens Statt, so ist dies ein bloß anfangendes Eigenthum oder Besitz. Will und kann sie aber die Sache mit allgemeiner Anerkennung haben, ist somit die Berechtigung desselben vorhanden, so wird er zum wirklichen Eigenthum. Auch der besondere, wenngleich unrechtliche Wille muß geschützt werden, weil der Wille schon an sich etwas Substantielles ist. Auch der besondere Wille hat nur dem höheren Allgemeinen zu weichen. Der Besitz ist ein Recht; aber, wie alles Recht, ist er nur relativ, nie absolut zu fassen. Er ist neben der Person, dem Embryo aller Rechte, die nächste Rechtsgestalt: er weicht jedoch dem Eigenthum, wie dieses wiederum seine Eigengeltung auf dem Standpuncte des Vertrages verliert, wie der Vertrag innerhalb der Familie schwindet, wie die Familie gegen den Staat, und der Staat gegen die Geschichte rechtlos sind. Was rechtlich, und was unrechtlich, ist überall nur in Beziehung auf ein Anderes so zu bezeichnen.

Diese Auseinandersetzung von Gans, welche ich durch Trennen und Verbinden, aber doch mit Benutzung seiner eigenen Worte und seiner characteristischen, oft etwas ungelenken, aber doch immer energischen Wendungen zu einem möglichst abgerundeten Ganzen umzugestalten versucht habe, zeigt uns im Kleinen die Natur der

---

[1]) Vgl. System S. 211—13; Grundl. d. Bes. S. 19—20. 29. 39. 53 flgde.

Hegel'schen Dialektik überhaupt, die stets nur „Standpuncte überwindet." Der Besitz, gleich allem Recht etwas Relatives, erscheint nur als die erste Verpuppung der sich entwickelnden Rechts-Idee. Wesentlich Neues erfahren wir aber nicht, vielmehr sieht man der ihre eigene Vernunft explicirenden Rechts-Idee sehr deutlich an, daß sie erst nach dem Erscheinen von Savigny's Monographie ihre Arbeit begonnen hat. Das erste Entwickelungsmoment ihres Lebens, der Besitz, ist sichtlich mit den Attributen behaftet, welche Savigny als wesentlich erachtet. Denn wenn nur das Haben mit allgemeiner Anerkennung ein berechtigtes ist, so muß das Haben mit besonderem Willen ein unberechtigtes, mit andern Worten ein bloßes Factum sein [1]). Und eben so ist anfangendes Eigenthum noch nicht Eigenthum. Da Eigenthum aber auch nach der Darstellung von Gans die allein berechtigte Weise ist, wie sich die Person in den Sachen Realität giebt; so ist nach seiner eigenen Entwickelung der Besitz nicht Recht, das heißt eben Factum [2]).

Dennoch reichte auch diese Opposition gegen Savigny's Lehre schon hin, um ein lebhaftes Interesse an der Besitzfrage zu erwecken. Ich will indeß nicht alle irgendwie und irgendwo geäußerten Meinungen und Meinungsnüancen zusammenstellen, da die Mehrzahl von ihnen mit gutem Grunde der Vergessenheit anheim gefallen ist. Nur an die Begriffsentwickelung einiger neuerer Juristen darf ich insofern erinnern, weil sich in ihnen doch der Drang geäußert hat, die Schranken der Savigny'schen Auffassung zu sprengen.

Puchta will den Besitz als ein Recht betrachtet wissen, was seinen Charakter nur nicht in sich trage. Er sagt damit aber bloß in anderen Worten dasselbe, was Savigny zuerst ausgesprochen. Denn ein Recht, was seinen Charakter nicht in sich trägt, ist eben kein Recht, sondern ein Factum. Der Besitz ist, nach Puchta, das Recht an der eigenen Person: eine Bezeichnung, welche auch durch die weiteren Bemerkungen nicht klarer gemacht wird, „daß der Besitz seine rechtliche Natur von dem Recht der Persön-

---

[1]) Savigny Bes. S. 47; Gans Grundl. S. 28. 29.

[2]) Savigny a. a. O. S. 39; Rudorff i. d. Z. Schr. f. g. R. W. VII. S. 90 flgde.

lichkeit entlehne," — „daß er die Beziehung der Person auf Sachen sei, die noch unter der Tutel der Persönlichkeit stehe, von der sie sich noch nicht frei gemacht habe [1])." Diese halbe Philosophie ist schlimmer, als gar keine; auch im Recht kann nur die ganz erschöpfte auf den letzten Grund der Dinge hinführen, und der so beliebt gewordenen mystischen Behandlungsweise juristischer Gegenstände, welche recht eigentlich auf Puchta zurückgeführt werden darf, können wir, im Interesse unserer Wissenschaft, — „veram, nisi fallor, philosophiam, non simulatam affectantes," — nicht scharf genug entgegentreten.

Kierulff, sicherlich das bedeutendste civilistische Talent der letztverflossenen Decennien, hat seine unvollendet gebliebene Theorie des Civilrechts mit der Darstellung unserer Lehre geschlossen. Seinem richtigen Gefühl entgeht es nicht, daß der Besitz kein Unding von Recht und Thatsache zugleich sein könne. Aber in einer Art von hypersthenischer Verzweifelung an aller Construction erklärt er kurz und gut, der Besitz sei weder Recht, noch Unrecht, sondern mache als „wirkliches Nicht-Recht [2])" neben jenen beiden einen selbständigen dritten Begriff aus [3]). Und dies wirkliche Nicht-Recht soll gleichwohl ein „juristischer Begriff" sein!

Bruns endlich hat, nachdem er der Geschichte der Irrthümer in unserer Lehre einen ächt deutschen Fleiß gewidmet, am Schlusse seines Buches eine eigene Philosophie des Besitzes gegeben. So vielfach jedoch seine klar verständige Natur das Richtige trifft, wo er nur negirt und kritisirt, zu einer wirklich positiven Erkenntniß ist auch er nicht gelangt. Er sucht, wie Gans, in dem Willen den Grund des Besitzschutzes [4]): aber er hat dessen Wesen nicht begrif-

[1]) Vgl. Rhein. Mus. III. S. 294 flgde; Curs. d. Instit. § 224; Pand. § 122; Vorles. (4. Aufl.) I. S. 261 flgde; Rechtslexicon II. S. 41 flgde.

[2]) A. a. O. S. 348—51.

[3]) Es ist nicht ohne Interesse, daß Kierulff sich hier anscheinend von der Erklärung hat leiten lassen, die sein Landsmann J. Christiansen (Wissenschaft der Röm. R. Gesch. S. 137) von der Manus giebt, welche in der That im Besitze wiedergeboren ist; auch die Manus wird von dem letzteren Schriftsteller, in seiner geistvoll-paradoxen Art, als das „wirkliche Nicht-Recht" bezeichnet.

[4]) A. a. O. Achter Abschnitt. S. 462—507.

fen, wenn er nichtsdestoweniger „das Factum des Besitzes“ geschützt wissen will, weil es „factisches Dasein des Willens“ ist.

Nein, der Wille ist nie etwas Factisches, sondern das allein und überall Rechtliche. Und nur weil man dies nicht eingesehen hat, ist man auch dem Besitz nicht gerecht geworden. Der Besitz ist kein Factum, und auch kein Proteus von Factum und Recht: er ist vielmehr das einzige Recht auf die Sache. Dies soll hier dogmatisch an den regelmäßigen Fällen seines Erwerbes und Verlustes dargethan werden; ausgeschlossen bleiben daher von der gegenwärtigen Arbeit theils aus äußeren, theils aus den inneren Gründen, die sich aus dem Verlaufe der Untersuchung ergeben werden, nicht nur der Quasibesitz und die Interdicte, sondern auch der Erwerb und Verlust durch Stellvertreter. Die geschichtlichen Entwickelungsmomente kann ich in den Kreis meiner Untersuchungen nicht aufnehmen oder doch nur gelegentlich andeuten, obwohl ich überzeugt bin, daß jede rechtswissenschaftliche Arbeit ihren vollständigen Abschluß erst durch eine erschöpfende historische Grundlegung findet. Zunächst gilt es aber, der Lehre vom Besitze ihre juristische Auffassung wieder zu erobern, die man aufgiebt, wenn man ihn als ein Factum bezeichnet: ist seine Rechtsnatur dogmatisch nachgewiesen, so wird von diesem Centrum aus ein neues Licht auf alle Puncte sowohl der Rechtsgeschichte, als der einzelnen systematischen Lehren fallen, und die Basis für eine wirkliche geistige Reproduction des Weltrechts gewonnen sein.

Savigny beginnt seine Darstellung damit, daß es gewöhnlich sei, den Untersuchungen über den Besitz die Klage über die außerordentliche Schwierigkeit derselben vorausgehen zu lassen; bei den Meisten sei dies freilich nur eine vorläufige Lobrede auf ihr Werk, da sie eben durch dieses den Leser zu befriedigen die Absicht hätten [1]). Diese Schwierigkeit ist aber in der That eine objective. Sie liegt nicht sowohl in dem Stoffe selbst, als in dem Verhältniß

[1]) Bes. S. 1. 2.

des Besitzes zum Eigenthum. Man kann von dem ersteren nicht reden, ohne an das letztere zu denken, und doch soll der Besitz selbständig und unabhängig von dem Eigenthum erklärt werden.

Für mich ist diese Schwierigkeit eine doppelte, da ich die gangbare Begriffsbestimmung des Eigenthums nicht billigen kann. Man versteht darunter allgemein das totale Sachenrecht und grade hierin beruht nach meiner Ueberzeugung das Wesen des normalen Besitzes. Ich bestreite die dualistische Spaltung des unmittelbaren Sachenrechts in Factum und Recht, welche als Axiom der gemeinen Doctrin zu Grunde liegt, und behaupte, daß Beides im Besitz wirklich in einander verwachsen ist, daß wir also in ihm das einzige Recht auf die Sache haben.

Ich bin daher gezwungen, meine eigene Ausführung mit einer hypothetischen Begriffsbestimmung des Eigenthums zu beginnen. Natürlich kann ich nicht verlangen, daß man sie ohne weiteres für wahr halte. Aber ich darf auch fordern, daß man sie nicht von vorne herein verwerfe, sondern, ohne Vor-urtheil, das End-Urtheil bis dahin suspendire, daß der Begriff des Besitzes, innerhalb der dieser Arbeit gesteckten Grenzen, entwickelt sein wird.

Das Eigenthum, als solches, ist nicht das totale Recht auf die Sache, sondern nur die rechtliche Möglichkeit, zur totalen Beherrschung der Sache gelangen oder wieder gelangen zu können. Es ist actio in rem, aber nicht ius in rem. Können wir bloß sagen: res mea est, res ad me pertinet; so sind wir jetzt nicht Herrn der Sache, sondern wir können es nur werden oder wieder werden. Durch richterlichen Schutz ist uns in einem geordneten Gemeinwesen diese rechtliche Möglichkeit verbürgt, und deßhalb bildet die actio in rem einen Bestandtheil in unserem Vermögen, — „in bonis," —: nicht mehr und nicht minder, wie alle Actionen. Es bildet grade den vorzüglichsten Bestandtheil „in bonis," und hat davon auch seinen classischen Namen [1]).

---

[1]) Um nur einigermaßen quellenmäßige Anhaltspuncte zu geben, erinnere ich an Aussprüche, wie: „Habetur, quod peti potest" (L. 143. D. de V. S); „Rem „in bonis" nostris habere intelligimur, quoties possidentes exceptionem, aut amittentes ad recuperandam eam actionem habemus" (L. 52. D. de acqu. r. dom. 41. 1); „Is, qui actionem habet ad rem recuperandam, ipsam rem habere videtur" (L. 15. D. de R. J.).

Das vollständige Recht auf die Sache hat wirklich nur der, welcher die Sache haben und behalten will, und haben und behalten kann. Und dies ist grade der Besitzer. Der Besitz geht, in seinen normalen Fällen, darauf, die Sache in ihrer Totalität, räumlich und zeitlich, dem Willen des Subjects zu unterwerfen. Besitzt also der Eigenthümer, so hat er wirklich das vollständige Sachenrecht: aber nicht, weil die Sache „sein ist," weil sie „ihm gehört," sondern weil er sie eben besitzt.

Der Besitz ist also nicht das factische Moment des Eigenthums, sondern es ist nur factisch der gewöhnliche Fall, daß der Eigenthümer besitzt, also auch wirklich Herr der Sache ist. Herr der Sache ist er nur, wenn und weil er besitzt. Der besitzende Eigenthümer ist Herr der Sache, aber auch jeder andere redliche Besitzer. Denn der unredliche freilich kann die Sache nicht haben und be-halten, weil er wegen der Duplicität der Interdicte im Besitzproceß unterliegen muß. Von ihm gilt eben, was Javolenus sagt [1]): non videtur possessionem adeptus is, qui ita nactus est, ut eam re-tinere non possit.

Ich muß es mir gefallen lassen, wenn man diese Aphorismen zunächst als Paradoxen ansieht, und kann nur wiederholt bitten, mit dem Endurtheil zurückzuhalten. Auch schon im Laufe der gegenwärtigen Untersuchung wird sich mehrfach Gelegenheit dazu bieten, die gegebene Erklärung des Eigenthums quellenmäßig zu bewahrheiten. Vollständig kann dies freilich nur eine ausführliche Darstellung der Eigenthumslehre, in der zugleich historisch der von unberechenbaren socialen Folgen begleitete Umstand nachgewiesen werden müßte, wie dem besitzlosen Eigenthum in entarteter unrepublikanischer Zeit eine künstliche Unmittelbarkeit verliehen worden ist [2]). Und ebenso gehört in eine speciellere Erörterung der Interdictenlehre der Beweis dafür, daß nur der redliche Besitz als ein Recht gilt, da der unredliche im Sinne des Javolenischen Fragments nicht retinirt werden kann. Jede Rechtsgestalt läßt sich im Grunde nur im und aus dem System wahrhaft begreifen; denn es gilt sowohl für unsere Praxis, als für

[1]) L. 22. D. h. t. (41. 2).
[2]) L. 68. D. de R. V. (6. 1).

unsere Wissenschaft, was der Dichter sagt, daß „Ein Tritt tausend Fäden regt," und „Ein Schlag tausend Verbindungen schlägt."

Für den Beweis, daß der Besitz im Römischen Recht als das einzige unmittelbare Sachenrecht zur Geltung gelangt ist, kommt es zuvörderst gar nicht darauf an, ob die Römischen Juristen ihn als solches bezeichnen. Grade die bedeutendsten unter ihnen, Papinian und Ulpian, sprechen jedoch mit klaren Worten von einem ius possessionis [1]). Der Letztere verneint ausdrücklich, daß der Besitz etwas bloß Factisches sei, indem er bemerkt [2]): si quis vacuam possessionem tradi promiserit, non nudum factum haec stipulatio continebit, sed causam bonorum. Und Neratius nennt ihn gradezu das Recht auf die Sache, wenn er von dem Falle einer Collision zwischen zwei Käufern desselben Objects sagt [3]): is ex nobis tuendus est, qui prior ius eius apprehendit, hoc est, cui primum tradita est.

Die Stellen, welche man für das Gegentheil anzuführen pflegt, können nicht als Beleg dafür dienen. Freilich bezeichnet Papinian einmal den Besitz als „plurimum facti habens" [4]). Indeß liegt hierin nichts weiter, als daß der Besitz erworben und verloren wird, je nachdem unser Wille des Objects mächtig ist, oder es zu sein aufhört: und dies bleibt allerdings quaestio facti. Grade so ist es auch zu verstehen, daß Paulus [5]) vom Besitzerwerbe sagt, er sei „res facti, non iuris." Und nur das Verhältniß des vitiösen Besitzers zu einem nicht besitzenden Dritten hat derselbe Jurist im Auge, wenn er in jener vielfach mißbrauchten Stelle erklärt [6]): in summa possessionis non multum interest, iuste an iniuste quis possideat. Damit will er keinesweges den redlichen und un-

---

[1]) L. 44. pr. D. h. t.; L. 2. § 38. D. Ne quid in loco publ. (43. 8); vgl. L. 23. pr. L. 49. pr. § 1. D. h. t. L. 10. C. eod. (7. 32); L. 5. § 1. D. ad leg. Jul. de vi publ. (48. 6); L. 5. i. f. C. de lib. causa (7. 16).

[2]) L. 52. § 1. D. de V. O. (45. 1); vgl. L. 38. § 7. 8. eod. („iure civili;" „civiliter").

[3]) L. 31. § 2. D. de A. E. V. (19. 1); vgl. L. 4. C. Greg. de R. V. (3. 2).

[4]) L. 19. D. ex quib. caus. mai. (4. 6); vgl. L. 29. D. h. t.; L. 1. § 15. D. Si is qui test. (47. 4).

[5]) L. 1. § 3. 4. D. h. t.

[6]) L. 3. § 5. eod.

redlichen Besitzer einander gleichstellen; sonst hätte er nicht an einem andern Orte den Satz aufstellen können [1]): qualiscunque enim possessor hoc ipso, quod possessor est, plus iuris habet, quam ille, qui non possidet.

Es bleibt aber jedenfalls ein sehr äußerliches Verfahren, aus den Worten der Römischen Juristen die Wahrheit oder Unwahrheit eines Satzes beweisen zu wollen. Man dürfte dies nur thun, wenn feststände, daß sie stets ihre Worte auf die Goldwage gelegt hätten, wovon doch gerade das Gegentheil wahr ist. Würden sie auch ausdrücklich erklärt haben, der Besitz sei ein Factum, so müßten wir ihn doch als das unmittelbare Sachenrecht betrachten, wenn er dies nach ihren Entscheidungen ist. Bevor ich aber auf Grund derselben diese Rechtsnatur des Besitzes in seinen regelmäßigen Erwerbs- und Verlustfällen prüfe, will ich einige Puncte näher in's Auge fassen, welche die gangbare Theorie entweder gänzlich ignorirt, oder nur ganz obenhin behandelt.

So giebt sie uns zunächst gar keinen Aufschluß darüber, warum wohl nach den Quellen nur Rechts-Subjecte den Besitz erwerben können. Wer nicht als Person gilt, wie nach classischem Recht die Hauskinder und Sclaven, kann nicht im Rechtssinne „haben und behalten"; der Besitz aller Gewaltunterworfenen ist vielmehr in der That ein bloßes „Factum" [2]):

Qui in aliena potestate sunt, rem peculiarem tenere possunt, habere, possidere non possunt, quia possessio non tantum corporis, sed et iuris est.

Bei den Hauskindern hält ihre Besitzfähigkeit überhaupt gleichen Schritt mit ihrer Rechtsfähigkeit; sie erlangen letztere also zuerst rücksichtlich des peculium castrense [3]). Warum hatten aber von Hause aus die Gewaltunterworfenen gar keine Besitzfähigkeit? Man kann

---

[1]) L. 2. D. Uti poss. (43. 17). Der Anfang des Fragments läßt nicht den geringsten Zweifel: Justa enim, an iniusta adversus ceteros possessio sit, in hoc interdicto nihil refert.

[2]) Papinianus in L. 49. § 1. D. h. t.; cf. L. 24. L. 30. § 3. eod.; L. 38. § 7. 8. D. de V. O. (45. 1); L. 118. D. de R. J.

[3]) L. 4. § 1. D. de usurp. (41. 3); cf. L. 1. § 5. L. 49. § 1. D. h. t.; Gai. II. 89; § 1. J. p. quas pers. nob. acqu. (2. 9); L. 93. D. de R. J.

darauf nur antworten [1]): „das ist sehr natürlich, da sie überhaupt keine Rechte haben konnten." Aber man darf auch nur so antworten, wenn man den Besitz als ein Recht betrachtet.

Ist der Besitz kein Recht, so läßt sich auch nicht begreifen, warum er nur an den Gegenständen des Rechts-Verkehrs Statt findet [2]). Daß die nicht formfähigen Dinge, welche eben deßhalb Gemeingut Aller bleiben, nicht als Besitzobjecte gelten, ließe sich aus der factischen Natur des Besitzes erklären. Weßhalb sollen aber alle übrigen res extra commercium besitzunfähig sein, wenn der Besitz nichts weiter ist, als ein bloßes Factum? Savigny läßt diese wohl aufzuwerfende Frage ganz unbeantwortet; denn die Antwort, die er giebt, ist keine. Er meint, diese Sachen seien besitzunfähig, weil bei ihnen alle Beziehung auf Usucapion und Interdicte fortfalle [3]). Das ist aber offenbar ein fehlerhafter Cirkel. Gefragt, warum der Besitz an den res extra commercium nicht Statt finde, antwortet Savigny, daß er nicht Statt finde. Denn seine Existenz könnte sich doch nur in seinen allgemeinen Wirkungen äußern, welche eben in der Usucapion und den Interdicten bestehen. Es giebt bloß eine Antwort auf diese Frage, welche von der Natur des Willens dictirt wird: wir können solche Gegenstände nicht wollen, von denen wir wissen, daß sie der Sphäre unseres Willens entzogen sind.

Kommt aber die gangbare Theorie schon in Verlegenheit, wenn sie die Unmöglichkeit des Besitz-Erwerbes an den vom Rechtsverkehr ausgeschlossenen Sachen erklären soll, so giebt sie vollends keine Er-

---

[1]) Savigny Bes. § 9. S. 135. 137.

[2]) L. 3. § 17. L. 23. § 2. L. 30. § 1. 3. 4. D. h. t.; cf. L. 34. D. de stip. servor. (45. 3). Namentlich ist in L. 23. § 2. die Rechtsnatur des Besitzes und das Gegentheil eines Factum so schlagend hervorgehoben, daß ich nicht unterlassen kann, das interessante Fragment vollständig mitzutheilen: „Item quaero, si vinxero hominum liberum, ita ut eum possideam, an omnia, quae is possidebat, ego possideam per illum. Respondit: si vinxeris hominem liberum, eum te possidere non puto; quod quum ita se habeat, multo minus per illum res eius a te possidebuntur; neque enim rerum natura recipit, ut per eum aliquid possidere possimus, quem civiliter in mea potestate non habeo."

[3]) A. a. O. S. 133.

läuterung für den Besitz-Verlust, welcher sofort und von selbst alsdann erfolgt, wenn das Besitzobject hinterher dem Commercium entzogen wird. Der Besitz hört nicht bloß bei reellem, sondern auch bei ideellem und juristischem Untergange des Objects auf. Wird ein Grundstück vom Meere oder einem Fluß bleibend occupirt[1]), so ist das freilich ein Factum, was einem anderen ein Ende machen kann. Warum hört aber der Besitz bei uns auf, wenn das Besitzobject specificirt wird[2]), und warum hörte er bei den Römern ebenfalls auf, wenn ein Sclave freigelassen[3]), wenn ein Grundstück durch Einbringung eines Todten religios wurde?[4]) Auch hier giebt es nur eine Antwort: der Besitz kann hier nicht fortdauern, weil er ein Recht ist. Wir können eine Sache nicht mehr wollen, von der wir wissen, daß sie nicht mehr die ist, auf welche unser Wille gerichtet war, oder daß sie überhaupt aufgehört hat, ein Object des Willens zu sein.

Wie könnte ferner der Besitz ein Gegenstand für Rechts-Geschäfte sein, wenn er nicht selber ein Recht wäre? Es ist eine bekannte Regel: emtio (conductio, precarium, depositum) suae rei consistere nequit[5]). Gleichwohl kann der Eigenthümer unter Umständen den Besitz an seiner eigenen Sache kaufen[6]), miethen[7]), bittweise erhalten[8]). Derartige Rechtsgeschäfte kommen bekanntlich

---

[1]) L. 3. § 17. L. 30. § 3. D. h. t.

[2]) L. 30. § 4. eod.

[3]) L. 30. § 4. L. 38. § 2. eod.

[4]) L. 30. § 1. eod. Diese Stelle von Paulus ist durch ihren Schluß auch in nicht juristischer Beziehung höchst interessant: „Possessionem amittimus, — si mortuum in eum locum intulimus, quem possidebamus; namque locum religiosum aut sacrum non possumus possidere, etsi contemnamus religionem.

[5]) L. 40. pr. § 1. D. de pign. act. (13. 7); L. 16. pr. L. 34. § 4. L. 39. pr. L. 61. D. de contrah. emt. (18. 1); L. 21. D. de usurp. (41. 3); L. 4. § 3. D. de prec. (43. 26); L. 15. L. 31. § 1. D. depos. (16. 3).

[6]) L. 34. § 4. D. de contr. emt. cit.; L. 40. D. de pign. act. cit.; L. 28. D. h. t.

[7]) L. 35. § 1. L. 37. D. de pign. act. (13. 7); L. 28. L. 37. D. h. t.; L. 16. D. de peric. et comm. r. v. (18. 6).

[8]) L. 35. § 1. D. de pign. act. cit.; L. 28. D. h. t.; L. 6. § 4. L. 22. pr. D. de prec. (43. 26); L. 38. § 7. D. de V. O. (45. 1).

beim Faustpfande häufig vor, indem der Gläubiger das Pfandobject dem Pfandschuldner gegen oder ohne Entgelt überläßt, und seinen Besitz durch den letzteren, als das Instrument seiner Custodia, fortsetzt. Hier erkennt denn auch Savigny den Besitz, wenn nicht den Worten, doch der Sache nach als ein Recht an [1]). Er bemerkt ganz richtig, diese Verträge seien nicht ohne ein juristisches Object, weil sie „mit Rücksicht auf den bisherigen Besitz des Verkäufers u. s. w., als auf ein juristisches, im positiven Recht anerkanntes Verhältniß" abgeschlossen würden. Ein „juristisches Verhältniß" ist nur ein anderer Ausdruck für Recht, den Savigny wählt, weil er den Besitz nicht bei seinem Namen nennen mag. Ist der Besitz aber „im positiven Recht" als ein juristisches Verhältniß anerkannt, so ist damit Alles zugegeben, was man verlangen kann. Denn der Besitz konnte nur da positiv werden, wo das Recht überhaupt ponirt wurde.

Der Besitz ist auch darum ein Recht, weil man ihn condiciren kann. Es ist ein Verdienst von Bruns, auf diesen Umstand, der in Savigny's Darstellung gar nicht hervortritt [2]), aufmerksam gemacht zu haben. Indeß ist es irrig, wenn dieser Schriftsteller die possessorischen Condictionen als „Klagen zum Schutze des Besitzes, in einfacher electiver Concurrenz mit den Interdicten" bezeichnet [3]). Der Besitz muß verloren sein, kann also nicht mehr geschützt werden, wenn man ihn condiciren will [4]). Eine ausführliche Erörterung gehört in die Interdictenlehre, wo sich erst zeigen läßt, daß man den Besitz im Grunde nur retiniren kann. Dies ist nicht nur logisch, sondern auch historisch richtig. Die recuperatorischen Interdicte sind erst in Folge der socialen Zerrüttung gegen das Ende der Republik, als eine Art von nothwendigem Uebel, erwachsen, und haben nur für diese entartete Zeit dieselbe relative und temporäre Bedeutung, wie die Spolienklage für das Mittelalter. Durch die recuperato-

---

[1]) Bes. § 5. S. 29. 30.

[2]) Er citirt zwar zum Theil die hierher gehörigen Stellen, aber zu andern Zwecken (vgl. S. 124. Note 3. S. 520. Note 2. S. 404—5. S. 74. S. 493. Note 4).

[3]) A. a. O. S. 27 flgde.

[4]) Wie jetzt auch Rudorff (R. Gesch. II. S. 144. Note 14) bemerkt.

rischen Interdicte sind nun freilich die Condictionen, mit welchen man während der Republik vollkommen ausreichte, zum größten Theil unpractisch geworden. Und daraus erklärt es sich, daß ihrer in unseren Quellen so selten Erwähnung geschieht. Doch erhellt auch aus ihnen noch, daß der Werth des Besitzes eingeklagt werden kann, wenn man ihn durch Diebstahl oder Raub[1]), aus Irrthum oder Zwang[2]), oder endlich auf Grund eines positiv verbotenen Rechtsgeschäfts verloren hat[3]). Kann aber der Werth des verlorenen Besitzes condicirt, das heißt, kann auf Erstattung dessen geklagt werden, was der jetzige Besitzer ohne Recht hat, so muß er doch wohl selber und als solcher ein Recht sein.

Wäre er endlich nicht ein Recht, so könnte es gar keinen Mitbesitz geben. Savigny hat denn auch die Compossessio durchaus nicht zu erklären gewußt[4]). Er bezeichnet als das Characteristische dieses Verhältnisses, daß Jeder einen Theil der Sache allein, die übrigen Theile gar nicht besitze. Diese Theile der Sache sollen, ihm zufolge, zwar nicht reell, aber doch ideell von einander ab-ge-sondert sein! Jeder besitze, wie er meint, eine Sache für sich, und die Mitbesitzer ständen „ungefähr" in demselben Verhältniß, wie die Besitzer zweier benachbarter Häuser! Ja er glaubt sogar, der Begriff der Compossessio sei, wie das Wort selbst neueren Ursprungs; bei den Römischen Juristen komme der Begriff gar nicht vor; sie bestimmten vielmehr nur, „inwiefern Jeder für sich einen ideellen Theil einer Sache besitzen könne, — da sich denn die Möglichkeit eines andern Besitzers der übrigen Theile von selber ergäbe!"

Die späteren Schriftsteller haben den Mitbesitz ebensowenig begriffen. Ich hebe unter ihnen nur Kierulff hervor, weil seine scharfe und präcise Formel am offensten den Mangel an logischer Schärfe zu Tage legt, der bei Savigny durch die bestechende Eleganz der Ausdrucksweise verdeckt wird. Kierulff aber, der den

---

[1]) L. 12. § 2. D. de cond. furt. (13. 1); L. 1. pr. § 1. D. de cond. trit. (13. 3); L. 25. pr. § 1. D. de furt. (47. 2).

[2]) L. 15. § 1. D. de cond. ind. (12. 6); L. 9. pr. L. 21. § 1. 2. D. q. m. c. (4. 2).

[3]) L. 5. § ult. L. 6. L. 46. D. de donat. i. v. et ux. (24. 1).

[4]) Bes. § 11. S. 179—80.

Mitbesitz als die „getheilte factische Herrschaft" an derselben Sache bezeichnet [1]), reiht damit drei Worte aneinander, die sich gegenseitig widersprechen und aufheben. Denn ein Factum läßt sich nicht theilen, und eine factische Herrschaft giebt es nicht.

Es kann von einem Mitbesitz nur darum die Rede sein, weil der Besitz selber ein Recht, also eine Aeußerungsform des Willens ist. Die Theilung nach Quoten ist nur denkbar bei Rechten, ja sie läßt sich „im Rechtssinne" als die einzige Theilungsart betrachten [2]). Ein Mitbesitz zu ideellen Theilen ist nur deßhalb möglich, weil die Besitzobjecte selber eine ideelle Einheit bilden; der Wille Mehrerer kann sich auf das ideelle Ganze richten, indem er sich nach der Zahl der Theilnehmer quotisirt. Der Mitbesitz kann nicht ein Factum sein, weil er etwas Intellectuelles ist [3]). Die Mitbesitzer stehen in einer Rechts-Gemeinschaft, und können daher gegen einander auf Theilung klagen: vorausgesetzt, daß ihr Besitz-Recht nicht von dem willkührlichen Widerruf Dritter abhängt, und daß ihr Besitz in der That ein Recht, also ein redlicher ist; denn der unredliche Besitz ist freilich kein Recht, und also auch der unredliche Mitbesitz Mehrerer keine Rechts-Gemeinschaft [4]).

Diese vorläufigen Bemerkungen sollten nur dazu dienen, als leichte Plänkler wenigstens einige schwache Puncte der gegnerischen Lehre anzugreifen. Soviel geht zum mindesten aus ihnen hervor,

---

[1]) A. a. O. S. 364.

[2]) Vgl. Papinianus in L. 66. § 2. D. de legat. II. (31): „plures in uno fundo dominium iuris intellectu, non divisione corporis obtinent." Quintus Mucius in L. 25. § 1. D. de V. S.: „partis appellatione rem pro indiviso significari; nam quod pro diviso nostrum est, id non partem, sed totum esse." Cf. L. 6. § 1. D. comm. praed. (8. 4); L. 3. § 2. D. h. t.

[3]) Ulpianus in L. 42. pr. D. pr. h. t.: „Communis servus, etiamsi ab uno ex dominis possideatur, ab omnibus possideri intelligitur." Cf. L. 10. i. f. D. de pign. (20. 1): „dimidiam partem possessionis apprehendant singuli."

[4]) Cf. L. 7. § 2—6. § 12. D. comm. div. (10. 3). Der § 4. ist am prägnantesten: „Inter praedones autem hoc iudicium locum non habet, nec

daß der Besitz kein Factum, sondern ein Recht sein muß. Die Natur dieses Rechts läßt sich aber nur klar machen, wenn wir seine Entstehung und seinen Untergang, das heißt seinen Erwerb und seinen Verlust betrachten.

Man sollte glauben, schon allein das incontestable Factum, daß der Besitz erworben und verloren wird, müßte hinreichen, die bisherige Lehre von der factischen Natur des Besitzes zu vernichten. Läßt sich ein Factum erwerben und verlieren? Ein Factum existirt, und, hat es sich einmal ereignet, so kann es nicht ungeschehen gemacht, sondern nur in seinen Folgen vernichtet werden; wie aber will man darauf die juristischen Kategorien des Erwerbes und Verlustes anwenden? Savigny weiß hierauf nur mit einer „Fiction" zu antworten, und trotzdem oder grade deßwegen verwickelt er sich in Widersprüche. An sich ist ihm der Besitz, nach seiner schon vorher entwickelten Auffassung, ein Factum, und seine Existenz daher „von allen den Regeln unabhängig, welche das Civilrecht oder auch das Jusgentium über den Erwerb und Verlust von Rechten aufgestellt haben." Aber da nicht bloß Rechte mit ihm verbunden sind, sondern es auch in gewissen Fällen nöthig ist, „die Rechte des Besitzes zu gestatten, wo jenes Factum nicht ist, und zu versagen, wo es sich findet", so „erhält" der Besitz insofern „juristische Bestimmungen"[1]). Im Widerspruch damit steht eine andere, deutlichere und allgemeinere Erklärung, durch welche er später jene Fiction hat begründen wollen[2]). Nun sollen es die Wirkungen, die ihr verliehenen Rechtsmittel sein, welche der „factischen Herrschaft" zu der „einem Rechte ähnlichen Behandlung" verhelfen: „um dieses Schutzes willen werden Regeln aufgestellt über Erwerb und Verlust des Besitzes, grade als ob er ein Recht wäre!" Damit ist denn freilich die wirklich juristische Auffassung auf den Kopf

si precario possideant, locum habebit, nec si clam, quia iniusta est possessio „ista," precaria vero iusta quidem, sed quae non pergat ad iudicii vigorem;" wie bezeichnend ist dies wegwerfende „ista"! Weßhalb der Jurist von den Fällen des sogenannten abgeleiteten Besitzes nur die possessio des Pfandgläubigers der richterlichen Theilung fähig erachtet, wird aus der unten folgenden Darstellung dieser Fälle klar werden.

[1]) Bes. § 5. S. 26—27.

[2]) Bes. § 6. (Zus. z. 6. Aufl.) S. 40.

gestellt: überall sonst ist der Rechtsschutz die Folge des Rechtsverhältnisses; der Besitz aber soll grade umgekehrt als ein Recht „behandelt" werden, weil er nun ein Mal geschützt ist.

Der Besitz kann nur erworben werden, weil er ein Recht ist, und „das Recht des Besitzes" läßt sich seinem Wesen nach nur erkennen, wenn wir es genetisch begreifen. Savigny hat auch in der Lehre vom Besitz-Erwerbe die Aufgabe erfüllt, welche ihm überhaupt in der Entwickelung unserer Wissenschaft zugewiesen war. Er reproducirte mit objectiver Quellenmäßigkeit das unverfälschte Römische Recht. Aber wenn wir ihm ewig dankbar dafür sein müssen, daß er uns die Aussprüche seiner Praktiker zu erschließen verstanden hat, so reichte diese naive Reproduction nicht aus, wo es sich um überlieferte dogmatische Sätze handelt. Wer weiß nicht, daß Savigny, ohne sich durch ängstliche Rücksicht auf die verworrene Masse einer zerfahrenen Litteratur zu binden, seiner ganzen Darstellung vom Besitz-Erwerbe die einfache klassische Regel zu Grunde legte, welche Paulus selber uns überliefert hat? Er war es, der zuerst wieder Alles auf jenen quellenmäßigen Satz stellte, der seitdem in Aller Munde ist[1]): et adipiscimur possessionem corpore et animo, neque per se animo, aut per se corpore. Aber er hat den Sinn dieser Regel ebenso wenig begriffen, wie Paulus. Er ist dabei stehen geblieben, die in dem „corpore et animo" angedeuteten beiden Momente eines Begriffs in dualistischer Weise zu fixiren, und ist nicht zum Bewußtsein darüber gelangt, daß auch im Besitz-Erwerbe Wille und Macht identisch sind.

Ich will zunächst an die Hauptpuncte von Savigny's Entwickelung der Begriffe des Corpus und des Animus erinnern, was um so angemessener sein wird, als die einzelnen Theile derselben an verschiedenen Stellen seines Werkes zerstreut sind. Characteristisch ist schon die Folgeordnung seiner Darstellung, die sich genau dem Paulinischen Fragmente anschließt. Das Corpus stellt er in den Vordergrund, offenbar weil es für die factische Natur des Besitzes von überwiegender Bedeutung; es liefert ihm für die Grundsätze

[1]) L. 3. § 1. D. h. t.; cf. L. 8. eod.; L. 153. D. de R. J.; Pauli S. R. V. 2, 1; § 5. s. fin. J. de interd. (4. 15).

vom Erwerbe dieselbe massive Basis, wie er sie für die Begriffsentwickelung des Besitzes selber in der Detention findet. An der Spitze seiner Lehre steht deßhalb der Satz, aller Besitz-Erwerb beruhe auf einem körperlichen Handeln (corpus oder factum), welches von einem bestimmten Willen (animus) „begleitet" werde [1]). Diese zu Anfang so stark betonte „körperliche Handlung" schrumpft aber im Verlauf der Erörterung immer mehr ein, und ist schließlich nur noch die „physische Möglichkeit", auf die Sache zu wirken, und jede fremde Einwirkung auszuschließen [2]). Bei unbeweglichen Sachen besteht „das eigentliche Factum" nur in der persönlichen Gegenwart in oder bei dem Grundstücke, ohne daß irgend eine Handlung darin oder damit vorgenommen werden müßte [3]). Eben diese genügt, je nach den Umständen des einzelnen Falls, auch bei beweglichen Sachen; die unmittelbare Gegenwart „vertritt" die Stelle des wirklichen Ergreifens, sofern es nur möglich bleibt, die Sache in jedem Augenblick körperlich zu erfassen [4]). Ja auch der persönlichen Gegenwart bedarf es nicht unter allen Umständen: so liegt Beispielsweise in dem Falle, wo ein Käufer das Kaufobject in seinem Hause niederlegen läßt, schon in dieser Deposition durch einen Dritten das für den Besitz-Erwerb erforderliche Factum [5]).

Den Willen, welchen ja auch Paulus an zweiter Stelle nennt, handelt Savigny erst nach der Darstellung des Corpus ab. Spielt er doch nur die Nebenrolle, das bei weitem wesentlichere Factum zu „begleiten!" Um seiner selbst willen findet er keine Beachtung, und er ist im Grunde nur wegen des „Bewußtseins" nothwendig, welches das erwerbende Subject von dem Erwerbungsacte haben muß. Es ist nämlich, — wie Savigny ausführt [6]), — erforderlich, daß die Möglichkeit, auf die Sache nach Willkühr zu wirken, als unmittelbare gegenwärtige Möglichkeit gedacht werden könne; es muß in dem Erwerber das Bewußtsein physischer Herr-

---

[1]) Bes. § 13. S. 225. 227.
[2]) A. a. O. § 14. S. 232—33.
[3]) A. a. O. § 15. S. 235. 239.
[4]) A. a. O. § 16. S. 240. 248. 250.
[5]) A. a. O. § 17. S. 253.
[6]) A. a. O. § 18. S. 268—69.

schaft entstehen. „Damit", — so schließt er seine Auseinandersetzung, — „dies Bewußtsein entstehe, muß der Wille (animus) vorhanden sein, die Sache als eigene zu haben; zugleich müssen die physischen Bedingungen vorhanden sein, deren Bewußtsein entstehen soll (corpus)."

Eine wirkliche juristische Auffassung kann grade umgekehrt nur vom Willen ausgehen: denn er ist allein der Grund des Besitzes, weil er der Grund ist des Besitz-Erwerbes. Die Genesis des Besitzes wird uns zeigen, daß der erworbene Besitz der Effect ist, welchen die Macht des Willens hervorbringt, indem er sich einer Sache bemächtigt. Animus und Corpus sind nicht zwei Bestandtheile des Besitz-Erwerbes, sondern zwei Momente eines Begriffs. In dem Corpus manifestirt sich nur die Macht des Willens, ohne welche dieser überhaupt nicht gedacht werden kann.

Ist der Wille überall nichts Anderes, als die Energie des Geistes, so folgt daraus, daß in dem Besitzwillen Dreierlei unlösbar vereinigt ist: die bestimmte Richtung auf ein äußeres Object, das Bewußtsein davon, und deren machtvolle Verwirklichung.

Unser Wille kann sich nicht auf einen Gegenstand der Außenwelt concentriren, ohne daß wir darum wüßten; denn wissend wollen, wollend wissen wir; das Bewußtsein ist daher etwas dem Willen stets Immanentes. Aber unser Wollen bleibt ein bloßer Wunsch, wenn wir uns des Objects nicht bemächtigen: ist das Object unseres Willens eine körperliche willenlose Sache, so wird sie von unserem Willen gleichsam beseelt, und dieser findet in ihr seine Verkörperung. Im Besitz-Erwerbe sind also dieselben drei Dinge wesentlich, welche von den Römischen Juristen als affectio, scientia und corpus bezeichnet werden. In Savigny's Darstellung begegnen sie uns in getreuer Wiedergabe des Inhalts unserer Quellen, aber als unbegriffene Elemente, und eben deßhalb in verkehrter Folgeordnung. Jene Dreitheilung bleibt für jede Darstellung der Lehre vom Besitze bestimmend, aber die richtige systematische Anordnung ist hier, wie überall, keineswegs ohne Bedeutung. Für die hier folgende Auseinandersetzung, welche den Willen in seiner Dreieinigkeit als den Grund des Besitz-Erwerbes klar machen will, wird die Reihenfolge maßgebend sein, welche oben angegeben ist: die Verkörperung des Willens läßt sich erst begreifen, wenn wir seine geistige Natur, in ihrer zweiseitigen Function, affectio und scientia, dogmatisch und quellenmäßig kennen gelernt haben. Und nicht sowohl aus jener Paulinischen Regel, als aus den practischen Entscheidungen der Römischen Juristen werden uns die leitenden Grundsätze faßbar entgegentreten, welche das Recht des Besitzes für alle Zeiten enthalten.

Indem ich somit die Natur des Besitzwillens, in seiner engeren Bedeutung als Affectio, zum nächsten Gegenstande meiner Untersuchung mache, darf ich auch hier mit der Bemerkung beginnen, daß es vollkommen gleichgültig ist, wie die Römischen Juristen den Besitzwillen aufgefaßt und benannt haben. Bald bezeichnen sie ihn mit animus, ohne allen weiteren Zusatz [1]), bald mit animus possidendi [2]), animus possidentis [3]), animus possessionis [4]), propositum possidendi [5]), *affectio tenendi* [6]), *animi affectus* [7]), *affectus possidendi* [8]), sensus accipiendi possessionem [9]), und ähnlichen Ausdrücken: niemals aber mit animus domini. Und keine der von ihnen in harmloser Gleichgültigkeit gebrauchten Benennungen ist so verwerflich, als diese, wie sie Savigny gebraucht und zur allgemeinen Geltung gebracht hat; keine ist unbefriedigender. Sie sagt uns nur, daß der Besitzer mit demselben Willen besitze, wie der Eigenthümer, — und von Neuem müssen wir fragen: wie besitzt denn aber der Eigenthümer? —

Auch bei seiner Bestimmung des Besitzwillens geht Savigny wieder auf den Begriff der Detention zurück, der doch juristisch ganz unfruchtbar ist. Da die Detention an sich gar keinen juristischen

---

[1]) Paulus in L. 3. § 1 u. 12. L. 8. D. h. t. et passim.
[2]) Africanus in L. 41. s. f. D. de R. C. (12. 1).
[3]) Paulus in L. 1. § 20. D. h. t.
[4]) Celsus in L. 18. § 3. eod.
[5]) Papinianus in L. 46. eod.
[6]) Paulus in L. 1. § 3. eod.
[7]) L. 3. C. h. t. (7. 32).
[8]) Paulus in L. 3. § 3. D. h. t.
[9]) Derselbe in L. 32. § 2. eod.

Bestimmungen unterliegt, so sucht Savigny sie durch Fictionen künstlich zu beleben: sie soll nach seiner Auffassung „juristischer Modificationen“ fähig sein, sobald sie als Bedingung von Rechten behandelt wird. Die allgemeinste dieser Modifiationen besteht nun darin, „daß jede Detention, wenn sie als Besitz gelten soll, absichtlich sein muß.“ Wenn nun, — so wird weiter ausgeführt, — die Detention den physischen Zustand enthält, welcher dem rechtlichen Zustande des Eigenthums correspondirt, so kann der Detentor, welcher das Detentionsobject besitzen will, keine andere Absicht haben, als das Eigenthum auszuüben, und zwar als eigenes. Der animus possidendi muß daher durch animus domini oder animus sibi habendi erklärt werden, und folglich kann nur der als Besitzer gelten, welcher die detinirte Sache factisch ebenso beherrschen will, wie sie ein Eigenthümer beherrschen darf [1]).

Nun giebt es aber eine Reihe von Fällen, in denen diese Absicht unmöglich ist, und für sie hat Savigny bekanntlich die Kategorie des abgeleiteten Besitzes geschaffen. Zwar meint er zu Anfang seines Buchs, aus der bloß factischen Natur des Besitzes folge auch, daß eine eigentliche Uebertragung desselben nicht möglich sei [2]). Gleichwohl sieht er sich im weiteren Verlauf seiner Darstellung genöthigt, zur Erklärung jener anomalen Fälle diesen Begriff zur Anwendung zu bringen [3]). Da nämlich der Besitz einmal als Recht „betrachtet“ werde, so sei er insofern auch einer Veräußerung fähig; es gebe deßhalb außer dem ursprünglichen Besitz, welcher auf Detention und animus domini beruhe, noch einen abgeleiteten, der sich auf den ursprünglichen Besitz einer andern Person gründe. Aller Unterschied dieses abgeleiteten Besitzes von dem ursprünglichen liege in dem animus possidendi, dagegen seien beide in der Detention ganz gleich: bei dem abgeleiteten lasse sich der Besitzwille nicht als animus domini denken, sondern gehe auf

---

[1]) Bes. § 9. S. 111—14.

[2]) Bes. § 5. S. 26—27.

[3]) A. a. O. S. 127—130; vgl. S. 138—151 (Zus. z. 6. Aufl.), S. 320—321. Die nicht recht klaren Vorbehalte, als sei Uebertragung hier nicht gleichbedeutend mit juristischer Succession (S. 126, Note 1, S. 143), können an der Sache Nichts ändern.

das von dem bisherigen Besitzer übertragene ius possessionis.

Ein Bedenken gegen Savigny's vielfach, jedoch nie mit sonderlichem Glück und Geschick angegriffene[1]) Erklärung des Besitzwillens könnte schon aus dem Umstande entnommen werden, daß sie den Quellen gänzlich unbekannt ist. Auch der quellenmäßige Anhalt, welchen Savigny wenigstens noch in der Paraphrase des Theophilus gefunden zu haben glaubte, erweist sich als hinfällig, und Savigny beruft sich sehr mit Unrecht auf diesen Vorgänger[2]). Denn wenn jener Rechtslehrer, aus einer schon so sehr gesunkenen Zeit, den Besitz (τὸ νέμεσθαι) mit „τὸ ψυχῇ δεσπόζοντος κατέχειν" erklärt[3]), so heißt das offenbar nicht „animo domini", sondern „animo dominantis tenere"[4]), und darin liegt eine unendlich glücklichere Umschreibung des Besitzwillens, als in dem von Savigny aufgebrachten neueren Kunstausdruck.

Indeß ist auf die Unbekanntschaft der Quellen mit dieser Bezeichnung nicht viel Gewicht zu legen, da wir in ihnen überhaupt keine Fundgrube wissenschaftlicher Definitionen und Begriffe suchen dürfen. Weit erheblicher ist es, daß die Quellen für die von Savigny erfundene Construction des abgeleiteten Besitzes gar keine Bezeichnung haben. Es ist deßhalb unmöglich, daß sie trotzdem, wie er uns versichert[5]), den Begriff desselben enthalten: denn wo sich

---

[1]) Vgl. Zus. z. § 9. d. Bes. S. 138 flgde. Mit vollem Rechte konnte Savigny diese Angriffe in Bausch und Bogen damit abfertigen, daß in den Schriften aller seiner Gegner viel Mühe ohne jegliches Resultat aufgewendet sei (S. 151). In diesem Streit hatte bereits vor ihm sein sonstiger Antipode Thibaut seine Vertheidigung übernommen (Civilist. Arch. XVIII. S. 327).

[2]) Bes. S. 113. Note 2.

[3]) Theophilus ad § 2. J. III. 29. Vgl. Theoph. ad § 4. J. II. und ad §. 5. J. IV. 15.; Julian. (Z. Schr. f. g. R. W. XIV. S. 131). Basil. 50, 2. c. 7.; Harmenop. 2, 1. §. 4.

[4]) Vgl. Böcking Pand. § 123. Note 7. Die versio lat. ap. Fabrot. (ed. Paris. 1688) hat auch: „animo domini tenere," und Wüstemann (Uebers. d. Paraphr. d. Theoph. Bd. II. S. 259) übersetzt gar: „mit der Absicht, Eigenthümer zu werden!"

[5]) Bes. § 9. S. 128—129.

gar keine, auch nicht einmal eine annähernde Bezeichnung findet, da kann unmöglich das Wesen eines Dinges vorhanden sein.

Den einzigen Versuch, für alle Fälle des Besitzes eine und dieselbe Natur des Besitzwillens nachzuweisen, hat, soweit ich die Litteratur kenne, Kierulff[1]) gemacht. Er betrachtet überhaupt jeden Besitz als die Ausübung eines Rechtsinhalts, aber nicht als die Ausübung eines Rechts. Der Besitzer übt, (wie sich dieser Schriftsteller mit der ihm eigenen präcisen Energie ausdrückt,) das, was den Stoff eines Rechts ausmachen kann, für sich aus, ohne daß er es als ein Recht haben will, noch auch daß er es als ein Recht zu haben glaubt; der Besitzer hat den animus domini nur insofern, als er factisch Herr des Objects ist und so Herr sein will; dieser animus kommt aber jedem Besitzer, in den normalen, wie in den Fällen des sogenannten abgeleiteten Besitzes zu, in welchen daher auch durchaus keine Anomalie enthalten ist.

In dieser Erklärung ist zwar eine Einheitlichkeit des Besitzwillens wiederhergestellt, aber die Verkennung der Natur des Willens auch zu ihrem schroffsten Ausdruck hinaufgetrieben. Der Dualismus zwischen der Ausübung eines Rechtsinhalts und der Ausübung eines Rechts liegt, wie jede dualistische Auffassung, nur in dem betrachtenden Subject; an sich ist beides nicht trennbar. Und daß ich ein Recht zu haben „glaube", ist so wenig beim Besitz, wie bei anderen Rechten von irgend welchem Gewicht. Habe ich ein Recht, das heißt will ich, so habe ich es, selbst wenn ich nicht glaube, daß ich es habe[2]); habe ich aber keines, so hilft mir auch der Glaube des Gegentheils gar Nichts. Nicht minder gleichgültig ist, ob der Besitzer seinen Besitz „als ein Recht" haben will: Wille ist deßhalb doch Wille, und also Recht, wenn auch der Wol-

---

[1]) A. a. O. S. 352—53. Anklang hat er damit nur bei Böcking (Pand. § 123. Note 7, S. 450) gefunden.

[2]) Ein interessantes Beispiel hiervon giebt Papinian in L. 44. § 4. D. de usurp. (41. 3): „Filius familias emtor alienae rei, quum patrem familias se factum ignoret, coepit rem sibi traditam possidere; cur non capiet usu, quum bona fides initio possessionis adsit, quamvis eum se esse arbitretur, qui rem ex causa peculiari quaesitam nec possidere possit?"

lende sich nicht grade dessen bewußt ist, daß er will; wie der Gedanke nichts desto weniger Gedanke bleibt, auch wenn der Denkende nicht daran denkt, daß er denkt.

Der Besitzwille ist allerdings in allen Fällen ein und derselbe. Ueberall geht die Absicht des besitzenden Subjects dahin, daß es das Besitzobject haben und be-halten will. Es entsprechen diese Ausdrücke ganz der glücklichen Zusammenstellung Papinian's, der, wie wir sahen [1]), von den Gewaltunterworfenen sagte, sie könnten nicht „habere, possidere." Nöthig, aber auch hinreichend für die Fassung des Besitzwillens ist die affectio tenendi, wie Paulus ihn ganz treffend bezeichnet [2]).

Diese Richtung unsers Innern bezieht sich auf ein äußerliches Object, wie es in der Erscheinung vor uns steht. Sie unterliegt daher den Kategorien, welche überhaupt die Erscheinungs-formen der Dinge bilden: Raum und Zeit. Jeder Besitzwille ist auf die räumliche Totalität seines Objects gerichtet, (und zwar deßhalb, weil jedes Object eine ideelle Einheit bildet, wie uns später klar werden wird). Aber regelmäßig will der Besitzerwerber das Besitzobject nicht bloß ganz, sondern auch für immer haben und behalten; seine Absicht geht beim Erwerbe für gewöhnlich dahin, sich das Object seines Besitzes für immer oder doch so lange zu unterwerfen, bis er etwa später den Besitz wieder aufgeben möchte. Der normale Besitzwille ist daher auf Unterwerfung seines Objects in räumlicher und zeitlicher Unbegrenztheit gerichtet.

Aber nicht jeder Besitzer will das Object seines Besitzwillens für immer haben und behalten. Es giebt eine Reihe von Besitzverhältnissen, welche ihrer Natur nach nicht für immer bestehen sollen, — und dies sind eben alle Fälle, in denen eine Uebertragung des Besitzes angenommen wird. Ihnen allen liegt eine gemeinsame Abweichung zu Grunde, nur auf einer andern Seite, als wo Sa-

---

[1]) L. 49. § 1. D. t. h.; vgl. oben S. 90.

[2]) L. 1. § 3. eod. Es ist interessant, daß manus mit μάομαι zusammenhängt, wie Hand mit halten: die affectio tenendi ist das Characteristische für den Besitz, wie für sein Prototyp, die primäre manus, in welcher nebst dem Nexum, in voller, energischer, meerentstiegener Schönheit die Summe alles Rechts enthalten war.

vigny sie gesucht hat. So lange sie bestehen, unterscheidet sich der Wille des Besitzers in keiner Hinsicht von demjenigen, der auf eine an sich und von vorne herein ganz unbegrenzte Dauer gerichtet ist. Nur das bildet bei ihnen die Anomalie, daß es von Hause aus, und vom Augenblick ihrer Entstehung an, in ihrem practischen Zwecke liegt, beendigt zu werden.

Eine kurze Uebersicht ihrer Hauptfälle soll als Bestätigung dafür dienen, daß sie keine andere Anomalie enthalten. Zu gleicher Zeit wird daraus erhellen, daß die Selbständigkeit des Besitzrechtes im Rechtsverkehr in allen diesen Fällen gewahrt ist. Sie werden uns als ebenso viele Beispiele für die Richtigkeit der Resultate dienen, welche in der zweiten vorbereitenden Abhandlung für alle dingliche Rechte gewonnen sind. Savigny hält den Besitz zwar auch für unübertragbar, und verneint in Ansehung seiner jene ächt scholastische Controverse, welche sich schon zwischen Bulgarus und Martinus entsponnen hatte: an quis a me possidere valeat salva materia possessionis [1]). Aber er sucht den Grund in der rein factischen Natur des Besitzes, und fingirt ihm am Ende doch eine Art von Uebertragbarkeit, weil er nun einmal selber als Recht fingirt worden sei. Aber der Besitz ist immer unübertragbar, und grade deßhalb, weil er ein Recht ist.

Den Hauptfall des sogenannten abgeleiteten Besitzes bildet der Besitz des Faustpfandgläubigers. Denn das Pignus allein, in seinem alten ursprünglichen Sinn, verleiht seinem Inhaber ein selbständiges Besitzrecht, dessen Fortdauer nicht lediglich davon abhängig ist, ob der sonst zur Sache Berechtigte es dulden wolle. Ihm entspricht daher auch allein ein pfandrechtliches Verhältniß zur Sache. Wie dem Eigenthum der normale Besitz, so steht der Hypothek das Faustpfand gegenüber: alle diese Rechte ergreifen ihr Object in seiner räumlichen Totalität; aber die beiden ersteren umfassen es für immer, die beiden letzteren nur zeitweise, nämlich auf so lange, als ihr practischer Zweck es erheischt.

Durch den Faustpfandsvertrag beabsichtigt der Gläubiger eine reale Sicherheit für seine Forderung zu gewinnen. Die Person des

---

[1]) Vgl. Bes. § 5. S. 26. 27. Note 1, und die dort citirte Schrift: **Rogerius de dissensionib. dominorum No. 73. ed. Haubold.**

Schuldners bietet ihm (wenigstens seit dem Untergange des Nexum) keine hand- und haltfeste Sicherheit. Er zieht es daher vor, sich an die Sache zu halten [1]), und diesen Zweck erreicht er am sichersten, wenn er sie wirklich hat und behält. Die Natur seines Besitzwillens ist genau dieselbe, wie bei demjenigen, welcher die Sache für immer haben und behalten will. Auch er will sie haben und behalten: aber nicht für immer, sondern, nach der Natur seines Rechts, nur so lange, bis er wegen seiner Forderung auf Heller und Pfennig befriedigt ist.

Und diesen Besitz muß der Faustpfandgläubiger, (gleich wie jedes andere Recht, das nicht auf einer bloßen deferirten actio beruht,) durch einen besondern Act und durch die Eigenthätigkeit seines Willens erwerben. Durch den Faustpfandvertrag überträgt der Schuldner nicht seinen Besitz auf den Gläubiger [2]), sondern erledigt, veräußert, alienirt nur für eine Zeit lang und für einen bestimmten Zweck das Object des Vertrages zu Gunsten des Letzteren. Die Vertragserklärung hat von Seiten des Schuldners nicht den Sinn, als könne und solle sie seinen Besitz auf den Gläubiger „salva materia possessionis" hinüberleiten; sie begründet nicht das Besitz-Recht des Gläubigers, sondern eröffnet ihm nur, — auf eine Zeit lang, — eine freie Stätte für seine Bethätigung. Sie ist somit nicht schöpferischer Act, sondern nur Dulden und Geschehen lassen, nicht wirkende Ursache, sondern bloß unerläßliche Bedingung; man kann nur sagen, daß ohne sie der Besitz des Gläubigers ein ungerechtfertigter sein würde. —

Hat der Pfandgläubiger, mit Bewilligung und unter Duldung des Schuldners, den Besitz ergriffen, und sich dadurch sein Recht begründet, so ist, vermöge der Ausschließlichkeit des (immer auf die räumliche Totalität des Objects gerichteten) Besitzwillens, er auch allein der Besitzer, der Schuldner aber gar nicht. An die Fiction einer besonderen possessio ad usucapiendum, wie Savigny

---

[1]) L. 35. § 1. L. 37. D. de pign. act. (13. 7); L. 16. D. de usurp. (41. 3).

[2]) Vgl. Julianus in L. 33. § 5. D. de usurp. (41. 3): „Si nuda conventione pignus contractum fuerit, — nullum pignus contractum videtur."

meint [1]), ist dabei durchaus nicht zu denken. Auch enthalten die Quellen der Sache nach Nichts von einer solchen Fiction. Denn wenn auch Javolenus [2]) und Julianus [3]) von dem Schuldner sagen: ad usucapionem tantum possidet, — possidere intelligitur; so berichtigen sie doch Beide gleich darauf selber diese unangemessenen Ausdrücke, welche gleichwohl einen practisch richtigen Satz bezielen [4]). Der erstgenannte Jurist fügt hinzu: quod ad reliquas omnes causas pertinet, qui accepit, possidet. Und Julianus sagt in demselben Fragment von dem Schuldner: omnino non possidet. Das letztere ist richtig, wie sich unzweideutig aus dem Schlusse einer Stelle von Ulpian [5]) ergiebt, die wir später näher betrachten werden: Si quis ea mente possessionem tradidit, ut postea ei restituatur, desinit possidere.

Die rechtlichen Folgen, zu deren Erklärung Javolenus und Julianus sich jener inadäquaten Ausdrücke bedienten, und welche durch die willkührliche Annahme einer „Fiction" in keiner Weise erklärt werden, ergeben sich aus in der Sache liegenden anderen Gründen, welche man bisher nicht erkannt hat. Durch den Faustpfandvertrag giebt der Schuldner nur seine Einwilligung dazu, daß der Gläubiger das Faustpfand so lange haben und behalten könne, bis er völlig befriedigt sei. Ist diese Befriedigung erfolgt, oder muß sie doch als erfolgt erachtet werden, so fällt die Voraussetzung weg, unter welcher allein die Einwilligung des Schuldners ertheilt war. Es ist Sache des Letzteren, für die Befriedigung des Faustpfandgläubigers zu sorgen; hat er dem aber seinerseits Genüge gethan, so muß der Gläubiger das Faustpfandsobject zurückgeben, da er es ja von Hause aus nur so lange haben und behalten sollte,

---

[1]) Bes. § 24. S. 341. 343—44.

[2]) L. 16. D. de usurp. (41. 3); cf. L. 15. § 2. D. qui satisd. cog. (2. 8).

[3]) L. 36. D. h. t.

[4]) Der Grund kann erst unten beim Precarium (zu L. 13. § 7. D. h. t.) klar gemacht oder doch angedeutet werden. Die beiden Juristen wollen nämlich damit sagen, daß der Pfandschuldner die Usucapion vollendet, auch während der Gläubiger besitzt. Beim Precarium verhält es sich umgekehrt. Das Nähere gehört in die Lehre von der Ersitzung.

[5]) L. 17. § 1. D. eod.

bis seine Befriedigung erfolgt sein oder ihr doch nichts mehr im Wege stehen würde.

Jeder Faustpfandvertrag enthält hiernach eine stillschweigende Resolutivbedingung, deren Erfüllung herbeizuführen in der rechtlichen Macht des Schuldners steht. Hat er die Erfüllung dieser potestativen Resolutivbedingung bewirkt, so kommt, nach der regelmäßig retrotractiven Natur der Bedingungen überhaupt, Alles wieder in die vorige Lage. Ist die Pfandsache sein eigen, so hat es dabei sein Bewenden [1]). Gehört sie aber einem Dritten und besaß sie der Schuldner nur in gutem Glauben, so gilt nun der Besitz des Gläubigers, da Alles auf den Anfang der Pfandnahme zurückbezogen wird, als der eigene Besitz des Schuldners: wovon das practische Resultat ist, daß er ihm in die Verjährungszeit eingerechnet wird [2]). Während der Besitzzeit des Pfandgläubigers gehört das Pfandobject allerdings zum Vermögen des Schuldners [3]): und zwar nicht bloß, wenn es sein Eigenthum ist, sondern auch dann, wenn er sich nur in der Lage befindet, es usucapiren zu können, da ja auch die conditio usucapiendi einen Bestandtheil „in bonis" ausmacht [4]). Aber darin liegt durchaus nichts Auffallendes. Denn alle bedingten Rechte gehören zu unserem Vermögen [5]).

Die Annahme einer stillschweigenden Resolutivbedingung für den Besitz des Faustpfandgläubigers kann nur für denjenigen etwas Befremdendes haben, der in dem Besitz ein bloßes Factum sieht. Bedingte Facta sind allerdings nicht denkbar. Ist der Besitz aber ein Recht, so ist es natürlich, daß, wie bei jedem anderen Recht, seine Entstehung und sein Ende an Bedingungen geknüpft werden kann,

---

[1]) L. 35. § 1. D. de pign. act. (13. 7).

[2]) L. 16. D. de usurp. (41. 3). Cf. L. 6. § 1. de div. temp. praesc. (44. 3); L. 13. § 2. D. h. t.; L. 14. pr. D. de usurp. (41. 3); L. 7. § 4. D. pro emt. (41. 4).

[3]) L. 35. § 1. D. de pign. act. (13. 7); L. 52. D. de a. r. d. (41. 1).

[4]) L. 49. D. de V. S.

[5]) § 4. J. de V. O. (3. 15): „ex conditionali stipulatione tantum spes est debitum iri, eamque ipsam spem in heredem transmittimus." Cf. L. 57. D. de V. O. (45. 1); § 25. J. de inut. stip. (3. 19); L. 42. pr. D. de O. et A. (44. 7).

welche Derjenige, der sein Besitzrecht für immer oder für ein Zeitlang aufgiebt, ausdrücklich oder stillschweigend hinzufügt [1]).

Das Recht des Faustpfandgläubigers bildet den einzigen Fall eines zeitweisen, aber doch selbständigen und nicht von dem Willen eines Andern abhängigen Besitzes. Ueberall, wo sonst Jemand, auf Grund eines Rechtsgeschäfts und nach dem practischen Zwecke desselben, Sachen für sich inne hat, (wie der Commodatar, der Conductor, der in possessionem missus, der Inhaber einer persönlichen Servitut), detinirt er bloß, weil er eben nicht den Gegenstand des Rechtsverhältnisses haben und behalten will [2]). Er will vielmehr nur und kann nach der Natur seines Rechts nichts anderes wollen, als die Detention, die zu dessen practischer Realisirung auch vollkommen ausreicht. Wollten oder sollten diese Personen Besitz haben, so wären sie gar nicht mehr das, was sie nach der Natur ihres Rechts sind und sein sollen. Ebendeßhalb ist auch eine „conventionelle Uebertragbarkeit" des Besitzes auf sie undenkbar [3]). Ich darf hierüber lediglich auf den ausführlichen und quellenmäßigen Nachweis Savigny's Bezug nehmen [4]), der eine der glänzendsten Parthien seines Buchs bildet. Dagegen muß ich zwei andere Fälle des zeitlich beschränkten Besitzes etwas ausführlicher darstellen, in denen Savigny's Darstellung einer Ergänzung bedarf: das Precarium und das Rechtsverhältniß des Sequester.

Der Besitz des Precisten, — der ihm doch immer zusteht, sofern die Absicht nicht ausdrücklich auf das Gegentheil, das heißt auf den bloßen Gebrauch gerichtet war [5]), — scheint auf den ersten Blick dem Begriff eines Rechts durchaus zu widersprechen. Muß der Precist doch seinen Besitz jeder Zeit aufgeben, sobald es dem Rogirten ein-

---

[1]) Julianus in L. 38. § 1. D. h. t.: — „Existimandum est, possessiones sub conditione tradi posse, sicut res sub conditione traduntur, neque aliter accipientis fiunt, quam conditio extiterit."

[2]) L. 37. D. de pign. act. (13. 7): „cum conducenti non sit animus possessionem adipiscendi." Vgl. L. 3. § 23. L. 10. pr. § 1. D. h. t.

[3]) Wie u. A. selbst Kierulff wiederum vertheidigt (a. a. O. S. 356—57 Note)

[4]) Bes. § 23. S. 320—335. Vgl. § 9. S. 138—151; § 20. S. 279—80.

[5]) L. 4. § 1. L. 6. § 2. L. 15. § 4. L. 22. pr. s. fin. D. de prec. (43. 26); L. 10. pr. § 1. L. 19. pr. D. h. t.; Pauli S. R. 5, 6. § 11.; — verglichen mit L. 6. § 2. L. 21. D. de prec.

fällt, das Precarium zu widerrufen! Hier scheint es sich also in der That nicht um einen „Rechts-Erwerb“, sondern um ein bloß factisches Besitzverhältniß zu handeln, dessen „Quelle“ durchaus und fortwährend in dem Willen des Gebers liegt [1]). Ohne eine erschöpfende Darstellung dieses Rechtsverhältnisses liefern zu wollen, beabsichtige ich nur zu zeigen, daß der Besitz des Precisten dem des Faustpfandgläubigers ganz gleich steht: auch der Besitz des Precisten ist ein Recht; und zwar ein ausschließliches, denn der Rogirte besitzt neben ihm gar nicht; widerruft er, so treten auch hier die obenbetrachteten Folgen der Resolutivbedingung ein, unter welcher der Rogirte die Besitznahme duldete.

Auch der Precist will das Object des Precarium haben und behalten: freilich nicht für immer, aber doch bis dahin, daß von Seiten des Herrn ein Widerruf erfolgt. Der letztere räumt ihm nicht seinen Besitz ein, sondern duldet nur, nach dem allgemeinen Gesetze des Rechtsverkehrs, daß der Precist bis auf Weiteres den Besitz ergreife. Dieser schafft sich sein Recht durch den eigenen Act der Besitznahme, nachdem der Rogirte bis auf Weiteres das Object desselben veräußert, erledigt, alienirt hat. Die darin liegende bloße Willenserklärung des Rogirten kann, wie jede andere, ausdrücklich oder stillschweigend abgegeben werden [2]). Immer ist sie aber bloß negativer Natur: so sehr, daß selbst dann, wenn ein bestimmter Endtermin festgesetzt war, das Recht des Precisten fortbesteht, wenn der Rogirte denselben ohne wirklichen Widerruf vorübergehen läßt [3]).

Neben dem Precisten besitzt der Rogirte gar nicht. Er hat ebenso wenig ein Recht auf das Object des Precarium, als der Schuldner auf das Faustpfand. Auch dem Rogirten bleibt aber das

---

[1]) Kierulff a. a. O. S. 354.

[2]) Pauli S. R. § 11. cit.: Precario possidere videtur non tantum, qui per epistolam vel quacunque alia ratione hoc sibi concedi postulavit, sed et is, qui, nullo voluntatis iudicio, patiente tamen domino, possidet." Cf. L. 1. pr. L. 8. § 2. D. de prec. (43. 26).

[3]) L. 4. § 4. D. eod.: „Item qui precario ad tempus rogavit, finito tempore, etiamsi ad hoc tempus non rogavit, tamen precario possidere videtur; intelligitur enim dominus, quum patitur eum, qui precario rogaverit, possidere, rursus precario concedere." Also eine Art von reprecariatio tacita; dies non interpellat pro homine.

Recht, die Erfüllung der potestativen Resolutivbedingung herbeizuführen, an welche das Rechtsverhältniß bei der Errichtung [1]) seiner Natur nach geknüpft ist. Insofern steht er rechtlich dem Pfandschuldner ganz gleich, nur factisch besteht zwischen ihnen ein allerdings erheblicher Unterschied. Denn die Resolutivbedingung des Widerrufs kann der Rogirte in jedem Augenblick eintreten lassen, während der Pfandschuldner sich factisch erst im Besitz der nöthigen Auslösungsmittel befinden muß.

Widerruft der Rogirte, wie er jeden Augenblick kann [2]), das Precarium, so kommt nun, grade wie beim Faustpfande nach bewirkter oder doch gehörig angebotener Befriedigung des Gläubigers, Alles wieder in die frühere Lage. Namentlich kann also der Rogirte, welcher das Object des Precarium im guten Glauben besaß, nach Auflösung des Verhältnisses in Folge seines Widerrufs, den Besitz des Precisten in die Verjährungszeit einrechnen, da nach der allgemeinen Natur der Bedingungen Alles auf den Beginn zurückbezogen wird. Er kann dies aber nur nach Auflösung des Precarium, weil er während der Dauer desselben gar keinen Nutzen von dem hingegebenen Object hat, folglich durch seinen auf reiner Liberalität beruhenden Act eine Usurpation eintritt [3]). Bei dem Faustpfande gilt das Gegentheil, und das sollten eben jene Wendungen andeuten: ad usucapionem tantum possidet, — possidere intelligitur [4]). Denn der Faustpfandgeber übt eben durch die Pfandgabe einen Act

---

[1]) Es ist nicht ohne Interesse, daß, z. B. in L. 5. D. de prec. (43. 26) gesagt wird: „constituitur precarium," ebenso wie von anderen Rechtsverhältnissen. Vgl. u. A. § 4. J. de servit. (2. 3); L. 5. § 1. L. 6. § 1. L. 9. L. 10. D. d. S. P. R. (8. 3); L. 46. § 1. D. de evict. (21. 2); L. 5. § 12. D. de J. D. (23. 3).

[2]) L. 1. § 2. D. de prec. (43. 26): „Et distat (precarium) a donatione eo, quod, qui donat, sic dat, ne recipiat; at, qui precario concedit, sic dat, quasi tunc recepturus, cum sibi libuerit, precarium solvere.

[3]) Denn zur Fortsetzung und Vollendung der Usucapion ist keineswegs fortwährender Besitz nothwendig; nur usus ist erforderlich, der auch ohne Besitz Statt finden kann, und nur dessen Unterbrechung begründet eine Usu-rpation; cf. L. 2. L. 5. D. de usurp. (41. 3). Einige nähere Erläuterungen über diese neue Ketzerei sollen weiter unten bei der Erklärung von L. 30. § 1. D. eod. erfolgen.

[4]) Vgl. S. 107.

der Nutzung aus[1]); seine Verjährung erleidet also keine Unterbrechung und wird vollendet, auch wenn der Pfandgläubiger besitzt. Als Bestätigung führe ich zum Schluß eines jener Fragmente an, bei denen man mehr zwischen den Zeilen zu lesen findet[2]): Si is, qui precario concessit, accessione velit uti ex persona eius, cui concessit, an possit, quaeritur. Ego puto, eum, qui precario concessit, quamdiu manet precarium, accessione uti non posse; si tamen receperit possessionem, rupto precario, dicendum esse, accedere possessionem eius temporis, quo precario possidebatur.

Auch der Besitz des Sequester verstößt nicht gegen die allgemeinen Regeln, welche in der voraufgegangenen Darstellung für alle Fälle des Besitzes nachgewiesen sind. Es ist nicht richtig, daß der Sequester „kein Recht an der Sache haben will"[3]). Er will regelmäßig und nach der Natur dieses Rechtsverhältnisses, das, gleich jedem Depositum, seinem Wesen nach unentgeltlich ist, nur keinen persönlichen Vortheil haben. Aber auch er will das Object der Sequestration haben und behalten: zwar nicht für immer, aber doch bis dahin, daß der darüber obschwebende Rechtsstreit beendigt und in Folge dessen festgestellt sein wird, wer dazu berechtigt ist.

Der Sequester erwirbt den Besitz ebenfalls nur durch die Eigenthätigkeit seines Willens. Die streitenden Partheien können nicht durch ihre Bestimmung bewirken, daß er „den Besitz haben solle"[4]), sondern ihre Uebereinkunft ist auch hier nur negativer Natur. Die Erledigung des Sequestrationsobjects muß aber von beiden Partheien ausgehen, weil zur Zeit noch nicht erhellt, wer von ihnen zur Abgabe einer derartigen Erklärung berechtigt sei; jedenfalls ist es doch einer von beiden.

Neben dem Sequester besitzt keiner der streitenden Theile. Denn das ist grade der Zweck dieses Rechtsverhältnisses, daß keinem von ihnen die Vortheile des Besitzes und der damit verbundenen Nutzun-

---

[1]) L. 49. D. de usur. et fruct. (22. 1) (= L. 72. D. de R. J.): „Fructus rei est, vel pignori dare licere."

[2]) Ulpianus in L. 13. § 7. D. h. t.

[3]) [illegible] S. 255

gen während der Dauer des Processes zu Statten kommen sollen. Ist er entschieden, so ist damit der Endtermin eingetreten, bis wohin der Sequester besitzen sollte, und er muß alsdann das streitig gewesene Object, nebst Zubehör, an den Sieger ausliefern. Eine Rückbeziehung auf den Anfang der Besitznahme kann aber nicht Statt haben, weil der Besitz des Sequester nicht an eine Resolutivbedingung, sondern an eine Zeitbestimmung gebunden ist, deren Eintreten gewiß, deren Eintrittspunct aber ungewiß ist. Als practische Folge davon ergiebt sich, daß der Besitz des Sequester dem Sieger nicht in die Verjährungszeit eingerechnet wird.

Dies Resultat kann aber natürlich nur dann angenommen werden, wenn die Erklärungen der streitenden Theile keinen Zweifel darüber lassen, daß ein Sequester im eigentlichen Sinne, — wie er unter Umständen auch durch richterliche Anordnung bestellt werden kann [1]), — habe ernannt werden sollen. Ob die Absicht dahin gegangen, oder ob nur eine von beiden Theilen ausgehende einfache Deposition des Streitobjects, zum Zweck bloßer Aufbewahrung und Beaufsichtigung, gemeint gewesen, das ist in jedem einzelnen Fall zu untersuchen, und im Zweifel wird allerdings die Vermuthung für das Letztere sprechen [2]). Haben die Betheiligten bloß solidarisch das Streitobject unter der Bedingung bei einem Dritten deponirt, daß er es demnächst an den Sieger im Rechtsstreite zurückgeben solle [3]), so ist der Depositar, — der hier nur uneigentlich Sequester genannt wird, weil ein Streit die Deposition veranlaßte, — bloßer Besitzrepräsentant des künftigen Siegers. Das practische Resultat davon ist, daß demselben die Zeit, wo der Depositar für ihn besaß, in die Verjährungsperiode eingerechnet wird. Dies ist der unzweifelhafte Inhalt einer Stelle von Julian [4]): Interesse puto, qua

---

[1]) Vgl. z. B. L. 22. § 8. s. f. D. sol. matr. (24. 3); L. 7. § 2. i. f. D. Qui satisd. cog. (2. 8); L. 3. § 6. D. de lib. exhib. (43. 30); L. 21. § 3. D. de appellat. (49. 1); L. 5. C. quor. app. (7. 65). Cf. L. un. C. de proh. sequ. pec. (4. 4); X. de sequestr. poss. et fruct. (2. 17); Clem. 2. 6.

[2]) Vgl. Savigny Bes. § 25. S. 347. Note 1. 2.

[3]) L. 17. pr. D. depos. (16. 3); L. 110. D. de V. S.; Festus s. v. (ed. Müll. p. 339).

[4]) L. 39. D. h. t.

mente apud sequestrum deponitur res: nam si omittendae possessionis causa, et hoc aperte fuerit approbatum, ad usucapionem possessio eius partibus non procederet; at si custodiae causa deponatur, ad usucapionem eam possessionem victori procedere constat.

Auch stimmt damit ganz ein Fragment von Florentinus [1]) überein, dem ich eine eingehendere Erklärung angedeihen lassen muß, weil die mir bekannten Interpretationsversuche nicht befriedigen. Der Jurist sagt:

Rei depositae proprietas apud deponentem manet, sed et possessio, nisi apud sequestrem deposita est, nam tum demum sequester possidet; id enim agitur ea depositione, ut neutrius possessioni id tempus accedat.

Das Bedenken ist nur sprachlicher Art und liegt in den Worten: tum demum. Uebersetzt man dieselben mit „nur dann“, so bleibt die Stelle unverständlich, wenn man nicht, wie schon Duaren und mit Savigny die meisten Neueren [2]) thun, zu „deposita est“ das Wort „possessio“ supplirt. Savigny übersetzt daher [3]): „Depositum giebt keinen Besitz, außer wenn von einem Sequester die Rede ist, und zwar dergestalt, daß diesem der Besitz ausdrücklich übertragen wird (deposita possessio).“

Diese Erklärung widerstrebt nicht nur dem sprachlichen Gefühl, das die Ergänzung von „res“ verlangt [4]), sondern sie ist vor Allem logisch unmöglich, weil eine conventionelle Uebertragung des Besitzes überhaupt nicht denkbar ist. Die Stelle giebt einen ganz guten Sinn, sobald man sich die Bedeutung von „demum“ klar gemacht: es ist dies ein allgemeine demonstrative Uebergangspartikel, welche etwa

---

[1]) L. 17. § 1. D. depos. (16. 3).

[2]) So namentlich Kierulff a. a. O. S. 356 Note: Bruns a. a. O. S. 8. Vgl. jedoch Böcking Pand. I. § 123. Note 18 und Muther: Sequestr. u. Arr. nach röm. R. S. 228 flgde.

[3]) Bes. S. 347. Note 1. 2.

[4]) Auch die Basiliken lassen sich ungezwungen nicht anders verstehen: Basil. 13. 2. c. 17. § 2.: „Ἡ δεσποτεία καὶ ἡ νομὴ τοῦ παραθεμένου μένει, πλὴν τοῦ μεσεγγυωμένου,“ — (Schol.) „εἰ δὲ παρὰ σεκουέστωρι δέδοται,“ — (scil. τὸ παρατεθέν).

unserem „eben" entspricht [1]). Es kommt also darauf an, was dadurch demonstrirt werden soll; hier soll offenbar nicht, wie sonst in dieser Verbindung allerdings gewöhnlich, auf „tum", sondern auf „sequester possidet" hingewiesen werden. Der Sinn des Fragments ist also in freier Uebersetzung: „Das Eigenthum an einer in Verwahrsam gegebenen Sache verbleibt dem Hinterleger, regelmäßig aber auch der Besitz: es müßte denn die Hinterlegung (der Sache) bei einem Sequester erfolgt sein. Denn dann besitzt eben der Sequester. Bei dieser Abart des Depositum handelt es sich ja grade darum, daß während der Dauer des schwebenden Rechtsstreits keinem der Betheiligten der Besitz und die Nutzungen der Zwischenzeit zu gute kommen sollen."

Wollte ich eine vollständige Abhandlung über das practisch geltende Recht des Besitzes schreiben, so müßte ich hier noch die Natur des Besitzwillens bei dem Emphyteuta und dem Superficiar untersuchen. Ich muß mir dies jedoch aus einem doppelten Grunde versagen. Zunächst lassen sich alle Rechte an fremden Sachen erst nach Erörterung der normalen Besitz- und Eigenthumsverhältnisse darstellen. Sodann haben diese beiden Institute keinesweges Anspruch auf Allgemeingültigkeit. Sie sind nur Auswüchse an dem gesunden Körper des Römischen Rechts und verdanken ihre späte Entstehung lediglich den kranken socialem Zuständen des sinkenden Reichs. Eben deßhalb sind sie auch im Grunde juristisch gar nicht zu construiren, da sie der Ausschließlichkeit des auf die Totalität seines Objects gerichteten Besitzwillens — und der Naturzusammengehörigkeit des Grund und Bodens mit seiner Superficies widersprechen. Ihre nähere Darstellung kann aus diesen Gründen um so mehr unterbleiben, als sie, in Gemeinschaft mit vielen verwandten germanistisch-mittelalterlichen Verunstaltungen der Besitzverhältnisse an Immobilien, früher oder später dem Zuge unserer Tage zum

---

[1]) **Demum**, die tönende Verlängerung des als demonstratives Pronominal-Suffix noch wiedererkennbaren **dem** („eben"), entspricht ganz dem griechischen δή. Aus dieser Grundbedeutung erklären sich alle Anwendungen, ohne daß man zu den willkührlichen Annahmen der Lexikographen zu greifen brauchte: es sei soviel als **tandem, denique, dumtaxat, scilicet**; es diene dazu, „**ut vim addat**" u. s. w. (vgl. Muther a. a. O.).

Opfer fallen werden, der unverkennbar auf die Wiederherstellung der Freiheit auch an Grund und Boden und auf seine Vereinigung gerichtet ist: *eine* jener Liquidationen mit der Vergangenheit, deren uns noch viele obliegen.

Ich bin bisher bemüht gewesen, den Willen, welcher nach der hier geltend gemachten Auffassung, den alleinigen Grund des Besitzerwerbes bildet in *dem* Moment seines dreieinigen Wesens klar zu machen, das die Römischen Juristen als affectio bezeichnen. Es ist uns klar geworden, als *der Wille zu haben und zu behalten*, welcher sich überall gleich ist, mag er für immer, oder auf eine Zeit lang gefaßt werden. Die Richtung unseres Inneren auf einen bestimmten Gegenstand der uns umgebenden willenlosen Welt ist aber, wie ich erinnern darf, nicht möglich, ohne daß wir uns dieses Gegenstandes *bewußt* sind. Das also, was die Römischen Juristen unter scientia, mens, cogitatio, intellectus und ähnlichen Ausdrücken verstehen, muß uns jetzt zunächst beschäftigen.

Savigny hat sich, wie wir sahen [1]), die Immanenz des Wissens im Willen nicht klar gemacht, wenn er das „Bewußtsein" als dasjenige hervorhebt, zu dem der Wille „hinzukommen" müsse. Er macht den letzteren zum bloßen Vehikel des Wissens, dem er nachgehinkt kommt, „*damit* das Bewußtsein physischer Herrschaft entstehe." Er hat uns in der That mit objectiver Treue die Entscheidungen der Römischen Juristen wieder erschlossen, aber die vereinzelten „Abstractionen", welche er daraus zieht [2]), genügen nicht für die Wissenschaft, und sind ebendeßhalb auch für die Praxis ziemlich unfruchtbar geblieben.

Die Römischen Juristen haben, wie natürlich, kein klares Bewußtsein davon, daß Willen und Wissen ihrem Wesen nach eins sind. Aber sie geben doch oft gelegentlich in naiver Weise Zeugniß von der einheitlichen Durchdringung beider geistiger Functionen. So

---

[illegible]

braucht Paulus für „animo" als gleichbedeutend „mente et cogitatione" [1]). Ein ander Mal vergleicht er denjenigen, welcher der affectio tenendi nicht fähig ist, mit einem Schlafenden, und läßt seine Unfähigkeit bis dahin dauern „ut intellectum capiat" [2]). Am entschiedensten aber hebt er die innere Nothwendigkeit des Bewußtseins für den Besitzwillen hervor, wenn er dem Eigenthümer eines Grundstücks den Besitz an einem in demselben ohne sein Wissen vergraben liegenden Werthgegenstande mit den Worten abspricht [3]): is enim, qui nescit, non possidet thesaurum, quamvis fundum possideat.

Daß man gar nicht will, wenn man nicht weiß, was man will, dafür giebt es keinen einleuchtenderen Beweis, als die Bestimmungen über den Erwerb einzelner Quoten des Mitbesitzes. Hier läßt sich die Immanenz des Wissens im Willen mathematisch demonstriren. Die Gewißheit, ohne die Wollen überhaupt unmöglich, ist hier die evidente einer gewissen Zahl. Jeder Mitbesitzer muß die Quote seines Mitbesitzes, oder, mit andern Worten, das arithmetische Verhältniß seines Antheils zum Ganzen kennen: da ohne kann er einen Antheil am Besitz weder erwerben, noch aufgeben. Unter den Quellenfragmenten, welche diesen Satz bestätigen, will ich nur einen Ausspruch von Pomponius anführen, weil darin der Mitbesitz mit ausdrücklichen Worten und auch dadurch als ein Recht characterisirt wird, daß seine Existenz von dem Vorhandensein eines materiellen Rechtsgrundes abhängig erscheint [4]): Locus certus ex fundo et possideri et per longam possessionem capi potest, et certa pars pro indiviso, quae introducitur vel ex emtione, vel ex donatione, vel qualibet alia ex causa; incerta autem pars nec tradi, nec capi potest, veluti si ita tibi tradam: quidquid mei iuris in eo fundo est; nam, qui ignorat, nec tradere, nec usucapere id, quod incertum est, potest.

---

[1]) L. 3. § 1. D. h. t.; cf. L. 3. § 2. L. 44. § 1. eod.

[2]) L. 1. § 3. eod.; cf. L. 1. § 11. L. 32. § 2. eod.; § 10. J. de inut. stipulat. (3. 19).

[3]) L. 3. § 3. D. h. t.

[4]) L. 26. D. h. t.; cf. L. 3. § 2. eod.; L. 32. § 2. D. de usurp. (41. 3); L. 6. § 1. D. pro emt. (41. 4); L. 15. § 13. D. de damno inf. (39. 2).

Wenn also Mehrere unter Umständen, welche sonst die Bedingungen des Besitzerwerbes enthalten, eine Sache gemeinschaftlich in Besitz nehmen, ohne sich über die Quoten ihres Anrechts verständigt zu haben, so besitzen sie, und zwar von Rechtswegen, weder Alle zusammen, noch auch einer von ihnen. Diese rein logische Consequenz zieht Labeo mit großem Scharfsinn in einem Fragment von Pomponius [1]), welches Savigny [2]) mißverstanden hat: Incertam partem nemo possidere potest: ideo si plures sint in fundo, qui ignorant, quotam quisque partem possideat, neminem eorum mera subtilitate possidere, Labeo scribit.

Auf eine so mathematische Art, wie beim Mitbesitz, läßt sich die Natur des Wissens für den Besitzerwerb körperlicher Sachen im Allgemeinen, (und das sind ja nur die Objecte des Besitzes [3]), freilich nicht demonstriren. Alle Welt ist zwar darüber einig, daß, abgesehen von einigen angeblichen Ausnahmen, als Regel der Satz gelte: ignoranti possessio non acquiritur. Aber Niemand hat meines Wissens diese Regel begriffen, denn man könnte sonst keine Ausnahmen davon statuiren; ja man hat nicht einmal einen ernstlichen Versuch gemacht, ihre logische Bedeutung zu erkennen. Und doch hängt aller weitere Fortschritt in der Lehre vom Besitz davon ab, daß wir die Nothwendigkeit dieses Satzes, als eines durchaus ausnahmslosen Princips, einsehen.

Es ist dies nicht möglich, ohne daß wir uns scheinbar vom Ziele entfernen, und aus der Innerlichkeit des Geistes mit einem

---

[1]) L. 32. § 2. D. de usurp. (41. 3).

[2]) Bes. § 22. S. 300. Note 2. Savigny (und mit ihm u. A. Puchta, Vorles. 4. Ausg. Bd. I. S. 483—484) findet in dem Ausspruche des Pomponius einen Tadel des Labeo, der hier „zu spitzfindig" entschieden habe. Die richtige Interpretation giebt Rudorff (in Note 1. zu Puchta's Vorles. l. c.), indem er „mera subtilitate" auf „possidere" bezieht und mit „im Rechtssinn, juristisch"- erklärt. Vgl. Böcking Pand. I. § 124. Note 11 (mera subtilitate = „in abstracter Vorstellung,"), und, ihm folgend, Lang Hermeneutik S. 181 („bloßer Gedankenbesitz"): beide Erklärungen sind nicht befriedigend.

[3]) L. 3. pr. D. h. t.: „Possideri autem possunt, quae sunt corporalia;" L. 4. § 27. D. de usurp. (41. 3): „nec possideri intelligitur ius incorporale."

Male in die willenlose Welt der Körper versetzen. Man muß sich aber vor allen Dingen erst die Besitzobjecte selber veranschaulichen, um, wenn auch auf weiten, so doch nicht auf Umwegen zu dem Puncte zu gelangen, wo die wesentliche Immanenz des Bewußtseins im Besitzwillen klar werden kann. Die Natur der Besitzobjecte ist noch so gut wie unbekannt. Denn die gangbare Theorie beschränkt sich auch hier darauf, eine äußerliche Definition der körperlichen Sachen zu geben, und begnügt sich in alter [1]), wie in neuer Zeit [2]) damit, uns ihre physicalische Außenseite zur Anschauung zu bringen. Sie beschreibt die Sachen nach ihren Erscheinungsformen, in Raum und Zeit, und bezeichnet sie demgemäß als räumlich existirend, eben deßhalb in die Sinne fallend, und der endlichen Dauer der Materie unterworfen. Aber sie dringt nicht ein in ihr inneres Wesen und läßt uns ohne Aufklärung darüber, wie es denn möglich, daß unser lebendiger Wille die todte Sache zur unmittelbaren Stätte seiner Herrschaft machen könne.

Aeußerlich betrachtet sind die körperlichen Sachen allerdings nichts weiter, als geformte, gleichsam abgeschnittene Masse, und davon haben sie auch ihren römischen Namen [3]). Jeder Körper besitzt ein individuelles Gepräge, und die scharf geschnittenen Umrisse seiner Begrenzungsflächen, (seiner Ober-fläche,) geben ihm ein bestimmtes Aussehen: er ist grade hierdurch eine Species [4]), die sich von allen andern Dingen gleicher Art durch ihre speci-fischen Merkmale unterscheidet. Aber das Wesen der körperlichen Sachen besteht darin, daß sie Species in einem anderen Sinne sind, nämlich Species eines Genus, Erscheinungsformen einer Allgemeinheit, con-crete Dinge, deren Form ihren Begriff deckt: ohne diese ideelle Einheit würden wir sie gar nicht wollen können. Jeder Körper ist

---

[1]) Vgl. u. A. § 1. J. de reb. corp. (2. 2); L. 1. § 1. D. de rer. div. (1. 8); Gai. J. II. 13.; Cic. Top. 5, 26 sqq.; Quintil. Inst. 5. 10, 16.

[2]) Vgl. statt Vieler Kierulff a. a. O. S. 313: Savigny Syst. Bd. I. S. 338; Wächter Handb. d. Würt. Priv. R. II. § 36.

[3]) Corpus (κορμός, äolisch κόρπος), hängt zusammen mit κείρω, schneiden. Die nicht formfähigen Dinge bleiben eben deßhalb res omnium communes; vgl. oben S. 91.

[4]) Species, spicio, σκέπτομαι.

etwas Ge-wisses, ein Certum, in dem Doppelsinne, worauf die plastisch-antike und die innerlich-moderne Sprachbildung hinweisen [1]).

Ich beabsichtige hier nicht, die Lehre von den Sachen nach allen ihren Beziehungen und Unterschieden zu erörtern, vielmehr liegt mir nur daran, ihre ideelle Einheitlichkeit nachzuweisen. Aber auch zu diesem Zwecke ist es nöthig, zuvörderst die verschiedenen Arten derselben kennen zu lernen, welche bisher noch nicht mit genügender Schärfe festgestellt sind. Zwar findet sich schon in einem bekannten Fragment von Pomponius [2]) eine Classificirung, welche im Alterthum auch sonst sehr beliebt gewesen zu sein scheint [3]): Tria autem genera sunt corporum: unum quod continetur uno spiritu, et graece ἡνωμένον (unitum) vocatur, ut homo, lignum, lapis, et similia; alterum, quod ex contingentibus, hoc est pluribus inter se cohaerentibus constat, quod συνημμένον (connexum) vocatur, ut aedificium, navis, armarium; tertium, quod ex distantibus constat, ut corpora plura non soluta, sed uni nomini subiecta, veluti populus, legio, grex.

Man sieht, Pomponius spricht hier nur von Mobilien, (und dies sind in der That, streng genommen, auch die einzigen Körper): neben den Naturproducten, von denen er Beispiele aus allen drei Reichen anführt, und den Erzeugnissen menschlicher Arbeit, als deren wesentliches Merkmal ihre Cohärenz bezeichnet wird, unterscheidet der Jurist als eine dritte Klasse noch die universitates facti. Diesen fehlt aber grade das wesentlichste Erforderniß, die Specialität, in ihrer hervorgehobenen doppelten Bedeutung. Sie bilden weder ihrem Aussehen nach, noch innerlich und ideell eine Einheit. Man kann namentlich auch in letzterer Beziehung nicht sagen, daß sie Specien eines Genus, einzelne Formen einer Allgemeinheit sind; ihre Existenz beruht vielmehr in dem indivi-

---

[1]) Certum (cer, cerno, κρίνω, schneiden) bedeutet ursprünglich das plastisch Geformte, unser „Ge-wisses“ aber ist eigentlich das Wißbare. Ausdrücke, wie corpus certum, species certa, sind characteristische Tautologien.

[2]) L. 30. pr. D. de usurp. (41. 3).

[3]) Cf. Seneca Epist. 102.; Id. natur. quaest. II. c. 2.; Cujac. observ. XV. 38. ibique all.; Girtanner: Die Rechtsstell. d. Sache (Jahrb. f. d. Dogm. des heut. R. d. D. R. III. S. 176).

duellen Belieben des einzelnen Subjects, das sie für seine ökonomischen Zwecke und persönlichen Bedürfnisse zusammenfaßt, und ihnen als Complexen eine juristische Beziehung ebenfalls nur dadurch verleiht, daß es sie zu Gegenständen eines Rechtsgeschäfts macht, wie Vertrag oder Legat; sie sind daher so wenig be-, als ersitzbar [1]).

Die wirklich besitzbaren Mobilien zerfallen in drei Klassen: die Real-, die Ideal- und die Collectiv-Species. Zu der ersten gehören alle diejenigen Körper, die ihrem Aussehen nach eine compacte Masse bilden, innerlich aber aus lauter gleichartigen, entweder organisch oder doch mechanisch cohärirenden Bestandtheilen zusammengesetzt sind. Auf die Art ihrer Entstehung kommt es nicht an, es ist vielmehr gleichgültig, ob sie auf natürlichem oder künstlichem Wege gewonnen worden sind. Irgend ein Act menschlicher Thätigkeit ist auch für ihre Gewinnung nothwendig: auch die rohen Naturproducte erfordern eine Ablösung von ihrem Naturzusammenhange, oder doch mindestens ein Sammeln oder Fangen, und es sind nur andere Arten der menschlichen Thätigkeit, wenn neue

---

[1]) Pomponius erkennt dies gleich nachher selber an, cf. § 2. L. 30 citae. Die nähere Darstellung dieser Aggregate gehört in die Lehre vom Eigenthum. So lange man darunter das totale Recht auf die Sache versteht, wird man auch nicht begreifen, warum man Eigenthum an solchen Complexen haben kann. So sieht sich, um nur Einzelnes herauszugreifen, Puchta (Curs. d. Inst. § 231.) zu der mystischen Erklärung genöthigt, es gebe ein „besonderes Eigenthum über die Begriffseinheit"; Pagenstecher (die Röm. Lehre vom Eigenthum, S. 40) möchte gar „eine gewisse Körperlichkeit dieser Aggregate nicht aufgeben, weil eine volksmäßige Ansicht sogar an eine Sichtbarkeit der Heerde stets glauben wird!" Betrachtet man aber das Eigenthum als bloße rechtliche Möglichkeit, den Besitz zu erlangen oder wieder zu erlangen, als bloße Vindicationsbefugniß, die wir allerdings, gleich jeder andern Actio, auch „in bonis" haben, so ist die Vindicabilität jedes Aggregats (grex ist eben nur Musterbeispiel, L. 1. § 3. L. 2. L. 3. pr. D. de R. V. 6. 1) durchaus nichts Auffallendes, oder war es doch nicht, so lange die Condemnation immer auf Geld ging. Es war dann Sache des Judex, das Liquidum durch Feststellung der Zahl der Aggregatbestandtheile und Ermittelung ihres Werthes zu finden. Und auch noch nach L. 68. eod. kann die Frage, was in natura herauszugeben, in der Executions-Instanz erledigt, der Ersatz für die fehlenden Stücke aber füglich einem Separatproceß vorbehalten werden.

Besitzobjecte durch Bearbeiten und Verarbeiten hergestellt werden. Durch das erstere wird derselben Substanz nur eine veredelnde und ihren Werth oder ihre Brauchbarkeit erhöhende neue Eigenschaft verliehen, durch das letztere aus mehreren natürlichen Stoffen eine neue Substanz gebildet. Es sind daher beispielsweise hierher zu rechnen: der rohe, wie der geschliffene Edelstein; der gebrochene Marmorblock, wie die daraus von Künstlerhand geformte Säule; der gefällte Baumstamm, wie der daraus gezimmerte Balken; das ebengeworfene Füllen, wie das dressirte Rennpferd. Aber es gehören eben so wohl hierher diejenigen neuen Substanzen, welche aus der Verarbeitung verschiedener natürlicher Rohstoffe gewonnen werden, sofern nur die neue Masse wiederum aus lauter gleichartigen cohärirenden Bestandtheilen zusammengesetzt ist. Dies ist nur dann der Fall, wenn die einfachen Naturstoffe geeignet sind, Verbindungen mit einander einzugehen, welche auf praktisch-mechanischem Wege nicht wieder lösbar sind: wogegen es auf die chemische Lösbarkeit nicht ankommt, weil dieser auch die uns als einfach erscheinenden Naturproducte unterliegen. Beispiele solcher neuen Substanzen sind unter andern Fayence- und Porzellanerde; als Musterbeispiel der Quellen aber gelten, wegen ihrer besonderen practischen Wichtigkeit, die Metalle, und die römischen Juristen haben mit genialer Spürkraft in der Anschaulichkeit eines Falles das oben entwickelte Princip dargestellt.

Blei und Silber gehen keine Verbindung mit einander ein. Schmelzen sie also zusammen, so entsteht keine neue Masse mit lauter neuen gleichartigen Bestandtheilen, sondern es bleiben zwei, zwar cohärirende, aber doch in ihrer Integrität beharrende und deßhalb bloß äußerlich verbundene Substanzen. Sie werden nicht zu einer neuen Mischung, wie Messing oder Glockengut; es tritt auch keine bloße Legirung ein, wie bei der Versetzung edler Metalle mit unedeln, wodurch die ersteren, ohne in etwas wesentlich Anderes und Neues umgeschaffen zu werden, nur eine ihre practische Brauchbarkeit vermittelnde Eigenschaft gewinnen; sondern sie bleiben, was sie waren, Silber und Blei, und ihre äußerliche Vereinigung erhält eben deßhalb auch keine neue generische Bezeichnung. Die practische Folge davon ist, daß die Besitz- und Eigenthumsverhältnisse ebenfalls unverändert bleiben. Gehören die beiden nicht wahlverwandten Metalle einem und demselben Eigenthümer, so fährt er fort jedes für sich zu besitzen: „quum utrumque maneat integrum" [1]). Gehören sie verschiedenen Eigenthümern, so bedarf es zu ihrer Wiedererlangung keiner präparatorischen Exhibition [2]): Si plumbum cum argento mixtum sit, quia diduci possit, nec communicabitur, nec communi dividundo agetur, quia separari potest; agetur autem in rem actione.

Auch die neu gewonnenen Substanzen, wie die beispielsweise erwähnten Erden und Mischmetalle, dienen, gleich den rohen Naturproducten, meist erst in neuer Bearbeitung den menschlichen Bedürfnissen. Und selbstverständlich gehören die durch eine derartige Bearbeitung gewonnenen Producte, (zum Beispiel die aus der Porzellanerde fabricirten Geschirre, die aus den Mischmetallen gefertigten Glocken und Geschützröhre), ebensowohl unter die hier betrachtete erste Klasse, wie die Säule von Marmor, da sie Alle ohne Ausnahme aus gleichartigen und unter sich cohärirenden Bestandtheilen zusammengesetzt sind. Zum Unterschiede von den beiden folgenden Klassen will ich die unter die erste zu rechnenden Sachen als **Real-Species** bezeichnen.

Die **organischen** Körper sind ausschließlich Real-Species; man kann sie durch Bearbeitung veredeln, aber erst ihre abgestorbenen, also nur noch mechanisch cohärirenden Reste lassen sich auch verarbeiten [3]). Die **mechanisch** geeinten Real-Species können, sei es roh, oder be- und verarbeitet, für sich und als solche zur Befriedigung unserer Bedürfnisse verwandt werden. Sehr gewöhnlich aber dienen sie wiederum als practische elementare **Einheiten**, aus deren **Combination** eine zweite Klasse von Körpern hervorgeht. Diese

---

[1]) Vgl. L. 30. § 1. D. de usurp. (41. 3), welche weiter unten erklärt werden wird.

[2]) L. 5. § 1. D. de R. V. (6. 1); cf. L. 3. § 2. D. eod.; L. 27. § 2. D. de acqu. r. dom. (41. 1).

[3]) Da die organische Superficies einen **Theil** der Grundstücke ausmacht, so sind selbstverständlich nur die **Moventien** selbständige Besitzobjecte; ihrer Unterschiede soll aus den Gründen, die später erhellen werden, am Schluß dieser Abhandlung gedacht werden.

zweite Klasse umfaßt alle diejenigen unorganischen Körper, welche aus mehreren (mechanisch-cohärirenden) Real-Species durch menschliche Arbeit für die Dauer zu einem bestimmten practischen Zweck hergestellt werden. Die mehreren Real-Species, aus denen das Ganze besteht, können gleichartig sein, sind es aber in den seltensten Fällen; so ist beispielsweise auch das einfachste Fahrzeug nicht füglich ohne metallne Verbindungsmittel zu construiren. Ebenso können die einzelnen Factoren des Ganzen mechanisch mit einander verbunden sein, und dies ist factisch sogar der gewöhnliche Fall; aber nothwendig ist eine derartige mechanische Cohärenz, auf welche Pomponius, wie wir sahen, Gewicht legt, keineswegs. Venuleius [1]) bemerkt das Gegentheil von Gebäuden, welche als Musterbeispiel für diese Körperart gelten: Per se tegulae non possidentur, sed cum universitate aedificii, nec ad rem pertinet, affixae sunt, an tantum positae. Diese mechanische Cohärenz ist sowenig nöthig, daß kein Bestandtheil mit dem andern zusammenzuhängen braucht: so wird man beispielsweise ein Spiel Karten hierunter subsumiren müssen, dessen 32 oder 52 Blätter überdies noch alle unter einander verschieden sind.

Im Gegentheil ist die Einheit dieser Körper bloß eine ideelle, und beruht einzig und allein in dem bestimmten Zweck, welchem alle ihre Bestandtheile dauernd dienen sollen. Sie bezielt Paulus [2]), wenn er auch von ihnen sagt, sie würden „uno spiritu" zusammengehalten; sie hebt Ulpian [3]) hervor, indem er von der universitas aedium bemerkt: ea esse aedium, quae quasi pars ae-

---

[1]) L. 8. D. quod vi aut clam (43. 24). Daraus erklären sich die practischen Consequenzen, namentlich auch die Pertinenzqualität: vgl. L. 18. D. de A. E. V. (19. 1); L. 7. § 11. D. de acqu. r. dom. (41. 1); L. 23. pr. D. de usurp. (41. 3); L. 13. § 2. D. de acceptilat. (46. 4); § 18. J. de legat. (2. 20). — Es sind deßhalb auch die Bezeichnungen, die man ihnen nach den Bemerkungen von Pomponius (L. 30. pr. de usurp. cit.), und Paulus (L. 23. § 5. D. de R. V. 6. 1.) gegeben hat, — universitates rerum cohaerentium, res connexae, corpora cohaerentia, — nicht angemessen.

[2]) L. 23. § 5. D. de R. V. cit. sub fin.

[3]) L. 13. § ult. D. de A. E. V. (19. 1). Cf. Labeo in L. 17. § 7. D. eod.: „quae perpetui usus causa in aedificiis sunt, aedium esse."

dium, vel propter aedes habentur; die Einheit des Zwecks endlich ist es, welche ihre Identität durch allen Wechsel ihrer Bestandtheile hindurch aufrecht erhält. Für das letztere haben wir in unseren Quellen einen interessanten Ausspruch von Alfenus [1]), der von einem häufig reparirten Schiffe, unter Anspielung auf die Lehre von den Atomen und vom Stoffwechsel, bemerkt: Navem, si adeo saepe refecta esset, ut nulla tabula [2]) eadem permaneret, quae non nova fuisset, nihilominus eandem navem existimavi. Quodsi quis putaret, partibus commutatis, aliam rem fieri, fore, ut, ex eius ratione, nos ipsi non iidem essemus, qui abhinc anno fuissemus, propterea quod, ut philosophi dicerent, ex quibus „particulis minimis" consisteremus, hae quotidie ex nostro corpore decederent, aliaeque extrinsecus „in eorum locum" accederent. Quapropter cuius rei species eadem consisteret, rem quoque eandem existimavi. So ist es das allein Wesentliche, daß alle Bestandtheile als zusammengehörig gedacht werden: hier ist wirklich ein Begriffsganzes vorhanden, da alle ihre Bestandtheile einem bestimmten Zwecke dienen, während in jenen factischen Sachgesammtheiten alle Aggregatbestandtheile nur den gleichen Zweck haben, den jeder auch einzeln befriedigen kann. Und wegen dieser durch ihren Zweck gesetzten ideellen Einheitlichkeit lassen sie sich passend als Ideal-Species bezeichnen.

---

[1]) L. 76. D. de iudic. (5. 1); cf. L. 83. § 5. i. f. D. de V. O. (45. 1). Alfenus, aus der Schule des großen Servius, muß, wohl eben wegen seiner philosophischen, auf Vergeistigung der Rechtswissenschaft gerichteten Thätigkeit, sich lange eines großen Ansehens erfreut haben, da noch Paulus, eine ihm verwandte Natur, seine Digesten des Excerpirens werth hielt, ein Auszug, der mindestens 8 Bücher umfaßt hat (aus dem 8. Buch sind noch die L. 61. D. de leg. III. und L. 40. D. de usu et usufr. leg. 33. 2. entnommen).

[2]) Nur der Kiel, als Basis des Schiffs und gleichsam dessen area, darf nicht verändert werden: L. 24. § 4. D. de leg. I.: Si navem legavero, — eamque per partes totam refecero, carina eadem manente, nihilo minus recte a legatario vindicaretur. Eine Consequenz davon ist der Satz in L. 61. i. f. D. de R. V. (6. 1): — Proprietas totius navis carinae causamsequitur.

Die beiden betrachteten Körperklassen bilden die eigentlichen Besitzobjecte. Nur bei ihnen liegt uns daran, sie für die Dauer zu haben und zu behalten, und wenn der Besitz das vollständige Recht auf die Sache ist, so können seine Objecte eigentlich nur solche sein, bei denen diese Richtung des Besitzwillens auf eine Fortdauer möglich erscheint. Denn das ist ja das Characteristische aller dinglichen Rechte, daß sie bestehen sollen, soweit und solange es die Beschaffenheit ihrer endlichen Objecte zuläßt: hierdurch bilden sie grade den vollkommenen Gegensatz zu den obligatorischen Rechten, welche regelmäßig nur entstehen, um unterzugehen.

Gleichwohl giebt es noch eine dritte Klasse beweglicher Besitzobjecte, welche auch unsern Quellen, zwar nicht dem Namen, aber doch der Sache nach bekannt ist. Es gehören hierunter alle diejenigen Körper, welche innerlich aus einer Menge unverbundener und gleichartiger, fungibler Sachen bestehen, äußerlich aber durch irgend eine künstliche Vorrichtung zusammengefaßt oder doch in eine Form gebracht sind, um temporär darin zu verbleiben. Die fungibeln Sachen sind an sich ebenfalls Real-Specien und logisch unter die betrachtete erste Klasse zu subsumiren. Wir begegnen daher bei ihnen denselben Unterschieden, welche wir dort gefunden haben; auch die fungibeln Real-Specien können rohe oder veredelte Naturproducte sein, oder Misch-Substanzen mit lauter neuen gleichartigen Bestandtheilen; so gehören hierher zum Beispiel in ganz gleicher Weise unvermahlene Getreidekörner, Malz oder Grütze, Schießpulver oder Pillen. Aber es ist practisch nicht üblich, sie als Specien zu behandeln, weil ihre specifischen Merkmale nicht leicht erkennbar sind, und namentlich weil sie unsere Bedürfnisse nicht vereinzelt, sondern nur in Masse befriedigen können; wir brauchen von ihnen stets ein „gewisses Quantum", und haben deßhalb auch kein practisches Interesse an denselben Stücken, sondern nur an einer gleichen Menge, unter Voraussetzung der gleichen Güte; sie kommen deßhalb wesentlich nur als „Quantitäten" in Betracht.

Weil sie ihrer Natur nach zur Consumption dienen, liegt uns nicht daran, sie zu haben und zu behalten, sondern wir können das, was wir von ihnen zu viel haben, nur dadurch verwerthen, daß wir uns ihrer entäußern, und uns Andere auf das Gleichviel eines

Tausch-, Kauf- oder Gebrauchswerths obligiren. So dienen die Quantitäten vorzugsweise als Gegenstände des Verkehrs, und haben sowohl logisch, als historisch den Anlaß dazu gegeben, daß sich die Normen des Verkehrs oder das Obligationen-Recht ausbildete [1]). Sind die Verkehrsverhältnisse noch so unentwickelt, wie in den anfänglichen Zuständen des Ackerbau treibenden und kriegsgewohnten Plebejischen Roms, so wird man die Quantitäten überhaupt nicht als Besitzobjecte gelten lassen, da unter diesen Umständen auch nicht für eine Zeitlang Veranlassung vorliegt, sie zu haben und zu behalten. Ein Handelsverkehr nach außen existirt so gut wie gar nicht, und der Verkehr am Platze besteht regelmäßig nur in sofort realisirten Geschäften, bei denen eine Gewißheit der Verkehrsquantitäten durch sofortige Vornahme der Operationen bewirkt werden kann, welche überhaupt zur Bestimmung der Quantitäten dienen: also durch Zählen, Messen, namentlich aber durch Wägen, die sicherste und zuverlässigste Art, ein gewisses Quantum festzustellen [2]). Nehmen

---

[1]) Nur mit ihnen kann man Zahlung (im weiteren Sinne) leisten, denn sie sind immer zu haben, weil Niemand sie behalten mag (genere, non specie funguntur). Sie haben daher auch historisch den materiellen Anlaß und Stoff für die Entwickelung des Nexum gegeben, — die Wurzel aller obligatorischen Rechte in eben dem Maße, wie es die Manus für alle dinglichen Rechte, im weitesten Sinne, gewesen ist. Der Unterschied der res mancipi und res nec mancipi, welchen schon die Römischen Juristen mit ihrem völlig unhistorischen Sinne nicht verstanden, und der unseren neueren Historikern so viel zu schaffen macht, läßt sich nur aus der Grundverschiedenheit der Manus- und Nexussachen erklären. Das Nähere gehört in die Geschichte des Privatrechts, welche noch zu schreiben ist, für die aber die tiefen Blicke den Ausgangspunct bilden werden, welche J. Christiansen gethan hat (vgl. die Wiss. d. Röm. R. Gesch. I. Bd. 1838. S. 139—142. S. 153. S. 224. S. 169. S. 347—49).

[2]) Was Quantitäten den Species ähnlich macht, ist eben ihr speci-fisches Gewicht. Die alten Plebejer wußten sehr wohl, warum sie ihre Nexa und Mancipationen mit der Wage schlossen: noch heutzutage ist das Wägen, nach den Bemerkungen Reisender, in Italien häufiger, als die anderweiten Quantitätsbestimmungen nach Stücken und Volumen. Manche Fungibilien, wie Getreide, erlauben, ja erfordern unter Umständen, namentlich wenn einem Dritten ihretwegen die diligentia in custodiendo für einen längeren Zeitraum obliegt, eine Combination zweier Quantitätsmessungen; daher die Clauseln „Maß für Gewicht" und „Gewicht für Maß" beim Transport von Getreide, da dies erfahrungsmäßig ungefähr in gleichem Verhältnisse an Volumen gewinnt, wie es an Schwere verliert, und umgekehrt.

aber die Verkehrsverhältnisse einen größeren Aufschwung, entwickelt sich neben einem Export- und Import- auch ein bedeutenderer Platzhandel, so muß die streng juristische Ansicht, als seien die Fungibilien überhaupt keine Besitzobjecte, den practischen Verkehrsbedürfnissen weichen oder sich ihnen doch anschmiegen, was sie stets thut und zum Glück auch ohne Gefahr der Inconsequenz thun kann. Damit nun die Fungibilien dem erweiterten Platz- und dem Außenhandel dienen, also lagern oder transportirt werden können, sondert man für eine Zeitlang gewisse Quantitäten von gleichartigem Stoffe aus, und sorgt durch äußerliche Vorrichtungen dafür, daß die ausgesonderten Stücke zusammenbleiben.

Wie diese äußerlichen Vorrichtungen zu beschaffen sind, hängt Theils von der Natur der ausgesonderten Quantitäten, Theils von ihrer Bestimmung ab. Flüssigkeiten erfordern nothwendig eine äußere, sie zusammenhaltende Um-fassung und nehmen erst in Ge-fäßen die Natur von Besitzobjecten an, mögen sie zum Lagern, oder zum Transport bestimmt sein [1]). Sollen feste Fungibilien bloß lagern, so können sie auch ohne derartige Umfassung zu Besitzobjecten gestaltet werden, und zwar auf eine doppelte Weise: entweder dadurch daß man gewisse Quantitäten gleichartiger fungibler Stoffe, ohne ihnen eine Form zu geben, aber in besonderen geschlossenen Räumen aufbewahrt [2]); oder dadurch, daß man sie, falls es ihre Natur verträgt, im Freien, dann aber nach bestimmten Maßen und Formen aufhäuft [3]). Sehr häufig werden die festen Fungibilien auch für den Zweck der Lagerung verpackt, und nothwendig ist eine solche Verpackung regelmäßig für den Fall, daß sie transportirt werden sollen: wie Beispielsweise Baumwollen- und andere Waaren-Ballen, welche

---

[1]) Als Musterbeispiele dienen in den Quellen die amphorae (dolia, vasa) vini; vgl. z. B. L. 51. D. h. t.; L. 1. pr. § 1—3. D. de peric. et comm. (18. 6); L. 3. § 1.; L. 5. D. de trit. vino vel oleo leg. (33. 6); L. 206. D. de V. S.

[2]) L. 74. D. de contr. emt. (18. 1), welche später erklärt werden wird.

[3]) L. 51. D. h. t. cit. Auch diese Stelle soll weiter unten ihre Interpretation finden. Außer dem dort angeführten Haufen Holz, sind beispielsweise auch Feldsteine oder Mauersand hierher zu rechnen, welche schachtruthenweise im Freien aufgesetzt zu werden pflegen.

im Großhandel vielfach uneröffnet von Hand zu Hand gehen [1]). Immer aber geschieht die Umfassung, Abschließung, Formirung und Verpackung der Quantitäten nicht für die Dauer, sondern regelmäßig für Verkehrszwecke, und bloß so lange bis sie, ihrer Natur gemäß, in den Kleinhandel und an die Consumenten gelangen. Weil man sie nur zusammenbringt, um sie wieder auseinander zu bringen, und sie nur so lange besitzt, als bis sie, ihrem Consumtionscharacter gemäß, wieder auseinander gebracht werden, will ich diese dritte Art der Besitzobjecte als Collectiv-Specien [2]) bezeichnen.

Mit diesen drei Kategorien sind die beweglichen, und damit auch überhaupt die körperlichen Sachen erschöpft. Denn die Mobilien allein entsprechen strenge genommen dem Begriff von Specien, in der hervorgehobenen Doppelbedeutung. Nur sie füllen für unsere Anschauung den von ihnen eingenommenen Raum vollständig aus, sind von allen Seiten her sinnlich wahrnehmbar, und nach allen Seiten hin begrenzt; mit Ausnahme der Moventien, verdanken sie, wenn auch in höherem oder geringeren Grade, ihre Selbständigkeit, die Vorbedingung ihrer Besitzbarkeit, menschlicher Bemühung, und haben deßhalb Anfang, wie Ende; sie bleiben auch für unser Denken die geläufigsten Erscheinungsformen generischer Allgemeinheiten. So ist es nicht mit den Sachen, die wir unbeweglich nennen, weil sie uns unbeweglich scheinen. Zwar ist unsere Erde, der Erd-körper, als Erdganzes, auch eine Species im physicalischen Sinne, wie als Einzelform eines Genus, und es finden auf sie ebenfalls die Kategorien von Raum und Zeit Anwendung; aber nicht für uns Erdenbewohner. Unserer Anschauung entzieht sich das Erdganze in seiner Raum erfüllenden Totalexistenz, und da es nicht von uns und zu unserer Zeit geschaffen ist, können wir auch nicht die Bestimmungen von Anfang und Ende darauf anwenden, sondern es nur erkennen als in einem ewigen Proceß begriffen; ebenso wie alle andere Erscheinungsformen der generischen Allgemeinheit, die wir Weltkörper nennen. Uns erscheint als räumlich existirend und in die Sinne

[1]) Auch Kassenbeutel, Banknotenpakete gehören hierher, wie sie (signirt und versiegelt) für eine Reihe von Zahlungsoperationen zu dienen pflegen (cf. L. 1. § 36. D. depos. 16. 3).

[2]) Unsere Frachtstücke werden sehr passend mit Colli bezeichnet.

fallend nur die Erd-fläche; für uns ist sie der feste Grund, auf dem wir und alles Unsrige, unser Sein und unser Haben beruht; für uns ist nur die Grenze des Erdganzen selber wiederum begrenzbar. Wir können aus ihr größere oder kleinere Theile, einzelne Grundstücke, durch Ziehung beliebiger Grenzen ausscheiden. Die ausgeschiedenen Theile haben aber nicht die centrale Selbständigkeit der beweglichen Besitzobjecte, weil sie, als Theile des Erdganzen, von dessen tellurischem Gesammtleben abhängig bleiben, und die von uns gezogenen Grenzen der Grundstücke sind nicht die eigenen eines gestalteten Körpers, sondern können nun nach unserem Belieben verändert, wie ohne unser Belieben verwischt werden.

In unsern Quellen ist diese in der Natur der Grundstücke liegende Eigenthümlichkeit vollkommen anerkannt. Nach den erhaltenen Fragmenten findet unter den eigentlicheu Grundstücken, den „liegenden Gründen" [1]), wie man sie in unserer Actensprache treffend bezeichnet, kein principieller Unterschied Statt. Sie erwähnen zwar einer Unterscheidung von locus und fundus, sprechen ihr jedoch mit Recht jede juristische Bedeutung ab. Denn wenn Ulpian [2]) sagt: Locus est non fundus, sed portio aliqua fundi, so ist dies nicht vom juristischen Standpuncte aus zu verstehen. Die besondere Bezeichnung einzelner Oertlichkeiten innerhalb eines größeren Gutscomplexes hat vielmehr entweder eine rein practisch-ökonomische Bedeutung, wie die Schlageintheilung der Landgüter und Forsten; oder sie ist lediglich von local-geographischem oder historischem Interesse, und solchen Falls ist regelmäßig nicht einmal eine bestimmte Abgrenzung innerhalb des größeren Ganzen vorhanden [3]).

Es kommt eben Alles auf die Absicht des Besitzers an; will er ein bestimmtes Stück innerhalb eines größeren Gutes, als solches, besitzen, so steht dem nichts entgegen, denn auch diese Gutspartikel ist ein Grund-stück. Mit Recht fährt daher Ulpian fort: Ceterum adeo opinio nostra et constitutio locum a fundo

---

[1]) Im Gegensatz zu den „stehenden Stöcken": die universitas aedium ist eine Ideal-Species, zu der die area gehört, wie wir bald sehen werden.

[2]) L. 60. pr. D. de V. S.

[3]) L. 60. cit. § 2.: Locus latere potest, quatenus determinetur et definiatur.

separat, ut et modicus locus possit fundus dici, si fundi animo eum habuimus. Non enim magnitudo locum a fundo separat, sed nostra affectio; et quaelibet pars fundi poterit fundus dici, si iam hoc constituerimus. Ebenso ist nach geschehener Parzellirung jedes Trennstück wiederum ein Grund-stück [1]): Si divisit fundum regionibus et sic partem tradidit pro diviso, non est pars fundi, sed fundus. Und endlich kann auch umgekehrt, da Alles auf den Willen des Besitzers ankommt, ein bisher als Fundus behandeltes Grundstück die Eigenschaft eines bloßen Locus annehmen, wenn wir dasselbe fortan, um Ulpian's characteristische Wendung zu gebrauchen, nur noch loci animo haben wollen, und dies ist regelmäßig der Fall, wenn wir es als Pertinenzstück zu einem andern uns gehörigen Gute schlagen [2]): Nec non et fundus locus constitui potest; nam si eum alii adiunxerimus fundo, locus fundi efficietur.

Ist es nun, was wenigstens die Besitzfähigkeit anlangt [3]), vollkommen gleichgültig, wie man die Grenzen zieht, und kommt es allein darauf an, ob wir ein bestimmtes Grund-stück, als solches, besitzen wollen, so können auch bestimmte Theile innerhalb eines größeren Ganzen be- und ersessen werden. Jede bestimmte Partikel eines größeren Grundstücks-Ganzen ist ebenso wohl ein Besitzobject, wie das Ganze selber, das diese Eigenschaft auch nur dadurch erlangt, „quod suos habet fines" [4]). Es ist daher ganz consequent,

---

[1]) L. 6. § 1. D. comm. praed. (8. 4).

[2]) Ulp. l. c. Cf. L. 24. § 2. 3. D. de leg. I.: — quum nostra destinatione fundorum nomina et domus, non natura constituerentur.

[3]) In anderer Beziehung, und secundär, kann die Localität allerdings von juristischem Interesse sein. So beispielsweise für die Gewährleistungspflicht; L. 4. § 1. D. de A. E. et V. (19. 1): Si modus agri minor inveniatur, pro numero iugerum auctor obligatus est, quia, ubi modus minor invenitur, non potest aestimari bonitas loci, qui non exstat. Sed non solum si modus agri totius minor est, agi cum venditore potest, sed etiam de partibus eius, ut puta si dictum est, vineae iugera tot esse, vel oliveti, et minus inveniatur. Ideo in his casibus pro bonitate loci fiet aestimatio. Vgl. L. 10. § 2. D. quib. mod. ususfr. (7. 4): „agri vel loci ususfructus"; L. 2. § 2. Si serv. vind. (8. 5): „medii loci ususfructus"; L. 20. § 5. de S. P. U. (8. 2): „ad locum servientem."

[4]) Ulp. in L. 60. cit. Es ist daher sehr bezeichnend, wenn die Lateinische

wenn **Pomponius** sagt [1]: Locus certus ex fundo et possideri, et per longam possessionem capi potest. Schlagen wir nun durch einen eigenen Willensact zu einem Gut, was wir zu usucapiren im Begriff sind, ein bestimmtes, von uns in Besitz genommenes Stück von dem Nachbargut als Pertinenz hinzu, so besitzen wir dies zwar fortan mit dem Ganzen, weil wir es nur noch loci animo haben wollen; wir müssen es aber jedenfalls besonders usucapiren, wie **Julian** [2]) in einem Responsum ausdrücklich hervorhebt: Si fundum Cornelianum pro emtore longa possessione capiam, et partem ex vicini fundo ei adiiciam, utrum eam quoque partem reliquo tempore pro emtore capiam, an integro statuto tempore? Respondi: partes, quae emtioni fundi adiiciuntur, propriam ac separatam conditionem habent; et ideo et possessionem quoque earum separatim nancisci oportere [3]), et longam possessionem earum integro statuto tempore impleri. Etwas Anderes ist es, wenn wir ein Grundstück zu usucapiren im Begriff sind, es aber (in gutem Glauben) **über seine Grenzen hinaus** in Besitz nehmen und die Verjährungszeit hindurch benutzen. Dies ist selbstredend nur bei Immobilien möglich, deren Eigenthümlichkeit es mit sich bringt, daß **ihre** Grenzen zugleich die Grenzen der Nachbargrundstücke sind. Die einzelnen Grundstücke verschiedener Besitzer werden durch ihre Grenzen zugleich von einander geschieden, und da ihre Ziehung stets nur mit einer relativen und wieder verwischbaren Genauigkeit erfolgen kann, so sind Grenzverwirrungen und Grenzüberschreitungen, mit ihrem Gefolge von Grenzregulirungen, nicht zu vermeiden [4]). Hat also der Usucapient mehr in Besitz genommen

Sprache mit „fines" auch das Grund-stück selber, ein **bestimmtes Gebiet** versteht; die wirkende Ursache, das constitutive Element giebt dem Product den Namen.

[1]) L. 26. D. h. t.

[2]) L. 7. § 1. D. pro empt. (41. 4).

[3]) Der Jurist setzt voraus, daß das Zuwachsstück nicht fundi animo fortbesessen, sondern als Pertinenz zugeschlagen wird („si-adiiciam," „partes quae adiiciuntur"). Die Stelle bildet also einen neuen Beweis dafür, daß zwar für den Beginn der Verjährung Besitz erforderlich ist („possessionem quoque earum separatim nancisci oportere"); für die Fortsetzung aber nur Usus. Vgl. oben S. 111—12.

[4]) Es war daher eine sehr vernünftige Vorschrift, daß alles Plebejische Privat-

und die Verjährungszeit hindurch benutzt, als das Grundstück ursprünglich an Flächenmaß enthielt, dessen titulirter Besitzer er geworden war, so hat er auch das Mehr-Areal hinzu erworben, weil er das Ganze, innerhalb bestimmt erweiterter Grenzen, als eine Einheit besaß und benutzte, welche in seinem fundi animus ihren ideellen Halt hatte. Als Bestätigung hierfür will ich zum Schluß einen Ausspruch von Paulus anführen, der hier, wie so oft, sein Geschick für eine gedankenmäßigere Auffassung der seiner Beurtheilung unterliegenden Rechtsverhältnisse bewährt [1]: Si fundus emtus

---

grundeigenthum, sofern nicht schon natürliche Grenzen, wie Flüsse, Berge, Forsten, Grenzverwirrungen und Grenzüberschreitungen verhinderten (ager arci — finius), durch Grenzraine von einander abgesondert wurde (ager limitatus). Hierin lag nicht einmal, vom ökonomischen Standpuncte aus, eine Landverschwendung, da die limites als Feldwege dienten; vom juristischen Gesichtspuncte aus wurde aber durch diese Einrichtung die Freiheit des Grundeigenthums nach Möglichkeit gesichert, indem um so weniger Wegeservituten erforderlich waren.

[1] L. 2. § 6. s. f. D. pro emt. (41. 4). — Für die Characteristik der einzelnen Römischen Juristen ist bisher noch so gut wie gar nichts gethan. So wundert man sich, daß grade mit Paulus die Reihe der großen Juristen schließt und mit ihm die glänzende Entwickelung der Römischen Jurisprudenz wie abgeschnitten erscheint. Ihren Höhepunct hatte diese aber bereits mit Papinian, dem Praktiker der Praktiker, und Ulpian, dem unübertroffenen Muster eines praktisch-dogmatischen Commentators, erreicht, deren Mission ganz in dem naiven Charakter aller antiken Schöpfungen verharrte. Eine bewußte Erfassung ihrer eigenen Werke war der Römischen Jurisprudenz so wenig, wie dem ganzen Alterthum überhaupt beschieden. Paulus, gewiß eine genialere Natur, als seine beiden Vorgänger, reicht doch bei weitem nicht an die wundervolle Einfachheit der Fall-Stellung und -Entscheidung des Einen, noch an die classische Eleganz in den Commentaren des Andern. Der Grund davon liegt grade in seiner genialen Tiefe, die ihn über die practische und klar verständige, an ihren Semitischen Ursprung erinnernde Weise seiner Vorgänger hinaus und zu einer gedankenmäßigen Auffassung des Rechts hindrängte: eine Aufgabe, an der er scheitern mußte, da es eben nicht seine und nicht die Aufgabe der Römischen und antiken Welt war. Ihre Lösung ist es, welche uns Modernen vorbehalten blieb, die schon Jahrhunderte hindurch unsere Hingebung bis zur Selbstverläugnung in Anspruch nimmt, und die vollständig nur gelingen kann, wenn wir ihr alle unsere Kräfte, mit selbstbewußtem Vertrauen auf unseren Beruf zu derselben, und in dem Glauben an ihre Nothwendigkeit widmen.

sit, et ampliores fines possessi sint, totum longo tempore capi, quoniam universitas eius possideatur, non singulae partes.

Denn das ist ja, um nunmehr die Summe aus unseren Betrachtungen über die ganze Reihe der Besitzobjecte zu ziehen, in ihnen allen das Wesentliche, daß sie ideelle Einheiten sind, welche eben, als solche, eine Vielheit von materiellen Bestandtheilen voraussetzen. Es läßt sich von ihnen allen sagen, was Pomponius von den Naturproducten, und Paulus von einer künstlich zusammengesetzten Statue aussprachen: uno spiritu continentur. Sie alle sind Specien eines Genus, deren Wesen in dem Namen zusammengefaßt ist, den sie führen, und unter den wir Alles begreifen, was ihnen all-gemein ist; sie alle sind ge-wisse oder wißbare Dinge, welche wir er-kennen, indem wir sie nennen; jedes körperliche Atom von ihnen ist miterfaßt und wird mitergriffen von der einheitlichen Idee, die, mit ihnen in Eins ver-wachsen, in ihnen, als con-creten Dingen, zur Erscheinung kommt. Sie alle dienen unsern Zwecken, und wir sind es, die zur Herrschaft über sie berufen worden; zum Zeichen dessen prägen wir ihnen den ideellen Stempel unseres Herrscherthums auf, indem wir ihnen ihren Namen geben; dadurch beleben wir die todte Materie: denn, wie der Mensch, dem uralten Wort zufolge, die Dinge nennt, so sollen sie heißen. Alle Objecte, über die wir zur Herrschaft berufen sind, die wir haben und behalten wollen, sind, um es in Eins zu fassen, nur dadurch Körper, daß sie in dem ihr allgemeines Wesen ausdrückenden und es vollständig deckenden Namen einen Abglanz unseres eigenen Geistes und damit so zusagen ihre Seele haben.

Alle Objecte unserer Herrschaft, welche wir eben durch kein anderes Medium, als durch den Besitz zu realisiren vermögen, sind aber auch Specien in jenem anderen Sinne, bestimmte Erscheinungsformen ihrer generischen Allgemeinheiten. Jedes von ihnen hat sein individuelles Gepräge, seine specifischen Merkmale, mit einem Wort sein bestimmtes Aus-sehen, und dadurch allein ist es möglich, daß es sich unserem Vorstellungsvermögen fest und scharf einprägt. Hierdurch lernen wir das bestimmte einzelne Stück der Gattung kennen und von allen andern Gattungsangehörigen unterscheiden; wenn es uns ein Mal räumlich vor-gestellt gewesen und sich dadurch geistig unserer Vorstellung, mit der Naturnothwendigkeit einer optischen Abspiegelung, eingeprägt hat, so können wir nun sagen, wie es aus-sieht; und dies ist von der allergrößten practischen Wichtigkeit, weil wir sonst im Falle des Verlustes außer Stande wären, es wieder zu erkennen.

Können wir nicht sagen, wie das Object, das wir haben und behalten möchten, heißt und wie es aussieht, so wissen wir, in ganz eigentlichem Sinne, nicht: was wir wollen. Erst wenn wir das Object unserer Herrschaft, „im Allgemeinen, wie im Besonderen", kennen, wenn wir es in unser Denken, wie in unsere Vorstellung, wenn wir die Sache, ihrem Aeußern, wie ihrem Innern nach, in uns aufgenommen haben, ist sie geistig vollständig unser. Und nur insofern sie geistig unser wird, kann unser Geist, die nach außen wirkende Energie unseres Geistes, das ist eben unser Wille, sich in die Sache hineinlegen, sich in ihr verwirklichen, sich in ihr ver-körpern. In jedem Besitzerwerbe vollzieht sich ein idealer Vorgang, dessen Bedeutung man erkennen muß, wenn man das Recht des Besitzes begreifen will; in jedem Act der Besitznahme findet ein Um- und Austausch Statt: das Object unserer Herrschaft, wie es äußerlich leibt und lebt, findet sich als Ding und getreu reflectirtes Spiegelbild in das Innere unseres Geistes versetzt; die Energie unseres Geistes leibt und lebt dagegen in dem äußerlichen Object, durchdringt es in seiner Totalität, in allen seinen Partikelchen und Fasern, sich in ihm ver-körpernd, und es durch sich be-seelend.

Die Resultate, welche wir für alle Besitzobjecte in der voraufgegangenen Auseinandersetzung gefunden haben, sind für die ganze Besitzlehre fruchtbar, und der lange Weg, den wir haben einschlagen müssen, um zu ihnen zu gelangen, ist ebendeßhalb nicht verloren. So können wir, um dies zunächst zu erledigen, nur von dem erreichten Standpuncte aus begreifen, warum es keine possessio plurium in solidum giebt. Savigny hat deren Unmöglichkeit nicht erkannt, und verräth dies in naiver Weise dadurch, daß er bloß untersucht, ob es „nach den Quellen" eine juristische Fiction gebe, nach welcher mehrere Personen als gleichzeitige Besitzer derselben Sache gälten. Die Römischen Juristen seien hierüber getheilter Meinung gewesen; nach Justinians Compilation aber sei die Unmöglichkeit einer possessio plurium in solidum als allgemeine Regel anerkannt; und daraus folge für das neueste römische Recht, als einmal unabänderliches positives Resultat, daß, so lange, nach den Bestimmungen desselben, der Besitz fortdaure, kein neuer angefangen haben könne, und daß, wo das Römische Recht einen neuen Besitz anerkenne, eben deßhalb der vorige Besitz aufgehört haben müsse [1]). Savigny ist auch hier nicht weiter gekommen, als Paulus [2]), der zwar, seiner Natur getreu, das Bedürfniß fühlt, sich über den Grund jener Unmöglichkeit auf dem Wege der Reflexion Aufklärung zu verschaffen, aber eben über seine Natur nicht hinaus kann und trotz seiner Bemühung in einer grob materiellen Anschauung stecken bleibt: Plures eandem rem in solidum possidere non possunt; contra naturam quippe est, ut, quum ego aliquid teneam, tu quoque id tenere videaris — —; non magis enim possessio apud duos esse potest, quam ut tu stare videaris in eo loco, in quo ego sto, vel in quo ego sedeo, tu sedere videaris.

Eine wirkliche Erklärung dieses ganz ausnahmslosen Princips kann nur auf dem Wege einer idealeren Auffassung des Besitzwillens

---

[1]) Bes. § 11. S. 182—201. — Im Grunde ist die Regel von keinem der Römischen Juristen bestritten. Denn wenn Sabinus, Trebatius u. A. dem redlichen neben dem unredlichen Besitzer und dem Rogirten neben dem Precisten Besitz zuschrieben (vgl. L. 3. § 5. L. 17. pr. D. h. t.; L. 15. § 4. L. 19. pr. D. de prec. 43. 26.; L. 3. pr. D. Uti poss. 43. 17.; L. 5. § 15. D. commod. v. c. 13. 6.); so hatten sie darin insofern nicht Unrecht, als der Rogirte (nach erfolgtem Widerruf) und der redliche Possessor in der That besitzen, weil, ihnen gegenüber, der Besitz des Precisten und des unredlichen Possessor ein bloßes Factum ist. Die Letzteren können ihren Scheinbesitz nicht be-halten, sondern müssen in Folge der Duplicität der Interdicte unterliegen, und sind daher im Sinne jenes Javolenischen Fragments (vgl. oben S. 88) wirklich als Nichtbesitzer anzusehen. Das Nähere gehört in die Interdictenlehre.

[2]) L. 3. § 5. D. h. t.

und seiner Objecte gefunden werden. Jedes Besitzobject enthält eben eine ideelle Einheit, in der die Gesammtheit seiner materiellen Bestandtheile ihr Centrum findet. Jedes Besitzobject ist die Erscheinungsform einer solchen ideellen Einheit, und unser Wissen und Willen kann sich nur auf diese, nicht auf die an sich todte Materie beziehen, welche erst durch die totale Erfüllung mit jenem „unus spiritus" belebt wird. Ihrem Wesen nach und innerhalb ihrer räumlichen Grenzen sind alle Besitzobjecte unterschiedslose Einheiten, welche unser Wille, wie unser Wissen, in einem Nu, mit der blitzähnlichen Schnelligkeit alles geistigen Thuns, in allen ihren Atomen durchdringen, sie ganz erfüllen und „usque ad terminos" durchfahren kann [1]. Ver-körpert sich wirklich unser Wille in dem Object seiner Herrschaft, so muß er in diesem, wie der Geist im Leibe, überall und nirgends sein. Es ist unmöglich, daß in demselben Object, welches in seiner räumlichen Totalität bereits von dem Willen eines Subjects erfüllt ist, sich noch der Wille eines Andern geltend mache, — ebenso unmöglich, als daß in einem Leibe zwei Seelen neben einander wohnen. —

Nur aus dem Gesichtspunct der ideellen Einheitlichkeit aller Besitzobjecte läßt sich auch die vielbesprochene Frage beantworten, ob ein Besitz an ihren Theilen möglich sei. Im juristischen Sinne ist kein Besitzobject theilbar. Denn daß sie alle factisch zerstört werden können, ist für ihre juristische Behandlung, ist also für sie, als Besitzobjecte, ebenso bedeutungslos, wie der Umstand, ob sie sich, ihrer Individualität nach, ohne Zerstörung ihres Wesens in mehrere Stücke zerlegen lassen [2]). Jede reale Theilung macht aus einem Besitzobject mehrere, und dies gilt nicht bloß von den beweglichen Sachen, worüber man allgemein einverstanden ist, sondern auch von den unbeweglichen, rücksichtlich deren man eben so allgemein das Gegentheil annimmt. Man beruft sich

[1]) Vgl. Paulus in L. 3. § 1. D. h. t.: Sufficit, quamlibet partem - fundi introire, dum mente et cogitatione hac sit, uti totum fundum usque ad terminos velit possidere.

[2]) Secundär kann ihre Individualität allerdings von juristischem Interesse sein, z. B. für das richterliche Theilungsverfahren: vgl. § 5. J. de off. iud. (4. 17); L. 26. §. 2. D. de leg. I.

für die Theilbarkeit der unbeweglichen Sachen auf ein Fragment von Paulus [1]), worin jedoch keine Bestätigung dieses Satzes liegt. Der Jurist billigt die von Pomponius gegebene Entscheidung, daß, wenn ich von Jemand die mir gehörige ideelle Hälfte eines Grundstücks vindiciren will, ich die Klage nicht auch gegen meinen Miteigenthümer zu richten brauche, sofern letzterer nur nicht mit seinem in Anspruch genommenen früheren Mitbesitzer eine Realtheilung vorgenommen hat. Sei dies geschehen, so müsse, fährt der Jurist fort, gegen jeden Besitzer auf Herausgabe der ideellen Hälfte seines Realantheils, also in dem Beispielsweise gesetzten einfachsten Falle gegen Jeden auf das ideelle Viertel geklagt werden. Den letzten Theil der Entscheidung motivirt Paulus dahin: Aliter atque si certis regionibus possideatis eum fundum; nam tunc sine dubio et a te, et a Titio „partes" fundi petere me debere. Quoties enim certa loca possidebuntur, necessario in his „aliquam partem" [2]) meam esse; et ideo te quoque a Titio quadrantem petere debere. Quae distinctio neque in re mobili, neque in hereditatis petitione locum habet; nunquam enim pro diviso possideri potest. Der Schluß, daß ein Fundus pro diviso besessen werden könne, ist aber nichts desto weniger falsch. Denn die certae regiones, die certa loca sind eben auch Grund-stücke, und der Jurist will mit dem Schlußsatz nur andeuten, daß die jetzt vorhandenen beiden Grundstücke vormals eins gebildet haben; zu dieser local-historischen Anspielung lag die Veranlassung um so näher, als der referirte Fall sich auf eben diese früheren Verhältnisse gründet. Theilbar ist nicht das Grundstück, sondern die Erdoberfläche, die an sich keinen Gegenstand juristischer Behandlung abgiebt, und unter sie erst dadurch fällt, daß Jemand irgend ein beliebig bestimmbares und bestimmtes Stück besitzen will; die ideelle Einheitlichkeit, der fundi (loci, regionis) animus verbietet die Theilbarkeit der Immobiliar-Species eben so sehr, wie die jeder andern.

Ist nun, im juristischen Sinne [3]), kein Besitzobject theilbar,

---

[1]) L. 8. D. de R. V. (6. 1).

[2]) irgend ein aliquoter Theil, wie vorher schon „partes" ohne weiteren Zusatz.

[3]) Im juristischen Sinne („iuris intellectu") sind nicht die Objecte, sondern

bilden vielmehr die Theilstücke immer wieder kleinere und für sich bestehende neue Ganze, so folgt schon daraus, daß auch diejenigen Besitzobjecte, welche wirklich aus verschiedenen Bestandtheilen zusammengesetzt sind, deren jeder an sich einen Gegenstand des Besitzes ausmachen könnte, nur im Ganzen besessen werden. Mit andern Worten: einen Besitz an Theilen giebt es überhaupt nicht. Es ist nicht bloß unmöglich, daß Jemand einzelne Theile eines fremden Ganzen, sondern auch, daß der Besitzer besondere Theile seiner eigenen Sache haben und behalten wolle. Nur der letztere Punct ist bestritten und soll deßhalb genauer erörtert werden.

Zunächst läßt sich die Frage, ob wir mit dem Ganzen auch die Theile besitzen, schon auf Grund der Resultate gehörig einschränken, welche wir über die Verschiedenartigkeit der Besitzobjecte gewonnen haben. Bei den Real-Specien kann sie gar nicht aufgeworfen werden, weil sie für die practische und deßhalb auch für die juristische Betrachtung als lauter gleichartige elementare Einheiten gelten; ebenso wenig bei den Collectiv-Specien, weil deren einzelne, ebenfalls gleichartige Bestandtheile überhaupt nicht als Besitzobjecte angesehen werden. Wohl aber läßt sie sich bei den Ideal-Specien stellen, weil diese wirklich aus mehreren, noch dazu meistentheils ungleichartigen Real-Specien zusammengesetzt sind, deren jede für sich ein Besitzobject füglich abgeben könnte.

Aber auch bei unsern eigenen Ideal-Specien ist ein Besitz an einzelnen ihrer Bestandtheile nicht möglich, weil unser Wissen und Willen nur auf die Totalität derselben gerichtet ist. Das Ganze be-steht eben in und aus seinen Be-stand-theilen, und diese sind, sollen auch für sich nichts sein, sondern finden ihr gemeinschaftliches Centrum lediglich in der ideellen Einheit des practischen Zwecks, dem sie alle gleicher Maßen dienen. Ihre Bestandtheile sind dienende Momente einer sie alle beherrschenden Idee; integrirende Theile, die nicht einer um des andern, sondern alle um des Ganzen willen da sind; gleichsam Glieder eines lebendigen Organismus. Es ist wiederum der geistreiche und philosophisch-ge-

---

die Rechte theilbar, und deßhalb ist es sehr bezeichnend, wenn die Alten unter pars vorzugsweise pars pro indiviso verstanden; vgl. oben S. 95.

bildete Alfenus, der uns, an demselben Beispiel eines Schiffes, diese beinahe organische Natur jeder Ideal-Species veranschaulicht [1]): Scapham non videri navis esse, respondit, nec quidquam coniunctum habere; nam scapham ipsam per se parvam naviculam esse; omnia autem, quae coniuncta navi essent, veluti gubernacula, malus, antennae, velum, quasi membra esse.

Die Römischen Juristen haben das allgemeingültige Princip, daß wir jede Ideal-Species im Ganzen, und nicht ihre Bestandtheile in und mit dem Ganzen besitzen, ihrer Gewohnheit und ihrem practischen Sinne gemäß, nicht in Form einer dürren Regel ausgesprochen, sondern in der lebendigen Anschaulichkeit eines gut gewählten Musterbeispiels vor Augen geführt. Dafür gilt ihnen die universitas aedium, die kunstvolle Vereinigung zweier Hauptbestandtheile, der Area mit der auf ihr errichteten mechanischen Superficies [2]), sofern der Zweck des Ganzen darauf geht, als menschliche Wohnung zu dienen. Solche „stehenden Stöcke" sind nicht, wie die „liegenden Gründe" bloße Grund-stücke, die ihren Zweck und Nutzen in sich selber haben, sondern Grund und Boden hat für sie nur die Bedeutung einer Basis des Ganzen, ohne die dasselbe nicht bestehen könnte. Die Area ist dem Kiel eines Schiffs vergleichbar, und man kann daher das letztere auch ein schwimmendes Haus nennen, das auf der Basis seines Kiels durch das flüssige Element schweift, während die stehenden Stöcke mit ihrer Basis in eins verwachsen und in der Veste eingewurzelt sind [3]). Die auf den liegenden Gründen, den eigentlichen Grundstücken, errichteten Gebäude dienen dem Zweck des Grundstücks, als solchen, sei dies nun dem Nutzen, oder dem Vergnügen gewidmet, und gelten daher

---

[1]) L. 44. D. de evict. (21. 2); vgl. oben S. 125. Die mechanische Cohärenz, worauf auch Alfenus in dieser Stelle Gewicht legt, ist, nach den obigen Erörterungen, zwar factisch gewöhnlich, aber nicht nothwendig.

[2]) L. 23. pr. D. de usurp. (41. 3): „una res — — cum aedes ex duabus rebus constant, ex solo et superficie."

[3]) L. 49. pr. D. de R. V. (6. 1): Solum partem esse aedium existimo, nec alioquin subiacere, uti mare navibus. Vgl. oben S. 121—25.

als integrirende Theile des Fundus [1]). Bei den Gebäuden gilt umgekehrt die Area als einer ihrer Bestandtheile [2]).

Aber grade die Natur dieses Bestandtheils macht sie vorzugsweise geeignet, als Musterbeispiel für alle Ideal-Species zu gelten. Die Verbindung, in welche das Wohngebäude mit seiner Basis gesetzt wird, ist nicht bloß dauerhafter, als irgend eine Combination verschiedener beweglicher Real- zu einer Ideal-Species, sondern gradezu unlösbar. Denn diese Basis ist unvergänglich und läßt sich ebensowenig zerstören, als theilen; sie ist die unzerstörliche und unveränderliche Grundlage, ohne die das ganze Gebäude nicht bestehen könnte. Durch diese ihre Natur sind auch die stehenden Stöcke selber untheilbar, und es ist nicht richtig, wenn man mitunter das Gegentheil annimmt [3]). Man beruft sich mit Unrecht hierfür auf ein Fragment von Ulpian [4]), in welchem der Jurist die Auferlegung einer Servitut bei Veräußerung eines Grundstück- oder Gebäudeantheils nur in dem Fall für möglich erklärt, daß gleichzeitig eine Realtheilung vorgenommen werde. Denn alsdann ist die

---

1) L. 211. D. de V. S.: Fundi appellatione omne aedificium et omnis ager continetur.

2) L. 49. pr. D. de R. V. cit.; L. 21. D. de pign. act. (13. 7): „area pars est domus"; L. 20. § 2. i. f. D. de S. P. U. (8. 2): „pars aedificii"; cf. L. 211. D. de V. S. — Die hiermit zusammenhängende und consequent von den Römischen Juristen festgehaltene Unterscheidung der Immobilien in praedia rustica et urbana (vgl. § 1. J. de servit. 2. 3; L. 1. pr. D. comm. praed. 8. 4; L. 166. pr. L. 180. pr. L. 198. D. de V. S; L. 16. C. de praed. et al. reb. min. alien. 5. 71) ist daher eine durchaus in der Natur der Sache liegende. Praktisch tritt dies recht schlagend in der Verschiedenartigkeit der Taxprincipien zu Tage: bei den ersteren sind bloße Ertragstaxen gerechtfertigt, und von dem Bruttoertrage müssen u. A. die durchschnittlichen Gebäudereparaturen und ein Procentsatz für den Abnutz in Abzug kommen: der Werth der letzteren wird durch Abschätzung der verwandten Materialien und Arbeiten, sowie durch den Kaufwerth des Flächeninhalts der area bestimmt.

3) Selbst Kierulff a. a. O. S. 325. Note 1.

4) L. 6. § 1. D. comm. praedior. (8. 4). Cf. L. 15. § 12. D. de damno inf. (39. 2): — „In totas aedes mittendum — nec profuturum, in possessionem eius rei mitti, quam quis possidere non possit", — also jedenfalls nicht in eine „modica portiuncula" (§ 13. eod.).

Parzelle des Fundus ein neuer Fundus [1]), und eben so ist der reell abgetheilte Gebäudeantheil ein neues Gebäude, jedes mit seiner eigenen Area. Das läßt sich natürlich nicht ohne entsprechende bauliche Umänderungen und namentlich nicht ohne Ziehung von Zwischenwänden machen, wie der Jurist auch ausdrücklich bemerkt [2]): Quod et in aedibus potest dici, si dominus pariete medio aedificato unam domum in duas diviserit, ut plerique faciunt: nam et hoc pro duabus domibus accipi debet.

Unter den Stellen nun, welche an dem Musterbeispiel eines Gebäudes unser für alle Ideal-Species geltendes Princip erläutern, spricht sich keine klarer und schärfer aus, als ein Fragment von Javolenus [3]): Eum, qui aedes mercatus est, non puto aliud,

[1]) Vgl. oben S. 133—34.

[2]) Unsere Neueren wissen das freilich besser, und Pagenstecher (a. a. O. S. 34) ist naiv genug, Ulpian's umständliches Verfahren etwas pedantisch zu finden; es sei nicht abzusehen, meint er, „warum nicht auch ein Kreidestrich dieselben Dienste thun solle." — Die L. 36. D. de S. P. U. (8. 2), — in welcher eine gegenseitige servitus tigni immittendi, nicht aber ein Miteigenthum oder gar Mitbesitz enthalten ist, — kann erst in der Servitutenlehre, die schwierige L. 3. § 7. D. Uti poss. (43. 17) erst in der Erörterung der Superficies erklärt werden (vgl. Emmerich: Beitrag z. Lehre vom Besitz des Superficiars, Zeitschr. f. C. R. u. Proceß N. F. Bd. 17. S. 1 flgde).

[3]) L. 23. pr. D. de usurp. (41. 3). In dem weiteren Verlauf des Fragments, das hier sichtlich interpolirt ist, führt der Jurist noch einen äußerlichen Nebengrund an, und verweist auf die Inconsequenzen, welche sich aus der Annahme des Gegentheils für die Usucapion ergeben, daß dann nämlich die einzelnen Gebäudebestandtheile der kürzeren Frist für Mobilien, die Area aber der Immobiliar-Usucapions-Zeit unterworfen sein würden. Dies ist der an sich unzweifelhafte Sinn von dem Schlusse des Fragments, das, mit den verständigen kritischen Aenderungen bei Arndt's (Pand. 2. Aufl. § 138. Note 2), lautet: „Accedit (Flor. accidit) eo, quod, si quis singulas res possidere dixerit, necesse erit dicat, in possessione superficiei temporibus de mobilibus statutis (interpolirt statt anno) locum esse, solum se capturum esse ampliori (scil. tempore, interpolirt statt biennio). Quod absurdum et minime iuri civili conveniens est, ut una res diversis temporibus capiatur: ut puta, cum aedes ex duabus rebus constent, ex solo et superficie, et universitas earum possessione temporis immobilium rerum dominium (Flor. omnium, vielleicht dominum) mutet.

quam ipsas aedes possidere; nam si singulas res possidere intelligatur, ipsas aedes non possidebit; separatis enim corporibus, ex quibus aedes constant, universitas aedium intelligi non poterit. Ebenso unzweideutig ist eine Stelle von Paulus [1]), welche ich noch mittheilen will, weil der Jurist auch hier seinem Drange nach principieller Rechtsauffassung folgt, es aber nur zu einer weiteren Exemplification bringt: Qui universas aedes possedit, singulas res, quae in aedificio sunt, non videtur possedisse; idem dici potest et de nave et de armario. Die Worte „quae in aedificio sunt" bilden offenbar einen Gegensatz zu „universas aedes"; sie können also nicht, wie Savigny meint [2]), von dem Inhalt der Hausräume, den Sachen, welche sich darin befinden, verstanden werden. Wäre darüber noch irgend ein Zweifel möglich, so würde er durch die Consequenzen gehoben werden, welche die Römischen Juristen aus der Natur der Gebäude als Ideal-Species für andere rechtliche Gesichtspuncte ziehen [3]).

Aus dem Princip, daß wir unsere eigenen Ideal-Species nur im Ganzen, nicht ihre einzelnen Bestandtheile besitzen, ergeben sich zwei Sätze, welche wegen ihrer practischen Bedeutung wichtig sind. Der erste bezieht sich auf das Besitzverhältniß an den einzelnen Bestandtheilen nach Zerstörung des Ganzen. Tritt diese ein, so ist das Besitzobject, in welchem sich unser Besitzwille verkörpert hatte, untergegangen, und daraus folgt, daß unser Besitz, wie bei jedem reellen oder ideellen Untergang des Objects, aufhört [4]); wir können nicht noch haben und behalten wollen, was nicht mehr vorhanden ist. Es „beginnt" daher nicht, wie die gangbare Lehre sich ausdrückt, der Besitz an den Theilen des Ganzen, sondern er kann

---

[1]) L. 30. pr. D. h. t.

[2]) Bes. § 17. S. 255—56.

[3]) So Paulus wegen der Eviction in L. 36. D. de evict. (21. 2): Nave aut domo emta, singula caementa vel tabulae emtae non intelliguntur; ideoque nec evictionis nomine obligatur venditor quasi evicta parte. Eine andere Consequenz bei Ulpian für die Acceptilation in L. 13. § 2. i. f. D. de accept. (16. 4). Zu vergleichen sind auch noch L. 7. § 11. D. de a. r. d. (41. 1); L. 59. D. de R. V. (6. 1).

[4]) Vgl. oben S. 92.

nur an ihnen beginnen; es sind in Folge des Zerfalls die verschiedenen Real-Species, welche durch die ideelle Einheit ihres gemeinschaftlichen Zwecks gebunden waren, wieder frei geworden; es sind neue selbständige Besitzobjecte vorhanden, an denen ein neuer Besitz möglich ist; der bisherige Besitzer des Ganzen setzt an dessen Trümmern seinen Besitz nicht fort, sondern er kann und wird sie nur vor allen Anderen in Besitz nehmen, da er am ersten bei der Hand ist. Als practische Folge daraus ergiebt sich, daß, wenn wir eine Ideal-Species irgend welcher Art in Besitz genommen und die Verjährungszeit hindurch benutzt haben, welche ganz oder zum Theil aus fremden Materialien errichtet war, wir die letzteren nicht ersessen haben; denn die einzelnen Materialien haben wir niemals haben und behalten wollen; wir haben daher an ihnen auch niemals Besitz ergriffen [1]); der Eigenthümer kann sie also unter allen Umständen zurückfordern. Die Römischen Juristen haben dies für alle Ideal-Species gültige Princip an dem Musterbeispiel der Gebäude entwickelt, weil grade beim Verbauen fremder Materialien der Fall am häufigsten vorkommen mußte, (und sie lieben es ja immer, allgemeine Principien an Fällen von vorzugsweiser practischer Wichtigkeit zu veranschaulichen). Bei allen übrigen Ideal-Species kann der Eigenthümer allenfalls durch Klage auf Exhibition zu seinem Zweck gelangen, auch während das Ganze noch besteht; bei den Gebäuden war diese aber aus bau-polizeilichen Gründen ganz und gar ausgeschlossen [2]). Es ist daher nicht ein „eigenthümliches Recht der Gebäude" [3]), sondern ein für alle Ideal-Species gültiger allgemeiner Satz, den uns Javolenus [4]) in concreter

[1]) Die Besitznahme ist für die Ersitzung immer nothwendig („nancisci possessionem"); vgl. oben S. 132.

[2]) § 1. J. de rer. div. (2. 1); Tit. D. de tigno iuncto (47. 3); L. 6. L. 7. pr. D. ad exhib. (10. 4). Bei Weinbergen galt ein gleiches Verbot aus Rücksicht auf das Interesse der Landescultur.

[3]) Wie Savigny (Bes. § 22. S. 304. 306—11) meint.

[4]) L. 23. § 2. D. de usurp. cit.; cf. L. 23. § 7. L. 59. D. de R. V. (6. 1); L. 7. § 11. D. de acqu. rer. dom. (41. 1). -- Das Nähere über diese sehr bestrittene Frage gehört in die Usucapionslehre; vgl. Vangerow Pand. § 204. Anm. 2. (6. Aufl. S. 418—427).

Anschaulichkeit vorführt: Si autem demolita domus est, ex integro res mobiles sunt possidendae.

Eine zweite practisch-wichtige Consequenz ergiebt sich aus dem gefundenen allgemeinen Princip für den Ersatz unbrauchbar gewordener und die Einfügung neuer Bestandtheile in Ideal-Species während der Dauer ihres Bestehens. In den Besitzverhältnissen des Ganzen tritt hierdurch keine Veränderung ein, denn der Besitzwille bleibt genau derselbe, wie früher; er ist jetzt, wie vorher, nur auf das Ganze gerichtet, das immer durch die Totalität seiner zeitweiligen Bestandtheile gebildet wird. Der neue Bestandtheil verliert durch seine Verwendung die Selbständigkeit und Besitzfähigkeit, welche er als für sich bestehende Species hatte, und wird als dienendes Moment, gleich den bisherigen, miterfaßt von der ideellen Einheit des practischen Zweckes, dem alle Bestandtheile in ganz gleicher Weise dienen. Der Besitz an dem eingefügten neuen Bestandtheil geht immer verloren, mag er dem Eigenthümer des Ganzen oder einem Andern gehören; denn der Eine will, der Andere kann ihn nicht haben und behalten; ein wirklicher Wille ist also bei Keinem vorhanden. Und dabei ist es für die Besitzfrage ganz gleichgültig, ob der neu angefügte Theil noch sinnlich wahrnehmbar, und ob es möglich ist, seine Selbständigkeit durch Trennung von dem Ganzen wiederherzustellen; dies ist nur für das Eigenthumsverhältniß und für die Verpflichtung zur Exhibition von Interesse.

Auf die letztere Verpflichtung bezieht sich eben das einzige Fragment, ein Excerpt aus Ulpian's Edictscommentar [1]), welches als directe Bestätigung des eben Entwickelten gelten kann. Der Jurist untersucht, gegen wen die Klage auf Exhibition angestellt werden dürfe, und führt dabei in einer Reihe von Beispielen, (welche natürlich nur bewegliche Ideal-Species enthalten, da bei der einzigen unbeweglichen, den Gebäuden, die Exhibition eben ausgeschlossen ist,) den Satz durch, daß es nur auf die Exhibitionsmöglichkeit, nicht darauf ankomme, ob der Exhibitionspflichtige als Besitzer im ju-

[1]) L. 7. § 1. 2. D. ad exhib. (10. 4); cf. L. 23. § 5. 7. D. de R. V. (6. 1); L. 26. § 1. D. de acqu. r. dom. (41. 1).

ristischen Sinne gelten könne: Si rotam meam vehiculo aptaveris, teneberis ad exhibendum, et ita Pomponius scribit, quamvis tunc civiliter non possideas. Idem et si armario vel navi tabulam meam, vel ansam scypho iunxeris, vel emblemata phiallae, vel purpuram vestimento intexeris, aut brachium statuae coadunaveris. Man sieht, daß auch dies einzige Fragment nur dann beweisend ist, wenn man unter „civiliter" soviel als „im Rechtssinne" versteht [1]), und nicht der Meinung ist, der Jurist habe den s. g. Usucapionsbesitz bezielt, für welchen, nach der Annahme von Savigny und Anderen [2]), „civilis possessio" der quellenmäßige Ausdruck sein soll. Ich darf mir indeß die Widerlegung dieser unbegründeten Annahme ersparen, da sie bereits von Kierulff [3]) durch musterhafte Interpretation der Quellen geliefert, und von ihm auf überzeugende Art der Nachweis geführt ist, daß die Römischen Juristen keinesweges gemeint gewesen sind, das sich immer gleiche Recht des Besitzes mit verschiedenen Kunstausdrücken zu belegen.

Die Vertheidiger der entgegengesetzten Ansicht, als verlören wir nicht unseren Besitz an den Bestandtheilen, die wir einer von uns besessenen Ideal-Species einfügen, berufen sich aber auf ein viel besprochenes Fragment von Pomponius [4]), dessen Exegese eine eigene Litteratur hervorgerufen hat [5]). In eben jenem Fragment, in dessen Eingang Pomponius die bei den Alten allgemein beliebte Eintheilung der verschiedenen Besitzobjecte referirt [6]), kommt es ihm nicht grade auf diese theoretischen Unterschiede, sondern auf die Entscheidung der practisch-wichtigen Frage an, welchen Einfluß die Verbindung mehrerer Sachen auf die Verjährung äußere; er fährt deßhalb fort: Labeo libris Epistolarum ait, si is, cui ad

---

[1]) Wie u. A. auch in L. 3. § 15. D. ad exhib. (10. 4); L. 24. D. h. t.; L. 1. § 9. D. de vi (43. 16); L. 38. § 7. 8. D. de V. O. (45. 1).

[2]) Vgl. die dogmengeschichtliche Uebersicht bei Vangerow Pand. § 199. (6. Aufl. S. 397—404).

[3]) A. a. O. S. 346 flgde.

[4]) L. 30. § 1. D. de usurp. (41. 3).

[5]) Vgl. die verschiedenen Ansichten bei Vangerow a. a. O. S. 418 flgde.

[6]) Vgl. oben S. 120.

tegularum vel columnarum usucapionem decem dies superessent, in aedificium eas coniecisset, nihilominus eum usucapturum, si aedificium possedisset. Quid ergo in his, quae non quidem implicantur rebus soli, sed mobilia permanent, ut in annulo gemma? In quo verum est, et aurum et gemmam possideri et usucapi, quum utrumque maneat integrum.

Die bisherigen Erklärungsversuche sind sämmtlich unbefriedigend. Denn daß die Verbindung der im ersten Theile des Fragments erwähnten Dachziegel und Säulen nur eine oberflächliche und lose oder eine bloß vorläufige gewesen sei, ist in den Worten nicht im geringsten angedeutet, und widerspricht überdies der ganzen Structur der Stelle; namentlich steht dieser Erklärung der zweite Theil des Fragments entgegen, welcher offenbar einen Gegensatz zu dem Anfange bilden soll, weil es sich in ihm um zwei Objecte handelt, welche, trotz ihrer Verbindung, selbständig geblieben sind. Ebenso willkührlich ist die Meinung Anderer, als seien die zehn Tage beispielsweise für eine ganz kurze Frist erwähnt, innerhalb welcher eine Usurpation doch kaum möglich sein würde. Andere haben, ohne kritische Berechtigung, die Aenderung von „nihilominus" in „nihilomagis" vorgeschlagen, oder lassen es zwar bei den Textworten, nehmen aber „nihilominus" in dem sprachlich allerdings zulässigen Sinne einer verstärkten Verneinung (für nequaquam, nihilo magis): auch dies ist indeß unzulässig, weil dann der Zusatz „si aedificium possedisset" ganz müßig sein würde.

Die Stelle bleibt unverständlich, so lange man an dem Satze festhält, es bedürfe nicht bloß zum Anfange, sondern auch zur Fortsetzung der Usu-capion eines ununterbrochenen Besitzes. Aus den bisher hierüber gegebenen Andeutungen erhellt aber, wie ich hoffe, schon soviel, daß dies keineswegs der Fall ist. Wir haben bereits gesehen [1]), daß die Bemerkung des Licinius Rufinus [2]): sine

[1]) Vgl. oben S. 111—12, S. 132, S. 144. — Wenn Papinian in L. 19. D. ex quib. caus. mai. (4. 6) entscheidet, bei einem Kriegsgefangenen, der ein Kaufobject zu ersitzen begonnen, gelte das Recht des Postliminium nicht insoweit, daß auch fingirt werde, er habe in seiner Abwesenheit die Ersitzung vollendet, und dafür als Grund angiebt: quia haec sine possessione non

possessione usucapio contingere non potest, nur von dem Beginn der Ersitzung zu verstehen ist; für die Fortsetzung und Vollendung genügt jede Art der Benutzung. Daraus folgt, daß der Besitz zur Usucapion unter andern auch dann nicht nothwendig ist, wenn mit dem Usucapionsobject eine Verwendung zu anderweitigen Zwecken vorgenommen wird, welche seine Selbständigkeit derartig aufhebt, daß es fortan nur noch als Bestandtheil eines größeren, von uns besessenen Ganzen gelten kann und soll. Diese allgemeine Betrachtung, deren nähere Darlegung in die Usucapionslehre gehört, bietet den Schlüssel zur Erklärung des Fragments. Der Besitzer eines Hauses, welcher Säulen, Dachziegel oder sonstige Materialien darin verbaut, benutzt sie grade zu dem Zweck, für welchen sie schließlich bestimmt sind; besaß er sie also im guten Glauben und fehlte ihm noch zu ihrer Ersitzung eine kürzere oder längere Zeit, — die zehn Tage sind allerdings beispielsweise erwähnt, und kamen in dem vermuthlich aus der Praxis genommenen Falle nur noch in Betracht, — so geht die Usu-capion fort, obgleich der Usucapient mit dem Moment ihrer derartigen Verwendung den Besitz an ihnen verliert. Etwas Anderes besagt das Fragment auch nicht: „nihilominus eum usu-capturum, si aedificium possedisset"; daß der Besitz an ihnen fortdauere, davon steht kein Wort in dem bisher betrachteten ersten Theile der Stelle, wogegen in dem heterogenen Falle des zweiten Theils, vielleicht grade mit Ab-

---

consistit; so muß man für den behandelten Fall annehmen, daß das Kaufobject selbständig geblieben, (mit einer andern Sache des Käufers nicht verbunden,) und bis zur Gefangennahme nur von ihm selber benutzt war. Denn in solchen Fällen, die factisch immerhin die häufigsten sein mögen, tritt mit Verlust des Besitzes zugleich eine Usurpation, eine Unterbrechung der Benutzung ein, und letztere ist es, welche der Jurist bezielt. Wäre das Object verpachtet oder als Faustpfand hingegeben gewesen, so müßte das Gegentheil angenommen werden, und zwar aus dem Princip, welches Paulus in L. 30. § 5. D. h. t. zur Anwendung bringt: Quod per colonum possideo, heres meus, nisi ipse nactus possessionem, non poterit possidere; retinere enim animo possessionem possumus, adipisci non possumus. Sed quod pro emtore possideo, per colonum usucapiet etiam heres.

[2]) L. 25. D. de usurp. (41. 3).

sicht, hervorgehoben wird: et aurum et gemmam possideri et usucapi.

Die Verwendung von Baumaterialien mit der angegebenen Wirkung bildet aber nicht etwa ein „eigenthümliches Recht der Gebäude," sondern diese gelten auch hier als Repräsentanten aller Ideal-Species. Wir können daher als allgemeines Princip den Satz aufstellen: daß wir die begonnene Ersitzung jeder Species vollenden, wenn wir sie als Bestandtheil einer von uns besessenen Ideal-Species einverleiben. Um einige Beispiele anzuführen, geht die Usucapion, ihre sonstigen Erfordernisse vorausgesetzt, ebensowohl fort, wenn wir Säulen und Dachziegel, als wenn wir einen Wandschrank oder eine Schachtruthe Mauersand, (also Real-, Ideal- und Collectiv-Species,) gutgläubig in Besitz nehmen, sie in ein von uns besessenes Gebäude verbauen, und die Verjährungszeit hindurch darin belassen [1]). Daß wir aber berechtigt sind, diesen Satz, als

[1]) Man könnte meinen, grade in diesem Falle seien Gebäude ein unpassendes Musterbeispiel für die Ideal-Species, weil, wegen der baupolizeilichen Beschränkung der Exhibition, die Ersitzung nach dem Satze: „agere non valenti non currit praescriptio" doch nicht vollendet werde. Indeß die Verbauung ist an sich kein Grund, die Ersitzung zu hindern; die Stellen, welche das Gegentheil zu besagen scheinen (namentlich L. 23. § 7. D. de R. V. 6. 1; L. 7. § 10. u. 11. D. de a. r. d.; § 29. J. de rer. div. 2. 1) erklären sich aus der Furtivität, also einem vitium rei, das auch dadurch nicht purgirt wird, wenn ein gutgläubiger Besitzer demnächst das Gebäude ersessen hat; denn er hat dann eben das Gebäude, nicht dessen einzelne Bestandtheile be- und ersessen. Die einmal begonnene Usucapion wird selbst nicht durch die Eigenthumsklage unterbrochen, obgleich sie als nicht vollendet erachtet wird, wenn der Vindicant obsiegt und die Usucapion im Laufe des Processes beendet ist; dies erklärt sich aus dem allgemeinen Grundsatz, daß im Fall der Condemnation Kläger Alles das erhalten muß, was er erhalten haben würde, wenn der Rechtsstreit bei seinem Beginn, also im Augenblick der Litiscontastation schon entschieden wäre. Im übrigen ist es nicht richtig, daß in unserem Falle der Eigenthümer nicht sollte klagen können: er kann zwar nicht exhibiren und folgeweise auch nicht vindiciren; er hat auch nicht die actio de tigno iuncto, denn diese setzt Furtivität des Materials voraus (vgl. Vangerow Pand. § 300. Anm. Bd. I. S. 635 u. 36 der 6. Aufl.); aber er kann, wo nicht die condictio sine causa, jedenfalls eine actio in factum anstellen (Vangerow l. c.; L. 23. § 5. D. de R. V. 6. 1). Ein ausführlicher Nachweis läßt sich nur bei der Lehre von Adjunction und Usucapion geben.

ein allgemeines Princip, aus dem im Anfang der Stelle behandelten concreten Falle zu entnehmen, ergiebt sich aus dem Schlusse des Fragments, der dazu dienen kann, die Probe auf die gefundenen Ergebnisse zu machen.

Pomponius untersucht darin, ob, wenn ein Edelstein in einen zum Schmuck bestimmten Ring gefaßt wird, das Gleiche gelte, wie in dem vorher behandelten Falle. Indem er dies verneint, spricht er auch in dem behandelten heterogenen Falle ein wichtiges allgemeines Princip aus, daß nämlich eine Veränderung in den Besitzverhältnissen, und folgeweise auch in der Ersitzung nicht eintritt, wo zwei oder mehrere Besitzobjecte bloß zusammen gehören, ohne den Character einer Ideal-Species anzunehmen, und zwar selbst dann nicht, wenn man sie in eine mechanische Cohärenz gebracht hat. Stehen Objecte in irgend einer practischen oder kunstmäßigen Beziehung zu einander, und man kann doch nicht von ihnen sagen, sie seien integrirende Theile eines Ganzen, dem sie als dienende Momente zur Erreichung eines bestimmten Zweckes eingefügt und untergeordnet; so bleiben sie selbständige und besondere Gegenstände des Besitzes, auch wenn man sie äußerlich an einander befestigt. Sie sind zur Zeit eines um des andern willen da, aber sie sind nicht Bestandtheile eines ideellen Ganzen, die sämmtlich um des Ganzen willen existiren, das durch sie und in ihnen besteht. Sie bilden in keiner Beziehung eine Species: weder ihrem Aussehen nach, da sie, selbst im Falle mechanischer Befestigung, einzeln sinnlich wahrnehmbar bleiben; noch auch als Angehörige eines Genus, da ihr Complex keinen neuen Namen erhält. Die Besitzverhältnisse bleiben daher, ihrer Zusammengehörigkeit, ja auch ihrer mechanischen Verbindung ungeachtet, dieselben, und ein Einfluß auf die Ersitzung findet ebenfalls nicht Statt.

Bei Ringen der fraglichen Art [1]) kann man durchaus nicht sagen, ob die Fassung der Gemme wegen vorgenommen ist, oder

---

[1]) Bei einem Siegelringe scheint es zweifelhaft, ob die Fassung nicht bloß zum Zweck des Ganzen da ist; man darf annehmen, daß, wenn das Siegel, was immer die Hauptsache ausmacht, in Stein gravirt und in einen Ring gefaßt ist, das Ganze den Charakter einer Ideal-Species annimmt (vgl. L. 22. § 2. 5. D. qui test. f p. 28. 1; L. 74. D. de V. S.).

umgekehrt; es kann das Eine, aber auch ebenso wohl das Andere als Hauptsache gelten [1]); und dies hängt nicht von allgemeingültigen Regeln, sondern von der Verschiedenheit der subjectiven Standpuncte, von dem künstlerischen, antiquarischen Interesse und dem Geschmack der einzelnen Individuen ab. Gehört in dem betrachteten Falle das eingefügte Juvel einem Andern, so kann er es zwar nur nach vorgängiger Exhibition vindiciren [2]), der gutgläubige Besitzer aber setzt seinen Besitz daran ohne Unterbrechung fort, und vollendet ebenmäßig die Usucapion, da es die Selbständigkeit eines besondern Besitzobjects keinesweges verloren hat. Ganz das Gleiche gilt in allen Fällen, wo zwei oder mehr Objecte nur aus individuellem Belieben und zeitweise eines um des andern willen da sind, mögen sie mechanisch mit einander verbunden sein, oder nicht: beispielsweise also bei Bild und Rahmen, Uhr und Kette, Degen, Scheide und Gehenk; aber auch bei einer Brille und ihrem Futteral, Ring und Kapsel, Federn und Pennal; alle derartigen Dinge sind nicht dienende Momente einer herrschenden Idee und haben nicht ihr gemeinschaftliches Centrum in der ideellen Einheit eines practischen Zwecks; unser Wille, wie unser Wissen kann sich daher in seiner Objectivität nur auf jedes einzelne beziehen.

Die nachgewiesene ideelle Einheit aller Besitzobjecte bietet endlich auch den Schlüssel für ein berühmtes Fragment von Paulus [3]), dessen allgemeine, principiell überaus wichtige Bedeutung bisher nicht erkannt ist, und das ich daher einer eingehenderen Interpretation unterwerfen muß. Der Jurist billigt in dieser Stelle, (welche auch darum so interessant ist, weil in Beurtheilung der zur Entscheidung stehenden Frage die Römischen Juristen wirklich einmal verschiedener Ansicht gewesen sind,) die Meinung des Sabinus, des eigentlichen

---

[1]) L. 19. § 13—20. de auro, argento cet. leg. (34. 2): (§ 15.) — si margaritae auri ornandi gratia adhibitae sunt, auro cedunt, si contra, aurum margaritis cedet. (§ 16.). Idem et in gemmis, annulis inclusis — (§ 20.) — quoniam hoc spectamus, quae res cuius rei ornandae causa fuerit adhibita, non quae sit pretiosior.

[2]) L. 6. D. ad exhib. (10. 4): Gemma inclusa auro alieno — vindicari non potest, sed, ut excludatur, ad exhibendum agi potest.

[3]) L. 3. § 3. D. h. t.; cf. L. 15. D. ad exhib. (10. 4).

Begründers der letzten und endgültigen Entwickelungsphase des Römischen Rechts, das sich durch ihn zuerst aus dem engen Anwendungskreise unter Römischen Bürgern zum gemeinsamen Recht für alle Reichsangehörigen und folgeweise zum Weltrecht erweiterte:

> Neratius et Proculus, (et) solo animo non posse nos acquirere possessionem, si non antecedat naturalis possessio. Ideoque si thesaurum in fundo meo positum sciam, continuo me possidere, quia, quod desit naturali possessioni, id animus implet. — Ceterum, quod Brutus et Manilius putant, eum, qui fundum longa possessione cepit, etiam thesaurum cepisse, quamvis nesciat, in fundo esse, non est verum; is enim, qui nescit, non possidet thesaurum, quamvis fundum possideat; sed et si sciat, non capiet longa possessione, quia scit, alienum esse. — Quidam putant, Sabini sententiam veriorem esse: nec alias eum, qui scit, possidere, nisi si loco motus sit, quia non sit sub custodia nostra. *Quibus consentio.*

Obwohl die Stelle an sich nicht grade schwierig ist, will ich doch eine freie Uebersetzung derselben voranschicken, weil sie mehrere Puncte berührt, deren Erörterung ich nicht anticipiren kann, welche uns aber späterhin klar werden sollen: „Neratius und Proculus stellen das ganz richtige Princip auf, daß wir nicht ohne Weiteres durch unsern bloßen Willen Besitz erwerben, sofern nicht auch die natürliche Voraussetzung für jeden Besitz, nämlich die reale Möglichkeit vorhanden ist, auf das Besitzobject einzuwirken. Sie ziehen aber aus diesem richtigen Princip eine falsche Folgerung, wenn sie behaupten, der Besitzer eines Grundstücks erwerbe an den in demselben vergrabenen Werthgegenständen alsbald Besitz, falls er nur darum wisse, und den Entschluß fasse, sie zu haben und zu behalten: denn, — so räsoniren sie, — die reale Möglichkeit, auf die vergrabenen Objecte einzuwirken, hat der Grundbesitzer ganz unzweifelhaft schon immer gehabt; was also nur noch fehlte, um ihn im Rechtssinne zum Besitzer zu machen, war der Wille, zu besitzen, und diesen hat er nun auch gefaßt. — Diese Meinung hat doch noch einigen juristischen Schein für sich, ganz offensichtlich falsch ist aber die Ansicht, zu der sich Brutus und Manilius bekennen. Wollte man ihnen glauben, so würde der Grundbesitzer mit dem Grundstück zugleich die darin vergrabenen Dinge usucapiren, auch wenn er gar nichts von ihrer Existenz wüßte. Das ist schon darum nicht möglich, weil man immer wissen muß, was man will; der Grundbesitzer will das Grundstück besitzen, also alle Grundstücks-bestandtheile, zu denen gehören aber nicht Dinge, die zufällig darin vergraben liegen. Er würde übrigens, um dies beiläufig zu bemerken, wüßte er wirklich von ihrer Existenz, nicht einmal im guten Glauben sein, da er sich ja sagen müßte, die vergrabenen Sachen seien fremdes Eigenthum; von einer Usucapion könnte also schon deßhalb keine Rede sein. — Die letzte Meinung, welche von Sabinus herrührt, und auch sonst mehrfach gebilligt wird, ist die richtige. Sie geht nämlich dahin, daß der Grundbesitzer Besitz an den vergrabenen Gegenständen nicht anders und eher ergreift, als bis er sie ausgegraben hat. Denn nun erst hat er wirklich die reale Möglichkeit, auf sie einzuwirken, kann sie unter seine Obhut nehmen, und sich dadurch in der That jener Dinge bemächtigen, von denen er vorher nur ganz im Allgemeinen wußte, sie lägen da oder dort, oder gar nur irgendwo in seinem Acker vergraben."

Savigny, der auch eine Uebersetzung dieses Fragments gegeben hat [1]), bemerkt zur Erläuterung desselben sehr richtig, man dürfe hier unter „thesaurus" nicht einen Schatz im eigentlichen Sinne, also einen verborgenen, durch die Länge der Zeit so gut wie herrenlos gewordenen Werthgegenstand, verstehen, — sondern darunter sei alles vergrabene Geld, ohne Rücksicht darauf, ob der Eigenthümer noch auszumitteln, oder nicht, ja überhaupt jede andere in einem Grundstück verborgene bewegliche Sache begriffen [2]). Er abstrahirt also auch hier aus der lebendigen Anschaulichkeit des behandelten Falles einen jener scheinbar allgemeinen Sätze, die nur ihrer Form nach allgemein sind. Die materielle Bedeutung des

---

[1]) Bes. § 17. S. 260—65: eine Polemik im Einzelnen gegen Savigny's Uebersetzung, sowie gegen die verschiedenen Erklärungsversuche Anderer (vgl. S. 260. Note 2.) unterlasse ich, weil sie doch unfruchtbar sein würde.

[2]) A. a. O. S. 256—57. S. 263. Note 1; vgl. L. 31. § 1. D. de acqu. r. dom. (41. 1); L. 3. § 3. L. 44. D. h. t; L. 15. D. ad exhib. (10. 4).

ausnahmelosen Princips, welches dem Sabinus seine Entscheidung dictirte, und auf dessen Erfassung es hier, wie überall ankommt, hat er sich nicht klar gemacht; denn sonst könnte er nicht von den Eigenthümlichkeiten des „Besitzes der Schätze" reden, und namentlich nicht dem Besitzer eines Gebäudes, wenn er nur weiß, daß an einer Stelle seiner Area Werthsachen vergraben liegen, Besitz daran zuschreiben, auch wenn dieser sie noch nicht ausgegraben hat [1]).

Das allgemeine Princip, welches dem Sabinus bei seiner Entscheidung verschwebt und für ihn unbewußt leitend gewesen, ist im Grunde dasselbe, was wir schon gefunden, und bildet gewissermaßen nur dessen Kehrseite. Ist es richtig, daß wir jedes Besitzobject im Ganzen, nicht in seinen Theilen haben und behalten wollen; ist unser Besitzwille stets auf die Totalität der Bestand-Theile gerichtet, so kann er unmöglich etwas mitumfassen, was nicht ein Bestand-Theil des Ganzen ist. Heterogene Gegenstände, welche sich zufällig in dem Object verborgen finden, das wir haben und behalten wollen, gehören eben nicht unter die ideelle Einheit, wonach das Besitzobject benannt ist, und können deßhalb weder von unserem Wissen, noch von unserem Willen miterfaßt werden; und eben so wenig können wir uns eine Vorstellung von ihnen machen, oder sagen, wie sie aus-sehen, da sie ja innerhalb eines andern Objects verborgen sind. Derartige Nicht-bestandtheile bilden daher weder mit dem Object, in dem sie sich befinden, noch für sich einen Gegenstand unseres Besitzwillens; sie sind nicht Theile eines Ganzen, und zur Zeit auch überhaupt nicht selb-ständige Besitzobjecte; dies können sie nur dadurch werden, wenn man sie findet und aus ihrer Verborgenheit an's Licht zieht [2]).

Es entspricht wieder ganz dem practischen Sinn der Römischen Juristen, wenn sie das entwickelte allgemeine Princip in der concreten Anschaulichkeit eines Thesaurus vorführen, der in einem

---

[1]) A. a. O. S. 258. Note 1. (vgl. S. 253—255).

[2]) Papinianus in L. 44. pr. D. h. t.: — Et nihil interest, pecuniam in meo, an in alieno condidissem, quum, si alius in meo condidisset, non alias possiderem, quam si ipsius rei possessionem supra terram adeptus fuissem.

Grndstücke vergraben liegt. Die universitas fundi, die in der Gesmmtheit ihrer mannigfaltigen substantiellen und superficiellen Besandtheile nur durch die ideelle Einheit des fundi animus zusannengehalten wird [1]), eignet sich am meisten zur Aufnahme und

---

[1]) Zu der universitas fundi, wie Paulus sie bezeichnend nennt (vgl. oben S. 134), gehören nicht bloß die materiellen Bestandtheile der Substanz, der Grund und Boden selber, seine erdigen, steinigen, quelligen Theile, wie sie schon in den Quellen specificirt sind (L. 9. § 3. D. de usufr. 7. 1; L. 11. pr. D. quod vi 43. 24); sondern auch Alles, was auf ihm ist, die super-ficies, das super-ficium, omne quod supra faciem fundi; sowohl die organische, als die mechanische Superficies erscheint in ihm radicirt; Alles, was in irgend einem dauernden Zusammenhang mit dem Grund und Boden steht oder darin gebracht wird, hat keine oder verliert seine Selbständigkeit, und ist oder wird zu res soli, quae solo continentur, tenentur, quae terra se tenent (Gai. J. II. § 53. 54. 204. i. f.; L. 30. § 1. D. de usurp. 41. 3; L. 17. pr. D. de A. E. V. 19. 1). Die Vegetabilien, mit ihren unabgetrennten Früchten, sind wirklich integrirende Theile des Grund und Bodens, da sie, in organischem Zusammenhange, eines um des andern willen und eines durch das Andere da sind (Gai. J. II. § 74—76; §§ 30 sqq. J. de rer. div. 2. 1; L. 44. D. de R. V. 6. 1; L. 13. § ult. L. 25. L. 40. D. de A. E. V. 19. 1; L. 7. § 12. 15. D. sol. matr. 24. 3). Aber auch bei jeder mechanischen Superficies ist der Zusammenhang ein ebenso inniger, da sie nicht ohne einander bestehen können; auch von ihr kann man sagen „superficies natura solo cohaeret" (L. 44. § 1. i. f. D. de O. et A. 44. 7); die superficies ist eben deßhalb „naturali iure eius, cuius et solum" (L. 2. D. de superficieb. 43. 18), und nur eine Consequenz davon sind die Sätze „superficies solo cedit; superficies ad dominum soli pertinet; omne, quod inaedificatur, solo cedit" (Gai. J. II. 73; § 30. J. de rer. divis. 2. 1; L. 50. D. ad L. Aquil. 9. 2; L. 7. § 10. D. de acqu. r. D. 41. 1; L. 44. § 1. i. f. D. de O. et A. 44. 7); fundus cum aedificio (villa) und auch umgekehrt domus cum area gehören so nothwendig zu einander, daß sie stets nur einen Besitzkörper, ein Object für dingliche Rechte überhaupt, ausmachen L. 23. pr. § 2. D. de usurp. 41. 3; L. 44. § 1. D. de O. et A. cit.; L. 21. D. de pign. act. 13. 7; L. 15. § 12. D. de damno inf. 39. 2). Aus diesem radicirten und unselbständigen Verhältniß treten die res soli erst durch Trennung von dem Grund und Boden heraus: die Früchte der organischen Superficies mit der im eminenten Sinne sogenannten Separation (L. 12. § 5. D. de usufr. 7. 1; L. 13. D. quib. mod. ususfr. 7. 4; L. 25. § 1. D. de usur. 22. 1; L. 48. pr. D. de acqu. r. dom. 41. 1); die sonstigen substantiellen und superficiellen Grundstücksbestandtheile aber auch nur durch irgend einen Act der Separation, wie Ausgraben, Aus- oder Abbrechen, Fällen u. dgl. (ruta caesa im ursprünglichen Sinne, — L. 241. D. de V.

sicheren Aufbewahrung von Werthsachen, und noch heutzutage glauben unsere Landleute in unruhigen Zeiten ihre liebsten Besitzthümer nicht besser verwahren zu können, als durch Vergraben. Wir ersehen aus dem dogmengeschichtlich-kritischen Referat von Paulus, daß schon Practiker des alten Civilrechts, wie Publius Mucius und Manius Manilius, sich mit der Frage beschäftigten, und gewiß kam es zu ihren unruhigen Zeiten nicht selten vor, daß man sich noch erinnerte, es seien (von Besitz-Vorgängern) Werthgegenstände in dem oder jenem Grundstücke vergraben, ohne daß man die Stelle genauer bezeichnen konnte. Es war daher grade eine Frage von practischem Interesse, ob Grundbesitzer dergleichen Dinge besäßen und usucapiren könnten, auch bevor sie aufgefunden und ausgegraben worden.

Aber das entwickelte Princip gilt nicht bloß für die Immobiliar-, sondern für jede andere Species, sofern sie factisch geeignet ist, heterogene Substanzen in sich zu bergen, welche durch Absicht oder Zufall in sie hineingerathen sind. Es kann dies bei allen drei Arten von Species vorkommen, wie wir sie uns veranschaulicht haben. Um aus jeder einige Beispiele zu nennen, läßt sich nicht sagen, daß wir noch einen Edelstein besitzen, den ein zahmer uns gehöriger Rabe ohne unser Wissen verschluckt hat; und ebensowenig besitzen wir mit dem Topfe das kleine Geldstück, das etwa bei dem Töpfer in den Thon geglitten, und dadurch in das Fabrikat gerathen ist. Wer ein Haus haben und behalten will, besitzt keinesweges das „Geld", was in seiner „Area", in seinem Keller vergraben, in den Wänden vermauert, oder im Gebälk versteckt ist, — und ganz das Gleiche muß von dem Besitzer eines Schrankes gelten, wenn dieser in einem geheimen Fach Kleinodien birgt, die ein Vorbesitzer darin gelassen hat. Sind in einen eingekauften und übergebenen Ballen Kaffee heterogene Substanzen absichtlich oder durch Zufall hineingekommen, so besitzen wir diese nicht, da unser Wissen und Willen hier, wie bei jeder andern Collectiv-Species, nur auf die in dem Colli enthaltenen Fungibilien einer ge-wissen Art gerichtet

---

S.; L. 66. § 2. D. de contr. emt. 18. 1; L. 17. § 6. D. de A. E. V. 19. 1).

ist; eine zahlenmäßige Ge-wißheit ist bei den Collectiv-Specien der Regel nach nicht nöthig; ihre Umfassung oder Formirung bietet aber doch in und an sich ein Certum dar [1]). Nur bei Geld-Collectiv-Specien ist es anders. Die Real-Specien der einzelnen Geldstücke „gelten" als zahlenmäßig-gewisse Repräsentanten von bestimmten Werthen, wenn auch immerhin die Wirklichkeit einer solchen mathematischen Genauigkeit niemals ganz entspricht; so lange sie „gelten", das heißt für Jedermann den Werth repräsentiren, zu dem sie ausgeprägt oder emittirt sind, so lange sie nicht zu einer bloßen Waare mit „Courswerth" geworden, sind sie eben Einheiten von zahlenmäßiger Gewißheit. Werden sie also colli-girt, so ist unser Besitzwille auf soviel Stücke solcher Art gerichtet. Sind nun in einem versiegelten Kassenbeutel, dessen Signatur auf fünfhundert Preußische Thaler lautet, einige Fünffrankenstücke hineingerathen, oder befinden sich darin fünfhundert und ein Preußische Stücke, so besitzen wir ebenso wenig die überzähligen, wie die heterogenen Specien; öffnen wir den Beutel, so können und müssen wir uns sagen, wir hätten die fremden Geldstücke, und auch die überzähligen signaturgemäßen darin „gefunden". In allen diesen Fällen, welche sich in's Unendliche vervielfältigen ließen, können wir nicht als Besitzer gelten, weil wir nur das haben und behalten wollen, was zu den Objecten unseres Besitzes ihrem Wesen nach gehört.

Nur eine einzige Ausnahme läßt sich von dem aus dem Paulinischen Fragment hervorleuchtenden allgemeinen Princip aufstellen. Haben die unmittelbaren Producte der elementaren Naturkräfte, infolge von „Naturspielen", heterogene Bestandtheile schon bei ihrem Bildungsproceß in sich aufgenommen, so besitzen wir auch diese nicht grade wesentlich zu ihnen gehörigen Bestandtheile. So macht es Beispielsweise für unseren Besitzwillen nichts aus, ob in dem Marmorblock, auf den er gerichtet ist, noch andersartige mineralische Gebilde eingesprengt sind, oder ob ein Stück Bernstein ein ihm durchaus heterogenes Insect in sich birgt, das sich in dem träufelnden

---

[1]) Das Nähere soll bei der Interpretation der L. 74. D. de contrah. emt. (18. 1) beigebracht werden.

antediluvianischen Harz gefangen hatte, von ihm überquollen und in der erhärtenden Masse conservirt ist. Bei den Producten, die unmittelbar aus der Werkstatt der Natur hervorgehen, sehen wir nicht darauf, ob in sie heterogene Bestandtheile durch Zufall oder Absicht hineingerathen sind, weil wir diese Kategorien auf ihren Werkmeister nicht anwenden können.

Die bisherigen Erörterungen werden hoffentlich die Bedeutung des Satzes: ignoranti possessio non acquiritur, für alle die normalen Fälle klar gemacht haben, wo wir selber für uns Besitz ergreifen. Wäre es nun meine Absicht, eine vollständige Abhandlung über das Recht des Besitzes zu schreiben, so würde ich jetzt den Nachweis führen müssen, daß dieser Satz auch bei dem Besitzerwerbe durch Stellvertreter gilt, mögen sie mit oder ohne unsern Willen erwerben. Ich müßte namentlich nachweisen, daß die drei Ausnahmen, welche die gangbare Lehre aufstellt, nämlich der Erwerb für juristische und bevormundete Personen, so wie der Erwerb auf Grund des Peculienverhältnisses, keine Ausnahmen sind, wenn man nur daran festhält, daß Diejenigen, durch welche factisch Besitz erworben wird, bloß als Organe anerkannter Rechtssubjecte handeln, welche in ihnen einen Ersatz der mangelnden oder eine Erweiterung der vorhandenen eigenen Persönlichkeit finden. Ich muß mich jedoch innerhalb der Schranken halten, welche ich gleich zu Eingang dieser Arbeit zog, weil eine befriedigende Auseinandersetzung nicht ohne eine Kritik der gesammten Doctrin von der Stellvertretung möglich sein, diese aber zu tief in andere Rechtsgebiete, namentlich das Obligationenrecht eingreifen würde. Dagegen will ich, zum Schlusse des gegenwärtigen Abschnitts, einen vielbestrittenen Punct zur Erörterung bringen, der einen Besitzerwerb durch sonst handlungsunfähige, und deßhalb regelmäßig vertretene Rechtssubjecte enthält, zumal sich daran noch einmal recht deutlich die Congruenz von Wissen und Willen veranschaulichen läßt: den Besitz-Erwerb von Kindern [1]).

---

[1]) Die ausführlichste und fleißigste, aber resultatlose Darstellung hat Denzinger im Civilist. Archiv (XXXI. S. 268 flgde. S. 425 flgde.) von dieser

Der Besitz-Erwerb der im eigentlichen Sinne sogenannten Pupillen harmonirt im Wesentlichen mit den Bestimmungen über ihren sonstigen Rechts-Erwerb. Der Regel nach gelten sie, wie die geistig Unfreien, als willens- und deßhalb auch als unfähig, Besitz zu ergreifen [1]); sie erwerben diesen daher entweder durch [2]), oder mit ihren Tutoren [3]); nur wenn sie wirklich schon so weit vorgeschritten sind, daß sie wissen, was sie wollen, ist der Besitzerwerb auch ohne Auctoritas möglich [4]). Die römische Jurisprudenz

bestrittenen Frage gegeben: ich werde nur auf einige wenige Erklärungsversuche Anderer Rücksicht nehmen, da eine zu weit ausgedehnte Polemik eben so theoretisch interesselos, als practisch unfruchtbar sein würde.

[1]) Paulus in L. 1. § 3. D. h. t. Furiosus et pupillus sine tutoris auctoritate non potest incipere possidere, quia affectionem tenendi non habent, licet maxime corpore suo rem contingant, sicuti si quis dormienti aliquid in manu ponat. Cf. L. 1. § 10. L. 18. § 1. eod.; L. 5. D. de R. J.; § 8. J. de inutilib. stip. (3. 19).

[2]) L. 1. § 20. D. h. t.; cf. L. 11. § 6. D. de pign. act. (13. 7).

[3]) L. 1. § 3. 11. 13. L. 32. § 2. D. h. t.; L. 4. § 2. D. de usurp. (41. 3).

[4]) L. 1. § 3. cit.: Ofilius quidem et Nerva filius, etiam sine tutoris auctoritate possidere incipere posse pupillum, aiunt; eam rem enim facti esse, non iuris. Quae sententia recipi potest, si eius aetatis sint, ut intellectum capiant. — Ob dieser Grad intellectueller Reife vorhanden, muß hier immer von den Umständen des individuellen Falls abhängen. Wenn man freilich, wie Savigny (System Bd. III. S. 49 flgde.), der Ansicht ist, der Besitz sei ein bloßes Factum, sein Erwerb also eigentlich „immer reiner Gewinn“; so muß man sich, gleich ihm, wundern, daß hier auf die individuelle Reife gesehen wird, da doch sonst nach neuerm Recht (ex benigniore interpretatione, cf. § 9. 10. J. de inut. stip. 3. 19; Gai. J. III. 106. 107. 109; L. 1. § 13. D. de O. et A. 44. 7) jeder Pupill diejenigen Geschäfte abschließen kann, welche ihm Vortheil bringen. Aber es bleibt in jedem Fall des Besitzerwerbes zu untersuchen, ob man sich wirklich des Objects bemächtigt hat: ea res enim facti, non iuris est. Soll also ein Pupill ohne Tutor erwerben, so ist es ebenfalls quaestio facti, ob er intellectum sc. rei hat (rei, quae sibi donatur, cf. L. 26. C. de donat. 8. 54); es kommt immer auf die Natur der Erwerbsobjecte an, und bei Landgütern, Seeschiffen u. dgl. wird ein Pupill schwerlich als fähig zu erachten sein. — Dem Effect nach reducirt sich übrigens der Besitzerwerb der Pupillen auf Geschenkannahme. Die Fälle einer Besitzeinräumung auf Zeit sind meist mit Verpflichtungen verknüpft (a. pigneraticia directa, depositi sequestraria actio); unredlicher Besitz wird überhaupt nicht eigentlich erworben, wohl aber kann auch der Pupill aus solcher factischen Besitznahme Verpflichtungen überkommen, si doli ca-

ist aber hierbei nicht stehen geblieben; es ist ihrem sicheren Tact nicht entgangen, daß der Wille, zu haben und zu behalten, früher als jede andere geistige Function entwickelt ist, und daß schon im zartesten Kindesalter ein solcher Grad intellectueller Reife erreicht sein kann, daß es gerechtfertigt ist, unter Umständen sich über die positive Schranke des erreichten siebenten Lebensjahres hinwegzusetzen. Hat doch die Regel, vor vollendetem siebenten Lebensjahr sei jedes Kind vollständig willensunfähig, überhaupt nur die Bedeutung eines Durchschnittsresultats und eines Erfahrungssatzes; es darf also auch nicht pedantisch in den Fällen an ihr festgehalten werden, wo erfahrungsmäßig das Gegentheil gilt. Von diesen aus der Natur des Lebens geschöpften Rücksichten geleitet, haben die Römischen Juristen für den Besitzerwerb von Kindern zwei Singularitäten zugelassen, welche jener Regel allerdings widersprechen: daß ein Kind, unter Auctorität seines Tutor, immer, — ohne diese wenigstens unter Umständen Besitz erwerben könne.

Die erste Abweichung von der Regel ist in einem Fragment von Paulus [1]) enthalten, welches nach dem Florentinischen, keiner Emendation bedürftigen Texte lautet:

Infans possidere recte potest, si tutore auctore coepit; nam iudicium infantis suppletur auctoritate tutoris; utilitatis enim

---

pax sit (L. 23. D. de furt. 47. 2; L. 2. § 19. D. vi bon. rapt. 47. 8; Gai. J. III. 208); Besitzeinräumungen für immer, sofern sie einen lästigen Vertrag voraussetzen, können nicht vorkommen, weil der Pupill zu letzterem ohne Tutor unfähig ist. Es bleiben also nur die Fälle übrig, wo Jemand dem Pupillen den Besitz einräumt, auf daß er das Object für immer oder doch bis auf erfolgenden Widerruf haben und behalten solle, ohne daß ein lästiger Vertrag nöthig wäre; das ist eben Schenkung. Daraus erklären sich die positiven Aussprüche unserer Quellen: „acquirere (pupillus) — et per traditionem accipiendo etiam sine tutoris auctoritate potest," — L. 9. pr. D. quando ex facto tut. (26. 8), — und: „omnes res pupillo et pupillae recte dari possunt," — § 2. J. quib. alien. lic. 2. 8; cf. Gai. J. II. 83; pr. J. de auct. tut. 1. 21; L. 11. D. de a. r. d. (41. 1); — endlich L. 22. § 1. D. de prec. (43. 26): Si pupillus sine tutoris auctoritate precario rogaverit, Labeo ait, habere eum precariam possessionem. Auch das Precarium ist Schenkung (L. 1. § 2. D. de prec. 43. 26. cit.: vgl. oben S. 111, N. 2).

[1]) L. 32. § 2. D. h. t.

causa hoc receptum est, nam alioquin nullus sensus est infantis accipiendi possessionem.

Savigny ändert bekanntlich die Schlußworte dahin [1]): nam alioquin nullus consensus infantis est accipienti possessionem. Er meint nämlich, der tutor auctoritatem interponens sei hier dem tutor accipiens possessionem entgegengesetzt, und durch die unbestrittene Gültigkeit der zweiten Handlung solle die Gültigkeit der ersteren bewiesen werden, das Fragment also den Sinn haben: „Die Gültigkeit der auctoritas ist, abweichend von der allgemeinen Regel (utilitatis causa) angenommen worden: denn, wenn man sie verwerfen wollte, so würde das aus dem Grunde geschehen müssen, weil es nicht der Besitzer selbst ist, der den animus possidendi hat; da nun in diesem Falle dennoch der Besitz als erworben angenommen wird, so war es consequent, auch in jenem Falle den Erwerb zu behaupten."

Mit Recht hat Puchta diese Erklärung verworfen und ihre Unhaltbarkeit nachgewiesen [2]); seine eigene Interpretation befriedigt indeß ebensowenig. Ihren Kern bildet die eigenthümliche Auffassung von „supplere iudicium": einem Kinde fehle nämlich, wie er sich ausdrückt, die Möglichkeit der affectio tenendi, da sein Wille höchstens ein natürlicher, nicht aber der beharrliche und entschiedene animus possidendi sei, welchen das Recht überall erfordere; die

---

[1]) Bes. § 22. S. 285—88; vgl. System III. S. 53 flgde. Die Lesart Savigny's findet sich vollständig nur in einem Münchener Manuscript, die einzelnen Varianten sind allerdings in mehreren guten Handschriften und alten Drucken enthalten.

[2]) Rhein. Mus. V. S. 33—64. (Kl. Schrift. No. 19.); vgl. Vorles. (4. Aufl.) Beil. XI. zum I. Bde. S. 480—82. An dieser früheren Arbeit, deren Methode und Feinheit Savigny sehr lobend anerkennt (Bes. Zus. z. 6. Aufl. S. 296—97), in der sich aber schon jener traurige Hang äußert, mystische Anschauungen auf dem Rechtsgebiet einzubürgern, — spielt doch in der Erklärung des Paulinischen Fragments der Vormund nahezu die Rolle eines Magnetiseurs, — ist namentlich der kritische Theil beachtenswerth. Gegen Savigny wird mit Recht bemerkt, daß „alioquin" nicht auf den ersten Satz, sondern auf „utilitatis causa" gehe, also soviel heiße, wie: „denn außerdem freilich, — abgesehen von der utilitas"; daß die künstliche Lesart Savigny's ein „auch" vermissen lasse, und die Voranstellung von „accipienti" erfordern würde, sind ebenfalls ganz gegründete Ausstellungen.

Auctorität des Tutor habe hier nicht ihren gewöhnlichen Sinn, weil sie nicht eine an sich vollkommene Handlung bestätigen, sondern eine an sich unvollkommene ergänzen solle; sie könne also nur darin bestehen, das iudicium zu suppliren. Man sieht hieraus, es soll in der Anwesenheit des Tutor und der Einlegung seiner Auctorität eine Art von psychologischer Macht liegen, welche im Stande ist, auf die Willenskraft des Kindes bestimmend einzuwirken, und deren Einflusse es gelingt, daß das Kind einen festen Besitzwillen fasse, wozu es außer Stande sein würde, wenn es sich selber überlassen bliebe.

Die Erklärung des Fragments ist sehr einfach, wenn man bedenkt, daß der Tutor sein Vollwort nur bei Vornahme des Acts selbst einlegen kann [1]), also persönlich zugegen sein muß, wenn das Kind Besitz ergreifen will. Er bildet dabei mit seinem Pflegebefohlenen gleichsam nur eine Person, und seine Approbation [2]) enthält doch erst den Abschluß des ganzen Acts; sie bleibt immer die Hauptsache, und in ihr allein liegt schon die Willensäußerung, daß dem Pflegebefohlenen der Besitz erworben werden solle; kann der Tutor allein für und ohne das Kind Besitz ergreifen, so muß seine bei dem Acte selber ertheilte Auctoritas auch als Ersatz für den Fall gelten, wenn dasselbe wirklich nicht gewußt hat, was es wollte. Denn entweder war das Kind wirklich schon so weit, (grade diese Willensrichtung entwickelt sich aber am frühesten, auch noch im Kindesalter), und dann ist die Einlegung der Auctoritas nicht befremdender, als bei den eigentlichen Pupillen; oder das Kind hatte noch nicht diesen Grad intellectueller Reife, und dann ersetzt das Vollwort des Vormundes den mangelhaften Willen des Kindes, da er ja auch ohne und für dasselbe Besitz erwerben konnte, und im vorliegenden Falle erwerben wollte. Das Resultat ist in den beiden möglichen Fällen immer dasselbe, und eine Principienreiterei, die es nicht gelten lassen

---

[1]) § 2. J. de auct. tut. (1. 21): „Tutor statim, in ipso negotio praesens, debet auctor fieri — post tempus vero interposita auctoritas nihil agit." Cf. L. 9. § 5. D. de auct. et cons. tut. et cur. (26. 8); L. 11. D. de a. r. d. (41. 1).

[2]) L. 3. D. de auct. et cons. tut. et cur. (26. 8): „probare id, quod agitur, hoc est enim auctorem fieri."

wollte, schlüge gradezu dem Bedürfniß, wie den Interessen des Lebens in's Gesicht. Der vermuthliche Gedankengang des Paulus, dessen genialer Tiefsinn so oft mit der Sprache mühselig ringt, läßt sich also etwa so wiedergeben: „Ein Kind erwirbt stets auf gültige Weise Besitz, wenn es ihn im Beisein und unter Genehmigung seines Vormundes ergreift. Denn gesetzt auch, es hätte wirklich noch nicht recht gewußt, was es wollte, so liegt doch in der persönlichen Gegenwart und der genehmigenden Willenserklärung des Vormundes ein voller Ersatz für die noch vorhandene Mangelhaftigkeit seines Besitzwillens. Man muß dies Resultat gelten lassen, weil es von dem Bedürfniß des Lebens gefordert wird. Denn abgesehen davon, verstößt die Annahme dieses Satzes allerdings gegen die allgemeine Regel, wonach Kinder überhaupt keinen, also auch keinen auf Ergreifung des Besitzes gerichteten Willen haben können."

Eben dieselbe Rücksicht auf die frühzeitige Entwickelung des Besitzwillens rechtfertigte es, auch noch einen Schritt weiter zu gehen, und, wo es wirklich möglich, einen Besitzerwerb der Kinder ohne Mitwirkung ihrer Tutoren zuzulassen. Diesen Schritt hat denn auch die classische Jurisprudenz gethan, indem sie unter Umständen die Besitznahme von Geschenken Seitens eines Kindes als gültig ansah. Das ist der Sinn eines Rescripts des Kaisers Decius [1]), welches zu einem wahren Kreuz für unsere Ausleger geworden ist:

> Donatarum rerum a quacunque persona infanti vacua possessio tradita corpore quaeritur. Quamvis enim sint auctorum sententiae dissentientes, tamen consultius videtur, interim, licet animi plenus non fuisset affectus, possessionem per traditionem esse quaesitam; alioquin, (sicuti consultissimi viri Papiniani responso continetur,) nec quidem per tutorem possessio infanti poterit acquiri.

Savigny [2]) hält dies Rescript für eine Anwendung der Regel, die er in dem so eben erklärten Fragment ausgedrückt findet, und glaubt also, man müsse auch hier die Auctorität des Tutor hin-

---

[1]) L. 3. C. h. t. (7. 32).

[2]) Bes. § 21. S. 291 flgde.

zudenken. Es bedarf diese Ansicht aber keiner weiteren Widerlegung, da die Stelle von Paulus gar nicht jene Regel enthält, welche sie nach Savigny's Meinung enthalten soll. Ueberdieß hat seine Interpretation des Kaiserlichen Rescripts allen Halt verloren, seitdem durch Blume's Entdeckungen über die Folge der Pandektenfragmente seine Vermuthung widerlegt ist, es rühre die erst erklärte Digestenstelle nicht von Paulus, sondern von dem in dem Rescript erwähnten Papinian her [1]).

Die Interpretation Puchta's beruht auf derselben Grundanschauung, welche für ihn bei der Erklärung des Paulinischen Fragments bestimmend war. Habe man einmal, so meint er, eine Willenskräftigung durch den Tutor zugelassen, so sei kein Grund vorhanden, weßhalb nicht auch andere Personen, namentlich der Schenkgeber selbst, eine solche psychologische Macht auf das Kind ausüben sollten; es handle sich ja hier nicht um eine juristische, sondern um eine natürliche Auctoritas, und auf die Function des Tutor, als solchen, komme es deßhalb nicht an.

Eine sprachliche Schwierigkeit für die Interpretation des Rescripts liegt, abgesehen von der inconcinnen Redeweise, wie sie den meisten Rescripten eigen, nur in dem Worte „interim." Nimmt man es, wie meine Vorgänger, in dem gewöhnlichen Sinne von „inzwischen", — „einstweilen", so bleibt die Stelle unerklärlich, weil man keinen Grund auffinden kann, warum die Besitznahme des Kindes nur eine provisorische Gültigkeit haben solle: eine einstweilige Besitznahme hat überhaupt keinen Sinn; der Besitz ist entweder gleich erworben, oder gar nicht. Auch sind die Ansichten der bisherigen Interpreten über den künftigen Zeitpunct, wo ein definitives Resultat eintrete, von einander abweichend und gleich willkührlich: Savigny läßt diesen Moment erst mit der erreichten Pubertät, Puchta dagegen schon mit dem vollendeten siebenten Lebensjahre gekommen sein. Es ist aber keineswegs selten, daß „interim", sowohl in unsern Quellen, als auch bei nichtjuristischen Schriftstellern des silbernen Zeitalters, in der Bedeutung von „interdum", also „bisweilen", „unter Umständen" vorkommt [2]).

---

[1]) Bes. S. 290. Note 2. (Zus. z. 4. Aufl.).

[2]) Cf. Brisson. de V. S. (ed. Böhm.) s. v. Interim et Interdum ibique

Die übrigen Bedenken sind sachlicher Natur, und sollen später erledigt werden; zunächst will ich eine freie Uebersetzung des Rescripts geben: „Wenn ein Kind, — von wem es auch sei, (denn auf das persönliche Verhältniß des Gebers kommt es nicht an,) — Sachen zum Geschenk erhält, und der Schenkgeber sie ihm sofort einhändigt oder doch sonst sicher und körperlich so tradirt, daß das Kind die Schenkobjecte wirklich zu behalten im Stande ist, so kann man wohl sagen, daß dasselbe daran Besitz erworben habe. Freilich läßt sich nicht behaupten, der Besitzwille eines Kindes sei jemals vollständig entwickelt, und die Ansichten der Rechtsverständigen gehen denn auch in dieser Frage weit auseinander. Gleichwohl scheint es gerathener, die Frage unter Umständen, je nach Bewandtniß des Falls zu bejahen. Denn wollte man dies nicht, so wäre die Folge, (wie schon Papinian, der immer den Bedürfnissen des Lebens Rechnung trug, in einem ihm zur Entscheidung vorgelegten Falle sehr treffend bemerkt hat,) einfach die, daß dann dem Kinde in derartigen Fällen niemals Besitz erworben würde, wäre er auch noch so vortheilhaft, weil eine nachträgliche Genehmigung von Seiten seines Tutor ja immer effectlos bleibt.“

Die Worte „a quacunque persona" sind nicht müßig, sondern erhalten, wie Rudorff höchst scharfsinnig divinirt hat [1]), ihr Verständniß durch die geschichtliche, hier jedoch nicht weiter interessirende Beziehung auf die Lex Cincia, welche zur Zeit des Rescripts noch nicht in allen Puncten antiquirt war, und bedeuten soviel, als: „mag der Schenker eine excepta oder non excepta persona im Sinne dieses Gesetzes sein.“

Der mit „alioquin" eingeleitete Grund, welcher für Papinian bestimmend war, um die Gültigkeit des Besitzerwerbes in derartigen Fällen anzunehmen, ist in dem Rescript nicht näher angedeutet, und die bisherigen Ausleger sind darüber verschiedener Ansicht [2]). Es scheint

---

alleg.; (e. gr. L. 3. pr. D. mand. v. c. 17. 1; L. 112. § 3. D. de cond. v. demonst. 35. 1). Ebenso steht interdum bisweilen für interim (L. 16. § 1. D. de recept. 4. 8; L. 2. C. de Carbon. ed. 6. 17).

[1]) Puchta's Vorles. (4. Aufl.) I. S. 483. Note 1.

[2]) Puchta nimmt hier einen Gegensatz zu den Einleitungsworten „a quacunque persona" an; Savigny denkt sich bei den Worten „per tutorem" als Gegensatz „tutore auctore" hinzu.

mir aber nicht unwahrscheinlich, daß Papinian dabei an die Effectlosigkeit einer nachträglichen Genehmigung von Seiten des Tutor dachte, wie ich es am Schlusse der Paraphrase angedeutet habe. Es entspricht ganz dem Character des großen Juristen, dem das Rescript eine so ehrenvolle Huldigung zu Theil werden läßt, daß die practische Rücksicht für ihn leitend war, den Kindern die ihnen zugedachten wirklich vortheilhaften Geschenke zu erhalten, welche ihnen bei Annahme des Gegentheils ganz entgehen würden.

Es bleibt nur noch der Nachweis übrig, daß die sprachlich zulässige Bedeutung der Partikel „interim" im Sinne von „interdum" hier logisch nothwendig ist. Und da liegt es doch wohl auf der Hand, daß nicht jedes Kind an jeder Sache Besitz erwerben könne. Will man etwa auch dem Täufling die Fähigkeit zuschreiben, Besitz an den Pathengeschenken zu ergreifen, welche die Gevattern ihm in die Wiege zu stecken pflegen? Das Rescript, wie das Paulinische Fragment setzen voraus, daß der Besitzwille des Kindes schon einigermaßen entwickelt ist; ein „animus" soll da sein, wenn auch kein „plenus", der ja eigentlich überhaupt erst mit der vollendeten Geschlechtsreife eintritt. Es kann also schon aus subjectiven Gründen nicht die Rede davon sein, daß Kinder unter allen Umständen Besitz an Schenksachen erwerben. Und ebenso verbieten objective Rücksichten eine derartige unbedingte Annahme. Es muß, wie die individuelle subjective Reife, so auch in jedem Einzelfalle objectiv untersucht werden, ob bewandten Umständen nach das Kind wirklich gewußt hat, was es wollte; es muß, im recht eigentlichem Sinne, intellectum rei haben [1]). Allgemeingültige Vorschriften kann man hierüber nicht geben; nur soviel läßt sich sagen, daß Kinder unbewegliche Sachen gar nicht [2]), von beweglichen und nicht etwa Gefahr bringenden aber nur solche als Geschenk an- und in Besitz nehmen können, für welche sie Sinn und Verständniß haben,

---

[1]) Vgl. oben S. 159, Anmerk. 4: darunter ist nicht, wie Savigny meint (System Bd. III. S. 30, Anm. z), der „Geschäftsbegriff" zu verstehen.

[2]) Dies erhellt schon aus L. 26. C. de donat. (8. 54): Si quis in emancipatum minorem, priusquam fari possit aut habere rei, quae sibi donatur, affectum, fundum crediderit conferendum, omne ius compleat instrumentis ante praemissis cet.

und die sich, in der sonst verwerflichen Bedeutung wirklich ap-prehendiren, also ein-händigen, oder doch so tra-diren lassen, daß es den Kindern selber möglich wird, sie zu be-halten [1]): eine Beschränkung, die ich schon in den hervorgehobenen schwerfälligen Ausdrucksformen des Rescripts angedeutet finde, und auf die grade die ersten Wiedererwecker unserer Wissenschaft hingewiesen haben [2]).

Nimmt man diese Erklärung des Rescripts, (und die Erklärung jedes Rescripts hat ihr Mißliches, weil, wie hier, der Fall der Anfrage meistentheils aus ihnen gar nicht zu entnehmen ist,) als richtig an, so erscheint für die Kinder und ihre Fähigkeit zum Besitzerwerbe von Schenksachen dasselbe Princip maßgebend, was für die eigentlichen Pupillen gilt [3]); auch bei den Kindern kommt es in jedem einzelnen Falle darauf an, ob sie die nöthige subjective Reife haben, und ob sie wirklich wissen, was sie wollen, wofür denn die Natur der verschiedenen Schenkobjecte entscheidend ist. Der Unterschied zwischen Pupillen und Kindern ist demnach kein principieller, sondern nur ein factischer und quantitativer; je älter und je entwickelter bevormundete Personen sind, desto eher und häufiger darf man annehmen können, daß sie Besitz an Schenksachen erwerben. Diese Annäherung der Kinder und Pupillen beruht aber auf dem erfahrungsmäßigen Satz, daß die auf Haben und Behalten gerichtete geistige Function sich von allen am frühesten entwickelt, und schon während der wirklichen In-fantia ihrer Anlage nach dadurch zu

---

[1]) Also beispielsweise auch an dem Halsbande, was man ihnen gleich umhängt, — der Broche, die man an ihren Kleidern befestigt, — dem Thaler, den man in ihre Tasche steckt.

[2]) Azo: „Alii distinguunt, aut dedit eis res, quarum voluit infans retinere possessionem, ut denarios, castaneas et similia ludicra: aut quarum noluit retinere possessionem, ut castrum vel talia. In primis bene habet affectum, et acquirit possessionem: in aliis non. Et in eis intellexerunt veteres, d. h. frühere Glossatoren (vgl. Savigny a. a. O. S. 295, Note 2). Auch Duaren nahm an, daß nur bewegliche Sachen vom Kinde erworben werden könnten (Savigny a. a. O. Note 1.). Die älteren Glossatoren schränkten aber den Besitzerwerb zu sehr ein, und Duaren erweiterte ihn zu sehr: nur res mobiles corpore traditae (apprehensae) kann das Kind per tra-ditionem in Besitz nehmen, sofern es überhaupt Sinn und Begehr für sie hat und sie ihm unschädlich sind.

[3]) Vgl. oben S. 159, Anmerk. 4.

äußern pflegt, daß die noch im eigentlichen Sinne un-mündigen Kinder mit ihren Händchen nach dem langen, was sie haben, beim Versuch des Wegnehmens aber durch Schreien zu erkennen geben, daß sie es behalten wollen. Indem die Römischen Juristen die Besitzerwerbs-Fähigkeit für alle Rechtssubjecte soweit wie möglich anerkannten, und sie auch für Kinder zuließen, sofern noch von Wissen und Willen bei ihnen irgend die Rede sein kann, haben sie bewiesen, daß sie, wenn auch unbewußt, im treuen Dienste dieser geistigen Functionen arbeiteten, so daß es sich auch hier bestätigt, was überall gilt: daß sie ihre Resultate aus dem Leben, immitten dessen sie standen, und für das Leben ihrer und aller Zeiten errungen haben.

Wir lernten bisher den Besitz-Willen in seiner allgemeinen Richtung und deren Einheitlichkeit für alle Besitzfälle kennen; wir betrachteten ihn dann in seiner geistigen Natur, als objectives Wissen: hiermit ist aber erst ein Moment seines Wesens erschöpft, und es muß noch klar werden, wodurch er zu der Energie des Geistes wird, die sich in den Besitzobjecten wirklich ver-körpert. Haben wir uns bisher nur mit seinem Inneren beschäftigt, so müssen wir jetzt untersuchen, wie er sich äußert, wie er seine Macht manifestirt, wie er sich in den Objecten seiner Herrschaft buchstäblich re-alisirt. Erst mit der Verwirklichung seiner selbst tritt er aus seiner geistigen Welt in die der Thatsachen hinein; so lange er sich des Objects, was er haben und behalten will, nicht wirklich be-mächtigt hat, ist er noch reiner Gedanke, ohnmächtiger Wunsch, bloßer und nackter Wille, wie ihn der genialste der Römischen Juristen bezeichnet [1]). Aber diese Ver-kör-

[1]) Es ist interessant, die Identität von **affectio** und **nudus (solus) animus** durch bloße Nebeneinanderstellung von drei Stellen des Paulus vor Augen legen zu können; **L. 3. § 3. D. h. t.: „Solo animo non posse nos acquirere possessionem"** —; **S. R. V. 2, 1: „Nudo animo adipisci possessionem non possumus"**; — **L. 3. D. cit. § 6: „In amittenda possessione affectio eius, qui possidet, intuenda est — igitur amitti et animo solo potest."**

perung des Besitzwillens, das Corpus des Animus, um den treffenden Ausdruck beizubehalten, den eben jener zu allererst auf das Gedankenmäßige des Rechts gerichtete Römer uns überliefert hat, ist nur die Er-füllung des Besitz-Willens selber, ein zweites Moment seines eigenen Wesens, das ebenso nothwendig zu seiner Explicirung gehört, wie die Einheitlichkeit seiner Richtung und die Objectivität des mit ihm identischen Wissens.

Bevor Savigny in seiner Monographie die Entwickelung des Begriffes von Corpus gegeben hatte, an deren häuptsächliche Momente ich schon oben erinnerte [1]), nahm man bekanntlich allgemein an, es könnten bewegliche Sachen regelmäßig nur durch Ergreifen mit der Hand, unbewegliche nur durch Betreten mit den Füßen in Besitz genommen werden; alle „Ausnahmen," das heißt so ziemlich alle Fälle, hatte man unter die gemeinschaftliche Rubrik eines symbolischen oder fingirten Besitzerwerbes gebracht. Das Verdienst, diese mechanische Lehre kritisch auf immer vernichtet zu haben, wird Savigny *für alle Zeiten bleiben*; *seiner eigenen* Auseinandersetzung aber haftet nichts destoweniger noch viel von dem crassen Materialismus seiner Vorgänger an, deren Lehre er aus ihrer Allgemeingültigkeit verdrängt hat. Die „physische Möglichkeit", wie die einfachste und geistigste Formel lautet, mit der er die Eigenthümlichkeit des Corpus bezeichnet, ist doch noch viel zu materiell, und erinnert nur zu sehr daran, daß er für die ganze Besitzlehre den grobsinnlichen, aber durchaus unergiebigen Begriff der Detention zum Ausgangspunct genommen hat.

Auch Kierulff [2]), um den Schriftsteller zu nennen, der eine ausgeprägtere Eigenthümlichkeit zeigt, als alle übrigen neueren Civilisten, ist nicht über die dualistische Auffassung hinausgekommen, welche in der scharfen Trennung von Corpus und Animus, als zwei zusammenwirkenden Elementen, enthalten ist. In seiner präcisen und spirituellen Weise stellt er das Corpus als das dem animus rem sibi habendi entsprechende äußere Factum dar, welches die wirkliche Herrschaft über die Sache zur Folge habe; dies äußere

---

[1]) Vgl. oben S. 97—8.
[2]) A. a. O. S. 378—379.

Factum müsse von dem Willen des Erwerbers ausgehen, durch ihn bestimmt und beherrscht werden, auch in unmittelbarer Verbindung mit der in Besitz zu nehmenden Sache stehen; aber es sei nur nöthig, daß diese körperliche Thatsache sich als Ausdruck und Aeußerung für den Willen des Erwerbers darstelle, nicht auch, daß er sich dabei unmittelbar körperlich thätig verhalte; durch seinen Willen regiere er den ganzen äußeren sinnlichen Vorgang. „Nie", so schließt er seine, wie immer, klare und keinem Zweifel Raum gebende Darstellung, „erfolgt der Besitzerwerb solo animo, und in keinem einzigen Fall kann das corpus ganz entbehrt werden. Aber es giebt allerdings Fälle, wo, wenn man die Person des Erwerbers und seine Thätigkeit für den Erwerb allein in's Auge faßt, das Innere und Wesentliche der Erwerbshandlung, nämlich der Wille, überwiegend vor dem corpus hervortritt, so daß es für die oberflächliche Betrachtung den Anschein gewinnt, als wenn der animus hier allein den Erwerb vermittelte."

Aber wenn der Wille „das Innere und Wesentliche der Erwerbshandlung" ausmacht, so ist ja eben darum die letztere nur die Aeußerung des Willens, dessen Wesen in ihr zur Er-scheinung kommt. Der Wille ist es also doch, der bei jedem Besitzerwerbe als das active Princip auftritt, der somit den Grund für das Resultat bildet, welches in der Erwerbshandlung erreicht wird. Jeder Besitzerwerb ist ein Effect des Besitzwillens, und die Besitznahme der Act, in welchem durch den Besitzwillen dieser Effect hervorgebracht wird.

Genügt nun der Besitzwille, wie wir ihn bisher betrachtet haben, in der Einheitlichkeit seiner Richtung und der Objectivität seines Wissens, nicht zur Erreichung dieses Effects; und bildet gleichwohl er „das Innere und Wesentliche" der Erwerbshandlung: so folgt daraus, daß Dasjenige, was man als Corpus bezeichnet, nicht etwas Selbständiges ist, was neben dem Besitzwillen ein zweites Erforderniß für den Besitzerwerb ausmachte, sondern es kann darin nur ein Moment des Besitzwillens selber liegen. Worin dies Moment besteht, erhellt sogleich, wenn wir uns nur daran erinnern, daß der Wille überhaupt die Energie des Geistes ausmacht. Der Besitzwille muß also, soll er als solcher gelten, seines Objects mächtig sein, mit andern Worten: was wir haben und behalten wollen, müssen wir auch haben und behalten können.

Es ist also nicht etwas positiv Neues, was in dem Corpus, um die glückliche Römische Bezeichnung recht einzubürgern, von außenher zum Besitzwillen hinzukäme, sondern etwas dem Willen überhaupt Immanentes, und es hat für ihn nur die Bedeutung, daß er da ohne nicht wirklicher Wille ist. Denn, um es noch einmal zu wiederholen, was so wenig erkannt wird, nur der Wille ist wirklicher Wille, der sich verwirklicht; Wille ohne Macht ist ohnmächtiger Wunsch; der Besitzwille, der sich nicht ver-körpert, ist ein „bloßer" und „nackter" Wille, der in der Gedankenwelt des geistigen Innern verharrt, ohne zur Aeußerung seiner selbst und zur Erscheinung seines Wesens zu kommen. Ist es demnach auch für unsern Besitzwillen wesentlich, daß wir die Objecte, welche geistig schon unser geworden, haben und behalten können, so soll dies nur heißen, es dürfe kein Hinderniß vorhanden sein, wodurch es unserm Besitzwillen unmöglich gemacht werden würde, sich ihnen und aller Welt gegenüber dauernd durchzusetzen und geltend zu machen.

Demgemäß kommt es, (wenn wir vor der Hand davon absehen, ob das Object der Besitznahme bisher herrenlos oder schon dem Willen eines Andern unterworfen war,) für alle Fälle des Besitz-Erwerbes auf die Natur der Objecte, also darauf an, ob sie von der Beschaffenheit sind, daß man sie ohne besondere Vorkehrungen sicher und auf die Dauer behalten kann, oder ob es zu dem Ende nöthig ist, sie unter unsere specielle Obhut zu nehmen, um sie vor Verlust an und vor Beschädigung durch Dritte nach Möglichkeit zu bewahren. Ersteren Falls ist unser Besitzwille von selbst ihrer mächtig und sicher, und jede derartige Besitznahme ist ein unmittelbarer Beweis für seine ihm inwohnende Macht; bedarf es aber besonderer Veranstaltungen, um die objective Gefahr des Verlustes zu beseitigen, so erscheint unser Besitzwille nicht minder als geistige Energie, indem wir ja solchen Falls die angemessenen Veranstaltungen zur Sicherung der Besitzobjecte zu treffen wissen, und durch unsere eigene Energie die Dauer unseres Besitzes ver-mitteln. Hängt es nun von der Natur der Besitzobjecte ab, ob wir uns ihrer direct oder indirect bemächtigen können, und genügt zu dem Ende in allen Fällen eine objective Sicherheit, so dürfen wir den Umfang der Bedingungen für das Corpus des Animus nicht mit der gangbaren Lehre als „physische Möglichkeit" bezeichnen, deren es bei weitem nicht immer, also auch durchaus nicht wesentlich bedarf; sondern es läßt sich, soll dafür überhaupt eine abstracte Formel aufgestellt werden, im Allgemeinen nur sagen, es dürfe unserem Besitzwillen nie an objectiver oder re-aler Möglichkeit fehlen.

Hieraus erhellt, daß sich ein allgemein gültiges Princip darüber, ob und wann der Besitz an sich als erworben zu betrachten, durchaus nicht aufstellen läßt, sondern daß dies immer quaestio facti ist: insofern kann man wirklich sagen, jeder Einzelbesitz sei ein Factum; in jedem speciellen Erwerbsfall muß das Factum untersucht werden, ob das Recht des Besitzes erworben worden ist; „ea res enim facti, non iuris est." Die Untersuchung hat sich jedes Mal damit zu beschäftigen, ob es für unsern Besitzwillen objectiv möglich war, das Besitzobject zu haben und zu behalten. Dies ist stets zu verneinen, wenn unüberwindliche oder doch nicht überwundene Hindernisse vorlagen, welche in dem concreten Falle die Verwirklichung unsers Besitzwillens objectiv unmöglich machten, und es veranlaßten, daß wir uns des Objects nicht sicher und für die Dauer bemächtigen konnten.

Aber obwohl es nicht angeht, ein für alle Mal und principiell zu bestimmen, ob und wann der Besitz erworben, so lassen sich doch aus der reichen Casuistik unserer Quellen eine Reihe von Regeln herleiten, in welchen Fällen, — und es sind das natürlich grade diejenigen, welche practisch am häufigsten vorkommen, — die objective Möglichkeit für unseren Besitzwillen vorhanden, also auch Besitzerwerb anzunehmen ist. Bevor ich jedoch an diesen lohnendsten Theil meiner Aufgabe herangehe, ist es noch nöthig, darauf aufmerksam zu machen, daß es auch für den Besitz-Erwerb, und grade vorzugsweise für ihn, völlig gleichgültig ist, ob das Object der Besitznahme tradirt wird oder nicht. Ich darf hier wiederholt bloß an die Resultate der zweiten Abhandlung erinnern, welche ich grade zu dem Zweck vorangeschickt habe, um des speciellen Nachweises überhoben zu sein, daß durch die Nothwendigkeit der Tradition keine Verschiedenheit der sonstigen Erfordernisse bedingt wird.

Nach der gangbaren Lehre verhält es sich nicht so. Savigny leitet zwar von dem Fehlen oder Vorhandensein einer Tradition keinen Unterschied für die Erfordernisse der Apprehension her; auch vermeidet er es, von einer „Besitzübertragung“ zu sprechen, der er nur eine bedingte Zulässigkeit für die Fälle des sogenannten abgeleiteten Besitzes beimißt. Aber auch von den normalen Fällen des durch Tradition vermittelten Besitzerwerbes bemerkt er gelegentlich, hier mache der Wille des Andern den Besitz möglich [1]), und in allen Uebergabefällen sei es leichter für den Erwerber, daß sich in ihm das Bewußtsein physischer Herrschaft bilde [2]). Noch weiter geht Kierulff [3]), wenn er es natürlich findet, daß in den Fällen einseitiger Besitznahme „der Apprehendent häufig unmittelbarer in ein körperliches Verhältniß zur Sache treten müsse,“ und wenn er kein Bedenken trägt, als das Eigenthümliche der „Besitzübertragung“ hervorzuheben, daß dadurch der bisherige Besitzer „seinen animus domini zu Gunsten des neuen Erwerbes aufgiebt.“

Aber Recht hat mit Gunst nichts zu schaffen, und wenn daher der Besitz ein Recht ist, so hat die Tradition nur den Sinn, daß, wie es bei allen dinglichen Rechten nothwendig, der Vorgänger des neuen Erwerbers sein Recht erst aufgeben, das Object desselben veräußern, alieniren, erledigen muß, bevor seine Nachfolger seiner Seits auf unanfechtbare Weise einen neuen Besitz erwerben kann. Diese Auffassung entspricht auch in der Lehre vom Besitz so sehr dem materiellen Inhalt des Römischen Rechts, daß uns die gegentheiligen Bezeichnungen, deren sich die Alten in ihrer Gleichgültigkeit gegen Kunstausdrücke bedienen, nicht im Geringsten irre machen können. Eine „traditio possessionis“ [4]) ist doch unmöglich; es giebt nur ein „cedere possessione“ [5]) und ein „vacuam

[1]) Bes. § 15. S. 237.

[2]) A. a. O. § 18 S. 271—72.

[3]) A. a. O. S. 382—85.

[4]) L. 20. D. de servit. (8. 1); cf. L. 18. § 1. L. 34. pr. D. h. t. („transferre, — tradere - possessionem“).

[5]) L. 34. cit.; cf. L. 1. § 20. D. h. t.; L. 38. § 1. eod.

relinquere possessionem"[1]). Auch für die Lehre vom Recht des Besitzes ist die Tradition nur die einseitige Erklärung des Vorbesitzers, die, an keine Form gebunden[2]), vor, bei, oder nach der Besitznahme, bedingt oder unbedingt[3]), abgegeben werden kann, für den neuen Besitzer aber keine andere Bedeutung hat, als daß ohne sie sein Besitz der Regel nach unredlich, also anfechtbar und nicht retinibel ist. Sie ist ein Erforderniß mehr für den Besitzerwerb, aber nur von negativer Art; an den positiven Requisiten desselben wird durch den Umstand, daß das Object einen Vorbesitzer hatte, auch nicht das Geringste geändert.

Dabei ist es selbstverständlich, daß die Besitzaufgabe regelmäßig von dem Besitzer selbst oder seinem legitimirten Stellvertreter erklärt werden muß. Diese Regel erleidet aber zwei Ausnahmen, auf die man bisher nicht die nöthige Rücksicht genommen hat. Die erste geht aus einem Fragment des Venulejus[4]) hervor, in dem der Jurist einen Fall erwähnt, wo die Besitzerledigung, wie wir uns ausdrücken würden, richterlich supplirt wird:

> Species inducendi in possessionem alicuius rei est, prohibere ingredienti vim fieri: statim enim cedere adversarium, et vacuam relinquere possessionem iubet; quod multo plus est, quam restituere.

Unter den mir bekannten Erklärungen dieses Fragments befriedigt keine; offenbar mißverstanden ist es aber von Savigny[5]), nach dessen Meinung in demselben der Satz enthalten sein soll, auch eine von dem Besitzerwerber ausgeübte Gewalt könne das Hinder-

---

[1]) Dieser sehr bezeichnende Ausdruck wird mit verwandten (in vacuam possessionem intrare, -ire, - , - induci; vacuam possessionem tradere, vacuum tradere fundum u. s. w.) vorzugsweise von Grundstücken gebraucht; warum grade bei ihnen, soll bald klar werden.

[2]) Auch brieflich: L. 48. D. h. t.; L. 77. D. de R. V. (6. 1).

[3]) L. 38. § 1. D. h. t. Einzelne Beispiele bedingter Tradition sind enthalten in: L. 1. § 5. D. de exc. rei vend. et trad. (21. 3); L. 78. §. 2. D. de contr. emt. (18. 1); L. 3. D. de serv. export. (18. 7). Cf. Fragm. Vat. § 111. s. fin.; L. 2. § 2. D. pro emt. (41. 4).

[4]) L. 52. § 2. D. h. t.

[5]) Bes. § 15. S. 238. Kierulff (a. a. O. S. 382) nimmt irrthümlich an, in dem Fragment sei ein Fall stillschweigender Tradition enthalten.

niß der Gegenwart des bisherigen Besitzers aufheben. Er glaubt daher in der Stelle einen recht schlagenden Beweis für die rein factische Natur des Besitzes gefunden zu haben, da es ja klar sei, „daß die Herrschaft des Besitzers ebenso entschieden ist, wenn er fremden Widerstand überwindet, als wenn gar kein Widerstand da ist."

Der Ausspruch des Venulejus geht aber auf den Besitz desjenigen, welcher wegen drohenden Schadens ex secundo decreto in das gefahrdrohende Grundstück eingewiesen wird. In diesem Fall erlangte der Bedrohte, nachdem er zuvor nur custodiae causa (zum Zweck der Detention, Observation und Beaufsichtigung) inmittirt worden [1]), in Folge der von dem Besitz- oder Nutzungsberechtigten des bedrohenden Grundstücks bewiesenen hartnäckigen Renitenz, bekanntlich Civilbesitz. Da der renitente Cautionspflichtige das gefahrdrohende Grundstück nicht selber ver-äußern, alieniren, erledigen will, so bleibt nur übrig, daß der Prätor, kraft seines Imperium mixtum, wider dessen Willen [2]), sein Besitz- oder sonstiges dingliches Recht als aufgegeben erachtet, also die Sacherledigung fingirt und supplirt. Durch diese Fiction wird bewirkt, daß der Besitz des abermals Immittirten als red- und rechtlicher gilt [3]), wovon die Folge ist, daß der zum zweiten Mal Immittirte das Immissionsobject auch usucapiren darf [4]).

Die Richtigkeit dieser Erklärung wird schon aus dem Gebrauch der Worte „vim fieri," „iubet" und „restituere" wahrscheinlich, welche offenbar einen Act Prätorischer Thätigkeit bezielen [5]), wäh-

---

[1]) L. 7. pr. L. 12. L. 15. § 21. D. de damno inf. (39. 2); L. 3. § 23. L. 10. § 1. D. h. t.; L. 3. § 8. D. Uti poss. (43. 17); L. 9. D. de R. V. (6. 1); L. 5. D. Ut in poss. leg. (36. 4); L. 12. D. quib. ex caus. in poss. eat. (42. 4).

[2]) L. 30. § 2. D. h. t.: Quum Praetor idcirco in possessionem ire iussit, quod damni infecti non promittebatur, possessionem invitum dominum amittere Labeo ait.

[3]) L. 11. D. h. t.: Juste possidet, qui auctore Praetore possidet.

[4]) L. 7. pr. L. 12. L. 15. §. 16. § 21. u. 23. D. de damno inf. (39. 2).

[5]) Wie schon die Basiliken (50, 1: „κελεύει πραίτωρ") und die Glosse ad Voc. Jubet („Praetor scilicet") bemerken. Auch Cuiac. ad L. 52. § 2. de poss. (ed. Neap. VIII. p. 315) bezieht den Inhalt auf eine Prätorische

rend die Ausdrücke „inducere in possessionem," „vacuam relinquere possessionem" andeuten, daß von der Besitznahme eines Grundstücks die Rede ist [1]). Der Jurist will sagen: Es ist eine Art von Besitzerledigung, wenn der Prätor den Bedrohten zum zweiten Mal in das gefahrdrohende Grundstück einweist, da er ihn ja im Falle einer Widersetzlichkeit von Seiten des Cautionspflichtigen durch ein prohibitorisches Interdict schützt [2]); kraft seiner Amtsgewalt heißt er den Cautionspflichtigen alsbald seinen Besitz aufgeben und das Grundstück räumen; durch diesen Act seiner Amtsgewalt erreicht er mehr, als in andern Fällen durch Restitutionsbefehle [3]). Und diese Bemerkungen von Venulejus sind ganz sachgemäß. Von dem Augenblick der wiederholten Einweisung an ist der Eingewiesene bereits Besitzer: Besitzwillen hat er gewiß, weil das zweite Decret nur auf seinen Antrag erlassen wird; dieser Besitzwille ist auch nicht machtlos, da er schon seit dem ersten Decret das schadenbrohende Grundstück unter seiner Custodia hat [4]). Der Mangel an einer Besitzerledigung wird durch die Prätorische Erklärung supplirt; er ist daher wirklich Besitzer, weil er in dem prohibitorischen Interdict obsiegen muß. Erläßt der Prätor einen bloßen Restitutionsbefehl, wie beispielsweise bei dem Interdictum de vi [5]), so soll noch erst dem Dejicirten der Besitz wieder verschafft werden [6]); der Restitutionsbefehl berechtigt also erst zur Erwartung des Effects, der im vorliegenden Fall sofort durch das zweite Decret erreicht ist [7]).

Thätigkeit; er irrt aber, wenn er das Interdictum de vi bezielt glaubt, das obrigkeitlich exequirt werde.

[1]) Vgl. oben S. 174, Anmerk. 1.

[2]) L. 4. pr. D. ne vis fiat ei, qui in poss. miss. erit (43. 4); L. 18. § 15. D. de damno inf. (39. 2).

[3]) Aus dem vorausgegangenen „iubet" muß man, — und darin liegt die sprachliche Schwierigkeit des Fragments, — zum Schlußwort „restituere" ergänzen: „iubere"; also: quod multo plus est, quam restituere iubere.

[4]) Vgl. die Allegate oben S. 175. Anm. 1, namentlich L. 12. D. 42. 4 und L. 10. § 1. D. h. t. citt.

[5]) § 6. J. de interd. (4. 15); L. 19. D. de vi (43. 16).

[6]) L. 22. D. de V. S.: „Restituere enim est possessorem facere."

[7]) Für die republicanische Zeit und Anschauung ist mit der fictiven Erklärung des Prätors, mit seiner missio in possessionem, Alles gethan, was Repu-

Eine zweite und principielle Ausnahme von der Regel, daß der Vorbesitzer selber oder durch legitimirte Vertreter die Tradition, im Sinne einer Besitzaufgabe, vornehmen muß, ist für alle diejenigen Fälle anzunehmen, wo für den traditionspflichtigen Vorbesitzer ein unlegitimirter Vertreter unter solchen Umständen den Besitz aufgegeben hat, daß sowohl der tradirende Vertreter, als der neue Erwerber glauben durften, die Besitzaufgabe werde dem Traditionspflichtigen genehm sein. Dies Princip von nicht geringer practischer Tragweite ist, wie ich glaube, in dem Schlusse eines Fragments von Pomponius [1]) enthalten, welches meines Wissens bisher keine Berücksichtigung gefunden hat [2]). Der Jurist bestätigt zu Anfange der Stelle die uns auch sonst ausdrücklich bezeugte Regel [3]), der Traditionsberechtigte dürfe ohne Wissen und Willen des Traditionsverpflichteten nicht Besitz ergreifen, ausdrücklich für den Fall, wo bereits von dem Letzteren an Jemand der Auftrag gegeben war, die Besitzaufgabe für ihn vorzunehmen; auch hier müsse die Erfüllung des Auftrages abgewartet werden [4]). Darauf trägt er folgenden Fall vor:

---

blicanischen Magistraten obliegt; es kann und muß dem missus überlassen bleiben, sich zunächst durch Selbsthülfe Recht zu verschaffen; dringt er damit nicht durch, so ist ihm der richterliche Schutz in dem prohibitorischen Interdict gewährleistet. Erst die sein wollende Omnipotenz des büreaukratisch organisirten „Rackers von Staat" kehrt das Verhältniß um: schon Ulpian konnte sagen (L. 15. § 23. D. de damno inf. 39. 2): ubi autem quis possidere iussus est, dominus deiiciendus erit possessione; eine Aeußerung, welche direct auf die Brutalität der manus militaris abzielt (L. 1. L. 3. L. 4. D. Ne vis fiat ei, qui in poss. miss. erit 43. 4).

[1]) L. 33. D. h. t.

[2]) In Savigny's Monographie ist es nicht einmal citirt: einen ungenügenden Erklärungsversuch von Paulus Busius, welchen Gesterding (Irrthümer der Rechtsgelehrten S. 215—20) billigt, glaube ich nicht speciell berücksichtigen zu sollen.

[3]) Paulus in L. 5. D. h. t.: Si ex stipulatione tibi Stichum debeam, et non tradam eum, tu autem nactus fueris possessionem, praedo es. Aeque si vendidero, nec tradidero rem, si non voluntate mea nactus sis possessionem, non pro emtore possides, sed praedo es.

[4]) L. 33. cit.: „Fundi venditor, etiamsi mandaverit alicui, ut emtorem in vacuam possessionem induceret, priusquam id fieret, non recte emtor per se in possessionem veniet."

Item si amicus venditoris, mortuo eo, priusquam id sciret, aut non prohibentibus heredibus, id fecerit, recte possessio tradita erit. Sed si id fecerit, quum sciret, dominum mortuum, aut quum sciret, heredes id facere nolle, contra erit.

In dem Schluß des Fragments, der mit „item" eingeleitet ist, also etwas Neues bringen soll, sind eigentlich zwei Fälle in einander geschachtelt. Der eine interessirt hier nicht: denn wenn Jemand, der mit einem verstorbenen Traditionsverpflichteten befreundet gewesen, mit Vorwissen und unter stillschweigender Genehmigung seiner Erben tradirt, so ist er durch die darin mindestens liegende concludente Ratihabition dieses Acts von Seiten der Rechtsnachfolger des Traditionsverpflichteten selbstverständlich legitimirt; und umgekehrt kann es nicht zweifelhaft sein, daß die Bedingungen einer Geschäftsführung nicht vorhanden sind, wenn die zeitigen Principale, auf deren Ratihabition es ankommen würde, schon erklärt haben, sie wollten nicht tradiren. Es bleibt daher nur der zweite Fall für unsere Erwägung übrig, daß nämlich ein genauer Bekannter des Traditionspflichtigen, ohne von dem inzwischen erfolgten Ableben des Letzteren etwas zu wissen, den Act der Tradition in dem Glauben vornahm, sie werde genehm gehalten werden: dann soll der Besitz gültiger Weise erworben, die im guten Glauben von einem unlegitimirten Vertreter erklärte Sacherledigung also für genügend erachtet werden, obwohl doch eine Ratihabition von Seiten dessen, an den dabei gedacht war, nicht mehr möglich ist.

Die in diesem und analogen Fällen [1]) als wirksam erachtete Tradition ist nicht bloß für den Besitz, und folgeweise auch für die etwa nöthige Ersitzung des neuen Erwerbers von Wichtigkeit, sondern schützt denselben auch gegen die Vindication des Traditionspflichtigen und seiner Rechtsnachfolger. Zwar ist eine wirkliche Ver-äußerung von Seiten der dazu Berechtigten nicht erfolgt;

---

[1]) Vgl. z. B. L. 78. § 1. D. de contr. emt. (18. 1): Fundum ab eo emisti, cuius filii postea tutelam administrans nequaquam accepisti possessionem; dixi, tradere te tibi possessionem hoc modo posse, ut pupillus et familia eius decedat de fundo, tunc demum tu ingrediaris possessionem.

diese bleiben also noch immer „Eigenthümer.“ Darin liegt jedoch niemals etwas Mehr oder Anderes, als die Vindicationsbefugniß, und gegen ihre Vindication ist der neue Erwerber durch eine der exceptio rei venditae et traditae gleichstehende exceptio doli sive in factum geschützt, sofern die Vindicanten sich darauf berufen sollten, daß keine Sach-Erledigung erfolgt sei [1]. —

Nunmehr können wir uns zu dem Theile der gegenwärtigen Arbeit wenden, den ich vorhin als den lohnendsten bezeichnete, und der zugleich der interessanteste ist. Wir haben es jetzt nicht mehr mit der farblosen Entwickelung rein gedankenmäßiger Principien zu thun, sondern können uns in die lebensvolle Casuistik der Römischen Juristen versenken, deren ewig frischer Reiz in ihrer rechtsgebärenden Originalität beruht. Die Erklärung der einschlagenden Fragmente kann und soll zugleich als Probe dafür dienen, ob die Principien, welche bisher als die leitenden hervorgehoben sind, sich an den in unsern Quellen überlieferten wirklichen Erwerbsfällen bewähren; ist dies der Fall, so gewinnen wir aus jedem interpretirten Fragment eine Regel für das practische Leben, und in diesem Sinne soll jede wissenschaftliche Arbeit „nicht mit den Quellen beginnen, sondern bei ihnen aufhören.“ —

Ich will, wie es auch Savigny gethan [2]), mit den Erwerbsfällen am Grundbesitz den Anfang machen, schränke aber die Untersuchung auf die eigentlichen Grund-stücke ein, weil ihr Er-

---

[1]) Ulpianus in L. 1. § 5. D. de exc. r. vend. et trad. (21. 3): Si quis rem emerit, non autem fuerit ei tradita, sed posssessionem sine vitio fuerit nactus, habet exceptionem contra venditorem. Diese in factum exceptio muß dem Besitzer überall gegeben werden, wo eine wirkliche Traditionspflicht vorhanden ist, weil sie aus dem allgemeinen Princip für die exceptio doli folgt: dolo facit, qui petit, quod redditurus est (L. 8. pr. D. de doli m. et met. exc. 44. 4). Wo eine derartige Traditionspflicht nicht besteht, geht die Vindication ohne Exception durch; in den Fällen der L. 2. § 6. D. de donat. (39. 5) und L. 41. D. de R. C. (12. 1) liegt daher keine Antinomie vor. Die doli exceptio (ebenso wie die exceptio rei venditae et traditae) kann aber durch besondere Repliken entkräftet werden (vgl. beispielsweise L. 1. § 2. s. fin. § 3. § 5. s. f. D. de exc. r. vend. et trad. 21. 3).

[2]) Bes. § 15. S. 235—37.

werb der einfachste von allen ist; für die Gebäude gelten ganz andere Regeln. Savigny ignorirt diesen wesentlichen Unterschied der unbeweglichen Besitzobjecte, indem er die Frage so stellt: „Was muß geschehen, damit an unbeweglichen Sachen (an Grundstücken) Besitz erworben werde?" Und doch beziehen sich die Stellen die er anzieht, nur auf liegende Gründe. Das Resultat seiner Interpretation, welches für alle Immobilien maßgebend sein soll, läßt sich in den Satz zusammenfassen: es genügt bei ihnen allen die körperliche Gegenwart, da sie die willkührliche Behandlung der Sache möglich macht.

Die persönliche Gegenwart des Erwerbers [1]) in oder bei dem Grundstück ist allerdings immer nöthig, aber sie hat nicht die Bedeutung, welche Savigny ihr beimißt; es bedarf ihrer nicht deßhalb, weil ohne sie die „willkührliche Behandlung" nicht möglich wäre, sondern sie muß Statt finden, damit der Erwerber weiß, was er will. Jedes Grundstück ist nur durch seine Grenzen ein Gegenstand juristischen Wollens [2]), und der Besitzwille kann deßhalb die stets erforderliche objective Gewißheit nur dadurch erlangen, daß sich der Erwerber von dem Laufe derselben und der durch sie bestimmten Lage des Grundstücks aus eigener Anschauung unterrichtet. Der Regel nach müssen ihm die Grenzen von dem Vorbesitzer angewiesen werden; der Erwerber kann ihn aber von dieser Verpflichtung entbinden und den Besitz selber ergreifen, wenn der Vorbesitzer zuvor nur das Grundstück alienirt, veräußert und erledigt [3]); der letztere kann alsdann Bequemlichkeits halber den Erwerber allein hingehen lassen, vorausgesetzt, daß das Grundstück gehörig abgegrenzt, sowie nach Namen, Nummer des Flurregisters, Bezeichnung der Angrenzer individuell und derartig bestimmt ist, daß kein Zweifel dar-

[1]) Oder seines Erwerbs-Organs; das Nähere gehört in die Lehre vom Besitzerwerb durch Stellvertreter, auf die ich überall keine Rücksicht habe nehmen können; dieser selbstverständliche Zusatz soll auch für spätere Erwerbsfälle ein für alle Mal gemacht sein.

[2]) „Quod suos habet fines; „fines" ist daher auch die Bezeichnung für das umgränzte Gebiet selber; vgl. oben S. 131, N. 4.

[3]) „Vacuamque se possessionem tradere dicat" (L. 18. § 2. D. h. t.).

über möglich, was der Vorbesitzer aufgeben und der Erwerber in Besitz nehmen will [1]).

Daß die Erwerbsfälle unserer Quellen der Gegenwart des Erwerbers in oder bei dem Grundstück diesen Sinn beilegen, läßt sich durch eine einfache Aneinanderreihung der betreffenden Fragmente darthun. In dem ersten [2]) liegt dies freilich nicht so klar ausgesprochen, da es dem Juristen um etwas ganz Anderes zu thun ist. Ulpian untersucht in dem referirten, ersichtlich der Praxis entlehnten Falle die Frage, ob der Donatar das Grundstück vindiciren könne, welches ihm die Ehefrau eines Andern brieflich geschenkt hatte [3]); er bejaht dies zunächst aus dem Grunde, weil die Schenkgeberin ihre Liberalität in der Urkunde zugleich an die Bedingung geknüpft hatte, daß sie das Schenkgrundstück noch als Pächterin behalten wolle. Hierin sei ein Constitutum enthalten: die Schenkerin detinire für den Donatar, letzterer sei also Besitzer. Ueberdies habe derselbe sich grade auf dem Grundstück befunden, als ihm das die Schenkung enthaltende Schreiben überbracht wurde.

Quaedam mulier fundum nonmarito donavit per epistolam, et eundem fundum ab eo conduxit; posse in rem ei competere, quasi per ipsam acquisierit possessionem, veluti per colonam; proponebatur, quod etiam in eo agro, qui donabatur, fuisset, quum epistola ei mitteretur [4]); quae res

---

[1]) Anwendungsfälle finden sich auch schon in unsern Quellen, denen doch nicht ein so ausgebildetes Katasterwesen bekannt war, (abgesehen von den häufigen Fällen Prätorischer Mission, der ebenfalls ein ire, venire in possessionem entspricht, und die wenigstens theilweise auch zum Civilbesitz führt,) u. A. in L. 34. pr. D. h. t.; L. 18. D. de vi (43. 16.). In der ersten Stelle ist der fundus, in welchen der Erwerber von dem Tradenten eingewiesen wird, seinem Namen nach bezeichnet (als Cornelianus, die schulmäßige und übliche Bezeichnung für Grundstücke in fingirten Fällen).

[2]) L. 77. D. de R. V. (6. 1) (Ulpianus).

[3]) Es war zur Zeit Ulpian's noch von Wichtigkeit, ob der Donatar die actio in rem habe, weil er (auch der Schenkgeberin gegenüber, falls ihr die Sache leid geworden) sonst gar keine Klage gehabt hätte. Eine Stipulation war nicht erfolgt, und für das einfache, hier brieflich abgegebene Schenkungsversprechen hat erst Justinian Klagbarkeit einführen zu dürfen geglaubt (L. 35. § 5. C. de donatt. 8. 54; § 2. J. eod. 2. 7. — „ad exemplum venditionis!").

[4]) Ich ziehe die Lesart der Vulgata (ei mitteretur) der von Savigny bei-

sufficiebat ad traditam possessionem, licet conductio non intervenisset.

Man sieht, der Jurist behandelt die Anwesenheit des Donatars auf dem Grundstück nur als Nebengrund, und daher tritt die Beziehung, weßhalb dieselbe nothwendig sei, in dieser Stelle nicht so deutlich an's Licht.

Näher spielt Paulus auf die hervorgehobene Bedeutung derselben in folgendem, auch sonst sehr lehrreichen Fragmente [1]) an:

Et adipiscimur possessionem corpore et animo, neque per se animo, aut per se corpore. Quod autem diximus, et corpore, et animo acquirere nos debere possessionem, non utique ita accipiendum est, ut, qui fundum possidere velit, omnes glebas circumambulet; sed sufficit, quamlibet partem eius fundi introire, dum mente et cogitatione hac sit, uti totum fundum usque ad terminos velit possidere.

Ganz klar tritt aber die Beziehung auf die Grenzanweisung, und die durch eigene Anschauung des Erwerbers zu vermittelnde Kenntniß von der Lage des Grundstücks in jenem berühmten Ausspruch des Celsus [2]), einer der brillantesten Kundgebungen ächt juristischer Genialität, hervor:

Si vicinum mihi fundum mercato [3]) venditor in mea turre

behaltenen Florentinischen (emitteretur) vor, einmal, weil dadurch die Beziehung auf das Subject, das in den ersten beiden Sätzen gewechselt hat, deutlicher wird; sodann weil es doch nicht auf den Zeitpunct ankommt, wo die Schenkgeberin den Brief erließ, sondern wo ihn der Schenknehmer empfing.

[1]) L. 3. § 1. D. h. t. Vgl. oben S. 97 und S. 137, N. 1.

[2]) L. 18. § 2. D. h. t. Auch die übrigen Sätze dieses Fragments, welche zum Theil später interpretirt werden sollen, zeugen von einer eminenten Begabung dieses Juristen, der auch seinem Character nach noch ein Römer alten Schlages war (cf. Spartian. Hadr. 18).

[3]) Savigny liest mit der Vulgata „mercatum," was allerdings auch passivisch gebraucht wird. Die Florentinische Lesart (mercato) scheint aber vorzuziehen, weil die deponentale Beziehung auf „mihi" durch die Stellung dieses Wortes geboten wird: hätte Celsus „mercatum" geschrieben, so würde er „mihi" hinter „venditor" oder vor „demonstret" gesetzt haben. Außerdem wird so deutlicher hervorgehoben, daß die Erfüllung des Kauf-

demonstret, vacuamque se possessionem tradere dicat, non minus possidere coepi, quam si pedem finibus intulissem.

Es kommt also nicht sowohl auf die unmittelbare Nähe, und also auch nicht die physische Möglichkeit einer „willkührlichen Behandlung", als auf den Standpunct und darauf an, ob sich von ihm aus das ganze Grundstück übersehen läßt. In dem referirten Falle war es nicht nöthig, daß sich die Contrahenten an Ort und Stelle begaben, weil sie sich grade in dem hohen Schlosse des Käufers befanden, als sie handelseins wurden und unmittelbar darauf zur Erfüllung des Kaufgeschäfts schritten. Der Verkäufer konnte von dort aus, seiner Verpflichtung gemäß [1]), dem Käufer ohne Schwierigkeit den Lauf der Grenzen nachweisen, und dieser wußte daher ebensowohl, was er in Besitz nahm, als der Verkäufer, was er aufgab. Es fehlte dem Besitzwillen des Erwerbers nicht an der durch eigene Anschauung erlangten objectiven Gewißheit, und die Erwähnung des Standpuncts ist deßhalb keinesweges so unwesentlich, als man in der Spruchpraxis wohl angenommen hat [2]).

---

handels dem Abschluß desselben, unmittelbar folgte: „wenn der Verkäufer mir, der ich ein vor unsern Augen liegendes Grundstück (so eben) von ihm gekauft hatte." Endlich ist der Gebrauch von mercari als Deponens (auch grade bei fundis) in unseren juristischen Quellen, wie auch sonst, der gewöhnliche (cf. e. gr. L. 22. § 11. D. mand. v. c. 17. 1; L. 72. D. de evict. 21. 2).

[1]) Diese Verpflichtung des Verkäufers zum demonstrare (ostendere) fines ist am deutlichsten in L. 48. D. de A. E. et V. (19. 1) ausgesprochen: Titius — fundum — vendidit — neque fines eius demonstravit; quaeritur, an emti iudicio cogendus sit, — fines ostendere. Respondi, — debere venditorem — et fines ostendere. (Vgl. L. 12. D. fin. regund. 10. 1; L. 18. § 1. L. 63. § 1. D. de contr. emt. 18. 1; L. 45. D. de evict. 21. 2; L. 106. D. de V. O. 45. 1).

[2]) Ein Erkenntniß des O. A. G. zu Dresden erfordert (soweit sich die Motive aus der überaus dürftigen Redaction in Seuffert's Archiv XII. No. 5. S. 5. ersehen lassen) für die s. g. traditio longa manu, unter dem Einfluß der Auseinandersetzung Savigny's: „daß über die Lage desselben kein Zweifel besteht, und der Erwerber demselben so nahe sich befindet, daß er zu jeder Zeit zu demselben gelangen und auf dasselbe einwirken kann." Die „turris" ist allerdings nur „beispielsweise" ge-

Hiermit sind die Erfordernisse erschöpft, welche den Besitzerwerb an den liegenden Gründen, den eigentlichen Grundstücken, bedingen. Wir brauchen hier nur zu wissen, was wir besitzen wollen, um es sofort zu besitzen. Unser bewußter Wille ist ihnen gegenüber immer machtvoll. Wegen ihrer Unbeweglichkeit und wegen der Unzerstörbarkeit ihrer Substanz sind sie durch sich selber genügend geschützt, und bieten unserem Besitzwillen in sich selber die objective Sicherheit, welche zu seiner Explicirung überhaupt nur möglich und nöthig ist. Sie können uns durch Un-recht Anderer in ihrer Totalität [1]) nicht entzogen werden, wir müßten es denn dulden, und unser Besitzwillen ist deßhalb, sobald er sich nur seines Gegenstandes bewußt worden, ihnen und aller Welt gegenüber, kein „bloßer" und „nackter", sondern ein machtvoller Wille, der sich in ihnen wirklich auf die Dauer verkörpern und sie behalten kann. —

Alle übrigen Sachen (mit wenigen Ausnahmen, die wir demnächst kennen lernen werden) gewähren nicht in und durch sich selber jene reale Sicherheit, und unser Besitzwille, der bei den liegenden Gründen in der Einheitlichkeit seiner Richtung und der Objectivität seines Wissens vollkommen ausreicht, genügt daher regelmäßig nicht, um an ihnen Besitz zu erwerben. Wollen wir sie also behalten, — und da ohne wäre unser Besitzwille kein wirklicher Wille, — so müssen wir sie in Sicherheit bringen, sie unter unsere Obhut nehmen oder, um den quellenmäßigen Ausdruck zu gebrauchen, sie sub custodia nostra haben. Und da wir sie auf die Dauer weder selbst, noch durch Andere in jedem Augenblicke bewachen können, so müssen wir regelmäßig darauf bedacht sein, uns ihrer

---

braucht, aber für jeden Standpunct außerhalb des Grundstücks, von dem sich dasselbe übersehen läßt: da ohne ist die erforderliche individuelle Gewißheit über die Lage des Grundstücks nicht möglich: die physische Einwirkung auf den Fundus ist aber ebenso gleichgültig, als von dem Thurme aus unmöglich.

[1]) Entwendungen einzelner substantieller Theile (wie Sand- oder Lehmausgraben) sind zu unbedeutend, um gegen die Totalität in Betracht zu kommen. Die unredliche Aneignung von Theilen der organischen Superficies sucht man aber durch Anstellung communaler oder privater Feldwärter, Flurschützen, Waldhüter zu verhindern.

durch objective Veranstaltungen zu versichern, so daß unser Besitzwille zwar von außen her, aber doch durch seine eigene geistige Energie diejenige objective Sicherheit gewinnt, welche in diesen Objecten selber nicht anzutreffen ist.

Aus diesen Andeutungen folgt schon, welchen Gang die fernere Interpretation der quellenmäßigen Erwerbsfälle zu nehmen hat. Es sollen zuerst die Fragmente betrachtet werden, welche auf den Besitzerwerb durch unsere eigene oder die von uns angeordnete Bewachung Anderer Bezug haben; darauf sollen die Stellen folgen, in denen objective Veranstaltungen erwähnt werden, welche den Erwerb lebloser Mobilien vermitteln; und daran schließen sich endlich die Fälle, in denen es ausnahmsweise weder einer Bewachung, noch objectiver Maaßregeln bedarf. Ueberall werden wir sehen, daß unser Besitzwille, wo er an sich nicht ausreicht, durch die von ihm ausgehenden verschiedenartigsten Maßregeln der custodia sich verwirklicht und sichert, soweit es menschenmöglich ist: gegen die Ohnmacht, auf die er durch die endliche Natur seiner Herrschaftsobjecte, oder außergewöhnliche und unabwendbare Ereignisse reducirt werden kann, läßt sich freilich nichts ausrichten [1]); gegen den Untergang aber, der dem Recht des Besitzes durch Unrecht Anderer droht, kann und soll die in der custodia liegende Energie des Besitzwillens Schutz gewähren [2]). —

Der Apprehensionsart, welche man bis auf Savigny als die eigentliche und einzig vollkommene betrachtete, des Ergreifens mit der Hand erwähnen die Quellen nicht; sehr natürlich, weil sie keinen Zweifel und somit kein juristisches Interesse bot [3]). Nicht ganz unbedenklich schien ihnen dagegen die Frage, ob Besitz erworben

---

[1]) „Custodia adversus vim (maiorem) parum proficit" (L. 31. D. de A. E. et V. 19. 1).

[2]) Also namentlich (wie für die diligentia in custodiendo) in zwei Hauptrücksichten: „ne res subripiatur" (L. 52. § 3. D. pro socio 17. 2.; § 3. J. de empt. 3. 23.; L. 35. § 4. D. de contrah. emt. 18. 1.; L. 31. pr. D. de A. E. et V. 19. 1.; L. 10--15. D. de furt. 47. 2), — und „ne damnum iniuria dari possit" (L. 41. D. locati 19. 2; L. 13. § 5. eod.).

[3]) Nur in der erklärten L. 3. C. h. t. glaube ich eine derartige Andeutung („vacua possessio tradita corpore") zu finden; s. oben S. 163 flgde.

werde, ohne körperliche Berührung der Objecte, und ohne daß sonst Anstalten getroffen würden, sie in Sicherheit zu bringen. Hierauf bezieht sich eine Stelle von Javolenus [1]), welche auch Savigny an die Spitz seiner Erklärungen über den Besitzerwerb an beweglichen Sachen stellt:

Pecuniam, quam mihi debes, aut aliam rem (scil. debitam) si in conspectu meo ponere te iubeam, efficietur, ut et tu statim libereris, et mea esse incipiat; nam tum, quod a nullo corporaliter eius rei possessio detineretur, acquisita mihi et quodammodo manu longa tradita existimanda est.

Savigny geht davon aus, daß zunächst, wie bei unbeweglichen, so auch bei beweglichen Sachen, die unmittelbare Gegenwart das ist, „was die Stelle des wirklichen Ergreifens ohne alle juristische Fiction vertreten kann", da es ja gleichgültig bleibe, „ob die Sache wirklich ergriffen sei, oder ob sie in jedem Augenblick ergriffen werden könnte." Zur Erklärung der abgedruckten Stelle bemerkt er sodann speciell: „Der bisherige Besitzer ist hier wieder der einzige, der mich hindern könnte, über die Sache nach Willkühr zu verfügen; aber eben von diesem wird ausdrücklich gesagt, daß er sogar durch seine Handlung meinen Besitz anerkannt habe." Er hebt also nur ein negatives Requisit des behandelten Erwerbsfalls hervor, und hat die darin ausgesprochene positive Regel für den Erwerb des Besitzes nicht erkannt, welche in den Worten „in conspectu meo ponere te iubeam" enthalten ist.

Die „unmittelbare Gegenwart", welche die Stelle des Ergreifens „vertreten" soll, ist an sich juristisch ebenso unergiebig, wie die Detention; sie ist die Vorbedingung des Besitzerwerbes, ohne die derselbe nicht stattfindet; aber er erfolgt nie durch unsere persönliche Anwesenheit. Ein bloßer Zustand vermag doch auch keine positive Wirkungen hervorzubringen, sondern hierzu bedarf es eines Agens, und was beim Besitzerwerbe allein eine active Rolle spielt, ist, wie nicht oft genug hervorgehoben werden kann, einzig die Recht

---

[1]) L. 79. D. de solutt. (46. 3): cf. L. 31. § 1. D. de donatt. (39. 5), deren Erklärung auf denselben Grundsätzen beruht (der Schwerpunct liegt in den Worten „quae praesens fuit").

erzeugende Potenz unsers Willens, in seiner Dreieinigkeit, wie er uns klar geworden. Dem Besitzwillen des Erwerbers in dem betrachteten Fragment fehlt keines der Momente, welche nach der gegebenen Entwickelung für seine vollständige Explicirung erfordert werden: die Richtung ist dadurch angedeutet, daß der Schuldner das Schuldobject auf das Geheiß des Gläubigers niederlegt; dieser weiß, was er will, da die Niederlegung vor seinen Augen erfolgt; und er bemächtigt sich endlich auch des ihm geschuldet gewesenen Objects, weil es innerhalb seines Gesichtskreises gelagert und von ihm selber bewacht wird. Die eigene Bewachung, die Observation des Objects ist recht eigentlich eine Custodia [1]), die sicherste von allen, aber freilich nicht auf die Länge möglich; für den Augenblick, — und darauf kommt es ja nur an, um die doppelte Wirkung des in dem Fragment referirten Acts zu motiviren, — ist der Besitz vom Gläubiger erworben, und damit die Befreiung des Schuldners von seinem Schuldnexus (unter der selbstverständlichen Voraussetzung, daß das geschuldete Object contractsgemäß war und dem Schuldner gehörte) eingetreten [2]).

Ist es nicht nöthig, daß wir das Besitzobject körperlich ergreifen oder in objectiven Gewahrsam bringen, sondern genügt es, wenn wir es unter Augen haben und behalten, so muß auch der Umstand gleichgültig sein, ob wir es selber, oder, auf unsere Anordnung, Andere bewachen. Dieser Andere ist dann nicht Organ, durch das wir Besitz erwerben, — solchen Falls müßte er doch immer, wenn auch für uns, Besitz erwerben wollen, —

[1]) L. 1. § 23. D. h. t.: „Qui creditorem — mittit in possessionem — custodiam rerum et observationem concedit"; L. 12. D. quib. ex caus. in poss. eatur (42. 4): „Quum — bona possidere Praetor permittet, — magis custodiam rerum, et observationem nobis concedit"; cf. L. 1. § 21. D. h. t.: „Non est corpore et actu necesse apprehendere possessionem, sed etiam oculis et affectu."

[2]) Die Glosse (zu L. 18. § 1. L. 1. § 1. D. h. t.) mischt in scholastischer Weise Irrthum und Wahrheit: sie ließ Besitzerwerb durch das Gesicht (per solum aspectum) zu, faßte dasselbe aber abstract als einen der fünf Sinne, und ließ auch sonst durch jede sinnliche Wahrnehmung (Gefühl, Gehör u. s. w.) Besitz entstehen; durch Anschauen könne die Sache erworben werden, auch wenn sie „per decem miliaria" entfernt wäre! Vgl. Savigny Bes. § 15. S. 237.

sondern ein bloßes Instrument, das statt unser die Custodia ausübt. Dies ist im Allgemeinen der Inhalt eines Fragments aus den von Javolenus herausgegebenen nachgelassenen Schriften Labeo's, das sprachlich und sachlich nicht ohne Schwierigkeiten, nach der Interpunction aber, welche in unsern Ausgaben gewöhnlich, ganz unverständlich ist [1]):

Quarundam rerum animo possessionem adipisci nos, ait Labeo: veluti si acervum lignorum emero, et eum venditor tollere me iusserit; simulatque custodiam posuissem, traditus mihi videtur. Idem iuris esse vino vendito, cum universae amphorae simul essent. „Sed videamus", inquit, „ne haec ipsa corporis traditio sit. Quia nihil interest, utrum mihi, an et cuilibet iusserim, custodia tradatur; in eo puto hanc quaestionem consistere: an, etiamsi corpore acervus aut amphorae adprehensae non sunt, nihilo minus traditae videantur. Nihil video interesse, utrum ipse acervum, an mandatu meo aliquis custodiat: utrubique animi quodam genere possessio erit aestimanda."

Savigny glaubt, in dieser Stelle sei ein Widerspruch des Javolenus gegen die im Eingange des Fragments mitgetheilte Ansicht Labeo's enthalten, der mit den Worten „in eo puto hanc quaestionem consistere" beginne; der Herausgeber tadle an Labeo, daß er in die behandelte Frage ungehöriger Weise die Zuziehung eines Stellvertreters eingemischt habe. Der Zusammenhang der Stelle soll nach ihm dieser sein: „Labeo sagt, an manchen Sachen werde der Besitz unkörperlich erworben, z. B. an einem erkauften Holzhaufen, durch die bloße Bestellung eines Wächters, ebenso bei gekauftem Wein. Er setzt hinzu, man könne dies aber auch wohl für eine körperliche Tradition gelten lassen, weil ja nichts darauf

---

[1]) L. 51. D. h. t. (Javolenus libro V ex Posterioribus Labeonis). Die Interpunction, welche ich der abgedruckten Stelle gegeben, wird an sich schon das Verständniß vermitteln. Wann endlich werden die Digesten ihren Fr. Schrader und Em. Herrmann finden! Die Gelehrten der Gegenwart würden sich durch kritische, nur zu lange unterlassene Bemühungen um diese großen Trümmer der Vergangenheit ein höheres Verdienst für die Zukunft erwerben, als durch ihre Zukunfts-Jurisprudenz von Eintagsdauer.

ankomme, ob der Käufer in eigener Person, oder durch einen Stellvertreter die Aufsicht übernehme. Ich aber glaube (sagt nun Javolenus), man darf die Zuziehung eines Stellvertreters gar nicht in die gegenwärtige Frage einmischen: die Frage ist nämlich, ob hier die Tradition vollendet ist, obgleich das Holz oder die Weinkrüge nicht körperlich ergriffen worden sind? Vollendet ist sie nun allerdings, aber man kann aus diesem Grunde sagen, daß der Besitz hier in jedem Fall (mit oder ohne Stellvertreter) gewissermaßen unkörperlich erworben werde."

Diese Erklärung, die für mein Gefühl auch sachlich nichts klar macht, kann schon aus sprachlichen Gründen nicht richtig sein. Es wäre wunderbar, wenn der Herausgeber von sich in der dritten Person sprechen sollte („inquit") [1]), und in der That findet man bei einer Vergleichung der übrigen Bruchstücke aus den nachgelassenen Papieren Labeo's, daß Javolenus, wo er anderer Meinung ist, sich in der ersten Person oder ganz unpersönlich ausdrückt [2]). Auch trifft man nirgends in den uns erhaltenen Stellen jenes Buchs auf eine so ausführliche und den Mund so voll nehmende Widerlegung, sondern der Herausgeber begnügt sich, nach der practischen Weise juristischer Kritik, wie sie auch sonst in den Quellen gewöhnlich, mit ganz kurzen Bemerkungen in dem Character bloßer Randnoten [3]). Endlich hat die Annahme wissenschaftlicher Streitigkeiten unter den Römischen Juristen, mit der man es namentlich heutzutage so leicht nimmt, ihre großen Bedenken; sie waren durchaus keine Schulge-

---

[1]) Die Römischen Juristen thun dies wohl, aber nur, wenn sie ein von ihnen gegebenes Responsum citiren.

[2]) So „hoc falsum puto", „ego contra puto", „puto potius", „falsum est": L. 20. D. de servit. (8. 1); L. 79. D. de contr. emt. (18. 1); L. 80. D. de iure dot. (23. 3); L. 18. pr. § 1. D. de fundo dot. (23. 5); L. 60. L. 62. pr. D. de acqu. vel om. hered. (29. 2); L. 44. D. de iniur. (47. 10), — sämmtlich Excerpte aus den Posteriora Labeonis, dessen Ansichten der Herausgeber mit den angegebenen kurzen Wendungen mißbilligt.

[3]) Vgl. z. B. die in der vorigen Note angeführten Excerpte aus derselben Schrift, und ferner L. 39. § 4. D. de statulib. (40. 7); L. 57. D. ad L. Aquil. (9. 2); L. 32. pr. D. de pact. dotalib. (23. 4); L. 64. D. de donat. i. v. et u. (24. 1); L. 33. D. de testam. tut. (26. 2); L. 51. § 1. D. de A. E. et V. (19. 1).

lehrten, und liebten es keineswegs, durch Hypothesen und Fictionen historische oder dogmatische Probleme zu lösen; nichts war ihnen gleichgültiger, als was dieser oder jener ihrer Vorgänger etwa „gesagt", und nur deren Entscheidungen billigten oder verwarfen sie, ohne davon viel Aufhebens zu machen.

Auch Javolenus billigt hier die Ansicht Labeo's, wie fast immer, kurz und gut, und das ganze Fragment enthält nur einen Auszug aus den nachgelassenen Papieren des Letzteren: anfänglich bloß dem Sinne nach und theilweise in indirecter Rede, — von den Worten „sed videamus" an, aber in wörtlicher Anführung. Eine äußerliche Unterstützung für diese Auffassung bietet sich in der ganz gleichen Structur eines anderen Bruchstücks aus derselben Schrift, welches keinen Zweifel übrig läßt, daß es Labeo's Ansicht wörtlich wiedergiebt [1]). Innerlich gerechtfertigt ist diese Annahme freilich nur dann, wenn das Fragment, als ein von Labeo herrührendes Ganze aufgefaßt, wirklich einen Sinn giebt, und ich glaube, daß es sich überhaupt nur so verstehen läßt. Die richtige Erklärung soll in einer freien Uebersetzung versucht werden, und diese muß etwas ausführlicher ausfallen, weil eine wissenschaftliche Auffassung die Mittelglieder nicht auslassen darf, welche die schöpferische Ideenassociation der Römer so oft übersprungen hat; wir müssen hier, wie überall, bemüht sein, den Alten nachzudenken, ihren Gedankengang zu verfolgen; darin besteht jede wahrhaft interpretative Thätigkeit:

„Mitunter, — so heißt es einmal in Labeo's hinterlassenen Schriften, — erwerben wir Besitz bloß durch unsern Willen, ohne eine eigentliche, ja ohne alle eigene Thätigkeit. Wenn ich zum Beispiel einen Haufen Holz gekauft habe und der Verkäufer die Fort-

---

[1]) In der L. 40. § 2. D. de condit. et demonstr. (35. 1), — dem zweiten Buch der Posteriora entnommen, — giebt Labeo in Betreff eines bedingt hinterlassenen Legats zunächst die Ansicht des Ofilius wieder; seine abweichende Meinung motivirt er in den nachstehenden, wörtlich von Javolenus angeführten Wendungen: „Videamus, inquit Labeo, ne id falsum sit, quia nihil intersit, utrum ita scribatur, . . ., an ita, . . .: utrubique enim sub conditione vel datum, vel ademtum esse legatum." Der Herausgeber bemerkt hierzu: „Labeonis responsum probo."

schaffung desselben von mir verlangt, so habe ich den Besitz daran ergriffen, sobald ich Jemand Anderes als Wache dabei aufstelle. Ganz das Gleiche gilt auch beim Verkauf von Wein, vorausgesetzt, daß der ganze Vorrath (in Bausch und Bogen) auf einmal verkauft ist [1]). „Aber", so fährt Labeo nun wörtlich weiter fort, „sollte nicht grade in der Aufstellung eines Wächters eine reelle Besitznahme liegen? Es ist doch gewiß ganz gleichgültig, ob ich in eigener Person, oder ob ein Anderer in Folge meiner Anordnung Wache hält. Folglich kann der Kern der Frage nur darin bestehen: ob der Besitzerwerb als vollendet angesehen werden darf, trotzdem der Haufen Holz oder die Weinkrüge nicht im eigentlichen Sinne er-griffen sind. Nun weiß ich aber durchaus nicht, was es für einen Unterschied machen soll, ob ich die Bewachung in eigener Person, oder durch Jemand anders ausübe; ein eigentliches Er-greifen, eine positive Thätigkeit findet hier sowenig Statt, wie da: die beiden Fälle liegen also ganz gleich, und es bleibt nur übrig anzunehmen, in dem einen, wie in dem andern werde der Besitz einfach durch eine Art von bloßem Wollen erworben, ohne daß Seitens unser oder unseres Wächters eine eigentliche Besitzhandlung vorgenommen zu werden brauchte."

Labeo, von dem wir ja auch sonst wissen, daß er vorzugsweise bemüht war, mit Hülfe der äußerlichen Mittel, welche philosophische Kritik, Alterthumskunde und Linguistik an die Hand geben, das eigentliche Civil-Recht zur Höhe einer Wissenschaft zu erheben [2]), ver-

---

[1]) Aus dem voraufgegangenen „**vino vendito**" muß man zu „**simul essent**" suppliren „**venditae.**" Denn sind nicht alle zusammen verkauft, so bedarf es zuvor doch einer Aussonderung; ohne diese wissen Erwerber, wie Wächter nicht, was sie erwerben oder bewachen sollen. Das Nähere wird unten bei Erklärung von **L. 74. D. de contr. emt. (18. 1)** beigebracht werden.

[2]) Labeo schließt ebenso, wie Paulus eine Entwickelungsphase des Rechts; Jener bildet den Schlußpunct des Civil-, Dieser des allgemeinen Reichs-Rechts, wie es auf dem Grunde der Hadrianischen Sammlung seine höchste practische Vollendung erreicht hatte; ein Fortschritt über Beide hinaus war nicht wohl möglich, da die großen Civilisten zu Ende der Republik aus dem Civil-Recht, d. h. aus dem Recht, wie es historisch für die Römischen Bürger ausgebildet war, practisch gemacht hatten, was sich daraus machen ließ, — ebenso wie durch Papinian und Ulpian das Jus gentium voll-

sucht an den beiden Erwerbsfällen, die er am Eingang des Fragments richtig unterscheidet, jene gewiß althergebrachte und durch ihre klangvolle classische Kürze empfohlene Regel zu erproben, daß der Besitz stets „animo et corpore" erworben werde. Seine Ent-

ständig practicabel geworden war; eine eigentlich wissenschaftliche Bearbeitung war keine Aufgabe für die antike Welt, und an ihr mußte sowohl die Schule des großen Servius, als auch Paulus mit seinen Jüngern (unter denen nur noch Modestinus ein hervorragendes Talent zeigt) scheitern. Schon mit Servius beginnt eine Art äußerlich-wissenschaftlicher Bearbeitung der practisch abgeschlossenen Entwickelungsphase des Civilrechts: unter seinen Schülern ragt Alfenus Varus (aus niederem Stande hervorgegangen und erst spät für die Jurisprudenz gebildet,) durch seine philosophische Bildung hervor, auf die ich bereits aufmerksam machte (vgl. oben S. 125 und S. 140); Aufidius Namusa giebt schon ein encyclopädisches Sammelwerk heraus, „Pandekten" des ius civium; Labeo, dessen Vater einer der Schüler von Servius gewesen, hatte die Unterweisung aller jener letzten eigentlichen Civilis-ten genossen, und unternahm es, der seit Cäsar gehegten Absicht der Alleinherrscher entgegenzuarbeiten, welche in dem Jus Gentium ein allgemeines Reichs-Unterthanen-Recht schaffen, und damit den wirksamsten Hebel für eine Gleichstellung der Römischen Bürger mit den Peregrinen in Anwendung bringen wollten. Er glaubte, wenn er das alte Civilrecht mit der ihm eigenen hellenistisch-allgemeinen und römisch-antiquarisch-linguistischen Bildung befruchte, und in dasselbe für die Römischen Bürger die als zweckmäßig bewährten Neuerungen Prätorischer Rechtsschöpfung aufnehme, so würde es widerstandsfähig gegen das Edictalrecht, und dessen nivellirende Macht, und damit auch zugleich ein Halt für die absterbenden Reste Republikanischen Bürgersinns gewonnen werden. Aber das Jus Gentium ward durch geistreiche Bearbeiter, vor Allen Sabinus und Julianus, zum allgemeinen Reichsunterthanen- und danächst und grade dadurch zum Weltrecht; die Anhänger Labeo's verschwanden schon mit Trajan und gänzlich mit dem Beginn der Regierung Hadrian's, zugleich mit der Urbanität der Sprache und allen sonstigen letzten Resten römisch-republicanischen Bürgerthums.

In raschen Strichen habe ich diesen Entwickelungsgang der römischen Jurisprudenz schon in einer früheren Schrift zu zeichnen gesucht, deren reicher Gedankengehalt eine sorgfältigere Ausarbeitung gelohnt, aber freilich auch, sollte sie ihre volle Wirkung thun, erfordert hätte, wenn sich nur eine solche in abgestohlenen Mußestunden für Materien geben ließe', die in die meisten Gebiete des Wissens eingreifen, und für die noch so gut wie gar nichts vorgearbeitet ist. Auch jetzt kann ich nur auf diese allerdings unvollkommene Skizze verweisen, da sie wenigstens in großen Zügen ein historisch treues Bild der Gesammtentwickelung bietet (Ueber die geschichtl. Entst. d. Rechts S. 165—247).

wickelung leidet jedoch, wollen wir an sie einen streng wissenschaftlichen Maßstab anlegen, an einer ersichtlichen Unbeholfenheit, und der berühmte Jurist giebt wirklich gar keine Auskunft darüber, warum denn in den betrachteten beiden Fällen unser Besitzwille genügt, ohne daß es einer eigentlichen Besitzhandlung bedarf. Es macht einen beinahe komischen Eindruck, wenn er am Schluß grade soweit ist, wie er am Anfang war, und in halber Verzweifelung plötzlich damit abbricht, der Besitzerwerb lasse sich nur so erklären, daß hier „eine Art von bloßem Wollen für genügend erachtet werde." Dem Herausgeber blieb in der That nichts übrig, als diesen unvollkommenen Versuch einer wissenschaftlichen Entwickelung wörtlich anzuführen, da er keine stätige und gedankenmäßige Auseinandersetzung enthält und somit ein Herausschälen des logischen Kerns auf dem Wege des Excerpirens nicht zuläßt [1]). Javolenus war freilich, gleich allen seinen Fachgenossen und Landsleuten, ebensowenig befähigt, die Qualification des Besitzwillens klar zu machen, infolge deren er in den betrachteten beiden Erwerbsfällen nicht ein „bloßer und nackter" Wille ist, und wir dürfen uns darüber nicht wundern, da auch für uns die Feststellung der Bedeutung von „corpore" eine der schwierigsten civilistischen Aufgaben bildet.

In den behandelten beiden Fällen gab es kein anderes Mittel, den Besitzwillen der Erwerber zu re=alisiren, als die Bewachung in eigener Person oder durch einen dazu bestellten Hüter. Es waren Käufe in Bausch und Bogen geschlossen über einen Haufen Holz, — eine im Freien aufgestellte Collectiv=Species, — und einen ganzen Weinvorrath; solchen Falls hat der Verkäufer, Mangels anderer Verabredungen, die diligentia in custodiendo zu prästiren [2]); grade um davon frei zu werden, daneben auch um die Lagerungsräume, und beim Weinverkauf vielleicht auch die Gefäße wieder zur Verwendung zu erhalten, hatte er auf Abholung der Kaufobjecte gedrungen. Ausdrücklich gesagt ist dies freilich nur von dem Holzhändler („eum venditor me tollere iusserit"); man muß es

[1]) „Nihil excerpere, nihil referre possis!" (Tac. de oratt. dial. 22).

[2]) „Vino per aversionem vendito finis custodiae est avehendi tempus" (L. 4. § 2. D. de per. et comm. 18. 6): Wein ist hier selbstredend beispielsweise für alle Fungibilien genannt.

aber auch für den zweiten nicht so genau referirten Fall des Weinkaufs annehmen, da die Krüge aller Wahrscheinlichkeit nach in dem Keller [1]) des Weinhändlers lagerten und dieser aus den angegebenen Rücksichten und auch deßhalb auf der Abholung bestehen mußte, weil die Zerbrechlichkeit der Weinkrüge und die Natur dieser Besitzobjecte seine Verantwortlichkeit soviel größer machten [2]).

Der im Freien klafterweise auf einem fremden Territorium aufgesetzte Haufen Holz konnte, wenn ihn der Verkäufer nicht selber in seine Obhut nehmen wollte, gar nicht anders für den Käufer gesichert werden, als durch eigene Bewachung oder durch die eines angestellten Wächters; bei dem Weinvorrath in der fremden Weinkammer wäre dies möglich gewesen, wenn der Verkäufer dem Käufer durch Aushändigung der Schlüssel die Disposition über den Lagerraum hätte anvertrauen mögen [3]), was aber eben nicht thunlich erschien; es blieb daher auch letzteren Falls die Sicherung des Besitzwillens nur durch die angeordnete subjective Custodia übrig. Diese reichte in beiden Fällen auch vollkommen hin, weil sie ja nur auf kurze Zeit, bis zur Abholung der Kaufobjecte, nöthig war. —

Denn die subjective Custodia ist selbstverständlich immer nur auf kurze Zeit ausführbar, und gilt thatsächlich als bloßes Auskunftsmittel, wenn eine sonstige, objective Sicherung unthunlich erscheint. Die allergewöhnlichste der objectiven Maßregeln, wodurch unser Besitzwille die unerläßliche Sicherheit und wir die reale Möglichkeit gewinnen, die Gegenstände unseres Besitzes auf die Dauer zu behalten, besteht nun darin, daß wir sie bei uns [4]), das heißt bei uns zu Hause, in unserer Wohnung unterbringen oder

---

[1]) Um modern zu sprechen; cella vinaria heißt bekanntlich Weinkammer.

[2]) Vgl. über diese Rücksichten des „denuntiare emtori, ut tollat vinum" L. 4. § 1. 2. D. cit.; cf. L. 15. eod.

[3]) „Et vina tradita videri, quum claves cellae vinariae emtori traditae fuerint" (L. 1. § 21. D. h. t.).

[4]) „Chez nous" (chez moi, chez soi). Die eigentliche Bedeutung der Präposition chez ist: „dans la maison de —, au logis de —" (Dict. de l'Acad. Franç. s. v.). Unser bei (be — bin — bauen) muß, gleich wie chez (aus casa), in allen seinen Bedeutungen auf die Vorstellung des Seins und Wohnens zurückgeführt werden; chez ist nur sinnlicher geblieben (J. u. W. Grimm D. W. B. s. v. I. 1346).

unterbringen lassen. Das ist die wichtigste aller Erwerbsregeln, und sie wird uns in einem andern Satze jenes brillanten Fragments von Celsus [1]) vorgeführt, dessen practische Tragweite bisher nicht erkannt ist:

Si venditorem, quod emerim, deponere in mea domo iusserim, possidere me certum est, quamquam id nemo dum attigerit.

Savigny [2]) macht mit Recht darauf aufmerksam, es sei in dem referirten Falle grade vorausgesetzt, daß die Leute des Käufers das Kaufobject nicht in Empfang genommen; auch komme es nur auf den eigenen Gebrauch des „Gebäudes", nicht auf das Eigenthum oder den juristischen Besitz an demselben an, weßhalb auch der Miether auf diese Weise Besitz erwerben könne, nicht aber der bloße Eigenthümer des vermietheten „Hauses." Im übrigen aber hilft seine Interpretation nicht zum Verständniß des Fragments, und beschränkt sich lediglich darauf: „Hier wird gar nicht vorausgesetzt, daß der Kauf in Gegenwart der Sache geschlossen war, und ebensowenig, daß der Käufer sich in seinem Hause befand, als die Sache niedergelegt wurde; also ist das Niederlegen das Factum gewesen, wodurch der Besitz erworben wurde." Noch weniger kann der Grund befriedigen, den Savigny hierfür angiebt: „Jeder hat über sein Haus sichrere Herrschaft, als über alles andere Vermögen, und durch jene Herrschaft zugleich die custodia aller der Sachen, die in dem Hause [3]) enthalten sind." Mich dünkt, sicher sei sicher und lasse keine Steigerung zu, wo es sich um principielle Requisite handelt; auch will es platterdings nicht einleuchten, wie man durch die Herrschaft über eine Sache auch die Herrschaft über eine andere erlangen könne, da doch jeder Besitz auf dem Grundsatz der Specialität, also auf der Unterwerfung dieses Objects unter dieses Subject beruht.

In dem Fragmente des Celsus liegen in völliger Regelmäßig-

---

[1]) L. 18. § 2. D. h. t.

[2]) Bes. § 17. S. 253—56; S. 258. Note 1.

[3]) Also auch an dem „Schatz in meinem Hause", wenn ich nur „weiß, wo er liegt," — „auch ohne Ausgraben, quia est sub custodia nostra," (a. a. O. S. 258. Note 1); vgl. oben S. 153—54.

keit die Erfordernisse des Besitzerwerbes vor, wie sie uns klar geworden. Der Erwerber will das Kaufobject haben und behalten, da er den Verkäufer anweist, dasselbe bei ihm abgeben zu lassen: si venditorem, quod emerim, deponere in domo mea iusserim. Er weiß auch, was er will, da er es in eigener Person eingekauft hat, und man doch (nach dem Sprichwort) nicht die Katze im Sack zu kaufen pflegt: quod emerim [1]). Sein Besitzwille gewinnt endlich die nöthige objective Sicherheit von dem Augenblicke an, wo das Kaufobject seiner Anweisung gemäß bei ihm (zu Hause) abgegeben wird.

Denn in dem „Kastell unseres Hauses", in unserem Heimwesen, haben wir wirklich das reale Centrum unserer Persönlichkeit; unser Wohn-sitz, unsere ständige Wohnung, ist der Regel nach auch der Ort unsers Wohnsitzes in der technischen Bedeutung von Domicil [2]), und der Punct, von wo aus unsere Thätigkeit als Rechtssubject sich radiengleich verbreitet, aber wohin sie sich auch immer wieder zurückzieht [3]). Was wir bei uns aufnehmen oder aufnehmen lassen, ist, nach dem bemerklich gemachten sinnigen Ausdruck moderner Sprachbildung, in der That so gut aufgehoben und wohl verwahrt, als wenn wir es selber stets unter Augen hätten und behielten. Die Worte „in domo mea" gewinnen daher erst einen Sinn, wenn man dabei nicht an „Haus" oder gar an „Gebäude" denkt, sondern domus hat hier, (wie in verwandten Fällen, die eine durchaus gültige Ana-logie, eine vollständige Gleichheit

---

[1]) Savigny giebt für seine speciellen Annahme des Gegentheils keinen Grund an; es läßt sich also nur vermuthen, er supponire, der Kauf sei nicht in Gegenwart der Sache abgeschlossen, grade deßhalb, weil solchen Falls (nach seiner, nicht quellenmäßigen, Auffassung) der Käufer gleich beim Einkauf Besitz erworben habe, da er ja derzeit schon die physische Möglichkeit der Einwirkung hatte und die unmittelbare Gegenwart des Erwerbers auch bei beweglichen Sagen ausreichen soll.

[2]) Auch domicilium bedeutet ja ursprünglich Wohnung.

[3]) Nach dem wirklich malerischen Ausdruck der L. 7. C. de incol. (10. 39): „Et in eodem loco singulos habere domicilium non ambigitur, ubi quis larem rerumque ac fortunarum suarum summam constituit, unde rursus non sit discessurus, si nihil avocet, unde quum profectus est, peregrinari videtur, quo(d)si rediit, peregrinari iam destitit. Cf. L. 203. D. de V. S.

des Grundes enthalten) [1]), die Bedeutung von Wohnsitz, im Sinne von ständiger Wohnung: ist das Besitzobject bei uns abgegeben oder auch nur niedergelegt, so können wir es haben und behalten, unser Besitzwille ist also von dem Augenblicke an, wo dies geschieht, nicht mehr ein bloßer und nackter, sondern ein Wille, der wirklich Macht über sein Object erlangt hat [2]). —

---

[1]) Die L. Cornelia de iniuriis berechtigte den, dessen Hausfriede verletzt war, („quod domum suam vi introitam esse dicat," L. 5. pr. D. de iniur. 47. 10), zur Klaganstellung. Ulpian exemplificirt daher die Bedeutung von domus in den §§ 2—5. L. cit. und gelangt auf diesem Wege zu der Generalisirung: „puto ad omnem habitationem, in qua pater familias habitat, pertinere hanc legem, licet ibi quis domicilium non habeat; — tantum igitur ad meritoria vel stabula non pertinebit. Ceterum ad hos pertinebit, qui inhabitant non momenti causa, licet ibi domicilium non habeant." Ebenso durfte der Vater die ehebrecherische Tochter nur in seiner oder seines Schwiegersohns wirklicher Wohnung, also auch nicht in einem ihm gehörigen, aber von ihm nicht bewohnten Hause tödten, „quod maiorem iniuriam putavit legislator, quod in domo patris aut mariti ausa fuerit filia adulterum inducere" (L. 22. § 2. L. 23. § 2. 3. D. ad L. Jul. de adult. 48. 5). Aus gleichem Grunde wird auch in L. 1. § 2. D. de aleatorib. (11. 5) gesagt: „Domum autem pro habitatione et domicilio nos accipere debere, certum est." Savigny bemerkt dem ungeachtet (a. a. O. S. 255. Note 1) ausdrücklich, das interpretirte Fragment von Celsus beschränke sich nicht auf „eigentliche Wohngebäude," scheint also auch die von Ulpian ausgeschlossenen „stabula" für passende Depositionsorte zu halten. Aus Ulpian's vortrefflicher Exposition können wir übrigens die practisch nicht unwichtige Lehre entnehmen, daß, wenn Reisende, wie so gewöhnlich, ihre Einkäufe nach ihrem Gasthofe addressiren, sie, auch bei wirklich daselbst erfolgter Deposition, nicht daran Besitz erwerben, weil der Begriff von domus „ad meritoria non pertinet," da in ihnen nur „momenti causa" gewohnt wird. — Eine interessante Anwendung der Bedeutung von domus (im Sinne von habitatio non momenti causa) ist die Purgirung der Furtivität; vgl. L. 4. § 11. u. 12. D. de usurp. (41. 3): „Si pupilli res surrepta fuerit, sufficere dicendum est, si tutor eius sciat, rediisse eam in domum pupilli — — Tunc in potestatem domini rediisse dicendum est, quum possessionem eius nactus sit iuste, ut avelli non possit."

[2]) In dem referirten, sicherlich der Praxis entnommenen Falle hatte der Käufer im Laden des Verkäufers die Erklärung, man solle das Kaufobject zu ihm (nach Hause) schicken, doch wohl nur in der Meinung und Voraussetzung abgegeben, es würde dort von seinen Leuten in Empfang genommen wer-

Die bisher erklärten Fragmente haben uns die hauptsächlichsten Modalitäten für die Realisation unsers Besitzwillens bei leblosen Mobilien vor Augen geführt. Diese reichen aber nicht für alle Fälle aus, weil die durch Bewachung ausgeübte subjective Custodia, jedenfalls auf die Länge, die objective Custodia aber, wie sie durch Unterbringung in unserer Wohnung geschieht, der natürlichen Beschaffenheit mancher Besitzobjecte halber, überhaupt unmöglich ist. Wollen wir Beispielsweise ein nicht bemanntes Schiff in Besitz nehmen, so ist dazu nöthig, daß wir es vor Anker legen oder mit Tauen an's Ufer befestigen. Und bei den Wohngebäuden selber, den complicirtesten aller Ideal-Species, hilft uns die unmittelbare Gegenwart gar nichts; sie müssen wir, ihrem Zweck gemäß, beziehen, oder beziehen lassen; sollen sie aber, ihrer Bestimmung zuwider, leer stehen, so müssen wir sie durch Verschließen so gut wie möglich objectiv sichern. Ueberall, nur nicht bei den eigentlichen liegenden Gründen, bedarf es da, wo keine subjective Custodia vorhanden, objectiver Sicherungsmaßregeln für die vollständige Erblicirung unsers Besitzwillens. Allgemeine Regeln lassen sich darüber nicht geben, da sich die Beschaffenheit der zu treffenden Vorkehrungen nach der Verschiedenheit der Besitzobjecte selber richtet, und danach in jedem einzelnen Fall zu bemessen, wie zu beurtheilen ist; in jedem speciellen Erwerbsfall, um es noch einmal recht fest einzuprägen, muß das Factum untersucht werden, ob das Recht des Besitzes erworben ist. Nur soviel läßt sich sagen, daß die getroffenen objectiven Vorkehrungen jedesmal als ausreichend angesehen werden müssen, wenn sie nach dem gewöhnlichen Lauf der Dinge ausgereicht haben

---

den; es war aber grade keiner von ihnen zu Hause oder doch nicht bei der Hand gewesen, und der Laufbursche hatte es deßhalb, nach solcher Jungen Art, kurz und gut auf dem Flur (oder, weil wir uns im Wohnhause der Alten befinden, im Atrium, auch wohl im Peristylium, da der Laufbursche den hinteren Eingang für die Dienerschaft und die wirthschaftlichen Verrichtungen genommen haben wird) niedergelegt: dort wird es gestohlen; es ist nun von der höchsten practischen Wichtigkeit, ob der Besitzerwerb als vollendet gelten kann, „quamquam id nemo dum attigerit," obgleich das Paket von keinem der Hausangehörigen (wie doch gehofft) wahrgenommen und weggelegt war — — vielleicht heißt das freilich etwas viel zwischen den Zeilen lesen!

würden, — daß der Besitz also nichts desto weniger für erworben gilt, wenn sich auch wirklich die getroffenen Maßregeln infolge eines außergewöhnlichen Ereignisses (vis maior) späterhin als unzureichend erwiesen haben sollten. —

Nur einer Art von objectiver Custodia will ich noch, unter Anknüpfung an einen quellenmäßigen Erwerbsfall, speciell gedenken, des Besitzerwerbes an Fungibilien in fremden Lagerungsräumen durch deren Verschließung. Denn davon handelt jenes Fragment Papinian's [1]), welches durch Savigny's [2]) blendende, aber durchaus nicht erschöpfende Interpretation so allgemein bekannt geworden ist:

Clavibus traditis, „ita" mercium in horreis conditarum possessio tradita videtur, si claves „apud horrea" traditae sint; quo facto confestim emtor dominium et possessionem adipiscitur, etsi non aperuerit horrea.

Dies Fragment diente Savigny vornämlich zu dem Zweck, die bis auf ihn herrschende falsche Ansicht zu widerlegen, als gäbe es eine symbolische Uebergabe; für eins der Hauptsymbole galt bekanntlich die Auslieferung der Schlüssel, und man nahm an, hierdurch erwürbe der Empfänger auch alle die Gegenstände, welche sich in den Räumen befänden, zu denen man mit Hülfe derselben gelangen könne. „Es ist sehr natürlich", bemerkt er nicht ohne Laune, „daß die Schlüssel von jeher symbolische Schlüssel haben sein müssen, und man brauchte nicht viel weiter zu gehen, um zu behaupten, jede andere Sache könne eben so gut gebraucht werden, und die Schlüssel seien nur Beispielsweise im Römischen Recht genannt. Nun ist zwar nicht zu läugnen, daß Schlüssel, so gut, als jede andere Sache als bloßes Zeichen dienen können, und wenn bei dem Einzuge eines Königs die Schlüssel der Stadt überreicht werden, so läßt sich kaum ein anderer Zweck denken. Aber es giebt noch einen andern Gebrauch, der fast noch häufiger ist, als jener: nämlich etwas aufzuschließen, was verschlossen ist, und davon ist hier allein die Rede." Zum Beweise dafür bezieht er sich auf die Worte ita und apud

---

[1]) L. 74. D. de contrah. emt. (18. 1).

[2]) Bes. §. 16. S. 249. S. 252—53.

horrea: nur wenn die Uebergabe der Schlüssel bei dem verschlossenen „Gebäude" stattfinde, könne der Käufer an den darin befindlichen „Sachen" Besitz erwerben, weil dann die physische Möglichkeit, sie jederzeit zu apprehendiren, vorhanden sei. Zur Erklärung der Schlußwörte „etsi non aperuerit horrea" fügt er dann noch insbesondere hinzu: „Wer durch eine verschlossene Thüre von der Sache getrennt ist, besitzt sie ebensowenig, als wer weit davon entfernt ist; hat er aber den Schlüssel, so kann er jeden Augenblick die Sache ergreifen, und ob er dies wirklich thue, ja ob er auch nur die Thüre öffne, ist zum Erwerb des Besitzes völlig gleichgültig."

Die Schlüssel sollen hier allerdings nicht als „Symbole" gelten, (ein Begriff, der nur der Rechtssitte ethnischer Naturvölker angehört, der aber dem Recht, das heißt dem Römischen Recht, durchaus unbekannt ist,) sondern haben einen ganz practisch-nüchternen Zweck. Dieser geht jedoch nicht auf die Möglichkeit, mittelst derselben das Behältniß, worin die Kaufobjecte lagern, aufzuschließen, sondern ganz im Gegentheil darauf, dasselbe abzuschließen und verschlossen zu halten. In Speichern, — diese Art von „Gebäuden" ist nicht zufällig im Fragment bezeichnet, — pflegt Niemand zu wohnen, und eine fortwährende subjective Custodia ist daher auch dem Besitz- oder Nutzungsberechtigten selber nicht möglich; kauft aber Jemand die Lagerbestände in einem fremden Speichern, wie doch offensichtlich in unserem Fragment vorausgesetzt wird, so entbehrt sein Besitzwille nur dann nicht der nöthigen objectiven Sicherheit, wenn er durch Verschließung der Lagerungsräume die Lagerungsbestände in der Art sicherstellt, daß er annehmen darf, sie nach dem gewöhnlichen Laufe der Dinge zu behalten. Die Uebergabe der Schlüssel vermittelt hier also die objective Custodia [1]), ohne

[1]) Worauf merkwürdiger Weise schon der älteste Wiedererwecker unserer Wissenschaft aufmerksam macht; cf. Glossa interlin. (M. S. Paris. No. 4458 u. 4455) ad voc. claves (L. 1. § 21. D. h. t.): „Y. (Irnerius) quasi adminiculum custodiae" (bei Savigny a. a. O. S. 251). Grade die ältesten Glossatoren zeichnen sich durch gesunde Ansichten aus, weil ihr Blick noch nicht durch den Wust einer meist plan- und ziellosen Litteratur getrübt war, sondern die Quellen ihr Ein und Alles ausmachten. Aus diesen läßt sich eben auch sonst die Bedeutung der Schlüssel, als eines Mittels der ob-

die der Besitzwille des Erwerbers kein machtvoller sein würde, und sie muß (abgesehen von einem Grunde, den ich zum Schluß hervorheben will) auch schon deßhalb bei dem Speicher geschehen, weil der Erwerber sich nicht wohl auf andere Art die augenscheinliche Ueberzeugung davon verschaffen kann, ob die Lagerungsräume auch wirklich verschlossen sind.

Damit ist aber die Erklärung des Fragments noch nicht erschöpft; ebenso wohl, wie ita und apud horrea, müssen die Worte mercium in horreis conditarum hervorgehoben werden. Ein Besitzerwerb in der von Papinian referirten Weise ist nämlich keineswegs, wie die gangbare Ansicht will, an allen Sachen möglich, welche sich unter Verschluß befinden, sondern nur an Kaufmannswaaren, also an Fungibilien, an Quantitäten, welche zu Verkehrszwecken in isolirbaren und isolirten Räumen lagern. Durch eine solche Abschließung nach außen erhalten die Fungibilien jenen Character objectiver Ge-wißheit, ohne welche unser Besitzwille nicht denkbar ist; der Erwerber darf nur wissen, welcher Art die unter Verschluß lagernden Fungibilien sind; einer Feststellung nach Zahl, Maß oder Gewicht bedarf es in diesem Falle nicht, weil durch die Isolirung nach außen eine zwar nicht zahlenmäßige, aber doch an sich vorhandene objective Gewißheit erreicht ist [1]), und diese genügt ebenso, wie es bei dem Erwerb eines

---

jectiven Custodia, entnehmen. Vgl. u. A. L. 77. § 21. D. de leg. II.: „Pater moriens claves — custodiae causa maiori natu filiae tradidit;" — und L. 17. § 15. D. de Aedil. ed. (21. 1): „Apud Caelium scriptum est, liberti apud patronum habitantis sic, ut sub una clave tota eius habitatio esset, servus ea mente, ne rediret ad eum, extra habitationem liberti fuit, sed intra aedes patroni, et tota nocte oblituit; videri esse fugitivum eum, Caelius ait. Plane si talem custodiam ea habitatio non habuit, et in ea cella libertus habitavit, cui commune et promiscuum iter est, contra placere, Caelius ait, et Labeo probat."

[1]) Vgl. L. 75. § 5. D. de V. O. (45. 1): Qui vinum, aut oleum, vel triticum „Quod in horreo est" stipulatur, certum stipulari intelligitur. Ferner: L. 7. § 1. D. de contrah. emt. (18. 1): Huiusmodi emtio: „Quanti Tu eum emisti," — „Quantum pretii in arca habeo," valet. Nec enim incertum est pretium tam evidenti venditione; magis enim ignoratur, quanti emtus sit, quam in rei veritate incertum est.

Ballen Kaffee gleichgültig ist, ob der Erwerber die Zahl der darin enthaltenen Bohnen kennt. Der Lagerungsraum und seine Umschließungswände haben hier ganz die Bedeutung, wie der Sack oder das sonstige Verpackungsmaterial bei Collectiv-Species, die transportirt werden sollen. An allen derartigen Collectiv-Species erwirbt man Besitz, auch ohne sie zu öffnen, ohne sich also von dem Aus-sehen ihres Inhalts individuelle Ueberzeugung zu verschaffen, da es uns bei allen Fungibilien nur auf ihr Genus, nicht auf die Species ankommt. Und so gewinnt auch Papinian's Schlußbemerkung (etsi non aperuerit horrea) einen Sinn: daß der Jurist der Juristen unnütze Worte gemacht, darf man ihm am allerwenigsten zutrauen; nun kann er doch nicht daran gedacht haben, die Schlüsselaushändigung geschehe zum Zweck des Aufschließens, um dann den Speicher offen zu lassen; er muß also ein Oeffnen für eine kurze Zeit zu irgend einem bestimmten Zweck vor Augen gehabt haben, — und was sollte dies wohl anders sein, als die Besichtigung der Waaren?

Eine selbst verständliche Voraussetzung für einen derartigen Besitzerwerb, — der namentlich faustpfandsweise im Leben so häufig zur Anwendung kommt, — ergiebt sich aus dem für den Lagerungsraum mit seinem fungibeln Inhalt zur Anwendung gebrachten Begriff einer Collectiv-Species. Nur die Gesammtheit der lagernden Fungibilien kann so ohne Weiteres in Besitz genommen werden: mercium (in horreis conditarum)[1]. Denn ein Theil der Waaren, welche in einem Speicher oder auf einem verschließbaren

[1]) Vgl. L. 75. § 5. D. de V. O. cit.: „Quod in horreo est" (Worte des Stipulator); L. 1. § 21. D. h. t. „vina tradita videri, cum claves cellae vinariae emtori traditae fuerint;" L. 2. C. de peric. et comm. (4. 48): „Quum universum (vinum), quod in horreis erat positum, venisse sine mensura, et claves emtoribus traditas allegas, post perfectam venditionem quod vino mutato damnum accidit, ad emtorem pertinet. Haec omnia locum habent, non solum si vinum, sed etiam si oleum, vel frumentum, vel his similia venierint, et ea aut deteriora aut penitus corrupta fuerint." Vgl. auch L. 51. D. h. t. cit. (S. 191, N. 1): „cum universae amphorae vini simul essent," sc. venditae; L. 35. § 5. D. de contr. emt. (18. 1): — „si omne vinum, — quantumcunque esset, uno pretio venierit" cet.

Boden desselben lagern, müßte zuvor doch ausgesondert und wiederum isolirt werden. Bevor dies geschehen, ist ein Besitzerwerb daran ebenso unmöglich, als an bestimmten Pfunden aus dem Inhalt eines Sackes Kaffe, und überhaupt an reellen Theilen irgend einer andern Species.

Endlich folgt aus eben diesem Begriff einer Collectiv-Species, daß an der Gesammtheit der lagernden Fungibilien ein Besitzerwerb nur dann möglich ist, wenn die Schlüsselaushändigung bei ihnen geschieht. Wir brauchen allerdings nicht den fungibeln Inhalt der Collectiv-Specien, aber wir müssen ihr Aeußeres, die Vorrichtungen aus individueller Anschauung kennen, durch welche ihr generischer Inhalt zu einem Besitzobject gemacht wird, weil sie regelmäßig nur durch derartige Vorrichtungen ihr Aussehen und ihre Specialität erhalten. Wie man sich bei Waarenballen ihre speci-fische Signatur merkt, ohne die sie nicht wohl wiedererkennbar sein würden, so muß man auch die concreten Lagerungsräume (Speicher, Speicherböden, Schiffe mit ihren verschließbaren Luken, wenn sie im Hafen oder vor Anker liegen) in Augenschein nehmen, weil sie sich unserm Vorstellungsvermögen ihrem Aeußern nach nur dadurch einprägen, daß wir uns vor sie stellen. Sind die Schlüssel nicht so übergeben, so kann in deren Aushändigung zwar ein Zeichen der Perfection des Vertrages und der Creditirung des Kaufpreises, folgeweise auch Erwerb des Eigenthums von Seiten des Käufers und Besitzaufgabe von Seiten des Verkäufers liegen, aber der Besitzerwerb ist damit noch nicht vollendet [1]). —

---

[1]) Nur soviel besagt die Parallelstelle (L. 9. § 6. D. de acqu. r. dom. 41. 1. = § 45. J. de rer. div. 2. 1): „Item si quis merces in horreo repositas vendiderit, simul atque claves horrei tradiderit, transfert proprietatem mercium ad emtorem.“ Das Nähere darüber, daß zum Erwerb des Eigenthums nicht immer Besitzerwerb erforderlich, kann nur in der Eigenthumslehre beigebracht werden. Daß es bei Schenkungen nur auf die Hingabe am Jemand, der die Schenkobjecte nach dem Willen des Schenkers behalten oder beziehentlich abliefern sollte, ankommt, ist andeutungsweise schon oben bemerkt (vgl. S. 74, N. 1). In der vielbesprochenen L. 1. C. de donatt. (8. 54) liegt kein Besitzerwerb; das Eigenthum an den Sclaven, deren Kaufbriefe tradirt waren, hatte der Donatar erworben, weil in der Hingabe dieser Documente die definitive Willens-äuße-

Von der Regel, nach der es bei allen leblosen Mobilien einer subjectiven oder objectiven Custodia bedarf, damit unser Besitzwille sich als Energie des Geistes erweise, machen nur diejenigen eine Ausnahme, welche an Gewicht so schwer und zugleich ihrer Substanz nach so hart sind, daß sie, nach dem gewöhnlichen Lauf der Dinge, weder gestohlen, noch beschädigt werden können, — bei denen es deßhalb keine Gefahr hat, wenn man sie ohne Bewachung und Schutz im Freien lagern läßt. Dies ist einer der Sätze, welche uns ein Fragment von Paulus lehrt [1]), dessen drei andere Erwerbsfälle aber mit den bisher schon gefundenen Regeln vollkommen übereinstimmen:

Si iusserim venditorem procuratori rem tradere, quum ea in praesenlia sit, videri mihi traditam, Priscus ait; idemque esse, si numos debitorem iusserim alii dare. Non est enim corpore et actu [2]) necesse apprehendere possessionem, sed etiam oculis et affectu: et argumento esse eas res, quae propter magnitudinem ponderis moveri non possunt, ut columnas; nam pro traditis eas haberi, si in re praesenti consenserint; — et vina tradita videri, quum claves cellae vinariae emtori traditae fuerint.

---

rung des Donator lag, die für ihn selber unwiderruflich geworden; der Schenknehmer konnte daher die wegen Formmangels nicht klagbare Schenkung durch Vindication der geschenkten Sclaven realisiren.

[1]) L. 1. § 21. D. h. t.

[2]) Savigny (Bes. S. 234, Note 1) zieht, gegen die Auctorität aller Handschriften, für actu das aus et actu allerdings leicht entstehbare tactu vor, weil dies (seinem Begriff von der materiellen Natur des Besitzes gemäß) „einen viel bestimmteren Sinn giebt." Es muß aber actu gelesen werden, nicht bloß, weil, wie Böcking (Pand. I. § 124. S. 462, Note 33), richtig bemerkt, „corpore et tactu tautologisch wäre;" sondern auch, weil, wie aus der von mir gegebenen Erklärung hervorgehen wird, Paulus mit actu grade hat ausdrücken wollen, es bedürfe nicht überall einer Besitzhandlung, einer Verfügung über das Besitzobject. Wenn übrigens Savigny bemerkt, die Lesart tactu werde durch die Basiliken bestätigt, und Böcking zugiebt, dies sei „scheinbar" der Fall, so ist grade das Gegentheil wahr: denn der dort gebrauchte Ausdruck „καὶ διαθέσεως" bestätigt grade actu, da διά-θεσις (dis-positio) soviel heißt, als Besitzhandlung, Verfügung über das Besitzobject.

Savigny [1]) findet in diesem Fragment eine vorzügliche Unterstützung für seine Ansicht, daß die **unmittelbare Gegenwart** die Stelle des Ergreifens vertreten könne. „Diese Art der Apprehension," bemerkt er mit speciellem Bezug auf dasselbe, „ist sogar die gewöhnlichste, wenn die Sache von so großem Umfange oder Gewicht ist, daß sie **nicht leicht** von der Stelle gebracht werden kann." Zur Interpretation, namentlich der Worte „si in re praesenti consenserint" fügt er dann noch hinzu: „Das heißt: so wie diese Handlung bei **den** Sachen hinreichend ist, bei denen ohnehin nicht leicht eine andere möglich wäre, so muß sie es **auch bei allen andern** Sachen sein (**argumento esse eas res**)."

Diese Erklärung befriedigt nicht; der Gedankengang des **Paulus** ist ein ganz anderer. Das Fragment ist aus einem größeren Excerpt seines Edict-Commentars entnommen, wo er die Materie des Besitzes und der Usucapion recht eigentlich abgehandelt zu haben scheint [2]). Es kann daher so recht als eine Probe seiner noch casuistischen, aber doch schon mehr zur Theorie hinneigenden Behandlungsweise dienen, bei der, in reicher juristischer Ideenassociation, eine concrete Anschauung die andere verdrängt, oft ein Anlauf zur principiellen Erörterung und Begründung genommen wird, eben so oft aber auch ein Rückfall in die Casuistik eintritt. Im vorhergehenden Paragraphen hat **Paulus** von dem Besitzerwerbe **durch** Stellvertreter, als **Organe** der Erwerbspersonen, gesprochen [3]).

---

[1]) Bes. § 16. S. 240—242; vgl. S. 234.

[2]) Aus Lib. LIV. ad Edictum; aus demselben Buche stammen die zum Theil ebenfalls sehr umfangreichen LL. 3. 7. D. h. t.; 2. 4. D. de usurp. (41. 3); 2. D. pro emt. (41. 4); 1. D. pro don. (41. 5); 2. D. pro derelicto (41. 7); 2. 4. D. pro legato (41. 8); 2. D. pro dote (41. 9); 2. D. pro suo (41. 10); — dies Buch muß als die Hauptschrift über diese Materien gegolten haben, da die Excerpte immer zu Anfang der betreffenden Titel gestellt sind.

[3]) § 20. L. 1. cit.: „**Per procuratorem**, tutorem curatoremve possessio nobis acquiritur." Und dafür, nach einer Parenthese, als Grund (der freilich danach ist): „alioquin, si dicamus, per eos non acquiri nobis possessionem, qui nostro nomine accipiunt, futurum, ut neque is possideat, cui res tradita est, quia non habeat animum possidentis, neque is, qui tradiderit, quoniam cesserit possessione(m)." Wie schwerfällig und fast lallend auch hier wieder die Sprache.

Dabei fällt ihm ein, wer denn eigentlich Besitz erwerbe, wenn Principal und Geschäftsführer beide gegenwärtig sind, und der erstere den Verkäufer anweist, die erhandelte Sache sofort dem letzteren zu übergeben. Er entscheidet, nach dem Vorgang eines älteren Juristen, ganz richtig, der Principal erwerbe hier direct Besitz. Der Grund davon ist der, daß hier der Geschäftsführer nicht für den Principal, also nicht als Geschäftsführer handelt, und der Principal somit nicht durch ihn Besitz erwirbt, sondern daß der Procurator hier als bloßes Instrument der subjectiven Custodia dient, mit andern Worten reine Wachdienste verrichtet [1]). Wenn seine Function als Procurator dabei gar nicht in Betracht kommt, so ist es grade so gut, als wenn irgend einem Dritten die Bewachung anvertraut wird; diesen Gedanken will Paulus offenbar ausdrücken, aber er thut es nicht in Form einer Allgemeinheit, sondern in der concreten Anschaulichkeit des zweiten, ebenfalls entlehnten Erwerbsfalls: idemque esse, si numos debitorem iusserim alii [2]) dare. Es folgt nun ein Versuch, diese beiden Erwerbsfälle mit der alten practischen Regel, der Besitz werde animo et corpore erworben, in Einklang zu bringen, der viel Aehnlichkeit mit dem oben characterisirten des Labeo [3]) hat, und der Sache zwar etwas näher kommt, aber sie doch nicht erschöpft. Paulus will sagen: „man sieht also an diesen beiden Fällen, daß es bei Leibe nicht immer einer wirklichen Ap-prehension (corpore), ja nicht einmal einer eigentlichen Besitzhandlung, einer Dis-position über das Besitzobject (actu) bedarf; es genügt auch, wenn wir die Besitzobjecte haben wollen (affectu) und sie unter Augen behalten (oculis). Bedarf es doch auch in andern Fällen, — so

---

[1]) Es ist interessant, daß auch hier schon unser Landsmann Werner den Nagel auf den Kopf getroffen hat; Glossa interlin. der oben S. 200, Note 1 citirten und bei Savigny Bes. S. 241, Note 1 abgedruckten Pariser Manuscripte, ad v. „mihi traditam“: „Y. (Irnerius) quasi expressim, praeter illam adquisitionem, quae fit per procuratorem.“ Unsere überrheinischen Fachgenossen könnten diese reiche Ausbeute verheißenden Fundgruben wohl mehr in Angriff nehmen, als es Savigny bei einem vorübergehenden Aufenthalt möglich gewesen.

[2]) Der dadurch entweder mein Debitor wird, oder mein Gläubiger zu sein aufhört.

[3]) Vgl. oben S. 193.

setzt sich seine Gedankenfolge fort, wenn wir uns die Mühe geben, ihm nachzudenken, — keiner eigentlichen Er-greifung oder Besitzhandlung; so erwerben wir ja, wie jener ältere Gewährsmann weiter bemerkt, beispielsweise (argumento esse) an schwer transportabeln Gegenständen, wie Säulen, ebenfalls Besitz von dem Augenblick an, wo wir den Kauf bei ihnen abschließen, der Verkäufer seinen Besitz aufgiebt und wir ihn ergreifen wollen. Geschieht denn, — so schließt seinem Sinne nach das Fragment, — beim Verkauf von Weinbeständen, in fremden Weinkammern, etwas, was einer Er-greifung oder Besitzhandlung nur irgend ähnlich sähe? Sobald der Kauf abgeschlossen ist, und der Verkäufer uns die Lagerschlüssel bei der Weinkammer [1]) ausgeliefert hat, so haben wir Besitz daran erworben, ohne daß wir auch nur so weit positiv thätig sein müßten, daß wir die Thüre öffnen, um die Lagerbestände zu besichtigen."

Ich habe meiner Interpretation, — in deren paraphrastischer Breite freilich der originale Reiz des Fragments verloren gehen mußte, — nur Weniges hinzuzufügen; was zur Erklärung der beiden ersten Erwerbsfälle, sowie des vierten nöthig wäre, ist schon früher bei andern Stellen beigebracht [2]), und insofern kann uns das Excerpt aus Paulus eben nur zur Bestätigung der dort gefundenen allgemeinen Erwerbsregeln dienen; neu für uns ist nur der dritte Erwerbsfall, die Besitzergreifung von Säulen und den ihnen ähnlichen schwer transportabeln Objecten von dauerhafter Substanz. Den eigentlichen Grund, warum bei derartigen Gegenständen keine persönliche Aufsicht und auch keine objectiven Schutzmaßregeln nöthig sind, sondern unser Besitzwille schon an sich zum Besitzerwerb ausreicht, findet man so wenig bei Paulus, wie bei andern Juristen aus alter und neuer Zeit angegeben. Es ist der gleiche Grund, der für den Erwerb der eigentlichen Grundstücke durchgreifend ist, denen Gegenstände, wie die beispielsweise genannten Säulen [3]), in dieser Beziehung wirklich ana-log behandelt

---

[1]) Dies Requisit ist in der Stelle nicht erst wiederholt, da es nur kurz vorher ausgedrückt war („si in re praesenti consenserint").

[2]) Vgl. oben S. 186 und S. 193—94.

[3]) Um einige uns näher liegende Gegenstände zu nennen, beispielsweise auch: Chaussee- und Ackerwalzen, Eggen und Pflüge (für Gespanne allein

werden können. Nach dem gewöhnlichen Laufe der Dinge, — und auf außergewöhnliche Ereignisse wird ja überhaupt keine Rücksicht genommen, — bieten sie uns in Folge ihrer hervorgehobenen materiellen Eigenschaften, in der bemerklich gemachten doppelten Beziehung, ohne Weiteres Sicherheit genug; wir dürfen in der That nicht besorgen, daß sie uns so leicht und wenigstens nicht unter der Hand gestohlen, oder erheblich beschädigt werden. Wir können sie daher an Ort und Stelle, im Freien, wo man sie gemeinhin nur braucht, oder wo sie zu lagern pflegen, bis man sie verwendet, ruhig stehen und liegen lassen; wir sind ihrer doch gewiß und unser Besitzwille ist deßhalb kein bloßer und nackter Wille. Nur müssen wir natürlich auch bei ihnen wissen, wie sie aussehen, und deßhalb ist auch hier hervorgehoben, daß der Kauf bei ihnen abgeschlossen ist.

Diese Ausnahmestellung der säulenartigen Besitzobjecte (um für sie im Anschluß an das Paulinische Fragment einen kurzen Ausdruck zu gewinnen) kann uns schließlich zur Beseitigung einer Erwerbstheorie dienen, welche bloß auf einem Mißverständniß unserer Quellen beruht: die Besiegelung oder sonstige Bezeichnung von Besitzobjecten ist nie geeignet, uns Besitz zu verschaffen, und es giebt nichts Irrigeres, als diese angebliche Apprehensionsart gradezu die „vollkommenste von allen“ zu nennen [1]). Diese irrthümliche Auffassung beruht auf zwei Stellen von Ulpian [2]) und Paulus [3]), deren Resultate durchaus nicht in Widerspruch mit einander stehen:

Si dolium signatum sit ab emtore, Trebatius ait, traditum id videri, Labeo contra; quod et verum est: magis enim; ne submutetur, signari solere, quam ut traditum videatur; —

transportabel), Mühlsteine, Bauholz (wie wir bald sehen werden), — meist also schwere Objecte von Holz oder Stein, — seltener von Metall, weil dies im Freien zu stark oxydirt; Holz sichert man wohl gegen atmosphärische Einflüsse durch Einlegen in Wasser.

[1]) Wie Hegel (Philos. d. R. S. 97 d. 1. Ausg.) mit dem ganzen Stolz des idealistischen Philosophen thut: „Die Besitznahme durch Bezeichnung ist die vollkommenste von allen, — darin, daß der Mensch ein Zeichen geben und durch dieses erwerben kann, zeigt er eben seine Herrschaft über die Dinge.“

[2]) L. 1. § 2. D. de peric. et comm. (18. 6) (Ulpianus libro XXVIII. ad Sabinum).

[3]) L. 14. § 1. D. eod. (Paulus libro III. Epitomatorum Alfeni Digestorum).

und: Materia emta si furto perisset, postquam tradita esset, emtoris esse periculo respondit, si minus, venditoris; videri autem trabes traditas, quas emtor signasset.

Zur Erklärung der ersten Stelle bemerkt Savigny, indem er sie an den Schluß des vorher interpretirten Paulinischen Fragments anknüpft [1]): „Wenn der Käufer sein Siegel auf die Waare drückt, ist der Besitz ohne Uebergabe der Schlüssel noch nicht erworben, obgleich jene Handlung allerdings die Apprehension bezeichnen kann, wenn die Sachen nicht verschlossen sind." Für den zweiten Fall soll aber das Gegentheil gelten, denn „es ist ebenso gewöhnlich, Bauholz unverschlossen aufzubewahren, als es beim Weine ungewöhnlich ist [2])."

Die Besiegelung oder sonstige Bezeichnung hat jedoch immer nur die Bedeutung, die Identität der Erwerbsobjecte festzustellen, und ist deßhalb bei solchen Sachen gerathen, deren specifische Merkmale so wenig characteristisch sind, daß sie ohne solche Maßregeln leicht mit andern ihrer Art verwechselt werden können; sie geschieht immer, „ne submutentur." Der Besitzerwerb erfolgt nie durch Bezeichnung, sondern es gelten dafür die allgemeinen Regeln, und namentlich entscheidet die Natur der Besitzobjecte darüber, ob unser Besitzwille ihrer ohne weiteres sicher ist, oder ob es noch einer der Arten von subjectiver und objectiver Custodia bedarf, wie wir sie uns vergegenwärtigt haben. In dem ersten Falle waren derartige Maßregeln noch nöthig, da das gekaufte Faß Wein, wie wohl selbstverständlich, in einer fremden Localität, der Weinkammer des Verkäufers lag [3]); hier also konnte, nach der richtigen Ansicht von Labeo, ein Besitzerwerb nicht angenommen werden, weil es dem

---

[1]) L. 1. § 21. D. h. t. s. f.

[2]) Bes. § 16. S. 251 (S. 244). Vgl. Böcking Pand. I. § 124. Note 31: eine Besitznahme ist auch möglich „durch Besiegelung oder sonstige Signirung unverschlossener, dem Apprehendenten beliebig zugänglicher Sachen." Nicht ganz übereinstimmend und auch nicht recht klar ist die an einem andern Ort (S. 244) gemachte Bemerkung Savigny's, bezüglich der zweiten Stelle: „Das Signiren kommt hier nicht als Bestandtheil der Apprehension vor, sondern weil daraus, als einem gemeinen Gebrauch, auf die Absicht der Parteyen geschlossen werden kann."

[3]) Vgl. oben S. 194; 202. N. 1; 207. N. 1.

Besitzwillen des Käufers zwar weder an der Bestimmtheit seiner Richtung, noch an der individuellen Kenntniß des Erwerbobjects, wohl aber an der objectiven Sicherheit gebrach. Anders ist es bei Bauholz und Balken, die im Freien lagern, und zu den säulenartigen Sachen gehören, an denen wir, nach Analogie der liegenden Gründe, ohne weitere Vorsichts- und Sicherungsmaßregeln, wegen ihres Gewichts und der Dauerhaftigkeit ihrer Substanz sofort Besitz ergreifen, wenn wir sie haben wollen und ihrem Aussehen nach kennen. Die Besiegelung hat hier mit dem Besitzerwerbe nichts zu thun; dieser erfolgt auch ohne sie; aber es ist räthlicher, uns bei dergleichen Gegenständen nicht auf die durch Einnahme des Augenscheins erworbene Kenntniß zu verlassen, weil ihre specifischen Merkmale so wenig in die Augen zu fallen pflegen, daß die Wiedererkennbarkeit sehr fraglich erscheint; um diese zu sichern, um also unsern Besitzwillen in der Objectivität seines Wissens quantitativ zn verstärken und ihm neue reale Anhaltspuncte zu geben, erfolgt eben der Anschlag mit dem Hammer oder irgend eine sonstige Bezeichnung. Das Corpus unsers Besitzwillens liegt aber, auch ohne solche, in der Natur des Bauholzes selbst: zwar sehen wir aus dem Fragment des Paulus, daß es in dem referirten Falle doch durch Diebstahl verloren gegangen war; indeß ein Diebstahl, bei dem es auf Balken abgesehen ist, setzt eine Mehrheit von Theilnehmern voraus, und muß, wie auch jeder gewaltsame, als eins jener ungewöhnlichen Ereignisse betrachtet werden, auf die bei der Custodia überhaupt keine Rücksicht genommen wird [1]).

Ein concreter Erwerbsfall des Besitzes an Moventien findet sich nicht in unsern Quellen [2]), sondern sie stellen dafür nur Erwerbsregeln auf. Um diese zu erklären, müßten vor allen Din-

---

[1]) Die custodia soll nur verhüten, „ne res subripiatur"; so (unter der Hand) können aber Balken nicht „entfernt" werden, sondern dies läßt sich nur „viribus unitis" ausrichten; vgl. L. 21. § 9. D. de furt. (47. 2): „Si duo pluresve unum tignum furati sunt, quod singuli tollere non potuerint, dicendum est, omnes eos furti in solidum teneri."

[2]) Die L. 55. D. de a. r. d. (41. 1) enthält keinen Fall des Besitzerwerbes.

gen die Unterschiede der Animalien selber erörtert werden, weil davon die Re=alisirung unsers Besitzwillens auch hier abhängt. Um jedoch hierdurch die Darstellung nicht zu unterbrechen, soll der Erwerb und Verlust an Moventien am Schlusse im Zusammenhange abgehandelt werden, was um so zweckmäßiger ist, als grade ihr Verlust das meiste juristische Interesse darbietet. Ich darf daher hiermit die Lehre vom Erwerb des Besitzes abschließen, die uns länger beschäftigen mußte, als es bei der Erörterung seines Verlustes der Fall sein wird, weil der Begriff und das Wesen aller Rechte sich am klarsten an ihrer Genesis darlegen lassen.

Mit Recht bemerkt Savigny[1]), daß die Frage nach dem Ende des Besitzes völlig gleichbedeutend mit jener andern sei: wie lange er fortdauere? und hebt, — worauf auch schon die Glosse hingewiesen hatte[2]), -- ganz treffend hervor, daß „jeder Besitz genau so lange fortdauern müsse, als er nicht verloren werde.“ Nicht über diese Antwort, wohl aber über die Frage selbst muß man sich wundern; bedarf es denn noch einer Frage, ob der Besitz als fortdauernd anzusehen, so lange er nicht verloren? — ist es nicht ganz natürlich, daß auch das Recht des Besitzes, gleich jedem andern, wenn einmal entstanden, bis zu dem Zeitpunct fortbesteht, wo specielle Aufhebungsgründe seine Beendigung herbeiführen? Man kann eben nur so fragen, wenn man die Rechtsnatur des Besitzes verkennt, und wie uns in seiner Genesis diese klar geworden, so soll die Lehre vom Verlust zur wiederholten Bestätigung dafür, und

---

[1]) Bes. § 29. S. 351.

[2]) Azo in Summa C. Tit. de poss.: „Cum enim intitulatur de amittenda possessione, ergo de retinenda, vel quousque retineatur: tam diu enim retinetur, quam diu non amittitur.“ Die Späteren hatten sich an diese schon so früh gemachte Bemerkung nicht gekehrt, und so war es gekommen, daß „zuweilen bei dem Verlust des Besitzes das Gegentheil von dem gesagt wurde, was bei der Fortdauer behauptet worden war.“ (Savigny a. a. O.).

somit als Probe für die Richtigkeit der bisher gefundenen Resultate dienen [1]).

Auch Savigny sucht die Grundsätze, nach denen sich die Fortdauer, und also der Verlust des Besitzes richte, aus seinem Begriff und den Erwerbsregeln herzuleiten, die er als maßgebend aufgestellt hat [2]). „Weil nämlich," — darin liegt der Kern seiner allgemeinen Entwickelung, — „der Besitz gedacht wurde als physische Herrschaft, bezogen auf das Bewußtsein, so war zu allem Erwerb zweierlei nöthig: ein körperliches Verhältniß und animus. Dasselbe muß sich auch bei der Fortdauer wiederfinden: auch diese muß auf derselben Ver-bindung beruhen, wie der Erwerb, sie muß also ausgeschlossen sein, wenn diese Verbindung aufgehoben ist, d. h. wenn entweder das körperliche allein, oder der animus allein, oder beide zugleich aufhören." Die positiven Ergebnisse dieser Auseinandersetzung, deren rein dualistischer Character sofort einleuchtet, faßt er in folgende bündige Sätze zusammen: „Soll der Besitz fortdauern, so muß ein körperliches Verhältniß und animus vorhanden sein"; — „hat das eine allein, oder hat das andere allein, oder haben beide zugleich aufgehört, so ist der Besitz verloren."

Wir dagegen sahen in dem Besitzerwerb nicht „zweierlei," — nicht zwei Factoren, die, ohne innerliche Zusammengehörigkeit, von außen her aneinander gerathen, und deren „Ver-bindung" das Fa-

---

[1]) In der Lehre vom Verlust tritt die Rechtsnatur des Besitzes so unzweideutig hervor, daß unsere Doctrin sich wohl gemüßigt gefunden hat, die Römische Jurisprudenz einer Inconsequenz zu zeihen, zu welcher sie ein gewisser „favor retinendae possessionis" verleitet habe (Bruns: Der ältere Besitz u. d. possessorium ordin., im Jahrb. d. gem. Deutschen R. IV. Bd. S. 38); indem die Römischen Juristen den Besitzverlust ohne oder wider Willen, ihrem Grundprincip der rein factischen Natur des Besitzes zuwider, mehr und mehr einzuschränken gesucht, wären sie zum Theil zu Resultaten gelangt, die sich mit jenem Grundprincip gar nicht mehr vereinigen ließen: und auch in diesem Sinne lasse sich sagen, was Brinz (Band. I. S. 59) von der Ansicht des „Trebatius und seines Anhangs" über die Compatibilität einer iusta und iniusta possessio geäußert: diese Ansicht wäre durch „eine immer weiter gehende Befreiung des Besitzes von seinen körperlichen Banden" motivirt worden! (Bruns a. a. O.).

[2]) A. a. O. S. 382—383.

cit: Besitz giebt; uns galt der Besitzwille all-ein, in der Totalität seiner Momente, als Grund des Besitzerwerbs. Für uns kann daher auch nur in dem Aufhören des Besitzwillens der Grund des Besitzverlustes liegen. Aber der Besitzwille, wie er uns klar geworden, ist auch dann kein solcher mehr, wenn wir die Macht über das Object verloren haben; der Besitzwille ist also namentlich da, wo es zu seiner objectiven Sicherung besonderer Vorkehrungen bedarf, auch dann nicht mehr vorhanden, wenn jene Maßregeln der subjectiven oder objectiven Custodia, wie wir sie uns in ihren hauptsächlichsten Anwendungsfällen veranschaulicht, wirklich und vollständig aufgehört, oder sich als unzureichend erwiesen haben.

Die Grundzüge dieser principiell-einheitlichen, nicht-dualistischen Auffassung der Lehre vom Besitzverlust finden sich schon bei jenem oft genannten civilistischen Prediger in der Wüste. „Der Besitz," — so äußert sich Kierulff[1]), — „ist verloren, wenn der Besitzer das Object seines Besitzes nicht mehr für sich haben will, und zugleich nicht mehr für sich haben kann, also wenn das Gegentheil des Wollens und Könnens eingetreten ist. Der Begriff des Besitzes ist nicht so zu denken, als wenn animus domini und corpus als für sich bestehende Erfordernisse addirt und summirt denselben ergäben, sondern nur die Einheit Beider ist Besitz. Animus und corpus verhalten sich wie Inneres und dessen Aeußerung, Gedanke und Realisation, Wesen und Form oder Erscheinung, sind also in dem Begriff des juristischen Besitzes wirklich Eins. Kann (man) im einzelnen Falle behaupten, daß eins jener Erfordernisse aufgehört hat, so weiß (man) zugleich, daß auch das andere fehlt, denn das, was nach dem Aufhören jenes noch übrig bleibt, hat dann nicht mehr die Beschaffenheit, deren es zum Begriff des Besitzes bedarf. Wenn dem Besitzer die körperliche ausschließliche Macht über die Sache entzogen ist, so ist der Wille, welcher ihm dann etwa noch übrig bleibt, ebendeßhalb ein machtloser, ohnmächtiger, also der animus domini, welchen der Besitz erfordert, ebensowenig vorhanden, als jenes corpus. Wenn umgekehrt der Besitzer, wel-

---

[1]) A. a. O. S. 390—91.

cher die Sache nicht mehr für sich haben will, zufällig noch die Detention behält, so hat er sie doch wirklich auch körperlich nicht mehr für sich, es ist nicht das corpus mehr, wie es der Begriff des juristischen Besitzes erfordert. Der Besitz wird also immer et animo et corpore verloren."

Es hieße den überzeugenden Eindruck dieser Auseinandersetzung abschwächen, wenn ich ihr noch etwas hinzusetzen wollte; nirgends sonst, auch nicht bei Kierulff selber, findet sich in unserer Litteratur eine so klare Einsicht in die Natur des Willens, wie sie in den mitgetheilten Worten dieses Schriftstellers ausgesprochen liegt; sie sind dem Schlusse seines Buchs entnommen, und nur unter den letzten Meißelschlägen an seinem civilistischen Torso hat er sich zu dieser Höhe der Auffassung emporgeschwungen. Auch kann ich seine Darlegung in allen wesentlichen Puncten unterschreiben, und sie mit der Freudigkeit, welche die Anerkennung wirklicher Leistungen Anderer hervorruft, zu der meinigen machen, wenn ich nur die hervorgehobenen unpersönlichen Beziehungen weglassen und sie durch Hinweisung auf die Person des Besitzers ergänzen darf. Wenn „man" im einzelnen Fall behaupten und wissen kann, mit dem Aufhören des einen der beiden für den Besitzwillen nothwendigen Momente fehle zugleich auch das andere, so ist es grade der Besitzer selbst, der das Bewußtsein davon in sich trägt: ist er des Objects nicht mehr mächtig, so kann er sich nie verhehlen, daß dann auch sein Besitzwille aufgehört hat, ein solcher zu sein, da dieser ja nur in der Totalität seiner Momente den Erwerbsgrund bildet, — und er muß es sich stets selber sagen, mit der Ursache falle auch die Wirkung, mit einem der Momente, welche für seinen Besitzwillen wesentlich, auch der erworbene Besitz hinweg.

Und diese von der Natur des Willens dictirte einheitliche Auffassung sind wir berechtigt schon in jenem berühmten Fragment von Paulus mindestens angedeutet zu finden, auf das Savigny vergeblich so viel blendende Gelehrsamkeit verwandt hat, um in dasselbe einen seiner dualistischen Lehre entsprechenden Sinn hinein zu interpretiren. In diesem Bruchstück aus seinem Edictscommentar stellt der Jurist eine allgemeine Betrachtung über den Erwerb und Verlust aller Rechte an, deren Entstehung auf der Eigenthätigkeit des Subjects beruht [1]): er beginnt mit den Contractsobligationen; — bezeichnet dann, in einem causalen Mittelsatz, das für diese aufgestellte Gesetz als ein allgemeingültiges für alle Rechte, die einem Erwerbsacte ihre Begründung verdanken; — und schließt mit einer speciellen Anwendung dieses leitenden Grundsatzes auf den Besitz, der hierin allerdings den Contractsobligationen gleicht, obwohl er sonst in Allem ihren Gegenpol bildet. Dies ist in Wahrheit der Gedankengang, wie er jenem Ausspruche des Paulus [2]) zu Grunde liegt, der seit Savigny's Monographie in Aller Munde ist:

Fere, quibuscunque modis obligamur, iisdem in contrarium actis, liberamur, — quum, quibus modis acquirimus, iisdem in contrarium actis amittimus: ut igitur nulla possessio acquiri, nisi animo et corpore, potest, ita nulla amittitur, nisi in qua utrumque in contrarium actum.

Nach Savigny's Auffassung soll der Gedankengang des Paulus ein anderer sein [3]): „Bei Obligationen ist in der Regel die Auflösung ähnlich der Entstehung, so daß sie auf demselben Handeln beruht, wie diese, und weder ohne alles Handeln, noch auch durch ein Handeln anderer Art (z. B. durch pactum statt einer acceptilatio) vor sich gehen kann. Ebenso ist es bei dem Besitz. So wie nämlich dieser durch ein bestimmtes Handeln (und zwar durch ein zwiefaches Handeln, körperliches und geistiges) erworben wird, so wird er auch nur durch das umgekehrte Ereigniß verloren, und zwar ist dies wahr für beide Erwerbgründe, d. h. sowohl für das körperliche Ereigniß, als für das geistige Handeln.“ Savigny glaubt daher auch, daß der Accent nicht auf „utrumque“, sondern

---

1) Vgl. die oben (S. 57, Not. 1) gegebenen Andeutungen.

2) L. 153. D. de R. J. (Paulus libro LXV. ad Edictum); — das Fragment ist in seiner letzten Hälfte mit den geringen, ersichtlich von den Compilatoren herrührenden, im Abdruck bemerklich gemachten Aenderungen in L. 8. D. h. t. wiederholt: Quemadmodum nulla possessio acquiri, nisi animo et corpore, potest, ita nulla amittitur, nisi in qua utrumque in contrarium actum est.

3) Die umfängliche Erklärung umfaßt § 30. S. 384—94.

auf „contrarium actum" liege: „es sollte gesagt werden, daß der Verlust eintreten könne weder ohne alle neue Thatsache, noch auch durch eine Thatsache anderer Art, sondern nur durch dieselbe, wodurch auch der Erwerb vor sich gehe, und zwar gelte diese nothwendige Gleichartigkeit nicht etwa bloß für das körperliche, noch auch bloß für das geistige, sondern für beide gemeinschaftlich."

Man sieht, daß die Stelle diesen Sinn nur dann haben kann, wenn man utrumque als gleichbedeutend mit alterutrum nimmt, und in der That war dies Savigny's frühere Ansicht. Seit er sie aufgegeben [1]), und sich zu der Erklärung genöthigt gesehen hat, daß es „in unserer Stelle gänzlich dahingestellt bleibe," ob die in dem Worte utrumque liegende gemeinschaftliche Beziehung im conjunctiven oder disjunctiven Sinne zu nehmen, — daß also das Fragment „über diesen Punct gar nichts sagt," hat seine Erklärung ihr wesentliches Interesse verloren. Was kann uns daran liegen, ob in jener Stelle für seine Auffassung nichts Anstößiges zu finden ist? Unserer Auffassung bietet sie kein Hinderniß, und von einer, überdieß in den allerseltensten Fällen ersprießlichen Einzel-Polemik kann hier um so eher abgestanden werden, als die Unhaltbarkeit der Auffassung Savigny's von selber erhellt, wenn der positive Nachweis gelingt, Paulus habe das Wort utrumque grade in seiner gewöhnlichen conjunctiven Bedeutung angewandt [2]).

Es kommt dem Juristen, auf dessen Neigung zu einer gedankenmäßigeren Rechtsbetrachtung ich schon so oft hinweisen konnte, nach der ganzen Anlage des Fragments darauf an, den Erwerb und Verlust des Besitzes mit der Entstehung und dem Untergange anderer Rechtsverhältnisse zu vergleichen [3]). Er spricht deßhalb zu An-

---

[1]) Schon von der dritten Auflage an.

[2]) Auch die Basiliken paraphrasiren sehr deutlich in einem Savigny's Meinung gradezu entgegengesetzten Sinne: „ita nulla amittitur, nisi in qua utrumque in contrarium actum" = „οὐδὲ (δυνάμεθα) ἀποκτήσασθαι, εἰ μὴ ψυχῇ καὶ σώματι παυσώμεθα νέμεσθαι." (Bas. II. 3, 153).

[3]) Es bedarf nach der ganzen Structur der Stelle kaum der Beziehung auf Quemadmodum, welches die Compilatoren für Ut igitur in L. 8. cit. substituirten, weil das letztere als Eingangswort zu wenig in die Ohren fiel.

fang in kurzen Worten die Regel [1]) aus, welche auch sonst mehrfach überliefert ist [2]), daß die (Contracts-) Obligationen nur durch einen besondern Act aufgelöst werden, der das grade Gegentheil ihres Entstehungs-Actes einschließt. An dieser Gleichheit des Aufhebungs- und Eingehungs-Actes ist bekanntlich für alle Obligationen, die überhaupt einem Eingehungsact, also der Selbstthätigkeit des Obligationsberechtigten ihre Begründung verdanken, consequent festgehalten [3]); erfolgt die Aufhebung nicht in dieser Weise, so bleibt die

---

[1]) Das ist natürlich die Bedeutung des Wortes fere, die auch sonst nicht ungewöhnlich (vgl. u. A. Paulus in L. 35. D. de evict. 21. 2; L. 4. § 2. D. de penu leg. 33. 9; — Ulpianus in L. 17. § 3. de Aedil. Ed. 21. 1; — Proculus in L. 68. § 1. D. de contr. emt. 18. 1; — Javolenus in L. 54. pr. i. f. D. de conditionib. et demonstr. 35. 1).

[2]) Das allgemeine Princip, — worin unsere Modernen „ein Gesetz der Symmetrie" oder gar eine „Natur-Imitation" erblicken (Ihering Geist d. R. R. II. S. 405, Note 523, S. 407, Note 525), — spricht am bündigsten Ulpian in L. 35. D. de R. J. aus: Nihil tam naturale est, quam eo genere quidquid dissolvere, quo colligatum est; ideo verborum obligatio verbis tollitur, nudi consensus obligatio contrario consensu dissolvitur. Andere Wendungen bei Pomponius in L. 80. D. de solutt. (46. 3): Prout quidque contractum est, ita et solvi debet; und Gaius in L. 100. D. de R. J.: Omnia, quae iure contrahuntur, contrario iure pereunt. Die interessanteste Anwendung, grade auch mit Bezug auf den Besitz an Grundstücken, findet sich bei Papinian in einer Stelle, die später genauer erörtert werden soll (L. 46. D. h. t.): Ut enim eodem modo vinculum obligationum solvitur, quo quaeri solet, ita non debet ignoranti tolli possessio, quae solo animo retinetur.

[3]) So konnte schon das nexum, wie es per aes et libram eingegangen wurde, auch nur ebenso wieder aufgehoben werden (Gai. J. III. 174; Festus s. v.; Cic. de leg. II. 20. 21; Liv. VI. 14); — ebenso die literarum obligatio aus einem expensum nur durch Eintragung eines gleichen acceptum (Gai. J. IV. 64); — die verborum obligatio durch Verbal-Acceptilation (§ 1. J. Quib. mod. obl. toll. 3. 29; L. 107. D. de solutt. 46. 3; L. 6. L. 7. L. 8. L. 9. L. 11. L. 13. L. 15 bis L. 23. D. de acceptilatt. 46. 4; L. 1. L. 2. C. eod. 8. 44); — die re contracta durch Leistung (L. 80. D. de solutt. cit.); — die Consensual-Obligation durch Dissens (L. 4. J. l. c.; L. 58. D. de pact. 2. 14; L. 1. L. 2. L. 3. L. 5. § 1. 2. D. de rescind. vend. 18. 5; L. 95. § 12. D. de solutt. 46. 3; L. 1. L. 2. C. Quando lic. ab emt. disced. 4. 45; L. ult. D. de acceptilatt. 46. 4). Selbst bei Entstehung und Endigung der Naturalobligationen spielt Papinian auf dies Gleichheitsprincip an (L. 95. § 4. D. de solutt. 46. 3): „quod vinculum aequitatis, quo solo sustinebatur, conventionis aequitate dissolvitur."

Obligation an sich bestehen, wenn auch auf Grund der Vereinbarung eine Einrede erwächst [1]). Indem Paulus von diesem für die Contracts-Obligationen anerkannten Satz ausgeht, kommt er darauf, daß jedes Recht, das im eigentlichen Sinne er-worben wird, das aus der Selbstthätigkeit des erwerbenden Subjects seinen Entstehungsgrund hernimmt, auch nur durch das grade Gegentheil dessen, worin der Erwerbsact bestand, wieder aufgehoben werden könne. Die allgemeine Bedeutung der Worte „acquirere — amittere" kann uns nicht hindern, diesen Sinn des allgemeinen causalen Mittelsatzes anzunehmen, dessen Bedeutung bei Savigny ganz zurücktritt [2]): die Obligationen, deren der Eingang gedenkt, sind Contractsobligationen, wie sich daraus unzweifelhaft ergiebt, daß für alle übrigen nicht eine Congruenz ihres Auflösungsmodus erforderlich ist; ja bei ihnen läßt sich eine solche Congruenz gar nicht denken, weil sie gar nicht einem Eingehungsacte ihre Entstehung verdanken; sie werden daher (als bloße actiones, quae ob-venerunt,) durch pacta conventa sofort und von Grund aus, *ipso iure*, aufgehoben [3]).

In der ganzen Sphäre des unter Lebendigen anwendbaren Vermögensrechts, — abgesehen also von den familienrechtlichen Gewaltsverhältnissen, — läßt sich mit dieser Eigenthümlichkeit der Contractsobligationen nur der Besitz vergleichen. Er bildet zu ihnen im classischen Recht, — in ganz gleicher Weise, wie die Manus zum Nexum, — den polaren Gegensatz, und auch hier sind es die Gegensätze, die sich, in der Congruenz ihrer Eingehungs- und Aufhebungs-Acte, berühren. Es ist daher durchaus nicht zufällig, daß Paulus,

---

[1]) L. 7. § 4. § 7 sqq. L. 10. § 2. bis L. 16. pr. L. 21. § 2. L. 27. pr. D. de pact. (2. 14); L. 107. D. de solutt. cit.

[2]) „Acquirere" dominium, possessionem (T. Tit. D. 41. 1. 2); — servitutem (L. 2. § 2. s. f. D. de V. O. 45. 1); — obligationem (§ 4. J. de inutilib. stip. 3. 19); aber auch acquirere actionem (L. 1. D. de instit. act. 14. 3). Ebenso „Amittere" rem (L. 1. D. de V. S.; L. 83. D. de R. J.; L. 41. D. de legg. 1. 3); — obligationem („ius crediti", L. 12. § 2. D. Quod m. c. 4. 2); aber auch — actionem (L. 1. § 7. D. de dolo malo 4. 3; L. 8. i. f. D. de noxalib. act. 9. 4). — Daß „quum" hier mit dem Indicativ verbunden, ist bekanntlich nichts Seltenes. —

[3]) L. 17. § 1. L. 27. § 2. D. de pact. (2. 14) citt.

— vielleicht nicht mit vollem Bewußtsein über die eigentliche Bedeutung des wichtigen, von ihm ausgesprochenen Princips, sondern mehr in genialer Divination, — grade den Besitz zur Vergleichung heranzieht, den ja auch Papinian allein neben den Contractsobligationen in jener Stelle nennt, wo es ihm darauf ankommt, die Gleichheit des Besitz-Erwerbs und Verlustes für Grundstücke hervorzuheben [1]).

Wenn nun Paulus beabsichtigt, Contractsobligationen und Besitz in dieser Beziehung mit einander zu vergleichen (ut igitur); — wenn er aus dem causalen Mittelsatz offenbar eine Consequenz ziehen will (ut igitur): so kann „utrumque" unmöglich eine Bedeutung haben, die eines Vergleiches spotten und die gezogene Consequenz illusorisch machen würde. Könnte man auch wirklich jenes Wort in einem disjunctiven oder in solchem Sinne gebrauchen, der eine conjunctive oder disjunctive Bedeutung unentschieden ließe; so hätte es der Jurist doch unmöglich hier in dieser Bedeutung anwenden können; es fiele ja dann grade die Identität und Correspondenz des Eingehungs- und Aufhebungsacts fort, auf die doch im ersten Theil der Stelle ein so großes Gewicht gelegt wird. Würde er wohl zweimal „iisdem" [2]) mit solchem Nachdruck gesetzt haben, wenn er nicht diese Identität und Correspondenz hätte urgiren wollen? Nur wenn an ihr festgehalten, und auf sie der Ton gelegt wird, — was aber nur angeht, wenn man „utrumque" in seiner gewöhnlichen Bedeutung nimmt, — rundet sich die Stelle zu einem Ganzen, während sie sonst den hinkendsten aller Vergleiche und eine durchaus unzutreffende Schlußfolgerung enthielte.

Es kann indeß für die hier verfochtene Auffassung im Grunde gleichgültig sein, ob auch schon Paulus von ihr ausgegangen ist, da uns die Römischen Juristen nie als Gewährsmänner für die Richtigkeit wissenschaftlicher Ansichten dienen können. Genug, wenn uns sein Ausspruch kein Hinderniß bietet, das wir, wie Sa-

---

[1]) L. 46. D. h. t. cit.

[2]) Savigny liest „hisdem" und giebt „iisdem" als Variante (in Parenthese): weßhalb? wird uns nicht gesagt: nach dem mir zugänglichen Apparat finde ich keine Berechtigung für diese Aenderung der Florentina, welche der Auffassung Savigny's allerdings bequemer sein würde.

vigny, bemüht sein müßten, hinwegzuräumen. Die Richtigkeit der hier gegebenen allgemeinen Erörterungen, welche in den wenigen vorgetragenen, in der Natur des Willens wurzelnden Sätzen erschöpft sind, würde nur angezweifelt werden dürfen, falls sie mit den Entscheidungen unserer Quellen nicht harmonirten.

Mit diesen aber steht unsere Lehre in vollem Einklang, denn nach ihnen geht der Besitz stets verloren, wenn es dem Willen des Besitzers auch nur an einem seiner wesentlichen Momente fehlt. Die wissenschaftliche Auffassung, — der ein Inneres ohne Aeußeres, ein Wesen ohne Erscheinung ebenso undenkbar ist, wie das Umgekehrte, — muß immer dabei stehen bleiben, daß der Besitzwille dann überhaupt nicht mehr vorhanden sei, folglich mit seinem Erwerbsgrunde auch der erworbene Besitz fortfalle: die Praxis begnügt und darf sich mit dem Satze begnügen, der Besitz sei verloren, wenn entweder der Besitzer das Object nicht mehr haben und behalten will, oder nicht mehr haben und behalten kann. Für die Entscheidung genügt diese einfache Regel, und es ist grade Papinian, seiner Landsleute und unser Aller Meister in der Praxis, der sie in ihrer ganzen disjunctiven Schärfe ausspricht, zugleich aber auch die Grenzen andeutet, welche ihr durch die Verschiedenheit der Besitzobjecte gezogen sind [1]): Eius quidem, quod corpore nostro teneremus, possessionem amitti vel animo, vel etiam corpore.

Die folgende Darstellung soll nunmehr dem quellenmäßigen Nachweis für die Richtigkeit des gewonnenen allgemeinen Princips dienen, und wird die beiden Momente, die in der Lehre vom Besitzverlust in Frage kommen, das Aufhören des Willens, (in seiner engeren Bedeutung von affectio), und das Fortfallen seiner Macht (des corpus) gesondert betrachten. Die Folgeordnung ist, aus den schon oben angedeuteten Rücksichten, die umgekehrte, wie sie für Savigny maßgebend war, der auch hier das „physische Verhältniß zu der besessenen Sache" zuerst abhandelt. Die überlieferten concreten Fälle des Besitzverlustes, — welche überdieß nicht so zahlreich sind, als die Erwerbsfälle, wie ich sie am Schlusse der Er-

[1]) L. 44. § 2. D. h. t.

werbslehre passend zusammenfassen konnte, — werde ich hier aus Zweckmäßigkeitsrücksichten gleich bei der Einzelbetrachtung der beiden Momente des Besitzwillens anführen und, soweit es nöthig und möglich, ausführlich erklären.

Wie wenig Savigny sich die Natur des Willens überhaupt klar gemacht hat, tritt uns grade in der Lehre vom Besitzverlust so recht vor Augen. „Es ist nur nöthig", — führt er aus, — „daß die Möglichkeit einer Reproduction des ursprünglichen Wollens in jedem Augenblick erhalten werde: daß das Bewußtsein des Besitzes selbst in jedem folgenden Augenblick wirklich fortdauere, ist weder nöthig, noch überhaupt möglich." Und er findet, diese Entwickelung sei „nur ein anderer Ausdruck derselben Ansicht, daß zum Verlust des Besitzes, wenn er durch animus vor sich gehen soll, wieder ein neuer, aber umgekehrter Entschluß (animus in contrarium actus) erfordert wird [1])."

Aber eine „Reproduction" des „ursprünglichen Willens" ist ganz undenkbar. Was wir einmal gewollt, können wir gar nicht nochmals wollen; wir können es nicht mehr, und auch nicht mehr wollen, denn jede Aeußerung unsers Willens ist, weil wahrer Positiv, an sich schon Superlativ: was unser ist, kann daher, nach dem bekannten Satze, nicht erst unser werden. Haben wir durch unsern Willen unser Recht begründet, so bleibt dies, seine sonstigen Bedingungen vorausgesetzt, so lange von Bestande, bis es unser auf das Gegentheil gerichteter Wille wiederaufhebt. Es ist auch eine Aeußerung unseres Willens, wenn wir das Gegentheil von dem wollen, was wir früher wollten; jedes nolle ist ein „nolle constituere", in eben dem Maße ein Act, eine Concentration unserer geistigen Energie, wie die positive Willensäußerung: das Eine schafft, das Andere vernichtet unser Recht [2]).

---

[1]) Bes. § 32. S. 416—17.

[2]) Ulpian in L. 17. § 1. D. h. t.; cf. L. 27. eod.: „desinere animo possidere."

Haben wir also einmal das Recht des Besitzes durch einen positiven Willensact erworben, so müssen wir es, sind nur seine sonstigen Erfordernisse vorhanden, auch behalten, bis wir den Entschluß fassen, den Besitz aufzugeben. Bevor dies geschehen, brauchen, ja können wir unsern Besitzwillen gar nicht reproduciren; er bleibt, vom Erwerbsacte an, unverändert der Grund für das Recht unsers Besitzes, und äußert ununterbrochen, wie ungeschwächt seine Wirkungen fort und fort, bis zu dem Momente hin, wo er ganz aufhört. „Die einfache Regel hierbei ist“, — um mich auch hier der musterhaft präcisen Worte Kierulff's zu bedienen [1]), — „daß, wer nicht mehr Besitzer sein will, es eben dadurch von dem Augenblicke an nicht mehr ist“; Wollen und Nichtwollen sind eben geistige Acte, und daher erfolgt, mit blitzähnlicher Schnelligkeit, wie der Erwerb, so auch der Verlust des Besitzes [2]): „Si in fundo sis, et tamen nolis eum possidere, protinus amittes possessionem.“ —

Ist auch das Nichtwollen ein Willensact, so ergiebt sich daraus, als nächste Consequenz, daß so Niemand das Recht des Besitzes verlieren kann, der überhaupt willensunfähig ist. Wird also der Besitzer geistig unfrei, so kann er auch nicht mehr den Entschluß fassen, den Besitz aufzugeben [3]). Eine weitere, höchst interessante Folgerung aus diesem Satz findet sich in einem Frag-

---

[1]) A. a. O. S. 392.

[2]) Paulus in L. 3. § 6. D. h. t.; es ist dasselbe Fragment, worin die affectio für sich (als solus animus) characterisirt wird (vgl. oben S. 168, N. 1. Cf. L. 3. § 9. L. 30. § 4. L. 44. § 2. D. eod.

[3]) In den Quellen wird dies sehr gewöhnlich mit „omittere possessionem“ bezeichnet (u. A. in L. 5. D. pro don. 41. 6; L. 1. § 25. D. de vi 43. 16; L. 119. D. de R. J. = L. 4. § 1. D. de alienat. iud. mut. c. fact. 4. 7; L. 2. § 1. D. pro derel. 41. 7; — ähnlich „pignus omittere = remittere,“ L. 18. D. quae in fr. cred. 42. 8; „omittere usuras praeteritas,“ L. 17. § 1. D. de usur. 22. 1). Die Glosse (in L. 1. § 3. D. h. t., Savigny Bes. § 32. S. 415) bemerkt dabei sehr gut: „Licet enim desinat habere animum possidendi, non tamen habet animum non possidendi.“ — Wird der Locator geistig unfrei, so ist aus demselben Grunde eine Relocation unmöglich: denn diese setzt ein pati voraus, was nur denkbar ist, wenn die Fähigkeit zu einem non pati vorhanden ist (L. 14. i. f. D. loc. cond. 19. 2).

ment des Proculus [1]): Si is, qui animo possessionem saltus retineret, furere coepit, non potest, dum fureret, eius saltus possessionem amittere, quia furiosus non potest desinere animo possidere. Wird der Besitzer eines Grundstückes wahnsinnig, oder sonst geistig unfrei, so kann er den Grundbesitz überhaupt nicht verlieren, weil dieser, — wie wir bald sehen werden, — nur mit und durch unsern Willen verloren geht.

Die Pupillen sind zwar, wie sich oben zeigte [2]), zum Erwerb des Besitzes nicht durchaus unfähig; sie können aber, ohne vormundschaftliche Genehmigung, keine, und also auch nicht das Recht des Besitzes aufgeben, das heißt, sie können durch ihren einseitigen Entschluß, nicht mehr besitzen zu wollen, den Besitz niemals verlieren: daß sie durch unvorhergesehene und unabwendbare Zufälle, oder durch Unrecht Anderer die Macht über das Besitzobject verlieren, kann freilich ihnen sowohl, als jedem andern Besitzer begegnen. Das ist der nicht zweifelhafte Sinn eines Fragments von Ulpian [3]): Possessionem pupillum sine tutoris auctoritate amittere posse, constat: non, ut animo, sed ut corpore desinat possidere. Quod est enim facti, potest amittere. Alia causa est, si forte animo velit amittere; hoc enim non potest. Und damit stimmt auch eine Stelle von Marcian [4]) überein, der ich eine etwas ausführlichere Erklärung widmen muß, weil sie von Savigny, wie ich glaube, irrig aufgefaßt worden ist:

> Pupillus, quantum ad acquirendum, non indiget tutoris auctoritate; alienare vero nullam rem potest, nisi praesente tutore auctore, et ne quidem possessionem, quae est naturalis, ut Sabinianis visum est: quae sententia vera est.

---

[1]) L. 27. D. h. t.; cf. L. 25. § 1. eod.; L. 31. § 3. D. de usurp. (41. 3). Auch hier soll sich die Fortdauer des Besitzes aus dem „favor retinendae possessionis" erklären, obwohl „jedes wirkliche factische Band zwischen Person und Sache zunächst ganz aufgehört hat!" (Bruns i. d. angef. Abh. S. 40).

[2]) Vgl. oben S. 159 flgde.

[3]) L. 29. D. h. t.

[4]) L. 11. D. de acqu. rer. d. (41. 1).

Bedenken erregen nur die Worte: quae est naturalis. Savigny faßt sie im Sinne einer Beschränkung, als hätte der Jurist sagen wollen: ne (eam) quidem possessionem, quae est naturalis, — und bezieht also die Aeußerung Marcian's lediglich auf den sogenannten Naturalbesitz (im Gegensatz einer civilis possessio). „Alienare possessionem", — bemerkt er, — „heißt so den Besitz verlieren, daß darin eine juristische Succession liegt; diese aber ist unmöglich, weil es dabei auf den animus des vorigen Besitzers ankommt. Gesetzt also, ein Pupill verkauft und tradirt eine Sache, so erwirbt der Andere zwar den Besitz, aber nicht zugleich das, was, außer dem Dasein des Besitzes noch ein besonderes Successionsverhältniß voraussetzt, also keine accessio possessionis, und zwar weder für die civilis possessio (ad usucapionem), noch für die naturalis possessio (bei dem alten interdictum utrubi): darauf geht unsere Stelle [1])."

Daß diese Erklärung nicht wohl richtig sein könne, ergiebt sich, — auch ganz abgesehen von der Unzulässigkeit einer Unterscheidung zwischen Interdicten- und Usucapionsbesitz, wie sie von Savigny in die Quellen hineingetragen worden [2]), — schon daraus, daß sie das demonstrative Pronomen ergänzen will, auf dem gleichwohl der ganze Nachdruck ruhen würde. Unter possessio naturalis ist hier allerdings nicht, wie sonst gewöhnlich, die Detention gemeint [3]); auch kann es nicht in dem Sinne verstanden werden, wie der jüngere Nerva es in jenem bekannten Ausspruch gebraucht [4]) „dominiumque rerum ex naturali possessione coepisse": denn hier bezeichnet es wohl eher, daß der Besitz auf dem ius naturale beruhe [5]), während Marcian schon mit der weiten Bezeichnung

---

[1]) Bes. § 32. S. 419, Note 3 (vgl. S. 61. S. 494).

[2]) Vgl. oben S. 146.

[3]) „Naturaliter (sive corporaliter) possidere" = „tenere, in possessione esse, incumbere possessioni" (L. 35. D. fam. ercisc. 10. 2; L. 7. § 11. D. comm. div. 10. 3; L. 8. § 15. D. ad exhib. 10. 4; L. 38. § 10. D. de usur. 22. 1; L. 1. pr. § 1. L. 3. § 3. L. 12. pr. L. 24. L. 29. D. h. t.; L. 2. § 1. u. 2. D. pro herede 41. 5; L. 1. § 9. D. Uti poss. 43. 16; L. 22. § 1. D. de prec. 43. 26; L. 38. § 7. D. de V. O. 45. 1).

[4]) L. 1. § 1. D. h. t. (Paulus libro LIV. ad Edictum).

[5]) So wird u. A. auch von der locatio conductio gesagt (L. 1. D. loc. cond.

„alienare rem" sowohl das Civil- wie das bonitarische Eigenthum [1]) umfaßt. Es bleibt daher nur übrig, die Worte „quae est naturalis" in einem dritten Sinne zu nehmen, für den es in unsern Quellen gleichfalls nicht an Anhalt fehlt. Ein naturales Element liegt, kann man sagen, in jedem Einzelerwerb des Besitzes; die Frage ist immer, ob sich der Besitzer des Objects auch wirklich bemächtigt hat [2]). Und in diesem Sinne belegt Marcian den Besitz mit dem hervorgehobenen Beiwort, indem er dabei von derselben Anschauung ausgeht, welche für Modestinus in jenem vielfach mißbrauchten Ausspruch leitend war [3]): „quod naturaliter acquiritur, sicuti est possessio."

Der Jurist will sagen: der Pupill könne keine Sache veräußern, die ihm gehört, deren Eigenthümer er ist, und dies drückt er in den zweifellosen Worten aus: alienare vero nullam rem potest [4]). Ja, nicht einmal das Recht des Besitzes kann er aufgeben, obwohl doch der Besitz nicht durch einen civilrechtlichen Acquisitionsmodus, sondern durch die Eigenthätigkeit des Subjects erworben wird, die in ihrem Endeffect stets von den factischen Umständen des concreten Falls abhängig bleibt: et ne quidem possessionem (potest alienare [5]), quae est naturalis, das heißt:

---

19. 2): Quum naturalis sit et omnium gentium, non verbis, sed consensu contrahitur.

[1]) Vgl. § 2. J. Quib. alien. licet v. n. (2. 8) mit Gai. J. II. § 80. 82.

[2]) Vgl. oben S. 59. 99—100. 168—72. 164—65. 198—99.

[3]) L. 53. D. de a. r. dom. (41. 1).

[4]) Vgl. § 2. J. 2. 8. cit.; Gai. J. II. § 80—85; Ulp. Fragm. XI. 27; Pr. § 1. J. de auct. tut. (1. 21); L. 9. § 1. 2. D. de auct. tut. (26. 8). — Bemerkenswerth ist, daß Marcian anfänglich richtig von Ver-äußerung der Sache spricht, — dann aber, mit der den Römischen Juristen eigenen Gleichgültigkeit gegen wissenschaftlich angemessene Ausdrücke, „alienare possessionem" gebraucht, also das Recht des Besitzes als veräußert bezeichnet.

[5]) Daß man nicht sagen könne „alienare possessionem," folgt keineswegs aus der ungeschickt excerpirten L. 119. D. de R. J.: Non alienat, qui duntaxat omittit possessionem. Die Bedeutung dieses allgemein gehaltenen Satzes (aus Ulpian's Schrift ad Edictum libro XIII.) ergiebt sich aus L. 4. D. de alienatt. iud. mut. c. fact. (4. 7), wo er noch ein Mal im Zusammenhange von den Compilatoren aufgenommen ist: Potest autem

quamvis naturaliter acquiratur. Man sieht, Marcian stellt die Alienation von Sachen, welche dem Pupillen eigenthümlich gehören, der Veräußerung solcher gegenüber, die er bloß im guten Glauben besitzt, also zu usucapiren im Begriff steht: auch diese kann er nicht im Rechtsverkehr Andern zur Aneignung hingeben, weil er überhaupt keine Rechte aufgeben darf [1]. —

Wir sahen bisher, — was sich freilich ziemlich von selbst versteht, — daß nur Diejenigen den „animus non-possidendi" fassen können, welche überhaupt willens- und handlungsfähig sind, und besprachen diesen Punct hauptsächlich nur deßhalb, um seine Quellenmäßigkeit, soweit nöthig durch Interpretation, darzulegen. Nur die gleiche Rücksicht rechtfertigt es, daß nunmehr der ebenso selbstverständliche Satz erörtert wird, die Besitzaufgabe könne nicht nur aus-

---

aliquis dolo malo desinere possidere, nec tamen iudicii mutandi causa fecisse, nec hoc edicto teneri; neque enim alienat, qui duntaxat omittit possessionem.

[1]) Wäre der Besitz also nicht überall ein und derselbe, so könnte man sagen, Marcian beziele grade umgekehrt den Usucapionsbesitz. Der Pupill kann diesen, wie überhaupt Rechte, nicht aufgeben; das Object ist also nicht alienirt; er hat dem neuen Erwerber nicht Platz gemacht, damit ihm dieser in der Herrschaft über dasselbe unmittelbar folgen könne. Die Consequenz davon ist, daß der letztere sich den Besitz des Pupillen nicht in die Verjährungszeit einrechnen darf, denn die accessio possessionis für die Usucapion, — um bei dieser stehen zu bleiben, da sie allein noch practische Geltung hat, — wird nur denen zu Theil, „qui in locum aliorum succedunt" (L. 14. § 1. D. de div. temp. pr. 44. 3). Der Käufer kann daher, — die sonstigen Bedingungen für die Ersitzung, namentlich den Umstand vorausgesetzt, daß er den Pupillen für volljährig hielt, und ohne eigene Nachlässigkeit dafür halten durfte, — das Object auch nur von dem Moment der eigenen Besitznahme an usucapiren (L. 2. § 15. (16). D. pro emt. 41. 4). —

Aus den Schlußworten Marcian's („ut Sabinianis visum est") können wir abnehmen, daß die Proculianer der entgegengesetzten Ansicht gewesen sind. Ihnen mochte dabei der Satz vorschweben: nihil tam naturale est, quam eo genere quidque dissolvere, quo colligatum est, und sie schlossen vielleicht, daß die possessio, quae „naturaliter acquiritur," auch ebenso verloren, folglich auch von den Pupillen aufgegeben werden könne. Mit Recht ist aber die Meinung der Sabinianer die herrschende geworden, daß der Pupill das Recht des Besitzes „animo amittere non potest." —

drücklich, sondern auch durch concludente Handlungen, und beziehentlich durch eben solche Unterlassungen erklärt werden. Es bedarf nicht erst der Hinweisung darauf, daß in jedem Constitutum, — worauf ich meine Betrachtung darum nicht ausgedehnt habe, weil darin zugleich immer ein Erwerb durch Stellvertretung liegt, — zugleich eine Besitzaufgabe enthalten ist, die ebensowenig, wie in andern Fällen [1]), mit ausdrücklichen Worten erklärt zu werden braucht. Und es ist auch an sich nicht auffallend, wenn die Besitzaufgabe, insofern sie ja eine bloße, an keine Form gebundene Willens-erklärung enthält, auch aus Unterlassungen erhellen kann [2]), natürlich vorausgesetzt, daß diese einen bündigen Schluß auf das Aufhören des Besitzwillens gestatten.

Aber so weit darf man nicht gehen, wie Savigny, daß schon „die bloße Nachlässigkeit oder längere Abwesenheit" der Besitzer von Grundstücken als Besitzaufgabe zu betrachten sei [3]). Er stützt diese auffallende Behauptung auf zwei Aussprüche des Gaius, die von den Compilatoren aneinander geschweißt sind [4]), in denen jedoch keinesweges eine Bestätigung dafür gefunden werden kann:

> Fundi quoque alieni potest aliquis sine vi nancisci possessionem, quae vel negligentia domini vacet, vel quia dominus sine successore decesserit, vel longo tempore abfuerit; — Quam rem ipse quidem non potest usucapere, quia intelligit, alienum se possidere, et ob id mala fide possidet. Sed, si alii bona fide accipienti tradiderit, poterit is usucapere, quia neque vi possessum, neque furtivum possidet: abolita est enim quorundam veterum

---

[1]) Vgl. namentlich L. 19. pr. D. h. t.: Qui bona fide alienum fundum emit, eundem a domino conduxit. Quaero: utrum desinat possidere, an non. Respondi: in promtu est, ut possidere desierit. Andere Fälle in L. 21. § 3. L. 28. eod.

[2]) Wie auch sonst (z. B. in L. 7. § 1. L. 12. pr. D. de sponsal. 23. 1; L. 5. C. de nupt. 5. 4; L. 5. D. de adopt. 1. 7; L. 12. L. 16. D. de S. C. Maced. 14. 6; L. 60. D. de R. J.).

[3]) Bes. § 32. S. 424—426 (ebenso Kierulff S. 395).

[4]) L. 37. § 1. (libro II. Instit.) L. 38. (libro II. Rer. quot. s. Aureorum) D. de usurp. (41. 3); cf. § 7. J. de usuc. (2. 6).

sententia, existimantium, etiam fundi locive furtum fieri.

Savigny bemerkt hierzu: „Wenn z. B. der Besitzer eine Reihe von Jahren hindurch sein Feld unbenutzt liegen läßt, so kann man annehmen, daß er den Besitz habe aufgeben wollen. Denn daß er ihn bloß vergessen habe, ist höchst unwahrscheinlich, und ob er ihn überhaupt nicht haben will, oder ob er ihn aus bloßer Nachlässigkeit aufgegeben hat, oder weil ihm etwa eine Reise viel wichtiger war, — das alles ist hier ganz gleichgültig, indem dadurch nur die Motive seines Entschlusses modificirt werden, nicht aber der Entschluß selbst: da nämlich in allen diesen Fällen der Entschluß frei und mit vollem Bewußtsein auf etwas gerichtet ist, was die Ausübung des Besitzes ganz unmöglich macht, so ist nothwendigerweise auch die Entsagung des Besitzes in ihm enthalten."

Aber die beiden Fragmente des Gaius enthalten durchaus Nichts von einer Besitzaufgabe: diese würde beim Grundbesitz nur aus den Motiven ab- und also bloß dann anzunehmen sein, wenn aus ihnen unzweideutig klar wäre, daß der Grundbesitzer seinen Besitz aufgeben wollte. Der Besitz an Grundstücken geht, — wie man allgemein anerkennt, aber freilich nicht begriffen hat, — lediglich mit dem Aufhören unseres Besitzwillens, also erst dann verloren, wenn wir die Occupation erfahren haben und uns dabei beruhigen. Durch bloße Nichtbenutzung oder infolge längerer Abwesenheit verlieren wir an sich den Grundbesitz keineswegs, da hieraus eine Besitzaufgabe noch gar nicht ohne weiteres folgt; es kommt immer darauf an, ob aus den Motiven auf eine Derelictionsabsicht geschlossen werden kann, und ob diese in concludenter Weise erklärt worden ist [1]).

---

[1]) Vgl. L. 4. C. h. t.: Licet possessio nudo animo acquiri non possit, tamen solo animo retineri potest. Si ergo praediorum desertam possessionem, non derelinquendi affectione, transacto tempore non coluisti, sed ex metus necessitate culturam eorum distulisti, praeiudicium tibi ex transmissi temporis iniuria generari non potest. Unterläßt dagegen beispielsweise der Besitzer eines sterilen und mit zu hohem Grundgelde belasteten Fundus die Cultur desselben erweislich aus diesem

Gaius will hier auch gar nicht die Frage erörtern, ob der Occupant wirklich Besitz erlangt, — so also, daß er ihn, im Sinne des Javolenischen Fragments zu be-halten im Stande ist [1]); — sondern er will augenscheinlich nur untersuchen, ob in den von ihm angegebenen Fällen Usucapionshindernisse von objectiver Art vorhanden sind. Dies verneint er mit Recht, denn sowohl in den beiden Fällen längerer Nichtbenutzung und Abwesenheit, — deren Savigny allein gedenkt, — als auch in dem dritten Falle erblosen Absterbens, liegen nur subjective Hinderungsgründe vor, die in der Person des Occupanten selber wurzeln. In allen dreien ist sein Besitz zwar fehlerhaft, kann also von ihm dem wahren Besitzer gegenüber nicht aufrecht erhalten, und ebensowenig als Grundlage einer Usucapion gebraucht werden, sondern der nachlässige oder verreiste Besitzer retinirt den Besitz, bis er die Occupation erfährt und sich dabei beruhigt [2]). Der fehlerhafte Besitz des Occupanten ist aber doch nur clam, nicht vi erworben, und die Furtivität ist

---

Grunde und in der Absicht, es überhaupt aufzugeben, längere Zeit hindurch, so kann sein animus nonpossidendi, — um den passenden Ausdruck der Glossatoren wieder recht einzubürgern, — nicht wohl zweifelhaft sein. —

Während der socialen Zerrüttung des sinkenden Reichs gelangte man freilich zu dem exorbitanten Gesetz, daß jeder Herr eines steuerpflichtigen, und unbebaut gelassenen Grundstücks als Dereliquent erachtet, und dasselbe, nach Ablauf einer zweijährigen Einlösungsfrist, Demjenigen zugesprochen werden solle, der die contribuable Hufe bebauen würde (Tit. Cod. de omni agro des. 11. 58; namentlich: L. 8.: nam si biennii fuerit tempus emensum, omni possessionis et dominii carebit iure, qui siluit). Aber dies beruht nur auf der „Staatsraison," den fiscalischen Kassen die Grundsteuer contribuabler Hufen zu erhalten, ist daher für uns von gar keiner practischen Bedeutung, und namentlich einer analogen Anwendung durchaus unfähig. —

[1]) Vgl. oben S. 52 u. S. 136. N. 1. Wenn Gaius von dem Occupanten sagt: possidet, so meint er nur den unredlichen (Schein-) Besitz, der eben nicht re-tinirt werden, und deßhalb eigentlich (im Rechtssinne) gar nicht als Besitz gelten kann.

[2]) Die auf den Verlust des Grundbesitzes bezüglichen Fragmente, welche alsbald erklärt werden sollen, können erst das Verständniß dieser Aphorismen erschließen. Vorläufig mache ich nur auf die Worte der L. 6. i. f. D. h. t. aufmerksam, die in einem Falle, wo während der Abwesenheit des Grundbesitzers, Jemand in das Grundstück eingedrungen war, von dem ersteren sagt: „retinet ergo possessionem."

(nach neuerer und richtiger Ansicht) kein vitium rei für den Grundbesitz: ein späterer gutgläubiger Acquirent kann daher an derartigen Grundstücken, — die sonstigen Erfordernisse vorausgesetzt, — durch Ersitzung allerdings auch Eigenthum erlangen. —

Es bleibt noch die Frage zu beantworten: ob die erklärte Besitzaufgabe in ihrem Bestande davon abhängig ist, daß der neue Erwerber, der Voraussetzung gemäß, auch wirklich Besitz an dem veräußerten Object erlange? Dieser interessante Punct ist nicht sowohl durch Savigny [1]), als durch spätere Schriftsteller [2]) zur Sprache gebracht, ohne daß jedoch die bisherigen Erörterungen befriedigen könnten. Wir dürfen gegen die Resultate unserer Doctrin schon von vornherein Mißtrauen hegen, wenn sie, wie hier, darauf hinauslaufen, daß eine Antinomie in den Quellen angenommen werden müsse.

Man glaubt, Celsus [3]) lehre über unsere Frage das Gegentheil von Dem, was Ulpian [4]) in einem anderen Falle entschieden habe: allein sehr mit Unrecht. Der erst genannte Jurist spricht in jenem ausgezeichneten Fragment, das wir schon öfter benutzt haben [5]), das Princip aus: es komme durchaus nicht darauf an, ob der neue Erwerber auch wirklich seiner Seits Besitz ergreife, und fertigt die entgegengesetzte Meinung mit ziemlicher Grobheit ab [6]): Si fu-

---

[1]) Savigny allegirt zwar die hier einschlagenden Fragmente, aber zu andern Zwecken (vgl. Bes. S. 282. 417).

[2]) Namentlich durch Kierulff (a. a. O. S. 392—93); Scheurl (Beitr. zur Bearb. des R. R. No. VIII, Sacherwerb durch Tradition, S. 202—5); Brinz Pand. I. S. 71.

[3]) L. 18. § 1. D. h. t.

[4]) L. 34. pr. D. eod.

[5]) Vgl. oben S. 182 und S. 195. — Der Eingang des Fragments enthält in meisterhafter Kürze alles Wesentliche zum Verständniß des possessorischen Constitutum: Quod meo nomine possideo, possum alieno nomine possidere; nec enim muto mihi causam possessionis, sed desino possidere, et alium possessorem ministerio meo facio.

[6]) Auch sonst ist Celsus bekanntlich nicht grade höflich: hat doch seine Aeußerung in L. 27. D. de lib. et post. hered. (28. 1) die Veranlassung gegeben, jede grobe Antwort auf eine dumme Frage eine responsio Celsina zu nennen (vgl. beispielsweise für seine kurz angebundene Manier L. 18. pr. D. de in diem add. 18. 2; L. 32. D. depos. 16. 3).

rioso, quem suae mentis esse existimas, — eo, quod forte in conspectu inumbratae quietis fuit constitutus, — rem tradideris, licet ille non erit adeptus possessionem, tu possidere desinis; sufficit quippe, dimittere possessionem, etiamsi non transferas. Illud enim est ridiculum, dicere, quod non aliter vult quis dimittere, quam si transferat: imo, vult dimittere, quia existimat, se transferre. Und dies Princip gilt ausnahmslos, nicht nur in allen Derelictions-, sondern auch in den Fällen, wo der Besitz in der Meinung aufgegeben ward, ein bestimmter Dritter solle und werde ihn ergreifen: aber freilich muß der Besitz wirklich aufgegeben sein, und die geschehene Besitzaufgabe gilt daher als ungeschehen, wenn sie ausdrücklich oder nach der Natur des Falls an Bedingungen geknüpft war, die demnächst nicht eintreten.

Hält man hieran fest, so steht der Ausspruch Ulpian's durchaus nicht im Widerspruch mit der betrachteten Stelle. Der Jurist hebt zunächst hervor, daß Irrthum im Object auch den Besitzwillen ausschließe [1]): „Wenn Jemand", — bemerkt er, — „den Besitz seines Cornelianischen Landguts erledigt und mich zur eigenen Besitznahme autorisirt, — ich aber, in der Meinung, es sei das Sempronianische, auf das meine Absicht ging, Besitz daran ergreife; so habe ich in der That den Besitz nicht erlangt: es müßte denn sein, wir hätten beide dasselbe Gut gemeint, und bloß die Namen verwechselt." Darauf fährt Ulpian fort [2]):

---

[1]) L. 34. pr. cit.: Si me in vacuam possessionem fundi Corneliani miseris, ego putarem, me in fundum Sempronianum missum, et in Cornelianum iero, non acquiram possessionem, nisi forte in nomine tantum erraverimus, in corpore consenserimus. — Der Besitzwille muß selbstverständlich die allgemeinen Requisite haben, die jede Willensäußerung erfordert; er muß daher vor allem auch ein ernster sein; das ist er beispielsweise nicht in dem Falle der L. 41. D. h. t.: qui iure familiaritatis amici fundum ingreditur, non videtur possidere, quia non eo animo ingressus est, ut possideat, licet corpore in fundo sit. (Cf. L. 6. § 2. D. de prec. 43. 26).

[2]) Es scheint unbedenklich, die, auch schon von der Glosse empfohlene, Lesart Haloanders und der Vulgata (Quando autem in corpore non consenserimus) statt der völlig sinnlosen Florentinischen (Quoniam autem

Quando autem in corpore non consenserimus, an a te tamen

---

in corpore consenserimus) aufzunehmen, so radical auch die Verschiedenheit der Texte ist, und so hoch sonst die Correctheit des Florentinischen gestellt werden muß. Hier hat aber die Annahme einer Corruption weniger Bedenken, weil in demselben Fragment noch ein offensichtlicher Schreibfehler vorkommt, und es erfahrungsmäßig grade guten Copisten begegnet, daß sie, wenn sie einmal im Zuge sind, Schnitzer auf Schnitzer folgen lassen. Im § 2. L. 34. cit. liest die Florentina „Vitellius scribit," während es nach den übrigen Handschriften nicht zweifelhaft sein kann, daß es heißen muß „ut Celsus scribit" (vgl. Zimmern Gesch. d. Röm. Priv. R. I. § 82. Note 1). — Man hat, um dies beiläufig zu bemerken, mit Rücksicht auf diese Stelle, und weil Sabinus „libros ad Vitellium" geschrieben (L. 45. D. de leg. III.; L. 8. pr. L. 12. § 27. D. de instr. leg. 33. 7; L. 3. pr. D. de penu leg. 33. 9), einen juristischen Schriftsteller mit Namen Vitellius angenommen, den Sabinus später glossirt und commentirt. Ein solcher hat aber wahrscheinlich gar nicht existirt, sondern das Digesten-Werk des Sabinus, (das mindestens 20 Bücher umfaßt haben muß, L. 3. pr. cit. — Vulg. — „Sabinus libro XX. Digestorum ad Vitellium,) ist nur einem Vitellius gewidmet: vermuthlich P. Vitellius, dem Jüngeren, der unter Tiberius Prätor und ein Vertrauter des Sejanus war, in dessen Sturz er mitverwickelt wurde (Suet. Vitell. c. 2). Vielleicht verdankte Sabinus diesem einflußreichen Manne sein Patent als Kaiserlicher Respondent, das er zu allererst unter Tiberius empfing, und widmete ihm aus Erkenntlichkeit dafür jenes Werk, zu dem später Cassius und auch noch Paulus Noten herausgegeben haben (L. 12. § 27. cit.; L. 18. D. de hered. instit. 28. 5). Man kann doch nicht füglich Digesten zu dem Werk eines früheren Autors schreiben, sondern nur Glossen und Commentare; dann wird man aber das Buch eben „Notae ad —", „Ad — libri —" „Ad — Lectiones" oder ähnlich betiteln, wie es in andern Fällen wirklich geschehen ist (u. A. Javoleni ad Plautium libri V; Salvii Juliani libri VI. ad Minicium Natalem, — libri IV. ad Urseium Ferocem; Sexti Pomponii ad Q. Mucium Lectionum libri XXXIX, — ad Sabinum libri XXXV.; Julii Mauriciani Notae ad Julianum; L. Ulpii Marcelli Notae ad Juliani Digesta; Q. Cervidii Scaevolae Notae ad Juliani, — Marcelli Digesta; Domitii Ulpiani ad Sabinum libri LI; Julii Pauli ad Sabinum libri XVII, — ad Neratium libri IV, — ad Plautium libri XVIII.). Wäre von Sabinus ein Digestenwerk des Vitellius excerpirt, — was so frühe kaum denkbar, — so würde das „ad Vitellium" ebenfalls unmöglich sein, sondern der Titel ähnlich, wie in der Schrift des Pomponius (oder Aristo? — Fr. Vat. 83. 88.) gelautet haben: Digestorum ab Aristone libri. Wenn endlich der kritische Commentar des Paulus kurzweg citirt wird „libro — ad Vitellium" (L. 18. D. 18. 5. cit.), so war dies eine gangbare Abkürzung, um die Digesten des Sabinus von den vielen andern Digesten-Werken bequem zu unter-

recedet possessio? — Quia, animo deponere et mutare nos possessionem posse, et Celsus et Marcellus scribunt, dubitari potest. Et, si animo acquiri possessio potest, num quid etiam acquisita est? — Sed non puto errantem acquirere: ergo nec amittet possessionem, qui quodammodo sub conditione recessit de possessione.

Die neueren Schriftsteller, welche sich mit den beiden Fragmenten des Celsus und Ulpian beschäftigt haben, sind zwar alle einig, daß in ihnen ein nicht zu hebender Widerspruch liege, weichen aber darin von einander ab, wessen Meinung der Vorzug gebühre. Brinz hält die Entscheidung des Celsus für „richtiger gedacht", wenngleich die von Ulpian herrührende „nützlicher" sein möge. Kierulff ist grade entgegengesetzter Ansicht; er nimmt sich dabei die Freiheit, „dem Juristen Celsus" die grobe Abfertigung seines „ridiculum est" noch nach achtzehnhundert Jahren in gleicher Münze zurückzugeben [1]), und bemerkt, in seiner stets grade auf die Sache losgehenden Weise: „Der Tradent will gar nicht unbeschränkt seinen Besitz aufgeben, sondern die Traditionshandlung ist schon von selbst ihrer Natur nach bedingt. Der Tradent giebt nur den Besitz auf (macht nur vacuam possessionem) für den, welchen er zum Erwerber bestimmt hat, und von welchem er erwartet, daß er den Besitz erwerben will, und wirklich erwirbt. Erwirbt nun dieser den Besitz aus irgend einem Grunde dennoch nicht, so ist dadurch nicht für jeden Dritten ohne Weiteres die Sache zum freien Besitzerwerb hingegeben, so daß dieser sie etwa auch pro derelicto besitzen und usucapiren könnte, sondern der Tradent hat nun den Besitz gar nicht verloren, weil er ihn nicht so unbedingt aufgeben wollte."

Noch übler kommt der „Jurist Celsus", — welcher sich über die in Kierulff's Replik liegende congeniale „göttliche" Grobheit noch allenfalls getröstet haben würde, — bei Scheuerl fort, der

---

scheiden; die (4) Bücher des Paulus bezogen sich nur auf Sabinus; L. 18. cit.: „Paulus libro I. ad Vitellium" — „Sabinus: quaesitum est" cet. —

[1]) A. a. O. (S. 393. Note). „Der Jurist Celsus ist freilich anderer Meinung, aber das „ridiculum est etc." ließe sich leichter auf seine Meinung anwenden."

ihn wegen seiner mangelhaften Argumentirmethode mit großer schulmeisterlicher Sicherheit in's Gebet nimmt. Nachdem mit wohlgefälliger Breite auseinandergesetzt ist, in der „Besitz-überlieferung", (wie in der „Eigenthums-übertragung",) lägen „zwei Bestand-theile", nämlich der Wille, den Besitz aufzugeben, — und die Absicht, daß er auf den „über-gehe", welchem tradirt wird, geht es über die logischen Schnitzer des Römers her: „Celsus beging hier den Fehler, jene beiden Bestandtheile des in der Person des Tradenten vorhandenen Willens auseinanderzureißen." Es wird daher, — wenn sich die Antinomie nicht schon durch die sogenannte historische Vereinigung heben ließe, — der Meinung Ulpian's gleichfalls, und zwar deßhalb der Vorzug gegeben, weil beide Bestandtheile des Traditionswillens in ebenso bedingter, als bedingender Verbindung mit einander ständen, wie vertragsmäßiges Versprechen und Annahme.

Man würde hier schwerlich auf die Annahme einer Antinomie verfallen sein, wenn man sich nicht unter der Tradition einen „dinglichen Vertrag" vorgestellt hätte, da sie doch nur Rechts- und namentlich Besitzaufgabe, Veräußerung, Alienation des Objects selber ist [1]). Von der Dereliction unterscheidet sie sich in nichts anderem als darin, daß sie unter der Voraussetzung geschieht, ein bestimmter Dritter solle und wolle grade dies Alienationsobject in Besitz nehmen. Ist das nicht der Fall, so hat der Tradent seine auf Alienation abzielende Willenserklärung allerdings auf Grund einer falschen Voraussetzung, also gewissermaßen unter einer Bedingung abgegeben, die sich bei jeder Tradition von selbst versteht, und hier gleichwohl nicht vorhanden ist.

---

[1]) Diese negative Natur der Tradition soll vielleicht in der Schlußauseinandersetzung von Scheuerl angedeutet sein, „daß im Grunde in der Absicht des Tradenten, den Besitz zu übertragen, nicht sowohl ein thätiges Wollen, nicht mehr zu besitzen, als vielmehr ein leidendes Sichgefallenlassen des Besitzverlustes enthalten sei." Aber das Uebertragen, — wäre es überhaupt möglich, — würde doch eine Thätigkeit einschließen: die in Gedanken und Sprache ganz marklose Entwickelung jenes Schriftstellers widerspricht sich also selber. — Bruns (i. d. ang. Abh. S. 42) erklärt die Entscheidung des später lebenden Ulpian ganz einfach aus dem Immerweiterfortschreiten des „favor retinendae possessionis!"

Das ist es auch, was Ulpian sagen will, und es lohnt um so mehr, seinen Gedankengang zu verfolgen, als der Schluß des Fragments, mit den einander rasch folgenden und immer nur halb beantworteten Zweifelsfragen, wiederum ein recht schlagendes Beispiel für die schon mehrfach characterisirte Motivirungsweise der Römischen Juristen darbietet [1]): „Wie nun aber, wenn wir nicht an ein und dasselbe Gut gedacht haben? — Sollte ich da den Besitz des Cornelianischen Fundus etwa aus dem Grunde verlieren, weil ich einmal erklärt, du mögest ihn ergreifen? — Soviel ist freilich richtig, — und Celsus und Marcellus bestätigen es ausdrücklich in ihren Schriften, — wir verlieren unsern Besitz, sobald wir nicht mehr Besitzer sein, oder nur noch für einen Andern detiniren wollen; so ganz unbedenklich ist also die Sache nicht: — Ja, sollte es am Ende gar richtig sein, daß Du doch Besitzer des Cornelianischen Guts geworden? — ich hatte es ja erledigt, Du bist hineingegangen, und das konnte doch nicht ohne Dein Wissen und Willen angehen. — Aber nein! Das ist sicherlich nicht der Fall, denn Du befandest Dich im Irrthum über das Object, und ein solcher Irrthum schließt gewiß den Besitzwillen aus. Ebendeßhalb muß aber auch die von mir erklärte Besitzaufgabe als nicht erfolgt angesehen werden, denn ich gab sie nur unter der selbstverständlichen Voraussetzung ab, daß Du dasselbe Gut meintest, das ich im Sinne hatte, — also gewissermaßen unter einer Bedingung, die nicht zugetroffen ist."

Aus ganz gleichem Grunde behält der Traditionspflichtige seinen Besitz an dem Alienationsobject, wenn er die Besitzaufgabe im Voraus, in der Erwartung und unter der Voraussetzung erklärte, der Traditionsberechtigte solle und werde den Besitz ohne seine Mitwirkung erlangen, falls das Letztere Hindernisse halber nicht hat geschehen können, deren Wegräumung dem Tradenten oblag. Das ist der principiell wichtige Satz, der in einem interessanten und von unserer Doctrin [2]) nicht genügend berücksichtigten

[1]) Die Interpunction, die ich dem Fragment gegeben, veranschaulicht schon diesen Gedankengang.

[2]) Savigny benutzt die Stelle nur für die Interdictenlehre, für welche sie allerdings von hauptsächlichem Interesse ist (Bes. S. 544, vgl. S. 76. S. 323);

Fragment Papinian's [1]) enthalten ist. Der Jurist bespricht darin, soweit es uns hier interessirt, folgenden Fall: Jemand hat sein zur Zeit verpachtetes Landgut verkauft, und weist den Käufer an, von demselben in eigener Person Besitz zu nehmen, der Pächter weist ihn aber zurück. Kann hier der Verkäufer noch das interdictum unde vi anstellen, das ja bekanntlich nur Derjenige hat, der sich zur Zeit der Dejection im Besitz befindet [2])? Papinian hat, indem er dies untersucht, recht eigentlich die Frage zu entscheiden, wieweit die Besitzaufgabe des Verkäufers von Wirkung sei, — und ob sie auch bei dieser unerwarteten Wendung der Dinge als unabänderlich erfolgt gelten könne. Er erklärt sich durchaus für die Verneinung:

Placebat, colonum interdicto venditori teneri, quia nihil interesset, ipsum, an alium, ex voluntate eius missum, intrare prohibuerit; neque enim omissam possessionem videri, quam si tradita fuisset emtori: quia nemo eo animo esset, ut possessionem omitteret propter emtorem, quam emtor adeptus non fuisset.

Mit meisterhafter Kürze ist der Kern der Entscheidung buchstäblich in zwei Worten niedergelegt: propter emtorem. Damit wird angedeutet, daß die verkäuferische Traditionspflicht das alleinige Motiv und die selbstverständliche Voraussetzung der Besitzaufgabe bildete, — daß also die so bedingte Besitzaufgabe auch nur relativ und lediglich für den Fall ausgesprochen sein könne, wenn der Traditionsberechtigte wirklich in den Besitz gelangen, und der Traditionspflichtige dadurch von seiner Verbindlichkeit, vacuam possessionem zu gewähren, befreit werden würde. Geschieht dies gleichwohl nicht, so muß die Omission des Besitzes als nicht geschehen gelten, weil die Annahme gradezu absurd wäre, der Omittent habe sich für alle Fälle seines Besitzes entschlagen, — sich also auch selber des Mittels berauben wollen, dem Traditionsberechtigten gegenüber seiner von Bestand gebliebenen Verpflichtung zur Gewährung von vacua possessio zu genügen.

Kierulff citirt sie nur für seine irrige Auffassung der regelmäßigen Bedingtheit jeder Tradition (a. a. O. S. 392, Note 3).

[1]) L. 18. pr. D. de vi (43. 16); vgl. L. 12. eod.

[2]) Cf. L. 1. § 9. 10. 23—26. D. eod.; L. 1. C. Si per vim (8. 5).

Man sieht, es ist nur unter besonderen Umständen von Wichtigkeit, ob die Besitzaufgabe auch einen Besitzerwerb von Seiten Dessen zur Folge hat, an den bei ihr gedacht war; principiell ist es ganz gleichgültig, ob der Erwerbungslustige auch wirklich erwirbt, oder wegen subjectiver oder sonstiger Hinderungsgründe dazu außer Stande ist. Es ist auch nicht zufällig, daß sich die betrachteten beiden Ausnahmefälle auf den Grundbesitz beziehen; bei ihm kommt vorzugsweise eine im Voraus erklärte Besitzaufgabe und demnächstige einseitige Besitzergreifung von Seiten des Traditionsberechtigten vor; — geschieht dagegen die Besitzaufgabe im Beisein beider Interessenten, sowie in Gegenwart des Traditionsobjects, so ist ein Irrthum über das letztere nicht wohl möglich; und ebenso kann und wird der bisherige Besitzer kurzen Proceß machen, wenn er sich mit dem Erwerbungslustigen zusammen zu seinem Besitzrepräsentanten begiebt, und dieser Miene macht, dem designirten Besitznachfolger Widerstand entgegenzusetzen. In der überwiegenden Mehrzahl der Fälle, und principiell: überall nämlich, wo die Besitzaufgabe nicht ausdrücklich oder der Natur der Sache nach an Bedingungen geknüpft ist, die nicht zutreffen, — bleibt es also bei der Entscheidung des Celsus, und dabei, daß die Annahme des Gegentheils „lächerlich" ist.

Die quellenmäßige Entwickelung der Lehre vom Besitzverlust durch Aufhören des Besitzwillens ist nunmehr erschöpft, und wir haben uns allein noch mit der Frage zu beschäftigen, inwiefern der Besitz auch dadurch verloren werden kann, daß die Macht, das corpus fortfällt, worin wir ein integrirendes Moment des Besitzwillens selber erkannten. Das Bewußtsein, ohne welches der Besitzwille nicht gedacht werden kann, und das in der Lehre vom Besitzerwerb sogar vorzugsweise unsere Aufmerksamkeit in Anspruch nahm, hat hier keine selbständige Bedeutung. Wer erwerben will, kann auch verlieren wollen, und der Beschluß, den Besitz zu ergreifen, läßt sich durch den gegentheiligen Entschluß, ihn aufzugeben, paralysiren: ein auf die Aufhebung des dem Willen immanenten Bewußtseins gerichteter spontaner Act ist dagegen nicht möglich.

Haben wir einmal die Objecte unseres Besitzes zu unserm geistigen Eigenthum gemacht; haben wir sie als Specien eines Genus, also auch als concrete Dinge von individuellem Aussehen erkannt und unserer Vorstellung eingeprägt: so haften sie in unserem Geiste unvertilgbar. Was wir seinem Wesen nach erkannt haben, geht uns nie verloren, und der erlangte Begriff eines Dinges bleibt für immer unser geistiges Eigenthum, das wir am wenigsten wissentlich und mit Absicht aus unserem geistigen Selbst loszureißen vermögen. Eben so gräbt sich das Aussehen der Besitz-Objecte grade umsoviel tiefer in unsere Vorstellung ein, je mehr wir darauf ausgehen, sie auszurotten; — und verlieren auch wohl die Farben des Bildes, das sich einmal in unserem Innern abgespiegelt hat, ihre ursprüngliche Frische, so verwischen sie sich doch niemals ganz und gar. Oft tauchen Bilder in uns wieder auf, die wir für immer im Schoß der Vergessenheit begraben glaubten, und (mit leichter Aenderung) kann man auf unser geistiges Vermögen jene Worte des Dichters anwenden: Quo semel imbuta est, servabit odorem testa in perpetuum.

Gehört nun zu unserm Besitzwillen, als ein für seinen Bestand nothwendiges Moment, die Macht über das Besitzobject; ist es für seine Ver-körperung unerläßlich, daß es ihm nie an objectiver Sicherheit fehle; und gestalten sich, wie uns in der Lehre vom Besitzerwerbe klar ward, die Bedingungen dieser objectiven Sicherheit nach der Natur der Objecte selber verschieden: so folgt daraus, daß jener Unterschied der Besitzobjecte auch für den Besitzverlust maßgebend sein muß. Wo es keiner besondern Vorkehrungen für die Verwirklichung unseres Besitzwillens bedurfte, wo unser Wille an sich zum Erwerb ausreichte, da kann ein Verlust des Besitzes gleichfalls nur mit unserm Willen eintreten; bei allen übrigen Objecten aber kann er auch dann stattfinden, wenn die Maßregeln der subjectiven und objectiven Custodia aufhören oder sich unzureichend erweisen. Diese Sätze, welche sich als einfache Consequenzen aus den gewonnenen Resultaten ergeben, finden auch in den Quellen ihre Bestätigung, deren Aussprüche ich jetzt in derselben Folgeordnung meinen Lesern vorführen will, welche schon in der Erwerbslehre durch die Natur der Besitzobjecte selber vorgezeichnet zu sein schien.

Ich beginne daher auch hier mit den Grundstücken, die Savigny erst nach den Mobilien abhandelt [1]). Ihm gilt als allgemeines Princip für den Verlust des Besitzes „durch äußere Begebenheit", wie er es nennt, sowohl für be-, als unbewegliche Sachen, Folgendes: „Die erste Bedingung der Fortdauer des Besitzes ist ein physisches Verhältniß zu der besessenen Sache, wodurch es uns möglich ist, auf dieselbe einzuwirken. Diese Möglichkeit muß aber nicht etwa, wie bei dem Erwerb des Besitzes, eine unmittelbare, gegenwärtige Möglichkeit sein, sondern es ist hinreichend, wenn nur dieses Verhältniß nach Willkühr reproducirt werden kann, und der Besitz ist auf diese Weise erst dann verloren, wenn die willkührliche Einwirkung ganz unmöglich geworden ist." Diese Grundsätze sollen nun auch bei Immobilien principiell ihre Anwendung finden; es handelt sich bei ihnen, gegen die Mobilien gehalten, um einen bloßen Gradunterschied [2]): „auch dabei also wird der Besitz verloren, sobald die Möglichkeit der Einwirkung auf die Sache aufgehoben ist, — fortgesetzt, solange diese Möglichkeit dauert; nur daß der Begriff dieser Möglichkeit auch hier dem Grade nach anders bestimmt wird, als bei dem Erwerbe." Es ist also nach Savigny's Ansicht, um es kurz zu fassen, für den Grundbesitz zwar nicht die stete körperliche Gegenwart des Besitzers erforderlich; ist er aber abwesend, so wird die physische Möglichkeit der Einwirkung nur „in eine entferntere Möglichkeit verwandelt, nicht überhaupt aufgehoben."

Bleibt man bei dieser Auffassung stehen, so müssen freilich die Stellen, welche vom Verlust des Grundbesitzes handeln, als Räthsel erscheinen, und es darf auch namentlich nicht befremden, wenn Savigny eine wesentliche Consequenz aus der Natur des Grundbesitzes durchaus unbegreiflich, und nur durch eine „Fiction" erklärlich findet. Ein bekannter Satz unserer Quellen lehrt: daß

---

[1]) Bes. § 31. S. 395—416.

[2]) A. a. O. S. 395. 402. 406—8. 416.

wir den Besitz an Grundstücken nicht eher und anders verlieren, als bis wir deren Occupation in Erfahrung gebracht haben. Dieser Satz paßt allerdings nicht zu der von Savigny aufgestellten Regel; statt jedoch dadurch gegen diese selber mißtrauisch zu werden, äußert er ganz naiv bloß seine Verwunderung über diese „merkwürdige Ausnahme."

Wenn aber irgendwo, so können wir uns im Römischen Recht das Horazische Nil admirari zur Richtschnur dienen lassen, weil in ihm Nichts oder Alles merkwürdig und bewundernswerth erscheint. Wenn wir an Grundstücken Besitz bloß durch unsern Willen erwerben, so müssen wir ihn auch behalten, so lange unser Wille fortdauert: mit andern Worten, wir können den Grundbesitz nur verlieren, wenn unser Besitzwille aufhört. Bemächtigt sich also Jemand unsers Grundstücks während unserer Abwesenheit, und ohne daß wir darum wüßten, so kann man nicht gleich sagen, daß wir den Besitz aufgegeben hätten: dies ist erst dann anzunehmen, wenn wir die Invasion erfahren haben, und uns dabei beruhigen. Machen wir gar keinen Versuch, uns im Besitz zu behaupten, — sei es aus Furcht vor der Uebermacht, oder aus Einsicht in die Unmöglichkeit der Selbsthülfe, oder aus welchem Motive sonst, — so verlieren wir ihn erst alsdann und dadurch: also durch das Aufhören unseres Willens.

Die Römer haben diesen ausnahmslosen Satz, ihrer schon oft hervorgehobenen Weise gemäß, grade für solche Grundstücke ausgesprochen, bei denen, nach ihrer natürlichen Beschaffenheit, und ihrer daraus folgenden practischen Bestimmung, lediglich eine zeitweise Benutzung Statt finden konnte. Die Weiden in den Niederungen der Maremmen, welche nur im Winter, — und die Triften auf den Apenninen, welche nur im Sommer bezogen wurden, — in der übrigen Zeit des Jahres aber aufsichtslos blieben [1]), — boten sich ebendeßhalb, und auch weil hier Invasionen erfahrungsmäßig am häufigsten vorkamen, als die passendsten Beispiele für das Princip dar: daß wir den Besitz an Grundstücken überhaupt durch die bloße Fortdauer unseres Willens auch dann noch behalten, wenn ein An-

[1]) Vgl. Savigny Bes. § 31. S. 407.

derer sie ohne unser Wissen occupirt. **Wir würden aber diese „saltus hiberni et aestivi" immer als bloße Beispiele auffassen müssen, auch wenn uns** Ulpian die Ausdehnung jenes **Princips auf Grundstücke** jeder Art nicht ausdrücklich überliefert hätte [1]).

Unter den verschiedenen Quellenaussprüchen, welche unsern Satz enthalten, wähle ich als den lehrreichsten ein aus zwei verschiedenen Schriften Papinian's zusammengeflicktes Doppel-Fragment, welches grade von jenen Niederungs- und Alpenweideplätzen handelt [2]):

— Saltus hibernos et aestivos, quorum possessio retinetur animo, — licet neque servum, neque colonum ibi habeamus, — quamvis saltus proposito possidendi fuerit aliquis ingressus, tamdiu priorem possidere dictum est, quamdiu possessionem ab alio occupatam ignoraret. Ut enim eodem modo vinculum obligationum solvitur, quo quaeri solet, ita non debet ignoranti tolli possessio, quae solo animo tenetur.

Das abgedruckte Bruchstück ist darum so interessant, weil sich der juristische Meister hier einmal herbeiläßt, an seine Entscheidung eine theoretische Betrachtung zu knüpfen, und die Aufhebung der Obligationen mit dem Verlust des Grundbesitzes in derselben Weise zu vergleichen, wie Paulus in jener von uns zu Anfang betrachteten Stelle. Wie in den Contractsobligationen der Verpflichtete (ipso iure) nur dadurch befreit wird, daß der Berechtigte ihn entweder ausdrücklich losspricht, oder das Gegentheil dessen vorgenommen wird, was zur Entstehung vonnöthen war; so kann auch der Grundbesitz, der bloß auf unserem Willen beruht, nur durch unsern eigenen Willen verloren gehen. Auch hier

---

[1]) L. 1. § 25. D. de vi (43. 16): Quod vulgo dicitur, aestivorum hibernorumque saltuum nos possessiones animo retinere, id exempli causa didici Proculum dicere: nam ex omnibus praediis, ex quibus non hac mente recedemus, ut omisisse possessionem vellemus, idem est.

[2]) L. 44. § 2. s. fin. (Libro XXIII. Quaestionum); L. 45. (Libro II. Definitionum); L. 46. (Libro XXIII. Quaestionum) D. h. t.; — (L. 45. bildet ersichtlich eine nicht unzweckmäßig eingeschobene Parenthese). — Andere Anwendungen desselben Princips: L. 3. § 7. 11. L. 6. § 1. L. 7. L. 18. § 3. 4. L. 25. § 2. D, — L. 4. C. h. t.; L. 1. § 24. (§ 25. cit.) D. de vi (43. 16); Gai. J. IV. 153; § 5. J. de interd. (4. 15).

also entspricht der Eingehungs- ganz genau dem auf das grade Gegentheil gerichteten Aufhebungsact: der Grundbesitz, der animo erworben, wird auch animo retinirt, und kann nur animo verloren werden.

Die Neuheit dieser Betrachtungsweise, — für die sich meines Wissens eine Andeutung nur bei Kierulff [1]) findet, — wird weniger auffällig erscheinen, wenn sich alle einschlagenden Quellenerzeugnisse mit ihr vereinigen, ja aus ihr allein erklären lassen. Auch hier soll wiederum eine Antinomie in den Quellen vorhanden sein, — eine Annahme, gegen die wir nicht mißtrauisch genug sein können, und die regelmäßig in sich zerfallen wird, sobald wir es nur zu einem wirklichen Verständniß der überlieferten Entscheidungen und Aussprüche gebracht haben. Das festgestellte Princip ist ausnahmslos von allen Römischen Juristen anerkannt, und jene drei Meinungsgruppen, welche Savigny entdeckt haben will, sind in der That nicht vorhanden [2]); es liegt nur an seiner Auffassung der Quellen, wenn er behauptet: Papinian, Paulus und Ulpian behandelten jenen Satz als unbezweifelte Regel [3]), — Celsus und Pomponius erwähnten ihn so, als sei er weder seiner Ausdehnung nach, noch auch von allen Juristen allgemein angenommen gewesen [4]), — Labeo endlich hätte gradezu das Gegentheil geglaubt, und Ulpian habe eine angeblich von diesem Juristen gefällte Entscheidung nach unserem Satze modificirt [5]).

Es scheint am zweckmäßigsten, mit dem Fragment des Pomponius zu beginnen [6]):

---

[1]) A. a. O. S. 393—395.

[2]) Bes. a. a. O. S. 411—15.

[3]) L. 46. D. h. t. (Pap. libro XXIII. Quaestionum); L. 3. § 7. 8. 9. 11. eod. (Paulus: libro LIV. ad Edictum); L. 6. § 1. (L. 7.) eod. (Ulp.: libro LXX. ad Edictum).

[4]) L. 18. § 3. 4. eod. (Celsus: libro XXIII. Digestorum); Neratius bei Paulus in L. 7. eod. (Paulus: libro LIV. ad Edictum); L. 25. § 2. eod. (Pomp.: libro XXIII. ad A. Mucium). Rücksichtlich des Neratius bescheidet sich Savigny, daß man von ihm nicht wissen könne, welcher Ansicht er gewesen (S. 412, Note 3).

[5]) Labeo bei Ulpianus in L. 6. § 1. cit.

[6]) L. 25. § 2. cit. Cf. L. 3. § 9. cit.: Constat, possidere nos, donec aut nostra voluntate discesserimus, aut vi deiecti fuerimus.

Quod autem solo animo possidemus, quaeritur: utrumne usque eo posside(a)mus, donec alius corpore ingressus sit, — ut potior sit illius corporalis possessio; an vero, — quod quasi magis probatur, — usque eo possideamus, donec revertentes nos aliquis repellat, aut nos ita animo desinamus possidere, quod suspicemur, repelli nos posse ab eo, qui ingressus sit in possessionem. Et videtur utilius esse.

Savigny glaubt aus der vorsichtigen Ausdrucksweise des Juristen, und der relativen Art seiner Bejahung am Schlusse des Bruchstücks entnehmen zu dürfen, der Satz sei zu jener Zeit jedenfalls nicht unbezweifelt gewesen. Aber die Mittheilung der Zweifelsgründe und die bescheidenere Form der Bejahung durch den Gebrauch des Comparativs ist auch bei andern Juristen, die ihre Meinung sonst weit bestimmter zu äußern pflegen, als der im Ausdruck fast immer unbeholfene Pomponius [1]), etwas so überaus Gewöhnliches, daß sich Savigny's Schlußfolgerung wenigstens daraus nicht herleiten läßt. Der Sache nach bejaht der Jurist, — wie auch Savigny nicht verkennt, — das Princip durchaus, und bestätigt es namentlich auch für den Fall, daß wir aus Furcht vor der Uebermacht den Grundbesitz (animo) aufgeben [2]).

---

[1]) Dieser Jurist, — oder vielleicht der Jüngere von den beiden Juristen dieses Namens, denn die bei Zimmern, Gesch. d. R. P. R. § 92. Bd. I. S. 338—40, angeführten Gründe für die letztere Annahme scheinen mir bisher noch unwiderlegt, — zeichnet sich überhaupt durch die Schwerfälligkeit seines Styls aus. Auch in seinen Entscheidungen findet sich mitunter eine Hinneigung zur Gefühlsjurisprudenz, an welcher namentlich die verstandesscharfe und romanisirt-semitische Natur Ulpian's sich mitunter reibt, (vgl. beispielsweise L. 7. § 5. D. ad exhib. 10. 4, wo die Meinung des Pomponius von dem letztgenannten Juristen, nach Lang's treffender Bemerkung, — Hermeneut: S. 269, — mit einer überaus leichten und feinen Ironie verworfen wird). — Andere Beispiele von Aussprüchen mit moralischer Teintüre u. a. in: L. 14. D. de cond. ind. 12. 6; L. 4. pr. D. pro suo 41. 10; L. 70. D. de R. V. 6. 1; L. 46. § 8. D. de furt. 47. 2 (auch in dieser Stelle fertigt ihn Ulpian sehr kurz ab).

[2]) Daß in der zweiten Alternative des Fragments (donec revertentes nos aliquis repellat), und überhaupt in der vi deiectio nicht schon an sich ein Verlust des Grundbesitzes liegt, darüber sollen bei Erklärung der L. 6. § 1. cit. einige Andeutungen erfolgen.

Eine Invasion des Grundbesitzes, ohne daß wir darum wüßten, kann regelmäßig nur vorkommen, wenn wir abwesend sind; es ist jedoch auch möglich, daß sie uns trotz unserer Anwesenheit nicht alsbald zur Kenntniß kommt, — Beispielsweise, wenn sie zur Nachtzeit geschieht, während wir schlafen; — und dann dauert natürlich unser Besitz gleichfalls bis dahin fort, daß wir die Occupation erfahren. Dies ist der ganz mit dem aufgestellten Princip übereinstimmende Inhalt des Fragments von Celsus [1]), das keineswegs eine „Beschränkung" der allgemeinen Regel enthält:

Si, dum in alia parte fundi sum, alius clam animo possessoris intraverit, non desiisse illico possidere existimandus sum, facile expulsurus finibus, simul sciero.

Savigny glaubt, Celsus habe die von den drei großen Juristen ohne alle Beschränkung angewandte Regel wenigstens nicht unbedingt gelten lassen [2]): „also nur, wenn es wahrscheinlich ist, daß ich den Andern vertreiben würde (von welcher Beschränkung Papinian u. s. w. kein Wort mehr sagen), soll mir durch jene Fiction der Besitz erhalten werden." Aber diese Einschränkung liegt nicht in der Schlußbemerkung des Juristen; sie enthält nur die practische Motivirung seiner Entscheidung. Da der Grundbesitzer sich grade in einem andern Theil des Grundstücks befand, als die Invasion erfolgte, so konnte sie ihm in dem behandelten Fall verborgen bleiben, und ist ihm in der That verborgen geblieben (alius clam animo possessoris intraverit); er hat also den Besitz noch nicht alsbald, mit dem Factum der Invasion und durch dasselbe, verloren, da sich erst nach deren Kenntniß herausstellen kann, ob er sich dadurch zur Aufgabe seines Besitzwillens werde bestimmen lassen (non illico existimandus sum, desiisse possidere — scil. animo) [3]); die Annahme des sofortigen Besitzverlustes ließe sich schon vom practischen Gesichtspuncte aus um so weniger rechtfertigen, als es doch „leicht sein kann", daß er den Invadenten wieder herauswirft, wenn er ihn erst gewahr geworden ist (facile

[1]) L. 18. § 3. D. cit.
[2]) Bes. § 31. S. 411—12, Note 4.
[3]) Cf. L. 25. § 2. cit.: „animo desinamus possidere."

expulsurus finibus, simul sciero). **Macht er dazu auch nach empfangener Kunde keine Anstalt, so verliert er freilich den Besitz, aber nur erst dann, und nur deßhalb, weil, wenn er sich unter solchen Umständen gar nicht rührt, angenommen werden muß, er habe ihn, — mit Wissen und Willen, — wirklich aufgegeben.**

Die Fortsetzung des Fragments von Celsus [1]), — dieser schon oft benutzten Perle unsers Digestentitels, — enthält eine glänzende Bestätigung für die hier gezeichnete Natur des Besitzwillens an Grundstücken:

Rursus, si cum magna vi ingressus est exercitus, eam tantummodo partem, quam intraverit, obtinet.

Auch hierin findet Savigny eine Beschränkung unseres Satzes, die Celsus eigenthümlich gewesen [2]): „außerdem soll wenigstens das Besondere eintreten, daß der neue Besitz nur auf den Theil des Grundstücks sich erstreckt, der unmittelbar betreten ist.“ Schon insoweit ist diese Erklärung unzutreffend, als sie nicht ersehen läßt, daß der Jurist in der mit „rursus“ eingeleiteten Fortsetzung zu einem ganz neuen Fall übergeht [3]): im Gegensatz zu der im voraufgegangenen Paragraphen behandelten heimlichen, bespricht er hier eine gewaltthätige Invasion. Und dieser gegenüber fährt der Grundbesitzer, — das ist der Sinn der Stelle, — fort, das Grundstück in seinen nicht occupirten Theilen (animo) zu besitzen, sofern er nur seinen Besitzwillen nicht selber aufgiebt, also das Grund-

---

[1]) L. 18. § 4. cit.

[2]) A. a. O. (Note 4).

[3]) Savigny macht weder in dem abgedruckten Text, noch in der Erklärung desselben bemerklich, daß hier zwei Fälle behandelt werden; im Gegentheil läßt sich nur annehmen, er glaube, es handle sich hier um verschiedene Stadien desselben Falls („doch soll außerdem . .“, — und die Schlußbemerkung: „der Umstand, daß der vorige Besitzer sich eben in dem Grundstück aufhielt, soll offenbar nur die Möglichkeit, den Andern zu vertreiben, gegenwärtiger, anschaulicher darstellen“). — Der Gebrauch von **„rursus“** als Uebergangspartikel zu etwas Neuem ist in unsern Quellen auch sonst nicht selten: theils allein (Gai. J. II. 232. III. 100); theils mit Zusatzworten, welche ausdrücken sollen, es folge nun grade das Entgegengesetzte von dem vorher Abgehandelten (§ 5. J. de act. 4. 6; **Gai. J. III. 201: „rursus ex diverso“**; Gai. J. II. 254. III. 141. „sed rursus“).

stück nicht freiwillig räumt, sondern es auf eine wirkliche Dejection Seitens der gewaltsam eingedrungenen Schaar ankommen läßt.

Denn erst eine gegen die Person des Grundbesitzers ausgeübte Gewalt, — sei es nun eine wirkliche Exmission [1]), oder eine thatsächliche Beraubung seiner persönlichen Freiheit innerhalb der Grundstücksgrenzen [2]), oder endlich eine erfolgreiche Zurückweisung in oder bei seiner Rückkehr [3]), — also erst eine wirkliche Verhinderung des Grundbesitzers, seiner Seits Besitzhandlungen vorzunehmen, hat zur Folge: daß er den Besitz an dem ganzen Grundstück verliert. Und auch so ist sein Besitz nur factisch und scheinbar verloren, da er, und nicht der Invadent, denselben (im Interdictenverfahren) zu re-tiniren im Stande ist. Der Invadent ob-tinirt zwar das Object, er ist aber nicht Besitzer desselben, da er seinen factischen Scheinbesitz im Sinne des Javolenischen Fragments, eben nicht re-tiniren kann [4]).

---

[1]) L. 1. pr. D. de vi (43. 16).

[2]) L. 1. § 47. eod.: — Si — non deiiciam possessorem, sed vinctum opus facere cogam, — eum quoque deiectum videri." Cf. Pauli S. R. V. 6, 6.

[3]) L. 1. § 24. eod.: — Si quis de agro suo, vel de domo processisset, nemine suorum relicto, — mox revertens prohibitus sit ingredi vel ipsum praedium, vel, si quis eum in medio itinere detinuerit, et ipse possederit, vi deiectus videtur: ademisti enim ei possessionem, quam animo retinebat, etsi no n corpore.

[4]) Ich fühle wohl, daß diese Bemerkungen nur in einer vollständigen Erörterung der Lehre von den Interdicten, und ihrer bisher durchaus verkannten Duplicität, klar werden können, muß aber doch einige Aphorismen zur Erläuterung geben, um der nun folgenden Erklärung der L. 6. § 1. D. h. t. nach Möglichkeit den Weg zu bahnen. — Der Grundbesitzer kann und muß sich zunächst selber helfen; noch Julian läßt dem Dejicirten die Offensive, wenn er sie nur auf der Stelle wieder ergreift (L. 17. D. de vi 43. 16); erst Ulpian, zu dessen Zeit die seinwollende Omnipotenz des büreaukratisch organisirten „Staats" sich schon überall Geltung zu verschaffen gewußt hatte, weist sie in die Schranken der Defensive, des „vim vi repellere licet" (L. 1. § 27. 28. L. 3. § 9. eod.; L. 1. C. Unde vi 8. 4); höchstens eine Art heimlicher Offensive wird noch gestattet, da die Staatsraison nur tumultuarisches Einschreiten verbietet (Africanus in L. 40. § 3. D. h. t.). — Hat der Grundbesitzer trotzdem einer „ziemlichen" Gewalt weichen müssen, so ist im Grunde durch das Interdictum re-tinendae possessionis (Uti possidetis), und seine Duplicität, für den Schutz des (animo) nicht aufgegebenen, — durch die Condictionen für den Verlust des (animo) auf-

Es bleibt noch der Nachweis zu führen, daß auch Labeo[1]) durchaus das besprochene Princip anerkannt hat, und daß sein Ausspruch in dem Fragment Ulpian's keineswegs von diesem Juristen modificirt worden ist. Das Fragment ist von den Compilatoren mit einem andern von Paulus in einen so unlöslichen Zusammenhang gebracht, daß beide gleichzeitig erklärt werden müssen: „Qui, ad nundinas profectus, neminem reliquerit, et, dum ille a nundinis redit, aliquis occupaverit possessionem,

---

gegebenen oder bereits in andere Hände übergegangenen Grundbesitzes durchaus genügend gesorgt. Das zur Zeit der sinkenden Republik gegen die Waffengewalt marodirender Söldlinge und social-politischer Bandenführer gerichtete Edict des Prätor „Unde tu illum vi deiecisti" war eigentlich für normale republicanische Zustände überflüssig; auch sträubte sich noch Labeo's ächt republicanischer Sinn gegen die immer laxer werdende Ausdehnung des recuperatorischen Besitzschutzes; während früher ein detrudere nöthig war, genügte später, schon zu Cicero's Zeit, ein bloßes deiicere (vgl. Savigny Bes. § 40. S. 519, Note 2); und zur Zeit der classischen Juristen galt denn ohne Einschränkung der allgemein angenommene Satz: daß eine Dejection im Sinne des Interdictum de vi schon dann vorliege, wenn der Grundbesitzer, ohne die Anwendung wirklicher Gewalt abzuwarten, also aus bloßer Angst entflohen sei, vorausgesetzt, daß die Dejectionsverklagten das Grundstück nachher occupirt hatten, oder doch auf dem Marsch begriffen waren, um es zu occupiren (L. 1. pr. D. de vi vgl. mit L. 1. § 29. L. 3. § 6. 7. eod.; L. 9. pr. D. Quod m. c. 4. 2; L. 4. § 22. L. 33. § 2. D. de usurp. 41. 3; cf. Cic. pro Caec. c. 16; Pauli S. R. V. 6, 6 cit.). — Nachdem nun einmal der recuperatorische Besitzschutz in so umfänglicher Weise zur Geltung gekommen, kann man von allen Dejicirten sagen, sie seien noch Besitzer, gegenüber dem Dejicienten; denn dieser kann den so erlangten, wenn auch vom Dejicirten aus Angst wirklich (animo) aufgegebenen Besitz grade nicht retiniren (L. 17. pr. D. h. t.: Si quis vi de possessione deiectus est, perinde haberi debet, ac si possideret, quum interdicto de vi recuperandae possessionis facultatem habeat). Des Dejicienten iniusta possessio ist bloß ein Scheinbesitz, gleich dem jedes andern vitiösen Besitzers; Andern gegenüber obtinirt er, nicht weil seine iniusta possessio ein Recht wäre, sondern weil Jene kein Recht erweisen können (L. 2. D. Uti poss. 43. 17; vgl. oben S. 90. N. 1); der Dejicirte aber ist ihm gegenüber der wahre Besitzer, quia superior est interdicto (L. 3. pr. D. Uti poss.). Possessio plurium in solidum ist darum doch nicht vorhanden, weil der factische Schein eines Besitzes nicht mit dem Recht des Besitzes identisch ist. —

[1]) L. 6. § 1. L. 7. D. h. t. cit.

videri eum clam possidere," Labeo scribit; — retinet ergo possessionem is, qui ad nundinas abiit; — „verum si revertentem dominum non admiserit, vi magis intelligi possidere, non clam;" — Et, si nolit in fundum reverti, — quod vim maiorem vereatur, — amisisse possessionem videbitur. Et ita Neratius quoque scribit.

Savigny hat dies Bruchstück mißverstanden [1]), weil er bei dessen Erklärung von der Annahme ausgeht, eine possessio plurium in solidum sei unter allen Umständen unmöglich; auch die Ansicht des Trebatius und Anderer, als gäbe es eine iniusta neben einer iusta possessio, sei ja dem späteren Recht durchaus fremd; da nun alle späteren Juristen als ausnahmslose Regel den Satz hinstellten, daß der Grundbesitzer den Besitz bis zu erlangter Kenntniß von der Occupation behalte, so müsse Labeo, — wenn er von einem „clam possidere" des Invadenten spreche, — einen andern, demnächst überwundenen Standpunct eingenommen haben. Savigny glaubt deßhalb, das Referat Ulpian's aus Labeo schließe mit jenen Worten, und mit „retinet ergo" beginne die Berichtigung des referirenden Juristen. An dem ergo, — das doch auf eine Schlußfolgerung zu deuten scheint, — nimmt er keinen Anstoß, weil Labeo's Ansicht nicht gradezu als irrig verworfen, sondern nur durch die späterhin allgemein angenommene Regel modificirt worden sei: „man konnte nun sagen, in jedem Falle, in welchem ehemals clandestina possessio angenommen wurde, muß jetzt dies neue Resultat gelten, und dazu paßt das ergo vollkommen."

Aber diese Ansicht, — gegen die man von vorn herein schon deßhalb mißtrauisch sein darf, weil Savigny, um sie zu halten, sich zu Aenderungen des Florentinischen Textes genöthigt sieht, zu denen keine kritische Berechtigung vorzuliegen scheint [2]), — ist

---

[1]) Bes. § 31. S. 408—10. S. 413—15. (Noten 3. 4. und 1—4). § 41. S. 553—54.

[2]) Statt verum nimmt er unde auf, was nur in ältern Drucken vorkommt, und statt intelligi, — das ihm am anstößigsten sein mußte, und das seiner Seits wieder verum nothwendig macht, — liest er intelligitur, welches allerdings die Auctorität von fünf Pariser Manuscripten für sich hat

durchaus unzutreffend. Ulpian denkt nicht daran, den Ausspruch Labeo's zu berichtigen, sondern billigt ihn durchweg, ja zieht aus demselben, — in Parenthese, — eine Consequenz: — retinet ergo possessionem is, qui ad nundinas abiit —. Das Recht des Besitzes verträgt sich sehr wohl mit der bloßen Scheinexistenz einer vitiosa possessio, auch wenn wirklich die corporalis possessio verloren ist; hier, beim Grundbesitz ist aber auch nicht einmal dies der Fall, da der abwesende Besitzer bis zur Kunde von der Invasion den Grundbesitz selber (animo) retinirt. Nach der (in Parenthese) gezogenen Folgerung, — daß der zum Wochenmarkt gereiste Grundbesitzer also bis zu seiner Rückkehr den Besitz seines Grundstücks nach wie vor behalten habe, — nimmt Ulpian, in indirecter Rede, die weitere Ausführung Labeo's wieder auf, und stimmt ihm bei, ohne, wie dies bei den Römern so sehr gewöhnlich, auch nur ein Wort weiter darüber zu verlieren. Der Uebergang zu dem im Folgenden fortgeführten Referat aus Labeo wird sehr passend durch die Partikel verum vermittelt, und damit angedeutet, daß wir zu etwas Neuem, aber doch nur zu einem neuen Stadium desselben Falles gelangen. Kehrt nämlich der Besitzer von dem Wochenmarkt [1]) zurück, erfährt er also die Occupation, so ist er in die Nothwendigkeit versetzt, die Macht seines Besitzwillens zu bewähren, — somit zunächst sich selber Recht zu verschaffen, und, bringt er mit seiner Eigenmacht nicht durch, die Aushülfe des Gerichts anzurufen. Thut er das Eine so wenig, wie das Andere, so hat er nun den Besitz verloren, aber weil er ihn aufgegeben. Versucht er dagegen, den Eindringling herauszuwerfen, und dieser behauptet sich ihm gegenüber durch gewaltthätigen Widerstand, so verliert er zwar auch den Besitz: jedoch nur vorläufig und scheinbar, nur naturaliter und corporaliter, — im Rechtssinne (civiliter) bleibt er Besitzer, „quia superior est interdicto."

(S. 414, Note 4. S. 415, Note 1). Aber auch hier bewährt die Florentina ihr selten zu erschütterndes Ansehen, und nur, wenn man ihren Text zu Grunde legt, giebt das Fragment einen befriedigenden Sinn.

[1]) Es wird ja wohl erlaubt sein, diese für unsere Vorstellung näher liegende Bezeichnung aufzunehmen, obwohl der Markt zu Rom „nono quoque die" gehalten wurde.

Doch ist der gewaltsame Widerstand des Invadenten auch in Bezug auf dessen Scheinbesitz nicht ohne Einfluß: fehlerhaft war dieser zwar von Hause aus, auch als er für heimlich erlangt gelten mußte; aber mit der, einer Dejection gleichstehenden Zurückweisung des verreist gewesenen Grundherrn wird jene vitiosa possessio anders qualificirt; sie gilt nun als gewaltsam erlangt, — und dies ist keineswegs ohne practische Bedeutung, weil diese Qualification auf die Zuständigkeit des recuperatorischen Interdicts und auf die Usucapionsfähigkeit des Objects, (das eine Furtivität nicht zuläßt,) ihre bekannten Einflüsse äußert.

Der von Paulus herrührende Schluß des interessanten Doppel-Fragments führt uns das weitaus gewöhnlichste Motiv der Besitzaufgabe vor Augen: die Furcht, daß man doch nichts werde ausrichten können (quod vim maiorem vereatur) [1]. Der zurückkehrende Grundherr verliert, wenn er zu feige ist, um auch nur den Versuch zu machen, die Herrschaft auf seinem eigenen Grund und Boden Andern gegenüber auf dem Wege der Selbsthülfe zur Geltung zu bringen, seinen Grundbesitz, weil er ihn solchergestalt selber aufgiebt. Und da auch die laxeste Auffassung des recuperatorischen Besitzschutzes bei einem so willensunkräftigen Verhalten des Grundherrn keine vi deiectio annehmen kann, bleibt diesem, — außer den petitorischen Rechtsmitteln, falls er zu solchen überhaupt berechtigt, und sie durchzuführen im Stande ist, — Nichts anders übrig, als den verlorenen Besitz zu condiciren.

Noch deutlicher, als aus dem eben erklärten Schluß des Fragments, — dessen Interpretation uns so lange beschäftigt hat, und das doch nur in der Lehre von den Interdicten sein volles Verständniß finden kann, — erhellt das letztentwickelte Resultat aus einem andern Fragment des Paulus [2]), mit dem ich die Darstellung des Grundbesitz-Verlustes schließen will. Nachdem der Jurist das allgemeine Princip für den Besitz von eigentlichen Grund-stücken

[1]) Vgl. L. 25. § 2. cit.: „quod suspicemur, repelli nos posse;" — L. 3. § 8. cit.: „si — dominus, timore conterritus, noluerit accedere."

[2]) L. 3. § 8. cit.

bestätigt hat [1]), geht er zu dem Verlust des Besitzes an Wohnhäusern über, bei denen hier das Gleiche gilt:

Si quis nuntiet, domum a latronibus occupatam, et dominus, timore conterritus, noluerit accedere, amisisse eum possessionem placet.

Besitz an Wohnhäusern erwerben wir regelmäßig dadurch, daß wir sie beziehen [2]); haben wir sie aber einmal bezogen, so behalten wir ihn (animo), auch wenn wir uns zeitweise daraus entfernen, weil sie durch ihre Area, — einer der beiden Hauptbestandtheile dieser Art von Ideal-Species, — in sich selber genügende objective Sicherheit für unsern Besitzwillen bieten. Macht sich nun ein Anderer unsere Abwesenheit zu Nutze, und quartiert sich während derselben bei uns ein, so ist es auch an uns, sobald wir es erfahren, die Macht unseres Besitzwillens zu bewähren, — also mindestens den Versuch zu machen, den unberufenen Eindringling wieder auszuquartieren. Thun wir dies nicht, so haben wir den Besitz verloren, aber auch nur animo, weil wir uns in unser Schicksal er-, und damit unsern Besitzwillen aufgeben [3]). —

Wir gehen nunmehr zur Beantwortung der letzten Frage über: wann verlieren wir, — trotz der Fortdauer unsers Besitzwillens, — den Besitz an beweglichen Sachen? Die säulenartigen Mobilien gestatten, und erhalten deßhalb auch hier eine den Immobilien ana-loge Behandlung; so lange sie also nicht von der Stelle geschafft werden, — was, wie wir sahen, auch wohl diebi-

---

[1]) L. 3. § 7. cit.: Sed et si animo solo possideas, licet alius in fundo sit, adhuc tamen possides.

[2]) Vgl. oben S. 198.

[3]) Savigny ist, grade mit Rücksicht auf L. 3. § 8. cit., der Ansicht, „daß der Besitzer, dessen Haus in seiner Abwesenheit besetzt wird, als deiectus das Interdict (de vi) gebrauchen kann, wenn er gleich nicht einmal den Versuch macht, seinen Besitz mit Gewalt zu behaupten" (Bes. S. 520). Es hängt dies mit seiner allgemeinen irrigen Ansicht zusammen, daß bloß „eine Occupation zu existiren brauche," worauf sich die Furcht des Grundbesitzers beziehe, um denselben als vi deiectus zu betrachten (S. 410, Note 2). Eine eingehendere Polemik hiergegen wäre nur am Ort, wenn ich die Lehre von den Interdicten und namentlich das J. Unde tu illum in den Kreis meiner Betrachtung mit aufnehmen wollte.

scher Weise geschehen kann, aber nur dann, wenn der Diebstahl den Character einer vis maior an sich trägt, auf deren Verhütbarkeit es für die objective Sicherheit unseres Besitzwillens nie ankommt [1]), — können wir unsern Besitz nur dadurch an Andere verlieren, daß Diese uns mit Gewalt hindern, Besitzhandlungen an ihnen vorzunehmen. So verlieren wir beispielsweise den Besitz an unserm im Freien und aufsichtslos lagernden Bauholz keinesweges schon dann, wenn Jemand den Entschluß faßt, Besitz daran zu ergreifen; sondern setzen ihn (animo) fort, bis Jener es entweder wegschafft, oder, während es noch lagert, uns persönlich hindert, Verfügungen darüber zu treffen. Lassen wir letzteres geschehen, ohne auch nur den Versuch zu machen, unsern Besitzwillen zu bethätigen, so geht freilich unser Besitz verloren, — aber lediglich durch die Aufgabe unsers Besitzwillens, und ebenfalls nur vorläufig und scheinbar, weil wir im Interdictenproceß obsiegen müssen [2]).

Alle Immobilien, und ebenso jene säulenartigen Mobilien können wir aber nur durch und an andere Personen verlieren; anders verhält es sich bei allen übrigen beweglichen Sachen: hier kann unser Besitz auch aufhören, ohne daß sie in den Besitz eines Andern fallen [3]). An sämmtlichen Besitzobjecten, die nicht unter jene erstgenannten beiden Kategorien fallen, erwerben wir nur dadurch Besitz, daß wir sie unter unsere Custodia bringen, und wir müssen ihn daher, trotz der Fortdauer unsers Besitzwillens, immer verlieren, wenn sie nicht mehr in unserer Obhut

---

[1]) S. oben S. 185; 210.

[2]) Zwischen jenen säulenartigen Sachen läßt sich ein ähnlicher Unterschied durchführen, wie zwischen den Immobilien, denen sie also durchweg analog behandelt werden: die Lagerungsobjecte (wie Bauholz, schachtruthenweise aufgehäufte Fundamentsteine) ähneln den „liegenden Gründen"; und Säulen sind bekanntlich recht eigentlich als „stehende Stöcke" benutzt worden. So ein ascetischer Stylit gottseligen Angedenkens verlor den Besitz an seinem stehenden Stocke, wenn er einmal hinaufgezogen war, nicht durch temporäres Verlassen desselben, sondern nur dann, wenn während seiner Abwesenheit ein anderer Säulen-Heiliger oder Unheiliger sich oben einquartiert hatte, und der eigentliche Säulenherr sich hierein mit christlicher Ergebung fügte.

[3]) Ich mache vorläufig auf die Worte des Paulus aufmerksam, über die man so leicht weglieft (L. 3. § 13. D. h. t.: licet a nullo possideatur.)

sind. Wir können demnach, um es kurz zu sagen, den Besitz an ihnen nicht nur durch und an Andere, also durch Raub oder Diebstahl, sondern auch dadurch verlieren, daß wir sie selber „verlieren." —

Die Immobilien selbst können uns von Andern nicht wider oder ohne unsern Willen, — also nicht durch Raub oder Diebstahl entzogen werden, da sie sich eben gar nicht ent-ziehen, nicht con-trectiren lassen; es kann an ihnen eben so wenig ein Diebstahl [1]), als ein Raub begangen werden, weil ihre Substanz, ihre Eigenschaft als bloßer Theile der Erdoberfläche, jene Delicte ausschließt; wir benutzen ja doch eben nur die Erdfläche, da das Erdganze für uns kein Besitzobject abgiebt. Raub und Diebstahl aber setzen Körper im eigentlichen Sinne, also bewegliche Sachen voraus, und zwar mit Einschluß jener säulenartigen, die bloß schwerer fortzuschaffen sind. Nur Mobilien können wir an und durch Andere, trotzdem daß eine Besitzaufgabe nicht erfolgt ist, wider oder ohne unsern Willen, vi oder clam, verlieren, und Diese erhalten, in Folge der fehlerhaften Art ihrer Besitznahme, lediglich den factischen Schein eines Besitzes: im Rechtssinne bleiben wir im Besitz, weil wir im Interdictenverfahren obsiegen müssen [2]).

Beim Diebstahl, — dem in dieser civilistischen Hinsicht der

---

[1]) Vgl. (oben S. 227—28). L. 38. D. de usurp. cit.: abolita est enim quorundam veterum sententia, existimantium, etiam fundi locive furtum fieri. Raub steht aber insofern dem Diebstahl ganz gleich, wie wir bald sehen werden.

[2]) Der Interdictenschutz für Mobilien hat freilich nicht mehr viel auf sich, seit die juristisch impotente spätere Kaiserzeit das J. Utrubi dem Uti possidetis in der Art annähern zu dürfen geglaubt hat, daß es sich über die weise Bestimmung des Edicts „maiore parte huiusce anni fuit" hinwegsetzte, und nur auf das „tempus litis contestatae" sah, — womit denn auch die wohlthätige accessio possessionis, in dieser Anwendung, wegfiel: — eine jener tief in die socialen Interessen einschneidenden practischen Folgen, welche die für die rei vindicatio aufgekommene directe, durchaus unrepublicanische Exequirbarkeit (durch die Brutalität der manus militaris des neu geschaffenen „Staats") herbeiführte, (cf. Tit. D. De Utrubi 43. 31; § 4. s. f. J. de interd. 4. 15; Gai. J. IV. 150—152; L. 68. D. de R. V. 6. 1).

Raub ganz gleich steht [1]), — ist zwar in Bezug auf den Willen und dessen Verkörperung kein Unterschied in Vergleich zu dem Besitzwillen des redlichen Erwerbers wahrnehmbar: denn auch der Dieb muß das gestohlene Gut haben wollen und behalten können; er muß es daher (durch Contrectation) aus der Custodia des Damnificaten in seine einige bringen [2]), — was nicht ohne eine positive, auf Raumverrückung abzweckende Handlung, nicht ohne ein „Entfernen" möglich ist [3]). Aber das Recht des Besitzes kann der Dieb nicht erlangen, weil seine fraudulose Absicht, deren Wider-rechtlichkeit er sich wohl bewußt ist [4]), jeden Rechtserwerb ausschließt. Er erlangt nur einen Scheinbesitz, weil er ihn im Interdictenverfahren, im Sinne jenes vielbenutzten Javolenischen Fragments, zu re-tiniren außer Stande ist [5]). —

---

[1]) Vgl. die Aussprüche des Gaius (J. III. § 195. § 208. und in L. 15. D. h. t.): Furtum — fit — generaliter, cum quis rem alienam invito domino contrectat; — Qui res alienas rapit, tenetur etiam furti; quis enim magis alienam rem invito domino contrectat, quam, qui rapit? — Rem, quae nobis sur-repta est, perinde intelligimur desinere possidere, atque eam, quae vi nobis e-repta est. Cf. Pauli S. R. II. 31, 1; pr. J. de vi bon. rapt. (4. 2); L. 49. § 7. L. 82. § 3. D. de furt. (47. 2); L. 14. § 12. D. Q. m. c. (4. 2); L. 2. § 10. D. vi bon. rapt. (47. 8).

[2]) L. 21. § 7. L. 52. § 19. D. de furt. (47. 2); Pauli S. R. II. 31, 35.

[3]) „Loco movere" (L. 15. D. ad exhib. 10. 4; L. 3. § 18. D. h. t.); „amovere" (Tot. Tit. D. de rer. amot. 25. 2. — Cod. 5. 21); „tollere" (L. 21. § 8. D. de furt. 47. 2); „ferre" (L. 1. pr. D. eod.; § 2. J. de oblig. quae ex del. 4. 1); „auferre" (L. 21. pr. D. de furt. 47. 2). Mit irgend einer der zahllosen Arten subjectiver oder objectiver Custodia ist erst die Contrectation vollendet, welche ganz dem Besitzerwerbe parallel geht, (cf. e. gr. L. 21. pr. § 7. 8. 10. L. 22. L. 52. § 19. D. eod.; L. 10. pr. D. de cond. furt. 13. 1).

[4]) L. 1. § 3. D. de furt. (47. 2); § 2. J. de oblig. quae ex del. cit.; L. 63. D. de R. V. (6. 1).

[5]) Da ich den Besitzerwerb durch Stellvertreter nicht in den Kreis meiner Betrachtungen gezogen habe, glaube ich auch den Besitzverlust durch und an dieselben nicht näher erörtern zu sollen. Auch hier ließe sich sonst zeigen, daß in unsern Quellen keineswegs die Antinomie herrscht, welche man annimmt (Savigny Bes. § 31. S. 398. § 33. S. 431—432). Wir verlieren unseren Besitz, wenn die Instrumente unserer Custodia, — als wofür Depositare, Commodatare u. s. w. gelten, — nicht mehr diese Instru-

Dieselbe, ihnen als solchen inwohnende Eigenschaft der Mobilien, die ihre Contrectation durch Andere erlaubt, macht es auch möglich, daß sie uns durch Zufall, also durch Ursachen entzogen werden, welche nicht in positiven Handlungen beruhen: wir können eben auch sie „verlieren." Und dieser Besitzverlust, in Folge des Verlierens der Objecte selber, ist überall dann eingetreten, wenn man sagen kann: sie seien nicht mehr sub custodia nostra. Darin liegt das Princip dieser Art des Besitzverlustes ausgesprochen, und die Frage, wann hiernach der Besitz als verloren gelte, muß lediglich der Casuistik vorbehalten bleiben.

Nur soviel leuchtet doch sogleich ein, daß auch hier die verschiedenen Arten der Custodia, wie wir sie uns in der Lehre vom Erwerb klar gemacht, Einfluß äußern, — daß also die Fälle der subjectiven und objectiven Custodia einen wesentlichen Unterschied begründen müssen. Savigny hat sich diesen Unterschied nicht zum Bewußtsein gebracht, und es darf daher nicht befremden, wenn er die Quellen mißversteht. „Auch ohne die Einwirkung eines Andern," — darin concentrirt sich seine Darstellung [1]), — „kann die Möglichkeit der unsrigen ausgeschlossen sein, wenn nämlich der Ort, an welchem sich die Sache befindet, uns entweder unzugänglich, oder unbekannt ist. Doch — wer eine Sache in seinem Hause aufbewahrt, oder einen Schatz im Felde vergräbt, verliert den Besitz nicht, wenn er auch die Sache nicht sogleich finden kann: denn die besondere Anstalt, die er zu ihrer Aufbewahrung getroffen hat, — das nämlich ist die allgemeine Bedeutung von custodia, und die Verschiedenheit beim Erwerb und Verlust ist bloß graduell, — sichert ihm das Finden für die Zukunft. Also der Besitzer muß entweder bestimmt den Ort wissen, wo seine Sache

---

mente sein, sondern die anvertrauten Objecte unterschlagen wollen (L. 47. D. h. t.); Jene erlangen aber ihre (vitiosa) possessio erst mit und durch die Verkörperung ihres bis dahin nackten und bloßen (fraudulosen) animus, also durch Contrectation und das damit consummirte Furtum (L. 3. § 18. D. eod.; L. 1. § 1. 2. L. 67. pr. D. de furt. 47. 2). Ein Besitzverlust einer=, setzt auch hier durchaus nicht Besitzerlangung anderer Seits voraus.

[1]) Bes. § 31. S. 397—98.

ist, oder sie in einer besondern custodia haben: allgemeine Bedingung der Fortdauer ist die custodia nicht, und wer z. B. eine Sache im Walde liegen läßt, und sich nachher bestimmt derselben erinnert, hat ihren Besitz durchaus nicht verloren."

Savigny abstrahirt die erste Alternative seiner dualistischen Regel aus einem Fragment des Pomponius [1]), das er deßhalb auch an die Spitze seiner Exegese stellt:

Si id, quod possidemus, ita perdiderimus, ut ignoremus, ubi sit, desinimus possidere.

Es scheint allerdings auf den ersten Blick, als dürfe man hieraus abnehmen, daß wir den Besitz behalten, solange wir nur wissen, wo sich das abhanden gekommene Object befindet. Aber wir sind von vorne herein berechtigt, Mißtrauen gegen Aussprüche der Römischen Juristen zu hegen, welche, wie dieser, in der Form abstracter Regeln auftreten, — und hier um so mehr, als es sich grade um den Eingang eines Excerpts handelt, das von den Compilatoren aus seinem Zusammenhange gerissen, und mitten unter concrete Entscheidungsfälle gestellt ist. Pomponius hat nur Fälle der subjectiven Custodia vor Augen, und unter ihnen grade die practisch am häufigsten vorkommenden, wenn uns Sachen, die wir um und an uns haben, dergestalt ab-handen kommen, daß wir nicht wissen, wo sie geblieben, — wenn wir also, in ganz eigentlichen Sinne sagen können: wir hätten sie „verloren."

Glaublich, ja wahrscheinlich wird diese Erklärung des Fragments schon durch den Gebrauch des Wortes perdere, das auf einen Mangel an Aufmerksamkeit, auf eine Unachtsamkeit hindeutet, die nicht ohne subjective Schuld gedacht werden kann; kommen uns Dinge fort, welche wir unter sicherer objectiver Gewahrsam hielten, so werden wir nicht leicht sagen, wir hätten sie verloren, sondern wir drücken uns dann anders aus: sie seien uns weg-, fort-gekommen, verloren gegangen [2]). Ganz bestimmt erhellt

---

[1]) L. 25. pr. D. h. t.

[2]) Aus der in perdere enthaltenen Hindeutung auf subjectives Verschulden erklärt sich, daß es so häufig im Sinne von durchbringen (verschwenden) gebraucht wird (so namentlich in L. 12. § 11. D. mand. 17. 1, — und ähnlich auch in L. 24. § 4. D. de minorib. 4. 4; L. 73. § 1. D. de J.

aber die Unrichtigkeit der von Savigny schließlich aufgestellten dualistischen Grundregel aus ihrer Unvollständigkeit, da wir doch den Besitz an Sachen, die wir nicht in objectiver Gewahrsam haben, sicherlich auch dann verlieren, wenn wir sehr wohl wissen, wo sie sich befinden, zu ihnen aber, (sei es aus objectiven oder subjectiven Hinderungsgründen, zeitweise oder für immer,) nicht gelangen können.

Für die objective Unzugänglichkeit, — deren doch auch Savigny nur wenige Zeilen vorher als einer Eventualität gedenkt, die neben dem „ignorare, ubi sint" vorkommen könne, — giebt uns Ulpian ein passendes Beispiel aus der Praxis, das zugleich für den Unterschied zwischen Besitz und Eigenthum sehr lehrreich ist [1]: Pomponius refert, quum lapides in Tiberim demersi essent naufragio, et post hoc tempus extracti, an dominium in integro fuerit per id tempus, quo erant mersi? Ego dominium me retinere puto, possessionem non puto. Und ganz das Gleiche gilt, wenn wir aus subjectiven Hinderungsgründen zu Gegenständen, die uns ab-handen gekommen, nicht gelangen können: so haben wir Beispielsweise ohne Zweifel den Besitz an der Brieftasche verloren, die wir auf einer Eisenbahnstation vergessen, wenn uns auch, nachdem der Zug wieder abgegangen, unterweges einfällt, daß und wo wir sie haben liegen lassen.

Anders ist es bei den Dingen, die wir in objectiver Custodia haben; hier ist es gleichgültig, ob wir sie verlegt, und nur nicht gleich wieder finden können, — ja selbst, ob wir überhaupt vergessen haben, wohin wir sie gethan, vorausgesetzt nur, daß sie uns in der That nicht weg-gekommen sind. Dies ist der

---

D. 23. 3; L. 22. § 1. D. sol. matr. 24. 3; L. 32. § 3. D. de administr. et peric. tut. 26. 7; L. 15. D. de ann. leg. 33. 1). „Perditi" (nichtswürdige, ganz zu Grunde gegangene Subjecte) werden deßhalb auch den lapsi et errantes entgegengesetzt (L. 3. C. de apost. 1. 7; — cf. L. 29. D. de poen. 48. 19).

[1]) L. 13. pr. D. h. t. In dem referirten Fall ist eine Anwendung subjectiver Custodia angezeigt; denn während des Transports sind die Transportobjecte der Obhut ihrer Beförderer anvertraut, und Diese gelten als Instrumente der subjectiven Custodia, entweder des Absenders oder des Destinatars.

principielle Inhalt jener interessanten Entscheidung Papinian's, in deren Motivirung dieser Zeus des juristischen Olymps gradezu von dem Recht des Besitzes spricht [1]):

Peregre profecturus pecuniam in terra custodiae causa condiderat. Quum reversus locum thesauri immemoria [2]) non repeteret, an desiisset pecuniam possidere, vel si postea recognovisset locum, an confestim possidere inciperet, quaesitum est. Dixi: quoniam custodiae causa condita proponeretur, ius possessionis ei, qui condidisset, non videri peremtum; nec infirmitatem memoriae damnum afferre possessionis, quam alius non invasit; alioquin responsuros, per momenta servorum, quos non viderimus, interire possessionem. Et nihil interest, pecuniam in meo, an in alieno condidissem, quum, si alius in meo condidisset, non alias possiderem, quam si ipsius rei possessionem supra terram adeptus fuissem. Itaque nec alienus locus meam propriam aufert possessionem, quum, supra terram, an infra terram possideam, nihil intersit.

Savigny hat, wie wir sahen, dies inhaltsvolle Fragment nicht dogmatisch zu verwerthen gewußt, weil er überhaupt auf den principiell so wichtigen Unterschied zwischen subjectiver und objectiver Custodia nicht aufmerksam geworden ist. Er begnügt sich mit der „besondern Bemerkung", der aus dem referirten Fall destillirten concreten Allgemeinheit: daß, wer einen Schatz im Felde vergräbt, durch diese besondere Anstalt den Besitz behält, weil sie ihm das Finden für die Zukunft sichere. Er ist auch hier in denselben Fehler verfallen, den er mit soviel Recht den neueren Gesetzbüchern, namentlich dem Preußischen Landrecht, vorrückt, und giebt uns eine farblose Abstraction, eins jener wirklich „grauen" Theoreme, die kein Princip aussprechen, und von denen doch auch alle die lebendige Anschaulichkeit des concreten Entscheidungsfalls abgestreift ist.

[1]) L. 44. pr. D. h. t.

[2]) Es ist nicht nöthig, die Florentinische Lesart, — immemoria = infirmitas memoriae, Vergeßlichkeit, — mit Haloander zu ändern, der statt dieses ihm wegen seiner Seltenheit anstößigen Wortes „in memoria" vorzieht.

Schatz und Feld sind hier nicht minder, wie in jenem Paulinischen Fragment [1]), Repräsentanten von Besitzobjecten aller Art, für deren sichere Aufbewahrung wir durch irgend eine der zahllosen Anwendungsformen objectiver Custodia Sorge getragen haben. So lange sie sich, in Folge der getroffenen Veranstaltung, in dieser Gewahrsam befinden, — so lange sie also nicht durch Zufall oder durch Einwirkung Dritter daraus entrückt werden, — bleibt das Recht unsers Besitzes an ihnen bestehen; und hätten wir auch wirklich vergessen, wo wir sie gelassen, so kann dieser rein factische Umstand doch nicht als Endigungsgrund für ein Rechtsverhältniß gelten. Unser Besitzwille hat dadurch keineswegs die objective Sicherheit verloren, deren er stets, aber auch allein bedarf; es ist uns die reale Möglichkeit geblieben, Besitzhandlungen vorzunehmen; und das Gegentheil der für die Verkörperung unsers Besitzwillens erforderlichen Momente also noch nicht eingetreten.

Die Richtigkeit des Vorgetragenen ergiebt sich auf's klarste aus einem Fragment des Paulus, in welchem beider Arten der Custodia gedacht, und, unter (wenn auch absichtsloser) Zugrundelegung ihres hervorgehobenen Unterschiedes, die verschiedenen referirten Fälle auch verschieden abgeurtheilt werden [2]):

Nerva filius: „res mobiles, excepto homine, quatenus sub custodia nostra sint, hactenus possideri"; — id est, quatenus, si velimus, naturalem possessionem nancisci possimus; — „nam pecus, simul atque aberraverit, aut vas ita exciderit, ut non inveniatur, protinus desinere a nobis possideri, licet a nullo possideatur; dissimiliter atque si sub custodia mea sit, nec inveniatur, quia praesentia eius sit", — et tantum cessat interim diligens inquisitio.

Für Savigny [3]) mußte der Anfang dieses Fragments, — dessen abgedruckter Text überall aus der Florentina herrührt, — natürlich sehr anstößig sein, da er sich mit seiner dualistischen Regel allerdings nicht vereinigen läßt. Er nimmt daher eine sehr bedeu-

---

[1]) Vgl. oben S. 151 flgde.

[2]) L. 3. § 13. D. h. t.

[3]) A. a. O. S. 398—99.

tende Aenderung vor, und substituirt für id est das Wort Idem [1]). Der Sinn des Fragments soll also dahin gehen, daß hier zwei verschiedene Wege angedeutet würden, auf denen die Fortdauer des Besitzes zu ermöglichen: „Nerva sagt, die Fortdauer des Besitzes könne begründet werden durch Custodia; derselbe (Nerva) sagt, sie könne auch bloß dadurch begründet werden, daß der Besitzer im Stande ist, die natürliche Detention zu erlangen, sobald er will.“

Für mein sprachliches Gefühl ist die durch Savigny's Emendation bewirkte Satzfügung durchaus ungelenk und hölzern, doch fühlen Andere vielleicht anders, und entscheidend bleibt ja freilich allein, ob der Sinn diese Aenderung verlangt. Das ist aber so wenig der Fall, daß sich im Gegentheil das Fragment nur verstehen läßt, wenn man den Florentinischen Text beibehält.

Paulus referirt die Ansicht des jüngeren Nerva, und zwar in indirecter Rede, jedoch mit zwei, im Druck bemerklich gemachten Einschaltungen, die schon sprachlich durch die directe Redeform als von dem Referenten herrührende Zusätze gekennzeichnet sind. Die erste dieser Parenthesen, (id est, quatenus, si velimus, naturalem possessionem nancisci possimus,) sucht die vorangegangenen Worte des Nerva, (quatenus sub custodia nostra sint,) zu verdeutlichen, freilich nicht mit besonderem Glück [2]). Der Sinn des Eingangs läßt sich also etwa so wiedergeben: „Der jüngere Nerva bemerkt sehr richtig, unser Besitz dauere an beweglichen Sa-

[1]) „Scil. ait, hactenus possidere.“ Eine kritische Berechtigung scheint nicht vorhanden, da, abgesehen von der litera Pisana, für deren Auctorität auch in dieser Abhandlung so oft eingestanden werden konnte, die meisten Manuscripte und Ausgaben eine bloße Abbreviatur (i.) enthalten; über den Werth der drei Pariser Manuscripte (No. 4454. 4458. 4458a.), — welche, neben der Ed. Rom. 1476, Idem haben (Savigny a. a. O. Note 1), stände mir ein Urtheil nur zu, wenn es sich auf Autopsie gründete, — die beiden letzten Manuscripte scheinen übrigens bloße Doubletten zu sein.

[2]) Die Parenthese des Paulus würde ganz richtig sein, wenn die Worte si velimus fehlten; denn in den Fällen der objectiven Custodia ist es, wie wir sahen, nicht nothwendig, daß wir beliebig, sobald es uns einfällt, Besitzhandlungen vorzunehmen im Stande sind. — Die zweite Erläuterung des Paulus (am Schluß des Fragments) weist nur auf den practisch gewöhnlichen Fall hin, daß sich das Gesuchte später wohl finden würde, wenn wir nochmals eine genauere Nachforschung vornehmen.

chen, — mit alleiniger Ausnahme der Sclaven [1]), — regelmäßig insoweit fort, als sie sich in unserer Obhut befinden, das heißt, soweit wir im Stande sind, uns (beliebig) die Naturaldetention zu verschaffen." Und mehr, als die reale Möglichkeit, Besitzhandlungen vorzunehmen, ist in der That, wie für den Erwerb, so auch die Fortdauer des Besitzes nicht erforderlich, diese aber (objectiv) auch dann vorhanden, wenn wir gleich zeitweilig (factisch und subjectiv) verhindert sind, nach Belieben über den Gegenstand unsers Besitzes frei zu schalten.

Die Anwendungsfälle, die nach der ersten, von Paulus gemachten Parenthese folgen, also von Nerva herrühren, bestätigen die gegebene Erklärung durchaus. Die beiden ersten Verlustfälle [2]) beziehen sich wirklich auf Objecte, die wir in subjectiver Custodia zu haben pflegen: des Heerdenviehs sind wir nur dadurch sicher, daß wir es unter Aufsicht eines Hirten weiden lassen, und unser Besitz geht daher verloren, wenn sich ein Stück der Heerde trotzdem verläuft; und ebenso haben wir den Siegelring [3]) in subjectivster Custodia, recht eigentlich „in manu," — unser Besitz daran muß also aufhören, wenn er uns vom Finger gleitet, und unser Suchen vergeblich bleibt.

Ganz anders (dissimiliter) steht es mit den Dingen, die wir in objectiver Custodia haben, — namentlich also bei uns, in unserer Wohnung, aufbewahren [4]). Ihrer sind und bleiben wir

---

[1]) Diese interessante Ausnahme, — die auf der Eigenschaft dieser Besitzobjecte, als vernunftbegabter Wesen, beruht, — soll am Schluß der Verlustlehre erläutert werden.

[2]) Ich muß gestehen, daß es mir vollkommen unbegreiflich geblieben ist, wenn Savigny (a. a. O.) bemerkt: „auch zeigen die Beispiele, die in unserer Stelle folgen," — abgedruckt und erklärt sind sie nicht. — „daß in keinem der hier angegebenen Fälle der Besitz als verloren gelten solle."

[3]) Das ist hier die auch sonst nicht ungewöhnliche, namentlich schon bei Cicero vorkommende Bedeutung von vas. Cf. L. 23. D. de praescr. verb. (19. 5): Duo secundum Tiberim quum ambularent, alter eorum ei, qui secum ambulabat, rogatus annulum ostendit, ut respiceret; illi excidit annulus cet.

[4]) Es scheint nicht zweifelhaft, daß Nerva am Schluß der Stelle die objec-

auch dann sicher, wenn sie sich nicht gleich auffinden lassen, weil und sofern sie wirklich da sind (quia praesentia eius sit); finden wir sie heute nicht, so doch wohl später einmal, wenn wir genauer nachsehen: et tantum cessat interim diligens inquisitio, fügt Paulus erläuternd hinzu. So lange die Voraussetzung wahr ist, daß die vermißten Dinge noch wirklich in unserer Obhut und Gewahrsam sich befinden, hat unser Besitzwille noch nichts von seiner objectiven Sicherheit verloren, es mangelt uns nicht an der realen Möglichkeit, Verfügungen über das Besitzobject zu treffen: und diese ist natürlich zur Fortdauer des Besitzes völlig ausreichend, da selbst für den Erwerb das Niederlegen jener Kaufobjecte innerhalb unserer Wohnungsräume genügt, „quamquam id nemo dum attigerit."

Damit ist die Lehre vom Verlust des Besitzes, so weit sie als Probe über die Richtigkeit der Resultate dienen sollte, die wir bereits für den Besitzerwerb gewonnen hatten, erschöpft, und ich habe nur noch den Erwerb und Verlust des Besitzes an Moventien abzuhandeln. Es schien zweckmäßig, diese Besitzobjecte besonders zu betrachten, weil sie ihrer Natur nach von allen übrigen ganz verschieden sind. Aber auch unter ihnen existirt ein wesentlicher Unterschied, den wir vor allem kennen lernen müssen, weil er für die Realisirung unsers Besitzwillens von keinem geringeren Einfluß ist, als die Differenz zwischen Mo- und Immobilien.

---

tive Custodia im Sinne hat, während er im Eingang beide umfaßt; — daß custodia sowohl Bewachung (Beaufsichtigung), als Gewahrsam (also auch Schutzort, Gefängniß) bedeuten kann, bedarf keines Nachweises. Wenn der Jurist aber anfänglich von (allen) beweglichen Sachen mit einziger Ausnahme der Sclaven, sagt, wir besäßen sie so lange, als wir sie in unserer (subjectiven oder objectiven) Custodia haben, so muß er am Schluß die zweite, und auch gewöhnlichere Bedeutung des Worts, im Sinne von Gewahrsam, vor Augen haben.

Es leuchtet ein, daß die Schwierigkeit für die Verkörperung unsers Besitzwillens an Thieren, — um zunächst bei diesen stehen zu bleiben, weil die Bestimmungen über die Besitzverhältnisse an Sclaven kein practisches, wenn auch ein sehr hohes wissenschaftliches Interesse bieten, — in der Eigenschaft beruht, wonach sie ihre quellenmäßige Bezeichnung erhalten haben [1]). Indem ihnen die Fähigkeit inwohnt, sich selber fortzubewegen, und sie die allergrößte Neigung haben, von diesem „Naturrecht der Freizügigkeit" den ungemessensten Gebrauch zu machen, scheinen sie überhaupt zu dauerndem Besitz ganz ungeeignet. Und doch liegt grade in dieser ihrer Naturanlage die reale Möglichkeit, auf Grund deren Animalien ebenfalls in bleibende Besitz-, und ebendeßhalb auch in Eigenthumsobjecte verwandelt werden können.

Es kommt nur darauf an, sie so zu gewöhnen, daß sie von ihrer Fähigkeit zu selbsteigener Fortbewegung den Gebrauch machen, immer wieder zu uns, — das heißt nicht grade zu unserer Person, aber doch zu unserm Haus und Hof, — zurückzukehren. Ist dies Resultat für ganze Arten, oder auch nur für einzelne Artangehörige erreicht, — haben Natur oder Gewohnheit den Trieb zur steten Rückkehr ihnen einmal eingepflanzt; so werden sie grade durch ihre Fähigkeit zu spontaner Fortbewegung dauerndere Besitz- und Eigenthumsobjecte, als die meisten leblosen Mobilien. Statt im Freien umherzuschweifen, wie im Zustande der Wildheit, gewinnen sie dann eine seelenhafte Anhänglichkeit an uns, oder doch an unser Haus und Hof, die um so intensiver ist, als sie auf der Naturnothwendigkeit eines instinctiven, angeborenen oder anerzogenen, Triebes beruht.

Bei mehreren Klassen, den Haus-thieren, — und das sind natürlich grade diejenigen, welche dem Menschen den meisten Nutzen gewähren, — ist nun dies Resultat bereits vor unendlich langer Zeit [2]),

---

[1]) Res moventes, — sese moventes, — (animalia sese) moventia (L. 1. pr. D. de Aedil. Ed. 21. 1; L. 15. § 2. D. de re iud. 42. 1; L. 93. D. de V. S.; L. 13. C. de servitt. 3. 34; L. 4. C. fam. ercisc. 3. 36; L. 30. C. de J. D. 5. 12; L. un. § 7. C. de rei uxor. act. 5. 13; L. 7. C. de bon. quae lib. in pot. 6. 61; L. 2. pr. L. 3. § 1. C. de quadr. praesc. 7. 37).

[2]) Es ist ja bekannt, daß dieser Zeitpunct schon vor der Trennung der Indo-

und derartig erreicht, daß ihnen, da auch psychische Eigenschaften sich vererben und durch das Medium der Zeugung von Generation zu Generation fortpflanzen, der Trieb, sich an uns und unser Hauswesen anzuschließen, schon angeboren wird. Wir nennen sie Hausthiere, weil auch sie dort zu Hause sind, wo wir das reale Centrum unserer Persönlichkeit gefunden haben, und weil auch sie ein instinctiver Trieb immer wieder dahin zurückzieht. Kehren sie einmal nicht zurück, so liegt das nicht am Erlöschen ihres angeborenen und darum auch unvertilgbaren Triebes, sondern nur an zufälligen Umständen und Hindernissen, die zu überwinden ihre bloß instinctive Anhänglichkeit nicht ausreicht.

Unsere Quellen haben für sie keine gemeinschaftliche Bezeichnung, kennen aber wohl ihre hauptsächlichsten Repräsentanten, und führen als solche vor allen die Zug- und Lastthiere, — daneben auch das Heerden- und Federvieh an [1]). Und die juristische

---

Germanen eingetreten sein muß, da die Benennungen der Hausthiere in allen Verzweigungen dieses Sprachstammes auf dieselben Wurzelwörter führen.

[1]) Ich versage es mir ungern, hier einen rechtsgeschichtlichen Excurs darüber folgen zu lassen, warum nur die ersteren als **res mancipi** galten. Was für unwahre, und nicht einmal guterfundene Fabeln sind uns in Bezug hierauf von unsern Rechtshistorikern aufgetischt, — bis zu jener neuerlichst geäußerten, sie alle krönenden Ansicht, die wegen ihrer Crudität in Form und Inhalt wohl aufbewahrt zu werden verdient: „Noch ehe der Römische Staat bestand, erkannte der Bauer Latiums die erstgenannten Thiere," (eben die Ochsen, Pferde, Maulthiere und Esel), „seine Mitarbeiter in des Feldes Bestellung, als seine Hausgenossen an; er räumte ihnen in der Familie eine Stellung, wenn auch die niedrigste, ein; es fällt auf sie der Abglanz eines **caput** — es sind haushörige Geschöpfe" (Esmarch Röm. Rechtsgesch. S. 109). — Und doch leuchtet wohl ein, — um wenigstens einige Andeutungen des Richtigen zu geben, — daß die Zug- und Lastthiere (**quae collo dorsove domantur**) für die bei weitem nüchternere, dafür aber auch juristische Auffassung der Plebejischen Gründer des Privatrechts, — denn diesen, und nicht dem Volksrechtbewußtsein des biedern Bauerstandes von Latium gehört die Unterscheidung zwischen Manus- und Nexum-Sachen an, — als diejenigen unter den Animalien erscheinen mußten, welche eigentlich allein von dem einheitlich-dinglichen Subjectionsverhältniß, dem Hand- (Halt-) Recht der Manus ergriffen würden. Sie zeigen nicht nur eine ausgeprägtere Specialität, als das Heerden- und sonstige Kleinvieh; sondern befriedigen auch dauernd unsere Bedürfnisse durch die Dienste, — nicht die

Consequenz, welche aus der allen Hausthieren durch unvordenkliche Zähmung und Gewöhnung zur zweiten, und darum schon seit uralten Zeiten zur wirklichen Natur gewordenen Eigenschaft, — aus ihrem angeborenen und jetzt unausrottbaren „animus revertendi" folgt, ist der Sagacität der Römer keinesweges entgangen. Sie haben kein klares Bewußtsein davon, warum sich die Hausthiere für eine dauernde Realisation des Besitzwillens eignen; sie haben es nicht begriffen, daß dies deßhalb der Fall ist, weil bei ihnen die angeborene Wildheit, der ungestüme Drang, in den Naturzustand zurückzukehren, ganz und gar aufgehoben, ja in sein Ge-

„Mit-arbeit," — welche sie Tag für Tag verrichten. Das Heerden- und das übrige Kleinvieh, — einschließlich des Federviehs, namentlich der Gänse, Hühner, Fasanen, auch wohl der Enten, deren aber die Quellen nicht erwähnen, — gewährt uns dagegen nur durch seine Producte, oder nur durch seine Substanz, also durch Consumtion seiner Erzeugnisse oder seiner selbst, einen eben darum nicht nachhaltigen Nutzen; außerdem ist es *ohne charakteristische Kennzeichen, also ohne eigentliche* Specialität, und wesentlich nicht sowohl qualitativ, als quantitativ verschieden. Es haben somit diese Arten der Hausthiere offensichtlich etwas den fungibeln Mobilien Analoges, und wir dürfen uns um so weniger wundern, wenn der juristische Rigorismus der Plebs diese Thiere nicht für res mancipi ansah, als bei den unentwickelten Cultur- und commerciellen Verhältnissen, unter welche die Gründung des Jus fällt, grade sie, vermöge ihres fungibeln Artcharacters, als Werthmesser und Wertheinheiten galten. Eine Aenderung hierin konnte erst nach Einführung des Metallgeldes eintreten, das, als das fungibelste aller Dinge, auf die Entwickelung der Besitz- und Eigenthumsverhältnisse überhaupt einen unberechenbaren Einfluß ausgeübt hat. — Wie sehr die Natur des Heerdenviehs zu Zweifeln über seine Besitz- und Eigenthumsfähigkeit Anlaß giebt, zeigt sich noch in einem interessanten Fragment Ulpian's (L. 44. D. do a. rer. dom. 41. 1). Dieser Jurist und der von ihm citirte Pomponius fanden es nicht ganz unbedenklich, ob Stücke aus einer Heerde Schweine, die vom Wolfe geraubt, diesem aber von Dritten abgejagt waren, noch im Eigenthum des Herrn der Heerde verblieben, oder ob sie jenen Errettern im Wege der Occupation, zugefallen seien, — als handle es sich um jagdbares Wild. Grade bei Schweinen, — auf die allerdings gar kein „Abglanz des caput fällt," — waren die Römischen Juristen am bedenklichsten, entschieden sich aber, — unter Homerischen Reminiscenzen, — am Ende doch für die Subsumtion derselben unter die pecudes, „quia et hi gregatim pascuntur" (cf. § 1. J. ad L. Aquil. 4. 3; L. 2. § 2. D. eod. 9. 2; L. 65. § 4. D. de leg. III.).

gentheil verwandelt ist, — weil ihr animus revertendi selbst dann nicht gleich erlischt, wenn Zufall oder Einwirkung Dritter sie hindern, ihm Folge zu geben. Aber sie haben die Resultate unabänderlich und mit genialem Tacte festgestellt, die aus eben diesem Grunde herfließen. Wir können, den Quellen zufolge, die hier, wie immer, ganz das Richtige enthalten, an den Hausthieren unsern Besitz nicht bloß retiniren; sondern auch, haben wir ihn wirklich verloren, auf Widererlangung desselben klagen, also vindiciren, — und, falls der Verlust irreparabel, wenigstens Ersatz für seinen Werth beanspruchen, also condiciren.

Anders ist es bei den wilden, das heißt bei allen Thieren, deren Artcharacter sich noch nicht so ganz und gar umgewandelt hat, wie es bei den Hausthieren der Fall ist. Um sie zu Besitz- und Eigenthumsobjecten umzuschaffen, giebt es nur zwei Wege: wir müssen entweder an einzelnen Artangehörigen durch eine speciell auf sie verwandte Zähmung und Dressur dasselbe Resultat erreichen, was einstmals, auf gleichem Wege, für die Hausthiere ebenfalls herbeigeführt werden mußte, jetzt aber für dies ganze Genus erreicht ist; oder durch äußerliche Zwangsmaßregeln die eingefangenen Specien auch bleibend gefangen halten. Besitz und Eigenthum dauert dann an ihnen fort, so lange jene Gewöhnung anhält, und diese Maßregeln ihrem Zweck entsprechen, — so lange also die ge-zähmten Thiere (mansueta, mansue-facta) den ihnen anerzogenen, und ebendeßhalb auch wieder verlierbaren, animus revertendi behalten, und die gefangen gehaltenen, aber wild gebliebenen in den Käfigen und sonstigen Sicherheitsanstalten verharren.

Dieser alternative Modus der Umschaffung aller ihrer Art nach wilden Thiere in Besitz- und Eigenthumsobjecte wird zwar nirgends in den Quellen als ein allgemeines Princip aufgestellt, wohl aber an einzelnen Thierclassen exemplificirt, — natürlich grade bei denjenigen, die durch ihre halbwilde Natur vorzugsweise Bedenken erregten und practisch am häufigsten vorkommen: den Bienen, Tauben [1]), überhaupt den „Seglern der Lüfte", die

---

[1]) „Apium — (pavonum et) columbarum fera est natura," (L. 5.

ebendeßhalb am leichtesten sich fortbewegen und am schwierigsten wieder einzufangen sind. Auf die Bienen bezieht sich ein interessantes, uns außerhalb der Justinianeischen Compilation erhaltenes Fragment aus Ulpian's Edictcommentar [1]), in welchem die von Proculus herrührenden Zweifelsgründe auf jenes Princip und seine alternative Fassung hinweisen: Celsus libro XXVII Digestorum scribit: Si, cum apes meae ad tuas advolassent, tu eas exusseris, quosdam negare, competere legis Aquiliae actionem, — inter quos et Proculum, — quasi apes dominii mei non fuerint. Sed id falsum esse, Celsus ait, cum apes revenire soleant, et fructui mihi sint. Sed Proculus eo movetur, quod nec „mansuetae", nec ita „clausae" fuerint. Ipse autem Celsus ait: nihil inter has et columbas interesse, quae, si mane effugiunt, domum tamen refugiunt. Noch allgemeiner drückt sich Paulus rücksichtlich alles Geflügels aus, was nicht unter das eigentliche, haus- und hofhörige Federvieh fällt [2]): Aves autem possidemus, quas inclusas habemus, *aut, si quae mansuetae factae*, custodiae nostrae subiectae sunt. Und als vorzügliches Beispiel der letzteren führt dann auch dieser Jurist, neben den Bienen, die Tauben [3]) auf, bei denen die Gewohnheit zur Rückkehr, auch wenn

---

§ 2. 5. D. de a. r. d. 41. 1, — „gallinarum et anserum non est fera natura," cf. L. 5. § 6. eod.).

[1]) Moss. et Romm. L. L. Collatio XII, 7, 10. (Ulpianus libro XVIII. ad Edictum), — ich citire nach Blume's Ausgabe, jedoch mit der glücklichen Roodt'schen Emendation der Schlußworte (mane effugiunt, domum tamen refugiunt).

[2]) L. 3. § 15. D. h. t.

[3]) L. 3. § 16. eod. — Tauben und Bienen bilden deßhalb auch einen Gegenstand des erbtheilungsrichterlichen Verfahrens, wenn sie die Gewohnheit der Rückkehr angenommen haben, und die Occupation ihrer, wie ihrer Producte fällt solchen Falls unter den Begriff des Diebstahls (L. 8. § 1. D. fam. ercisc. 10. 2; L. 5. § 3 u. 4. D. de acqu. r. dom. 41. 1; L. 37. D. de furt. 47. 2). — Von Vierfüßlern erwähnen unsere Quellen namentlich noch gezähmte Hirsche (L. 5. § 5. D. de a. r. d. 41. 1 = § 15. J. de rer. div. 2. 1): Cervos quoque ita quidam mansuetos habent, ut in silvas eant et redeant, quorum et ipsorum feram esse naturam nemo negat. Andere Vierfüßler, welche die consuetudo revertendi angenommen, kommen meines Wissens in den Quellen nicht vor, eben weil Landthiere, soweit sie

sie „Feldflüchter" sind, am leichtesten und tiefsten einzuwurzeln pflegt: Quidam recte putant, columbas quoque, quae ab aedificiis nostris volant, item apes, quae ex alveis nostris evolant, et secundum consuetudinem redeunt, a nobis possideri.

Haben wir auf dem erstangedeuteten Wege, — durch specielle Dressur und Zähmung, — einzelne Species wilder Thierclassen unserm Besitzwillen sicher unterworfen, so bleiben sie überhaupt nur so lange Besitz- und Eigenthumsobjecte, als sie die Gewohnheit behalten, zu uns zurückzukehren. Verlieren sie diese, ihnen nur anerzogene Gewohnheit, so werden sie ganz und gar besitz- und eigenthumslos, während wir an den Hausthieren, die sich (ihrer Natur nach) nicht selber ranzioniren können, wenigstens den Besitz wieder zu erlangen, sie also zu vindiciren im Stande sind. Als einfache Consequenz daraus ergiebt sich der Satz, welcher in den Quellen mehrfach überliefert ist, daß diejenigen gezähmten Thiere, die den animus revertendi ablegen, wiederum für Jedermann occupationsfähig werden [1]): In his animalibus, quae ex consuetudine abire et redire solent, talis regula comprobata est, ut eo usque tua esse intelligantur, donec animum revertendi habeant: nam, si revertendi animum habere desierint, etiam tua esse desinunt, et fiunt occupantium; revertendi autem animum videntur desinere habere, cum revertendi consuetudinem habere desierint.

Die wilden, im Naturzustande lebenden Thiere, die noch nicht so gezähmt sind oder sich überhaupt nicht zähmen lassen, bieten

---

Nutzen gewähren, bereits in Hausthiere umgewandelt sind, — dergleichen gezähmte Vierfüßler aber meist von Liebhabern zum Luxus gehalten werden, und nur ausnahmsweise zu häuslichen Verrichtungen, auch wohl vormals zu religiösen Zwecken gebraucht wurden (cf. Schrader ad J. II. 1. § 15. ibique alleg.).

[1]) § 15. J. de rer. div. (2. 1); cf. Gai. J. II. § 68; L. 3. § 2. L. 5. § 2—5. D. de acqu. r. dom. (41. 1); L. 8. § 1. D. 10. 2. cit. — Sie werden also wiederum Gegenstand des Thierfangs, in seiner dreifachen Gliederung (aucupium, venatio, piscatio, — L. 9. § 5. D. de usufr. 7. 1; L. 26. pr. D. de furt. 47. 2; L. 1. § 1. D. de acqu. r. dom. 41. 1): eine Dreigliederung, welche der Eintheilung des Thierreichs entspricht, die das Alterthum überhaupt nur kannte, nämlich nach den Elementen, worin die Thiere leben.

unserm Besitzwillen, — natürlich vorausgesetzt, daß wir sie erst wirklich ein-gefangen haben [1]), — nur dann die nöthige objective Sicherheit, wenn wir sie gefangen-halten, also irgendwelche Maßregeln einer objectiven Custodia treffen, die diesem Zweck entsprechen. Darüber, wie dieselben beschaffen sein müssen, lassen sich allgemeingültige Regeln nicht aufstellen, sondern das bleibt auch hier Frage des einzelnen Falls. Einige practische Andeutungen sind uns in Aussprüchen des jüngern Nerva erhalten, welche Paulus [2]) überliefert hat:

Item feras bestias, quas vivariis incluserimus, et pisces, quos in piscinas coniecerimus, a nobis possideri. Sed eos pisces, qui in stagno sint, aut feras, quae in silvis circumseptis vagantur, a nobis non possideri, quoniam relictae sint in libertate naturali; — alioquin, etiam si quis silvam emerit, videri eum omnes feras possidere — quod falsum est.

Ich muß zur Erklärung einige Worte hinzufügen, weil das Fragment von Savigny nicht richtig aufgefaßt wird [3]). Er findet es, — der Glosse folgend, — „sehr klar, daß hier der Gegensatz durch den größeren oder geringeren Umfang bestimmt werde;

---

[1]) L. 5. § 1. D. de a. r. d. (41. 1) = § 13. J. de rer. div. (2. 1). — Trebatius u. A. waren der Meinung, auch das angeschossene oder sonst verwundete, aber verfolgte Wild sei bereits Eigenthum der Verfolger. Sicherlich stand die gegentheilige Meinung schon zu Gaius Zeiten fest (L. 5. § 1. cit.: „Plerique non aliter putaverunt eam nostram esse, quam si eam ceperimus"). Gleichwohl nimmt der Institutionenverfasser die Backen sehr voll, um es als eine kaiserlich-legislatorische Großthat auszuposaunen (§ 13. cit.): Sed posteriorem sententiam NOS confirma(vi)mus. — Wieder wild gewordene Thiere fallen allerdings erst, wie wir sehen werden, aus unserm Besitz, wenn sie uns ent-kommen sind, bleiben also darin, so lange wir sie noch verfolgen, und verfolgen können.

[2]) L. 3. § 14. D. h. t. — Die deductio ad absurdum am Schluß, — wenigstens vom Römischen (oder juristischen) Standpunct aus ist es eine solche, — findet eine ungefähre Analogie in L. 15. L. 16. D. de A. E. et V. (19. 1): Pisces, qui sunt in piscina, non sunt aedium, nec fundi, — non magis, quam pulli aut cetera animalia, quae in fundo sunt.

[3]) Bes. § 31. S. 400. 401. Note 1.

— eine silva circumsepta kann sehr groß sein, und man kann vergeblich darin jagen, ohne ein bestimmtes Thier zu fangen, das darin eingeschlossen ist, also hat man den Besitz desselben nicht, obgleich das Thier in dem Walde selbst eingeschlossen ist." Und ferner: „Wer wilde Thiere in einem Park hält, oder Fische in einem See, hat allerdings etwas gethan, um sie aufzubewahren, aber es hängt nicht von seinem Willen, sondern von vielen Zufällen ab, ob er sie wirklich fängt, wenn er will, folglich ist hier der Besitz nicht erhalten: ganz anders wenn Fische in einem Fischkasten, oder andere Thiere in einem Zwinger eingeschlossen sind, weil sie nun in jedem Augenblick ergriffen werden können."

Schon sprachlich ist zu bemerken, daß piscina nicht Fischkasten, sondern Weiher, Fischteich bedeutet [1]), — und vivarium nicht nothwendig einen Zwinger, sondern jedes Behältniß und jede Räumlichkeit vorstellt, worin lebendige Thiere sicher aufbewahrt und also auch gefüttert werden [2]). Nerva will sagen: „Besitz haben wir an wilden Thieren nur dann, wenn wir bestimmte eingefangene Specien in künstliche Behälter versetzen, um sie lebendig darin zu er- und zu unterhalten; Beispielsweise an Fischen, die wir in unsern Weiher werfen, damit sie dort zur Zucht dienen oder gemästet werden, — und an andern wilden Thieren, wenn wir sie in Käfigen, Gruben, Thier- oder zoologischen Gärten, zum Vergnügen oder zur Belehrung halten und ihnen folglich auch ihren Lebensunterhalt gewähren. Anders ist es mit den Fischen, die sich in einem uns gehörigen stehenden Privatgewässer befinden, das der Natur sein Dasein verdankt, wie in einem Landsee (stagnum); diese besitzen wir nicht, wenn auch der See unser Eigenthum ist, ebensowenig wie das Wild in unsern Forsten. Ja wenn wir auch die letzteren einhegen, und sie zu Wild-Parken (silvae circum-

---

[1]) Cf. L. un. § 4. D. de fonte (43. 22), woraus erhellt, daß darunter eine mit Wasser ausgefüllte Erdvertiefung zu verstehen.

[2]) Cf. Hor. Epist. I. 1, 79: „Sunt, qui — excipiant senes, quos in vivaria mittant," — die sich an alte Leute machen, um sie bis an ihren Tod zu füttern, und dann zu beerben. — Entzieht man den wilden Thieren ihre Freiheit, so muß man ihnen natürlich Futter geben, oder sie in solche Anstalten versetzen, wo sie sich solches selber suchen können.

septae) umschaffen; so besitzen wir das innerhalb dieser Grenzen eingeschlossene Wild dennoch nicht, weil diese Anstalten bloß darauf abzwecken, den Wildstand zu conserviren, indem sie das Entweichen des eingehegten Thieres verhindern." Nur bei den Thieren, die wir in derartige künstliche Anstalten versetzen, liegen die sämmtlichen Erfordernisse des Besitzes vor: hier wissen wir, was wir wollen, und unserm Wille gebricht es auch nicht an der für seine Verkörperung überall nothwendigen objectiven Sicherheit, weil und soweit jene Vorrichtungen ein Entweichen zu verhindern geeignet sind.

Mehr als diese Andeutungen finden sich nicht in den Quellen, und ein concreter Fall des Besitzerwerbs an Moventien kommt meines Wissens in ihnen nicht vor. Denn das interessante Fragment des Proculus [1]), in welchem man einen solchen enthalten findet [2]), spricht nicht vom Erwerb des Besitzes:

> In laqueum, quem venandi causa posueras, aper incidit; quum eo haereret, exemtum eum abstuli; num tibi videor tuum aprum abstulisse? — et, — si tuum putas fuisse, — si solutum eum in silvam dimisissem, eo casu tuus esse desiisset, an maneret? — et quam actionem mecum haberes, si desiisset tuus esse? — num in factum dari oporteret? — quaero. Respondit: Laqueum, videamus, ne intersit, in publico, an in privato posuerim, — et, si in privato posui, utrum in meo, an in alieno, — et, si in alieno, utrum permissu eius, cuius fundus erat, an non permissu eius posuerim, — praeterea, utrum in eo ita haeserit aper, ut expedire se non possit (potuisset?) ipse, an, diutius luctando, expediturus se fuerit. Summam tamen hanc puto esse: ut, si in meam potestatem pervenit, meus factus sit, — sin autem „aprum meum ferum" in suam naturalem laxitatem dimisisses, eo facto „meus" esse desiisset, et actionem mihi in factum dari oportere; — veluti responsum est, quum quidam poculum alterius ex nave eiecisset.

---

[1]) L. 55. D. d. acqu. r. dom.

[2]) Vgl. Savigny Bes. § 16. S. 249. Note 1.

Die Stelle bietet uns noch zu guter Letzt einen der sprechendsten Beläge für die schon so oft characterisirte, und im Grunde noch immer nicht richtig gewürdigte Behandlungsweise der Römischen Juristen. Auch hier wieder, welch reizendes Spiel der fruchtbarsten juristischen Ideenassociation, — welch ein unvergleichlicher, und nie wieder erreichbarer Zauber frischer Originalität, die in lebensvollem Drange lediglich darauf hinaus will, in dem behandelten Falle das Rechte zu finden, und so originär das Recht selbstschöpferisch entdeckt. Eine Frage wird durch die andere verdrängt, — kaum eine halb beantwortet, — selbstgemachte, auf scheinbaren Zweifelsgründen beruhende Einwendungen werden leicht hingeworfen, ohne eine pedantische, schulmeisterliche Widerlegung zu finden: bis schließlich das Resultat, die Entscheidung gefunden ist, auf die allein das Denken des Juristen, — in seiner (gleichsam) „phosphorescirenden" Erregtheit, — hinarbeitet. Hier ist sie in den Worten enthalten [1]): Summam tamen hanc puto esse, ut, si in potestatem meam pervenit, „meus" factus sit. „Eigenthum," will der Jurist sagen, „habe ich an dem

[1]) Sempronius Proculus verdient wirklich den Namen, den ihm ein Rescr. Divorum Fratrum (in L. 17. pr. D. de iure patr. 37. 14) beilegt; er war in der That „non levis JURIS auctor." Die wenigen Excerpte, welche uns aus seinen Schriften aufbehalten worden sind, (sechsunddreißig aus den Epistolarum Libri, — deren wenigstens XI. existirt haben müssen, weil dem eilften Buch noch die L. 69. D. de contrah. empt. et vend. 18. 1, L. 12. D. de praescr. verb. 19. 5 und L. 17. de pact. dot. 23. 4 entstammen, während der Index Flor. nur VIII Libri nennt, weil ex Libris III. IX. X. keine Fragmente in die Digesten aufgenommen sind, — und ferner eins ex Posterioribus Labeonis,) zeichnen sich sehr vortheilhaft dadurch aus, daß dieser Jurist an bestimmte practische Fälle, die ihm, dem angesehenen Oberhaupt der Labeonisch-civilistischen Gruppe, zur Entscheidung vorgelegt waren, eine fruchtbare Eventual-Casuistik, mannigfaltige Distinctionen und Combinationen anzuknüpfen weiß. Als Muster dieser seiner Behandlungsweise können besonders dienen: L. 16. D. quemadm. serv. amitt. (8. 6); L. 13. D. de S. P. U. (8. 2); L. 113. D. de V. O. (45. 1); L. 76. D. pro socio (17. 2); L. 53. D. de cond. ind. (12. 6); L. 67. D. de J. D. (22. 3); L. 56. D. de acqu. r. dom. (41. 1); L. 17. D. de pact. dotalib. (23. 4), — sämmtlich aus den Libris Epistolarum, — und daneben das eingehende Referat des Pomponius in L. 16. § 2. D. de evict. (21. 2).

Eber erlangt, weil für mich die rechtliche Möglichkeit vorhanden war, sich seiner auch wirklich und reell zu bemächtigen; er war mit dem Augenblicke mein, und mir gehörte er an, als er in der Schlinge so fest saß, daß er sich nicht wieder herausarbeiten konnte; wer ihn mir daher in gewinnsüchtiger Absicht herausnimmt, begeht einen Diebstahl, — und wer ihn aus Muthwillen oder Bosheit losmacht und laufen läßt, der verhindert es, daß ich zum wirklichen Besitz und Genuß meines Eigenthums gelange, muß mir also den dadurch erwachsenen Schaden, auf Grund einer dem concreten Fall angepaßten Klage, ersetzen."

Interessant und wichtig für die Feststellung der Begriffe Eigenthum und Besitz ist namentlich die Parallele, welche der Jurist am Schluß des Fragments zwischen dem behandelten, und einem andern, demselben wirklich ana-logen Falle zieht: et actionem mihi in factum dari oportere, veluti responsum est, quum quidam poculum alterius ex nave eiecisset. Die letztbezielte, von Pomponius herrührende Entscheidung ist uns durch einen glücklichen Zufall an einer andern Stelle der Digesten aufbewahrt [1]): Si calicem argenteum quis alienum in profundum abiecerit damni dandi causa, non lucri faciendi, Pomponius libro septimo decimo ad Sabinum scripsit, neque furti, neque damni iniuriae actionem esse, in factum tamen agendum. An dem Eber, der wilden Bestie, die ein Schadenfroh aus dem Fallstrick befreit und wieder in den Stand ihrer natürlichen Wildheit zurückversetzt, verlieren wir zwar unser Eigenthum gänzlich, während es uns an dem Becher, den Jemand unbefugter Weise auf den Meeresgrund geworfen, verbleibt [2]): aber factisch kommt Beides auf eins heraus, da auch dieser voraussichtlich dort bis zum Nimmermehrstag liegen wird.

Der Schlingensteller erwirbt indeß an dem Eber, der sich unlösbar verstrickt hatte, mit diesem Factum, ohne weiteres Zuthun,

---

[1]) Ulpianus (libro XLI. ad Sabinum) in L. 14. § 2. D. de praescr. verb. (19. 5).

[2]) Vergleiche die analogen Aussprüche in L. 43. § 11. D. de furt. (47. 2); L. 2. § 8. D. de L. Rhod. de iactu (14. 2); L. 13. pr. D. h. t.

nur das Eigenthum, nicht auch den Besitz. Den letzteren würde er erst dann erlangt haben, wenn er (oder seine Leute) das gefangene Thier herausgenommen, oder sich doch zu demselben hinbegeben hätten. Er hoffte zwar, als er die Schlinge stellte, es werde sich „Wild" darin fangen, aber Hoffnung und Wunsch sind himmelweit von dem Besitzwillen verschieden, wie er uns klar geworden: erst wenn erhellt hätte, welche Species (in der doppelten Bedeutung dieses Wortes) eingefangen war, wußte der Erwerbungslustige, was er wollte [1]). —

Der Verlust des Besitzes an Moventien ist bald abgehandelt. Soweit er durch Aufgabe unsers Besitzwillens, oder an und durch Andere erfolgt, bietet er keine Eigenthümlichkeiten dar. Es bleibt daher nur noch der Besitzverlust zu betrachten, den wir an ihnen dadurch erleiden, daß wir sie selber „verlieren." Die hier platzgreifenden Bestimmungen ergeben sich ganz einfach aus dem bereits Festgestellten, und auch hier macht sich der Unterschied zwischen Haus-, gezähmten und wilden Thieren geltend.

Die ersteren können, ihrer Natur und Art nach, so lange sie eben nicht ausarten, die ihnen angeborene Anhänglichkeit gar nicht ablegen; sondern, sind sie bei uns aufgezogen oder haben sich an uns gewöhnt [2]), so werden sie uns nicht fort-, sondern sich höch-

[1]) Ich weiß wohl, daß ich mich hier einer neuen Ketzerei gegen die traditionelle Occupationslehre schuldig mache, — aber auf eine Häresie mehr oder weniger kann es in einem durchweg uncanonischen Buche ja doch nicht ankommen. Auch der originäre Eigenthumserwerb gründet sich keineswegs immer auf Besitzergreifung, — ebenso wenig, wie beim sogenannten derivativen stets „per hanc dominium acquiritur." Die Vindicationsmöglichkeit kann in dem betrachteten und den ihm analogen Fällen, — beispielsweise beim Fang von Krammetsvögeln in Dohnenstrichen, von Aalen an Grundangeln, von Fischen in Reusen, — uns allerdings anfallen, auch bevor wir die Fangobjecte reell ergriffen haben. Daß übrigens Proculus in dem betrachteten Fragment nur den Eigenthumserwerb im Sinne hat, folgt nicht bloß aus dessen Stellung im Eigenthums-Titel, sondern auch aus dem classischen Gebrauch des Possessivpronomen.

[2]) Wollen wir fremde Hausthiere in Besitz nehmen, so muß zunächst die Anhänglichkeit an den früheren Herrn überwunden werden: bis dies geschehen, sind Maßregeln objectiver Custodia allerdings nöthig; so legen wir beispielsweise einen neuerworbenen Hund an die Kette, damit er nicht, grade

stens ver-laufen. Sind sie einmal zufällig aus dem gewohnten Gleise gekommen, so hilft ihnen ihr instinctiver animus revertendi, der für gewöhnliche Verhältnisse unserm Besitzwillen die nöthige objective Sicherheit verleiht, nicht, um sich von selber wieder zurecht zu finden, und wir verlieren deßhalb mit dem Factum des Verlaufens und infolge desselben den Besitz (corpore), weil es unserm Besitzwillen von da an eben an jener objectiven Sicherheit gebricht. Der vorgetragene Satz gilt von allen Hausthieren, obwohl ihn die Quellen nicht in dieser Allgemeinheit enthalten; nur für das Heerdenvieh macht ihn der jüngere Nerva geltend, und dies ist freilich auch der Gefahr des Verlaufens am meisten ausgesetzt[1]): Pecus, simul atque aberraverit, protinus desinere a nobis possideri.

Die gezähmten Thiere stehen, so lange sie es wirklich sind, den Hausthieren ganz gleich, bieten daher für den Besitzverlust nichts Besonderes dar; verlieren sie den animus revertendi, so fallen sie wieder unter die wilden Thiere, es bedarf für sie also auch solchen Falls keiner speciellen Erörterung. Die wilden (oder wieder wild gewordenen) Thiere aber besitzen wir nur insoweit, als wir sie am Fortlaufen verhindern, und verlieren mithin den Besitz, wenn sie, trotz der getroffenen Maßregeln, uns dennoch ent-kommen, — also wenn sie Gelegenheit finden, ihrem ununterdrückten oder wiedererwachten Triebe zum Entlaufen nach zugeben, und wir von ihrer Verfolgung abzustehen genöthigt sind. Und aus den be-

---

wegen seiner treuen Anhänglichkeit an seinen alten Herrn, zu diesem zurücklaufe, und lassen von diesen äußerlichen Zwangsmaßregeln erst dann ab, wenn er sich an uns attachirt hat. — In unsern Quellen ist übrigens der Hund als Hausthier anerkannt, steht aber für sich allein, neben den pecudes (L. 2. § 2. L. 29. § 6. D. ad L. Aquil.; Gai. J. III. § 217; Pauli S. R. I. 15, 1), und wird nicht unter die wilden Thiere gerechnet, weil, wenn er Schaden zufügt, dies contra naturam sui generis geschieht (L. 1. § 5. § 10. D. Si quadrup. 9. 1; L. 40. D. de aedil. ed. 21. 1). Die Katze dagegen wird in den Quellen gar nicht erwähnt: wohl weil sie ihre naturalis feritas nie ganz ablegt. —

[1]) L. 3. § 13. D. h. t. cit. (s. oben S. 259). Das Heerdenvieh hat zwar den animus revertendi; aber bei dem steten Wechsel der Weideplätze und der dadurch vergrößerten Gefahr des Verlaufens, ist es sicherer, und deßhalb gewöhnlicher, es unter Aufsicht eines Hirten weiden zu lassen.

reits erwähnten Gründen führt hier, — und hier allein [1]), — der Verlust des Besitzes zugleich den Verlust des Eigenthums der Art nach sich, daß die uns entkommenen Thiere wieder Jedermann zur Aneignung freigegeben sind [2]): Quidquid (animalium) ceperimus, eo usque nostrum esse intelligitur, donec nostra custodia coercetur; quum vero evaserit nostram custodiam, et in naturalem libertatem se receperit, nostrum esse desinit, et rursus occupantis fit; — naturalem autem libertatem recipere intelligitur, quum vel oculos nostros effugerit, vel ita sit in conpectu nostro, ut difficilis eius sit persecutio. —

Die Lehre vom Besitzerwerb und Verlust der Moventien ist hiermit abgeschlossen, so weit sie auf unmittelbare practische Geltung Anspruch machen kann. Es sei indeß noch gestattet, die Besitzverhältnisse an Sclaven in kurzem zu untersuchen, — einer Art von Moventien, die für die Römer von ganz besonderer Wichtigkeit waren. Auch hier ist wenigstens die unerschütterliche Logik nicht veraltet, mit der die Finder und Gründer des Rechts die einschlagenden Fragen behandelt haben, und wenn uns deren Lösung auf der einen Seite ein fast komisches Genrebild römischer Willensmetaphysik bietet, so giebt sie auch anderer Seits Gelegenheit zu den allerernstesten und ewig zeitgemäßen Betrachtungen.

Der juristischen Auffassung mußten die Sclaven als Moventien gelten, die sich von allen übrigen dadurch unterscheiden, daß sie mit Vernunft und Selbstbewußtsein ausgestattet sind. Aus dieser Eigenthümlichkeit folgt zunächst der Satz, daß der Besitzwille ihrer Herrn gar keiner objectiven Sicherung bedarf. Sie sind stets und überall in ihrer eigenen Custodia, wären sie auch hunderte von Meilen entfernt [3]), weil sie für sich

---

[1]) Savigny (Bes. § 34. S. 400. Note 2) weist sehr richtig darauf hin, daß hier der einzige Fall ist, in welchem der Verlust des Besitzes zugleich den Verlust des Eigenthums zur Folge hat, — hat aber diese Erscheinung durchaus nicht zu erklären gewußt.

[2]) L. 3. § 2. L. 5. pr. D. de a. rer. dom. (41. 1); cf. Gai. J. II. 67; § 12. J. de rer. div. (2. 1).

[3]) L. 1. § 14. D. h. t.: „quos in provincia habemus."

selber zu sorgen und sich vor Schaden und Verlust zu hüten wissen: sie, die beweglichsten aller Besitzobjecte, berühren sich darin mit ihrem Extrem, den liegenden Gründen [1]). Und wenn der Besitz an allen beweglichen Objecten verloren geht, sobald sie nicht mehr in einer Art von Custodia stehen; so muß für Sclaven eine Ausnahme gelten [2]), weil sie sich eben stets und überall in ihrer eigenen befinden: auch ein ab-errare ist bei ihnen nicht möglich, oder doch nicht mit den Folgen verknüpft, wie bei den Hausthieren, denn sie können sich immer wieder zurecht fragen und finden.

Selbst an und durch Andere kann ihr Herr seinen Besitz nicht verlieren, sofern sie nur zu ihm zurückkehren wollen; sie erhalten dem alten Herrn den Besitz an sich selber durch sich selber, weil sie willens- und entschlußfähig sind, und sich in eigener Person für Jemand anders detiniren können. An unsern Hausthieren bleibt unser Besitz, — hört anders unser Besitzwille nur nicht auf, — fortbestehen, so lange diese Thiere ihren instinctiven animus revertendi behalten; will sie also ein Anderer, wider unsern Willen, in Besitz nehmen, so muß er objective Sicherungsmaßregeln ergreifen, um das Zurücklaufen zu verhindern; und dieser Satz muß bei den Sclaven um so mehr gelten, wenn und soweit sie ihr „propositum redeundi" behalten; willens- und entschlußfähig, wie sie sind, können sie selbst dann, wenn der neue Erwerbungslustige sie im eigentlichen Sinne gefangen hält, unerschütterlich dem alten Herrn die Treue und damit den Besitz an sich selber durch sich selber bewahren. Nur wenn sie sich der Botmäßigkeit des neuen Besitzers beugen, und ihn als ihren Herrn anerkennen, verliert der frühere Herr seinen Besitz [3]): Si rem mobilem apud te depositam, aut ex commodato, tibi possidere neque reddere constitueris, confestim amisisse me possessionem,

---

[1]) L. 3. § 10. D. h. t.: „animo eum possideo."

[2]) L. 3. § 13. D. h. t. cit.: Res mobiles, — excepto homine, — quatenus sub custodia nostra sint, hactenus possideri.

[3]) Papinian in L. 47. D. h. t. cit. (vgl. oben S. 254. Note 5). Daß auch der oben für Hausthiere aufgestellte Satz richtig ist, folgt aus der gegebenen principiellen Erörterung. Einen quellenmäßigen Anhalt kann man in L. 47. cit. finden: quae ratione vel „anima" carent.

vel ignorantem, responsum est. Cuius rei forsitan illa ratio est, quod rerum mobilium neglecta atque omissa custodia, — quamvis eas nemo alius invaserit, — veteris possessionis damnum afferre consuevit: idque Nerva filius Libris de Usucapionibus retulit. Idem scribit: „Aliam causam esse hominis commodati omissa custodia; nam possessionem tamdiu veterem fieri [1]), quamdiu nemo alius eam possidere coeperit"; — videlicet ideo, quia potest homo proposito redeundi domino possessionem sui conservare, cuius corpore ceteras quoque res possumus possidere. Igitur earum quidem rerum, quae ratione vel anima carent, confestim amittitur possessio; homines autem retinentur, si revertendi animum haberent.

Einen ihrer glänzendsten Triumphe feiert die Römische Jurisprudenz aber in der letzten Consequenz, welche sie aus der Eigenthümlichkeit dieser Besitzobjecte zu ziehen gewußt hat, indem sie es für unmöglich erklärt, daß die Sclaven sich selber dem Besitz ihrer Herrn entziehen können. Die Fortdauer des Besitzes an flüchtigen Sclaven beruht nicht auf einer „Fiction" [2]), sondern folgt aus der Natur dieser Besitzobjecte mit logischer Nothwendigkeit. Der Sclav, so lange er ein solcher ist und nicht frei sein kann oder will, trägt stets das Bewußtsein in sich, daß er als Sache gilt, — daß er nicht sein eigen, sondern seines Herrn ist; er muß sich also auch stets selber sagen, daß, was er erwirbt, auch während der Flucht, seinem Herrn erworben ist, — und daß daher, wenn er diesem entflieht, um an sich selber für sich selber Besitz zu ergreifen, er eben damit Besitz an sich selber für seinen Herrn ergreift: unaufhörlich fällt er aus der Scylla des

---

[1]) Statt „veterem fieri" läge die Conjectur „veterem servari" um so näher, als es nicht zweifelhaft sein kann, daß, wie schon die Glosse bemerkt, „fieri" hier soviel heißt als „remanere." Indeß ist kein Grund, vom Text abzuweichen, da auch „facere" später (nach einem Gräcismus) die Bedeutung von „morari" hat (cf. Briss. s. v. facere No. 5. ibique all. und ferner L. 17. i. f. D. de iudic. 5. 1).

[2]) Savigny Bes. § 31. S. 400. Note 1.

Besitzerwerbs für sich, in die Charybdis der Besitznahme für seinen Herrn [1]).

Aus dem Fegefeuer dieser tragikomischen Schwebestellung giebt es für das subjective Object des Besitzes nur ein Rettungsmittel: den festen, männlichen Entschluß, frei sein zu wollen. Wohl wissend, daß die Sclaverei dem in dieser Beziehung allerdings etwas bedeutenden Naturrechte gradezu widerspreche [2]), — und unbeirrt durch die unabsehbaren Consequenzen, welche ihre Entscheidung herbeigeführt haben würde, wenn man sie auf die Verhältnisse des Staats und des öffentlichen Lebens übertragen hätte, — halten die Römischen Juristen mit unbeugsamer Logik, während ein eifer-

[1]) Dies brillante Resultat ist nicht ohne Meinungsstreit von der Römischen Jurisprudenz erreicht erreicht worden. Noch der jüngere Nerva sträubte sich gegen die durchgängige Anwendung des Satzes, daß der flüchtige Sclave Alles, was er während der Flucht erwirbt, seinem Herrn erwerbe (L. 1. § 14. D. h. t.); — und dieser Satz bildet ersichtlich den Grund für den Folgesatz, daß auch der Besitz an dem flüchtigen Sclaven selber fortdauert; — später ist er allgemein, namentlich von Julian, Gaius, Ulpian, Paulus und Hermogenian angenommen, aber auch schon früher von Cassius vertheidigt (L. 1. § 14. cit.; L. 13. L. 15. L. 50. § 1. D. eod.; L. 15. § 1. D. de usurp. 41. 3). — Weßhalb das durchgedrungene Princip richtig, wissen die Römer freilich nicht anzugeben. Einige begnügen sich mit bloßen Nützlichkeitsgründen; so Paulus (L. 1. § 14. cit.: utilitatis causa receptum est, ut impleatur usucapio), — und Ulpian (L. 13. cit.: fugitivus idcirco a nobis possideri videtur, ne nos ipse privet possessione). Am nächsten kommt Gaius der Wahrheit (L. 15. cit.): Sed si is, qui in potestate nostra est, (rem) surripuerit, quamdiu apud ipsum sit res, tamdiu non amittimus possessionem, quia per eiusmodi personas acquiritur nobis possessio: et haec ratio est, quare videamur fugitivum possidere, quod is, quemadmodum aliarum rerum possessionem intervertere non potest, ita ne suam quidem potest. Diese Stelle schwebte wohl Justinian vor, wenn er in Bezug auf ein analoges Verhältniß die „humane" Verordnung erließ (L. 23. C. de agricol. 11. 47): Quum „satis inhumanum" est, terram, quae ab initio adscripticios habebat, „suis quodammodo membris" defraudari, — — etsi se celaverit vel separare se conatus est (adscripticius), secundum exemplum fugitivi, sese diutius insidiis furari intelligatur.

[2]) L. 32. D. de R. J.; L. 4. D. de J. et J. (1. 1); cf. L. 4. § 1. D. de statu hom. (1. 5); L. 64. D. de cond. ind. (12. 6).

ner Despotismus im Reiche waltet, an dem nie verjährbaren Recht der offenen Rebellion des Privat-Sclaven gegen den Privat-Herrn unwandelbar fest. Der Sclav, welcher in offener Empörung seine Ketten bricht, „wie Spartacus that" [1]), überhaupt diejenigen, welche, gleichviel aus was für Gründen, sich für frei halten, und offen als Freie benehmen und handeln, die sind im Besitze der Freiheit [2]), und die Besitzenden sind überall, hier aber mehr als irgendwo, nach jener alten Parömie, die Glücklichen. —

Ich stehe am Ziel meiner Aufgabe, die im Wesentlichen darauf hinausging, das Recht des Besitzes darzulegen. Dieser Rechtsnatur aber scheint das Schicksal zu widersprechen, das dem Besitz nach dem Tode des Besitzers widerfährt. Ich muß daher zum Schluß in wenigen Strichen den Nachweis führen, oder doch anzudeuten suchen, daß dieser Einwand eben nur scheinbar ist.

Der Besitz geht allerdings nicht auf die Erben über, aber der Grund hierfür liegt nicht darin, weil er als ein bloßes Factum gelten müsse, — „weil in dem Antritt der Erbschaft durchaus keine Apprehension für die einzelnen Sachen der Erbschaft liege" [3]). Das ist nicht der Sinn jenes quellenmäßigen Satzes, den Javolenus am prägnantesten ausspricht [4]): Quum heredes instituti

---

[1]) Paulus in L. 3. § 10. D. h. t.: Si servus, quem possidebam, pro libero se gerat, ut fecit Spartacus, et iudicium liberale pati paratus sit, non videbitur a domino possideri, cui adversarium se praeparat; sed hoc ita verum est, si diu in libertate moratur; — alioquin, si ex possessione servitutis in libertatem reclamaverit, et liberale iudicium imploraverit, nihilo minus in possessione mea est, et animo eum possideo, donec liber fuerit pronuntiatus. Cf. L. 25. § 2. D. de lib. causa (40. 12).

[2]) L. 12. § 3. D. de lib. causa (40. 12); cf. L. 7. § 5. L. 10. L. 11. L. 12. pr. § 1. 2. eod.; L. 50. § 1. D. h. t.

[3]) Savigny Bes. § 28. S. 376.

[4]) L. 23. pr. D. h. t.; cf. L. 30. § 5. eod. Eine interessante Anwendung des Princips giebt Scävola (bei Ulpian im L. 4. § 15. D. Si is qui test. liber 47. 4): Scaevola ait, possessionis furtum fieri; denique si nullus sit possessor, furtum negat fieri; idcirco autem hereditati fur-

sumus, adita hereditate, omnia quidem iura ad nos transeunt, — possessio vero, nisi naturaliter comprehensa, ad nos non pertinet. Der Jurist will damit nicht sagen: „alle Rechte gehen auf den Erben infolge seines Erbschaftsantritts über, — nur nicht der Besitz"; sondern nur das ist die Meinung: „der Erbe tritt, in Folge jenes Acts, zwar in alle übrigen (nicht an die Person des Erblassers geknüpften) Vermögensrechte ein, aber nicht in das Recht des Besitzes."

Denn alle übrigen Rechte, soweit sie überhaupt einen Gegenstand der Universal-Succession bilden, sind bloße Actionen, — gewähren mithin dem Erben nur die rechtliche Möglichkeit, sie durch seine (künftige) Thätigkeit zur Geltung zu bringen. Alles, was in diesem Sinn zu dem nachgelassenen Vermögen des Erblassers gehört, — namentlich also auch das Eigenthum an „seinen" Sachen, quae ad eum pertinent, — gehört auch dem Erben, in dem die Person des Erblassers den nächsten Träger ihrer civilistischen Unsterblichkeit findet. Der Besitz aber, — das unmittelbare und lediglich auf der Eigenthätigkeit des erwerbenden Subjects beruhende Recht auf die Sache, fällt nicht unter jene Kategorie; er, und er von allen Nachlaßobjecten ganz allein, ist keine bloße actio: denn die ihm bei Lebzeiten des Erblassers noch gleichstehenden familienrechtlichen Gewaltverhältnisse gehen mit dessen Tode unter, da der Tod eben das Band der Familie löst. —

Und in dieser das Recht des Besitzes vor allen andern auszeichnenden Eigenthümlichkeit ist auch die Nothwendigkeit begründet, ihn zu allererst nach seiner Stellung im Rechtssystem zu begreifen, wenn eine wirkliche Reconstruction des Weltrechts erreicht werden soll. In diesem Sinne war es, wenn ich zu Anfang dieser Arbeit äußerte, in der Lehre vom Besitz liege das theoretische Centrum für unsere Wissenschaft. Um aber von diesem Centrum aus nach allen Puncten der Peripherie in der unermeßlichen Sphäre der Juris-

tum non fieri, quia possessionem hereditas non habet, quae facti est et animi; sed nec heredis est possessio, antequam possideat, quia hereditas in eum id tantum transfundit, quod est hereditatis, — non autem fuit possessio hereditatis.

prudenz mit Erfolg vorzubringen, bedarf es auch einer „Organisation der Arbeit;" — dazu reichen die Anstrengungen des Einzelnen nicht aus, sondern diese Riesenarbeit kann nur auf dem Wege einer streng durchgeführten Arbeitstheilung bewältigt werden, durch welche die Kräfte Vieler, planmäßig und selbstbewußt, von demselben Standpunct aus nach demselben Ziel hin vereinigt wirken. Wie, nach dem Sprüchwort, Rom nicht an einem Tage gebaut, und sein Gemeinwesen die saure Errungenschaft einer Reihe von Jahrhunderten ist; so kann auch nicht einmal die bloße Reproduction seines ewigen Rechts das Werk Eines Mannes und Eines Zeitalters sein.

Und wenn die hier geschlossene Arbeit, nach der Ueberzeugung ihres Urhebers, — wie sie sich ihm nun einmal aufgedrängt hat, — einen neuen Grund für diesen Wiederaufbau legen sollte, so ist dies nicht sowohl besonderem persönlichen Verdienst, sondern der Natur und Tauglichkeit des Stoffs zu danken, der sich fast von selber als jener von den Werkleuten unserer Wissenschaft verworfene Grund- und Eckstein des Rechtssystems darbot. Was ist es denn auch groß, den Grundstein gelegt zu haben? — Kann dieser doch nur dazu dienen, von dem Gebäude selbst, das die mannigfachsten Arbeiten Vieler erfordert, überbaut zu werden, das ihn bald ganz und gar verdeckt. Geschieht dies aber nicht, so ist er so gut wie umsonst gelegt, weil er lediglich seinen Zweck erfüllt, wenn sich auf ihm der hoffentlich nicht bloß geträumte stolze Bau eines bleibenden und allgemeinen Organs für eine wahrhaft geschichtliche Rechtswissenschaft erhebt.

I.

Inhaltsübersicht.

Erste Abhandlung.

Der schließliche Grund aller Rechtscontroversen liegt in der irrigen allgemeinen Uebereinstimmung unserer Doctrin darüber: daß das objective Recht die Voraussetzung der subjectiven Rechte bilde (S. 3—5). Zusammenhang dieser Ansicht mit dem modernen Dualismus überhaupt, der durch Kant nur kritisch begriffen, in der Identitätsphilosophie nur scheinbar versöhnt ist (S. 5—10). Die wesentliche Bedeutung der durch Hegel abgeschlossenen Identitätsphilosophie, als Pantheon aller vergangenen Systeme, und als Basis der systemlosen Welt-weisheit der Zukunft (S. 11—15). Kritik der Rechtsphilosophie Hegel's: sie findet in dem Willen den Grund und Boden des Rechts, aber sieht in allen Rechtsgestalten nur Momente der Rechts-Idee, und hat deßhalb so wenig den Quellpunct der concreten subjectiven Rechte, als die geschichtliche Verwirklichung ihres Complexes begriffen (S. 15—18). —

Die subjectiven Rechte sind, als Ausflüsse der Energie des subjectiven Geistes, sich selber Grund und Norm, und finden nicht in dem objectiven Recht, (wie das Naturrecht, aber auch noch die historische Schule annimmt,) ihren Halt und Grund; vielmehr ist das objective Recht nur der Complex, und soll sein das System ihrer typischen Erscheinungsformen, wie sie sich geschichtlich (in Rom) entwickelt haben (S. 18—24). In der Römischen Plebs allein, als der einzigen unverbundenen Menge von Personen, welche die Geschichte kennt, hat die Energie des subjectiven Geistes diese Entwickelung nehmen können und wirklich genommen (S. 24—27). Und die in der Plebs zuerst in ihrer Reinheit gewonnene Souveränetät des subjectiven Willens ist nicht nur das Ferment der Römischen Nationalität, sondern auch die vereinende Kraft aller modernen Völker geworden oder doch zu werden bestimmt (S. 27—29). —

Die Verwirklichung des subjectiven Willens der Einzelnen vollzieht sich normaler Weise in vollkommener Harmonie, weil sie auf der selbstbewußten Freiheit und Gleichheit Aller beruht, und eine Disharmonie unter ihnen ist daher begriffsmäßig gar nicht möglich (S. 29—31). Die herrschende Ansicht, als würden die Rechtssubjecte nur durch den äußern Zwang des objectiven Rechts in Ordnung gehalten, und als läge deßhalb das Wesen des subjectiven Rechts in seiner Erzwingbarkeit, beruht nur in der abstracten Natur des modernen Dualismus (S. 31—36). Conflicte können nur accidentell vorkommen, (und sind dann principiell zunächst durch die Eigenmacht der Verletzten, und aushülfsweise durch den Schutz der Gerichte, zu beseitigen, — womit auch die geschichtliche Entwickelung des Römischen Rechts übereinstimmt): seinem Wesen nach ist aber das Rechtsleben ein Reich, in dem Freiheit und Nothwendigkeit zusammenfallen (S. 36—42).

Zweite Abhandlung.

Ueber den Begriff der Singular-Succession, und die Selbständigkeit des Sachen-Rechts im Rechtsverkehr. . . . . S. 45—76.

Die herkömmliche Unterscheidung zwischen originärem und derivativem Erwerbe ist keine principielle und ausschließende, sondern auch der originäre Erwerb ist eigentlich ein abgeleiteter, weil er seinen Haltpunct schließlich doch in der Auctorität des objectiven Rechts findet (S. 45—47). Deßhalb gilt auch der herrschenden Theorie, (obwohl sie keinen Grund dafür weiß,) das jus in rem als die bleibende Substanz, seine Subjecte aber faßt sie auf als accidentelle Träger (S. 47—48). Diese Anschauung erscheint am plastischsten in Savigny's Darstellung des Begriffs der Succession ausgeprägt, wonach diese stets voraussetzt: Identität des Rechtsverhältnisses; unmittelbaren Anschluß des neuen an das alte Recht; Ableitung jenes von diesem (S. 48—49). —

Kritik dieser (auf dem Bilde einer organischen Metamorphose der Rechtsverhältnisse beruhenden) Lehre: sie widerspricht dem Wesen des Rechts, welches stets causa sui existirt; sie hängt einerseits mit der ungehörigen Uebertragung natürlicher Vorgänge auf das Rechtsgebiet, andererseits mit dem Dualismus der modernen Welt zusammen, der überall eine objective Macht, als setzenden Grund, dem Concreten und seiner Lebensfähigkeit gegenüberstellt; die herrschende Lehre kann sich auch nicht auf die unvollkommenen Formulirungsversuche der Quellen stützen, über die sie sich doch sonst hinwegsetzt (S. 49—55). —

Auch in den Fällen der Succession bildet vielmehr der subjective Wille des neuen Herrschers, (wie beim s. g. originären Erwerb,) den alleinigen Grund seines Rechts; der frühere Herr begründet nicht das neue, sondern giebt nur sein (altes) Recht auf, und veräußert (alienirt, erledigt) zu dem Ende das Object, damit daran ein neues Recht entstehen, und der neue Herr dem alten in der Herrschaft über dasselbe Object folgen könne; eine Rechts-übertragung ist, wie bei den Obligationen, auch bei den dinglichen Rechten ganz unmöglich (S. 55—60). —

Diese principielle Auffassung stimmt nicht nur mit der Natur des Willens, sondern auch mit den Quellen überein. Sie erklärt alle Fälle der Discontinuität, — in welchen die herrschende Lehre principwidrige Ausnahmen (eine Quasitradition, oder eine traditio in incertam personam) erblickt, — daraus, daß die bloß einseitige Aufgabe des alten Rechts auch vor der Begründung des neuen ausgesprochen werden könne; so namentlich bei Veräußerung von Früchten und andern Grundstücksbestandtheilen, und in allen Derelictionsfällen (S. 60—71). Wo aber eine zeitliche Continuität in der That vorhanden, (wie bei der s. g. brevi manu traditio und der eigentlichen Tradition,) da erwirbt der neue Herr sein Recht nur in demselben Augenblick, wo der frühere sein Recht aufgiebt, ohne daß ein Causalzusammenhang zwischen diesen beiden Acten Statt fände (S. 72—73). Die Identität des alten und neuen Rechts ist nur scheinbar: ihr gleicher Inhalt und Umfang erklärt sich daraus: daß nicht bloß der Auctor, sondern Alle den neuen Erwerb dulden müssen, denen das Erwerbsobject unterworfen ist, oder unterworfen werden kann; aus der scheinbaren Quellenmäßigkeit der bisherigen Lehre lassen sich hiergegen so wenig Einwürfe hernehmen, als aus einer angeblichen Antinomie überlieferter Entscheidungsfälle (S. 73—76).

Dritte Abhandlung.

Der Besitz,

als das einzige Recht auf die Sache,

dargestellt

an den regelmäßigen Fällen seines Erwerbs und Verlustes.

Grund der Wahl, und Bedeutung des Besitzes für das System (S. 79—80). Savigny's Monographie, — bahnbrechend, wenn man sie gegen die frühere Litteratur hält, — hat ihren allgemeinen Werth in der quellenmäßigen Darstellung des Römischen Rechts, ihre Schwäche in der naiven Reproduction der Römischen Entscheidungen, denen sie bloße casuelle Abstractionen, nicht aber principielle Aufschlüsse abzugewinnen weiß (S. 80—81). Gegen seine Lehre, als sei der Besitz kein Recht, sondern ein gegen Unrecht geschütztes Factum, ist die bisherige Opposition unbefriedigend und verdientermaßen erfolglos geblieben; kurze Characteristik der Oppositionsversuche von Gans, Puchta, Kierulff und Bruns (S. 81—86). Stellung und Begrenzung der Aufgabe (S. 86). —

Thetische Parallele zwischen den Begriffen von Besitz (ius in rem) und Eigenthum (actio in rem); aber nur der redliche Besitz ist ius in rem (S. 86—89). Vorläufiger Beweis der Rechtsnatur des Besitzes: nach Aussprüchen der Römischen Juristen (S. 89—90); — und materiell daraus, daß er nach allen Beziehungen (namentlich auf Rechts-Subjecte, -Objecte, und -Geschäfte, sowie auf Condictions- und Theilungs-Möglichkeit) unter den allgemeinen Rechts-Regeln steht (S. 90—95).

Uebergang zur eigentlichen Aufgabe: der stringente Nachweis der Rechts-Natur des Besitzes läßt sich nur daraus führen, daß er (gleich allen Rechten) erworben und verloren wird (S. 95—97). Darstellung und Kritik von Savigny's dualistischer Erwerbs-Theorie (S. 97—99). Andeutung der eigenen nicht-dualistischen Auffassung, und Disposition der folgenden Entwickelung: der Wille ist der einzige Grund des Besitzes; seine Richtung auf ein bestimmtes Object (affectio), das damit verbundene Bewußtsein (scientia), und die Macht oder Möglichkeit der Verwirklichung (corpus) sind bloß seine Momente, die in dieser Reihenfolge betrachtet werden müssen (S. 99—100). —

II. Die Lehre vom Recht des Besitzes an leblosen Sachen.

Erstes Hauptstück.

Vom Erwerb des Besitzes.

A. Das Moment der affectio. . S. 100—116.

(Der Wille, zu haben und zu behalten.)

Savigny's Erklärung des Besitzwillens und deren Kritik: die (quellenwidrige) Bezeichnung desselben als animus domini nöthigt zur Construction einer anomalen (ebenfalls quellenwidrigen) derivata possessio (S. 100—103). Kierulff vermeidet zwar diese Anomalie, aber nur dadurch, daß er Savigny's dualistische Anschauung zur äußersten Consequenz treibt, und jeden Besitz als die Ausübung eines Rechtsinhalts bezeichnet (S. 103—104). Die affectio ist vielmehr stets ein und dieselbe: der Besitzer will das Object haben und behalten, — regelmäßig für immer, in den Fällen des s. g. abgeleiteten Besitzes aber nur so lange, als es der Zweck des Rechtsverhältnisses erfordert (S. 104—105). Quellenmäßiger Erweis dieser These für alle classischen Fälle der derivata possessio: Besitz des Faustpfändigers (S. 105—109), — des Precisten (S. 109—112), des Sequester (S. 112—116). —

B. Das Moment der scientia. S. 116—168.

(Das Wissen als immanente Voraussetzung für die Richtung unsers Willens auf einen bestimmten Gegenstand).

Die Immanenz des Wissens im Willen tritt am klarsten zu Tage (als zahlenmäßige Gewißheit) bei den Quoten des Mitbesitzes (S. 116—18). Aber auch sonst ist der Besitzwille ohne objective Ge-wißheit nicht denkbar; der Besitzer muß stets wissen, was er will, und die Regel „ignoranti possessio non acquiritur," — welche die gangbare Theorie unerklärt läßt, — gilt ohne alle Ausnahmen (S. 118—120). Diese objective Gewißheit ist nur dadurch möglich, daß alle Besitzobjecte schon an sich ideelle Einheiten, Species eines Genus sind; sowohl die Mobilien in ihren drei Kategorien (Real-, Ideal- und Collectiv-Species, S. 120—129), als auch die Immobilien (liegende Gründe und stehende Stöcke, S. 129—134). Aus dieser Einheitlichkeit, aus der Eigenschaft aller Besitzobjecte als concreter Species eines Genus (S. 134—135) ergeben sich folgende Consequenzen:

1) Die Unmöglichkeit einer possessio plurium in solidum, die nicht auf einer „Fiction" der Quellen, sondern in der Natur der Sachen beruht (S. 135—137). Und ferner

2) Die Unmöglichkeit eines Besitzes an Theilen. Es giebt, (wie die gangbare Doctrin behauptet,) so wenig einen Besitz an Theilen eines Grundstücks (S. 137—138), als an Theilen eigener Sachen (S. 138—139). An allen, namentlich an unseren eigenen Ideal-Species, geht unser Besitzwille auf deren ideelle Einheit, — umfaßt daher alle, aber auch nur ihre Be-standtheile, also nicht auch die heterogenen Dinge, welche durch Absicht oder Zufall in der gewollten Species verborgen sind (S. 139—158). —

Die Congruenz von Wissen und Willen tritt schlagend beim Besitzerwerb von Kindern hervor: sie erwerben unter Auctorität des Tutors immer und an allen, ohne diese doch unter Umständen an Schenksachen Besitz (S. 158—168). —

C. Das Moment des corpus. S. 168—211.

(Die machtvolle Aeußerung des Besitzwillens, seine reale oder objective Möglichkeit).

Allgemeine Characteristik dieses Moments, als Ver-körperung des Besitzwillens, verschieden je nach der Natur der Objecte; Kritik der Auffassungen Savigny's und Kierulff's (S. 168—172). Die Tradition, als einseitige Besitzaufgabe des früheren Herrn, bildet nur ein negatives Erforderniß, und übt auf die Art der Verwirklichung des Besitzwillens gar keinen Einfluß aus (S. 172—174). Sie muß jedoch der Regel nach von dem früheren Herrn selbst ausgehen, und hiervon giebt es nur zwei Ausnahmen: richterliche Supplirung, im Fall der missio ex secundo decreto, (S. 174—176); und die gutgläubig von dem unlegitimirten Vertreter eines Traditionspflichtigen erklärte Besitzerledigung (S. 177—179). —

Practische Erwerbsregeln aus der Casuistik der Quellen: An Grundstücken (liegenden Gründen) bedarf es keiner besondern Sicherungsmaßregeln, sondern die persönliche Anwesenheit des Erwerbers wird nur erfordert, weil er wissen muß, was er will (S. 179—183). Alle übrigen Sachen müssen dagegen regelmäßig sub custodia nostra sein, und die unmittelbare körperliche Gegenwart verhilft für sich allein nie zum Besitzerwerb (S. 184—186): diese custodia kann aber entweder eine subjective sein (Bewachung durch uns selbst oder die von uns angestellten Wächter, S. 186—194); oder irgend eine objective Sicherungsmaßregel (namentlich Aufnahme in unsere Wohnung, — und Verschließung fremder Lagerungsräume, sofern es sich um den Besitz von Fungibilien handelt, S. 194—203). Nur gewisse schwer transportable (säulenartige) Mobilien werden den Grundstücken ana-log behandelt, und bedürfen deßhalb keiner custodia (S. 204—208). Die Besiegelung oder sonstige Bezeichnung kann aber nie, auch nicht an jenen schwer transportabeln und deßhalb gewöhnlich im Freien lagernden Gegenständen als Ersatz für die custodia gelten (S. 208—211). —

Zweites Hauptstück.

Vom Verlust des Besitzes.

A. Das Princip. . . . S. 211—220.

Der Besitz dauert fort, (wie jedes andere Recht,) so lange nicht specielle Aufhebungsgründe vorliegen, die sein Ende herbeiführen (S. 211—212). Savigny's dualistische Ansicht, als müsse der Besitz verloren gehen, wenn die Ver-bindung seiner beiden Elemente, corpus und animus, aufhöre, ist wissenschaftlich unrichtig; der Besitzwille hört, (wie im Wesentlichen schon Kierulff ausgeführt hat,) überhaupt auf, wenn eins seiner integrirenden Momente wegfällt, — und dies ist auch in den Quellen angedeutet (S. 212—219). Als practische (und quellenmäßige) Regel ergiebt sich daher: der Besitz geht verloren, wenn der Besitzer das Object entweder nicht mehr haben und behalten will, oder nicht mehr haben und behalten kann, wenn also die affectio oder das corpus gradezu aufgehoben wird (S. 219—221). —

B. Der Verlust durch Aufhören des animus. S. 221—237.

Darstellung und Kritik von Savigny's Auffassung; Nolle = idem quod velle, in contrarium actum; wer nicht mehr Besitzer sein will, ist es eben dadurch von dem Augenblick an nicht mehr (S. 221—222). Wer also dispositionsunfähig ist, kann das Recht des Besitzes nicht aufgeben; aber jeder Dispositionsfähige kann seine auf Besitzaufgabe gerichtete Willenserklärung in beliebiger Form, ausdrücklich oder durch concludente Handlungen, beziehentlich eben solche

Unterlassungen abgeben (S. 222—230). Und der Besitzverlust erfolgt auch dann, wenn der Besitzerwerb eines Andern, mit Rücksicht auf den die Besitzaufgabe erklärt war, nicht eintritt; nur muß die Erklärung des Tradenten definitiv abgegeben, also nicht ausdrücklich oder der Natur der Sache nach an Bedingungen geknüpft sein, die nicht zutreffen (S. 230—237). —

C. Der Verlust durch Aufhören des corpus. S. 237—262.

Grund dafür, warum die scientia in der Lehre vom Verlust gar nicht, sondern nur der Wegfall von affectio und corpus in Frage kommen (S. 237—238). Auch für den Verlust durch Aufhören des corpus, das sonst quaestio facti bleibt, ist doch die Natur der Besitzobjecte, ob sie also eine custodia erfordern oder nicht, maßgebend (S. 238—239). Der Besitz an Grundstücken, der nur animo erworben wird, kann daher auch nur animo verloren werden, also jedenfalls nicht eher, als der Besitzer die Invasion erfährt (S. 239—250); und wegen Gleichheit des Grundes werden die Wohnhäuser, sowie die säulenartigen Mobilien den liegenden Gründen analog behandelt (S. 250—252). Alle übrigen Mobilien fallen aus unserm Besitz, wenn wir sie nicht mehr in custodia haben, also wenn sie uns von Andern gestohlen (geraubt) werden, oder wenn wir sie selber aus unserer subjectiven Custodia „verlieren," oder endlich wenn sie aus der objectiven Custodia, in die sie gethan werden, „wegkommen" (S. 250—262).

III. Die Lehre vom Recht des Besitzes an Moventien.

A. Erwerb und Verlust an vernunftlosem Moventien. S. 262—276.

Unterschied der vernunftlosen Moventien (Haus- und wilde Thiere); die ersteren sind zahm, die letzteren müssen einzeln gezähmt werden; ist dies Resultat (der animus revertendi) für ganze Arten oder einzelne Species erreicht, so sind sie besitz- und eigenthumsfähig (S. 262—268). Wilde (nicht gezähmte oder nicht zähmbare) Thiere können wir nur durch Maßregeln irgend einer objectiven Custodia gefangen-halten (S. 268—274). An den Hausthieren geht der Besitz (nicht das Eigenthum) verloren, wenn sie sich verlaufen (oder verfliegen); ihnen stehen die gezähmten gleich, sofern sie den animus revertendi bewahren, wenn sie aber diesen verlieren, und uns entlaufen (wegfliegen), so geht mit dem Besitz zugleich das Eigenthum an ihnen verloren; ebenso auch an den wilden Thieren, wenn sie aus der objectiven Custodia, welche einzig und allein ihren Besitz vermittelt, entkommen (S. 274—276). —

B. Erwerb und Verlust an Sclaven. (Anhangsweise.) S. 276—280.

Die quellenmäßigen Sätze in dieser Lehre beruhen auf keiner „Fiction," sondern folgen aus der Natur dieser Besitzobjecte, als vernunftbegabter Wesen, die eines **propositum redeundi** fähig sind: sie sind deßhalb stets und überall in ihrer eigenen Custodia; — können auch von Andern nicht in Besitz genommen werden, so lange sie nur zurückkehren wollen; — und können endlich sich auch nicht selber (durch Flucht) ihren Herren entziehen. —

IV. Schluß. S. 280 — 282.

Das Recht des Besitzes ist unvererblich, weil er allein unter allen Nachlaßobjecten keine bloße actio ist, die dem Erwerber als solche deferirt werden kann, sondern sich nur durch die Eigenthätigkeit des Subjects erwerben läßt (S. 280—281). Rückblick auf die centrale Natur der Besitzlehre (S. 281—282).

II.

Quellen-Register,

(enthält nur die römisch-rechtlichen Citate; — die fetten arabischen Zahlen beziehn sich auf die Seiten, die kleineren auf die Noten; — die näher besprochenen Stellen sind mit einem Sternchen bezeichnet).

I. Vorjustinianeische Quellen.

II. Justinianeische Quellen.

B. Digesta.

Tit. 3. de usurp. et. usuc.

Berichtigung sinnentstellender Druckfehler.

S. 10. Z. 11. von unten statt aber ist zu lesen eben.
= 68. = 9. = oben = ans = = = aus.
= 173. = 14. = unten = seine = = = sein.
= 192. = 2. = oben = unterscheidet ist zu lesen entscheidet.
= 196. = 13. 14. v. unten ist speciellen (aus Z. 13.) zu Grund (in Zeile 14) zu versetzen.

FSC
www.fsc.org
MIX
Papier | Fördert
gute Waldnutzung
FSC® C083411

Kolibri 360 GmbH
Ferdinand-Jühlke-Straße 7
99095 Erfurt, Deutschland
produktsicherheit@kolibri360.de